# INTRODUCTION À LA
# STATISTIQUE
# APPLIQUÉE
## DEUXIÈME ÉDITION

# INTRODUCTION À LA
# STATISTIQUE
# APPLIQUÉE
## DEUXIÈME ÉDITION

**Serge Alalouf,** Ph.D.
Université du Québec à Montréal

**Denis Labelle,** Ph.D.
Université du Québec à Montréal

**Jean Ménard,** Ph.D.
Université du Québec à Montréal

**Éditions Addison-Wesley**
Montréal, Québec • Don Mills, Ontario • Reading, Massachusetts
Menlo Park, Californie • New York • Wokingham, Berkshire
Amsterdam • Bonn • Sydney • Singapour
Tokyo • Madrid • San Juan

DIRECTEUR DE L'ÉDITION : Pierre Guay
CHARGÉE DE PROJET : Shirley Tessier
CONCEPTION GRAPHIQUE : Brant Cowie / ArtPlus Limited
CONCEPTION COUVERTURE : Le вOUM Graphique
GRAPHIQUES INTÉRIEURS : Paul Payer / ArtPlus Limited
COMPOSITION ET MISE EN PAGE : Michèle Lafontaine-Rioux
ÉPREUVES LINOTRON : Tony Gordon Limited

**Données de catalogage avant publication (Canada)**

Alalouf, Serge

   Introduction à la statistique appliquée
2$^e$ éd.

Comprend des références bibliographiques.

ISBN 0-201-50740-4

1. Statistique mathématique.   2. Statistique mathématique –
Problèmes et exercices.   I. Labelle, Denis.   II. Ménard, Jean.
III. Titre.

QA276.12.A4 1990          519.5          C90-093184-1

Dépôt légal – premier trimestre 1990
Bibliothèque nationale du Québec
Bibliothèque nationale du Canada

Imprimé au Canada

ISBN 0-201-50740-4

A  B  C  D  E  F  – ALG –  95  94  93  92  91  90

CE LIVRE EST DÉDIÉ À

*Eva, Diane et Carole* – S.A

*Yvette, Lucien et François* – D.L.

*Astrid, Marie-Claude, Sophie et Ariane* – J.M.

# Table des matières

# Préface

Nous avons préparé cette deuxième édition dans un double esprit. Il y avait d'abord un certain nombre de bonifications à apporter à la première. D'une part, nous avons affiné la pédagogie, à travers un meilleur dosage du rythme des apprentissages et en utilisant une présentation matérielle plus aérée et plus dynamique. D'autre part, nous avons ajouté un certain nombre de concepts et de techniques, regroupés essentiellement dans deux nouveaux chapitres, rendant ainsi possibles des cheminements et des choix de matière diversifiés. Par ailleurs, nous tenions à conserver au manuel les points forts et les caractéristiques qui lui donnent sa personnalité et ont assuré son succès à la première édition.

On retrouvera donc ici une approche assise d'abord sur l'étude et l'analyse de situations concrètes, et dont le fil conducteur demeure l'idée de test d'hypothèse; en l'introduisant dès le début par un premier contact avec le khi-deux, nous évitons le piège trop facile de le reléguer en fin de livre et donc, forcément, à la fin du parcours didactique. Omniprésente aussi, à tout le moins en filigrane, la notion de modélisation, qui est l'âme même de toute application des mathématiques, et particulièrement de la statistique. Rappelons enfin que ce manuel n'en est pas d'abord un de mathématique; il est résolument orienté vers l'apprentissage de la statistique. N'y sont donc abordés que les sujets et les développements mathématiques nécessaires à cette fin, et y est nettement privilégiée la mise en évidence des mécanismes du raisonnement statistique.

Nous proposons donc toujours le même « contrat pédagogique ». Notre expérience en classe de même que celles de plusieurs de ses utilisateurs nous ont toutefois amenés à envisager un certain nombre de modifications. En termes de contenu d'abord; sans abandonner l'objectif d'un ouvrage de taille raisonnable et essentiellement destiné à un cours, nous croyons qu'il est nécessaire de proposer – ou rendre possibles – certains choix de cheminements et donc d'inclure certains items à la fois intéressants pour les applications et dont on peut donner un traitement élémentaire. C'est ainsi qu'on trouvera, en fin de manuel, un chapitre consacré aux techniques de sondages et un autre aux séries chronologiques. En termes de traitement pédagogique ensuite, il convenait en effet de modifier, dans certains cas, le rythme d'introduction de nouveaux concepts, de façon à toujours en permettre un apprentissage graduel et mieux motivé. Cette préoccupation, partout présente, sinon spectaculaire, s'est traduite entre autres par une refonte du chapitre consacré aux probabilités et par la scission en deux chapitres, l'un consacré à l'estimation, l'autre aux tests d'hypothèses, de l'ancien chapitre 8. Avec la complicité et la collaboration de l'éditeur, la présentation matérielle a également été entièrement revue et améliorée.

Ainsi modifié, ce manuel permettra aux étudiantes et étudiants de niveau collégial et universitaire de découvrir l'univers fascinant de la statistique et, à travers de très nombreux exercices (dont plusieurs sont nouveaux) de se familiariser avec les méthodes et les applications innombrables de cette discipline dont une certaine surexposition médiatique ne doit pas cacher la beauté et la puissance.

Tout au long de la préparation de cette deuxième édition, nous avons bénéficié de la collaboration enthousiaste et efficace de toute l'équipe de Addison-Wesley, Patrick Loze, Pierre Guay et Michèle Lafontaine-Rioux, et des suggestions et commentaires de plusieurs collègues et collaborateurs, autant au collège qu'à l'université, parmi lesquels nous soulignons l'apport particulier de Michel Adès, Gérard Letac et Glenn Shorrock. À tous notre reconnaissance.

**Note.** Nous avons marqué d'un astérisque un certain nombre d'exercices plus difficiles d'accès ou demandant un développement mathématique un peu plus poussé. Ce qui ne signifie pas qu'ils sont réservés à ceux qui sont tombés dans la potion magique à la naissance.

SERGE ALALOUF
DENIS LABELLE
JEAN MÉNARD

# Distributions

# 1.1    Population et variables

L'objectif principal de la statistique est de fournir de l'information quantitative sur un ensemble circonscrit et bien déterminé d'êtres ou d'objets appelés **unités statistiques**. L'ensemble de ces unités statistiques est appelé **population**.

*EXEMPLE 1*    Chacun des ensembles suivants peut être considéré comme une population, dont l'étude intéressera, selon le cas, divers utilisateurs de la statistique :

a) l'ensemble de tous les habitants du Québec;

b) l'ensemble de tous les ménages de la ville de Laval;

c) l'ensemble des entreprises industrielles des Cantons de l'Est, qui emploient moins de cent personnes;

d) l'ensemble de tous les saumons qui sont venus frayer dans les eaux du Québec en 1989;

e) l'ensemble des cotes à la fermeture quotidienne de la bourse de Toronto, pour les valeurs minières, en avril et mai 1990;

f) l'ensemble des moustiques des forêts québécoises, en juin 1990.    ☐

Une population peut être **finie**, si elle comprend un nombre fini d'unités, ou **infinie** si elle en comprend un nombre infini. Dans l'exemple 1 ci-dessus, la population f) peut être considérée comme infinie, même si, en réalité, elle est sûrement finie.

**Variables.**    Comme on voit dans les divers cas présentés à l'exemple 1, une étude statistique doit nécessairement se limiter à certains aspects, ou *caractères*, des membres de la population, qu'on appelle généralement **variables**. Dès qu'une variable d'une population est choisie, à chaque membre de cette population *correspond une valeur* de la variable en question.

*EXEMPLE 2*    Revenons à l'exemple 1 a), où l'on étudie l'ensemble de tous les habitants du Québec, et choisissons d'y considérer le caractère « langue maternelle ». Alors

a) une unité statistique est un habitant du Québec;

b) la population est l'ensemble de ces habitants;

c) la variable est la langue maternelle;

d) les valeurs possibles de la variable sont « français », « anglais », « italien », « grec », etc.    ☐

**EXEMPLE 3**    Dans la même population qu'à l'exemple 2, on peut s'intéresser à diverses autres variables. En voici trois :

  a) la variable « revenu brut en dollars pour 1989 » aura comme valeurs possibles des nombres qui vont de zero à quelques millions ;

  b) la variable « nombre de livres lus durant les douze derniers mois » aura comme valeurs possibles des nombres de 0 à plusieurs dizaines ;

  c) la variable « la boisson préférée » aura comme valeurs possibles : « lait », « thé », « café », « eau », « bière », « vin », etc.    □

Aussi bien pour des motifs pédagogiques que pour des fins purement techniques, nous distinguons différentes sortes de variables, tel qu'indiqué sur le schéma suivant.

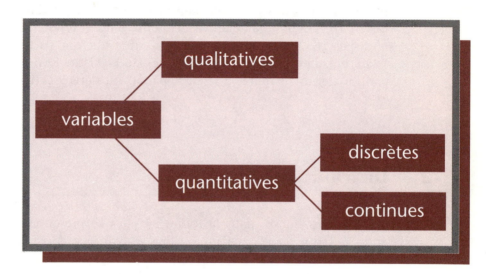

Une variable est dite **qualitative** ou **quantitative** selon que ses valeurs représentent des qualités ou des quantités. La variable « langue maternelle » est qualitative, tandis que les variables « taille du ménage » et « revenu annuel brut » sont quantitatives. Cette distinction n'est pas toujours absolue et parfois se réfère non pas à la *nature* d'une variable mais plutôt à la façon dont elle est traitée. Le revenu d'une entreprise est une variable quantitative, mais si on se contente de le classer comme « nul », « faible », « moyen » et « élevé », alors *on en fait une variable qualitative*.

Nous ferons une deuxième distinction, celle-ci entre deux sortes de variables quantitatives : les variables **discrètes** et les variables **continues**. Une variable discrète est une variable qui ne peut prendre que des valeurs isolées. La variable « nombre d'enfants » dans une famille est une variable discrète car elle ne peut prendre comme valeurs que les entiers 0, 1, 2, ... ; aucune valeur entre ces entiers n'est possible. La valeur « pointure des souliers » est, elle aussi, une variable discrète, même si les demi-pointures existent. Une pointure de 6½ existe, mais il n'y a pas de pointure entre 6½ et 7 ou entre 7 et 7½.

Contrairement aux variables discrètes, les variables continues peuvent théoriquement prendre comme valeurs tous les nombres compris dans un certain intervalle. La taille d'une personne, par exemple, peut être de 165 cm ou de 166 cm, mais elle peut également être de 165,5 cm ou de 165,487 3 cm. Cette notion est évidemment théorique puisque les instruments de mesure usuels ne nous permettent pas de distinguer une personne de 165,487 3 cm d'une personne de 165,487 4 cm. En pratique, on mesure les tailles en arrondissant à l'entier le plus proche et les données prennent la même allure que celles qu'on obtiendrait d'une variable discrète. Néanmoins, les variables continues sont en général traitées différemment des variables discrètes du fait que leurs valeurs possibles, réalisées ou pas, sont très nombreuses. De plus, la signification des nombres dans le cas continu est différente : lorsqu'on inscrit 165 cm pour la taille de quelqu'un, il est entendu que sa « vraie » taille n'est pas 165,000 0 cm mais qu'elle se situe quelque part entre 164,5 cm et 165,5 cm. Les conséquences pratiques de la distinction entre une variable continue et une variable discrète apparaîtront dans les chapitres suivants.

## 1.2    Distributions

Les données brutes, dans la forme où elles se présentent à la suite d'une enquête, sont en général impossibles à assimiler. Aussi, la première étape d'une analyse de ces données consiste à les rassembler, les résumer et les présenter sous une forme compréhensible, de façon à avoir une première vue d'ensemble de l'information qu'elles contiennent.

Supposons, par exemple, que pour évaluer l'opportunité de construire un petit centre commercial dans un certain quartier, on procède à une enquête auprès des 770 ménages du quartier. Un interviewer se présente à chacun des ménages avec un questionnnaire contenant des questions comme : Combien y a-t-il de personnes dans le ménage ? Combien de celles-ci sont des adultes ? Combien ont un emploi ? Quel est votre revenu familial ? Avez-vous une automobile ? Où faites-vous vos emplettes habituellement ? Chacune de ces questions correspond à une variable. Le résultat immédiat de cette enquête est une pile de 770 fiches. Une version simplifiée d'une de ces fiches ressemblerait à l'illustration de la figure 1.1.

En transcrivant l'information contenue dans ces 770 fiches, on peut construire un immense tableau où chaque ligne représente un ménage et chaque colonne une variable. Ce tableau aurait sans doute l'allure du tableau 1.1.

FIGURE 1.1   **Enquête sur les ménages du quartier X**

MÉNAGE No _____

1. nombre de personnes _____

2. nombre d'adultes _____

3. nombre de personnes ayant un emploi _____

4. revenu familial ( $ ) :

☐ 0–moins de 25 000

☐ 25 000 ou plus–moins de 45 000

☐ 45 000 ou plus

TABLEAU 1.1   **Données brutes sur les ménages du quartier X**

| Ménage no | 1 | Question 2 | 3 | 4 |
|---|---|---|---|---|
| 1 | 1 | 1 | 1 | 2 |
| 2 | 2 | 1 | 1 | 1 |
| 3 | 2 | 2 | 1 | 3 |
| 4 | 4 | 2 | 2 | 3 |
| . | . | . | . | . |
| . | . | . | . | . |
| . | . | . | . | . |
| 770 | 3 | 2 | 1 | 2 |

Le tableau 1.1 présente donc, pour la population formée des 770 ménages d'un certain quartier, l'information complète sur quatre variables, les trois premières étant quantitatives discrètes, et la quatrième, qualitative. Plus loin, nous verrons comment examiner simultanément plusieurs variables, mais pour commencer, nous les prenons *une à la fois*.

Considérons la première, « nombre de personnes ». L'information sur cette variable est à la deuxième colonne du tableau, dans laquelle on trouvera, pêle-mêle, des « 1 », des « 2 », des « 3 », etc. Mais l'information contenue dans ces 770 chiffres peut être résumée dans un tableau comme le tableau 1.2.

TABLEAU 1.2   **Distribution du nombre de personnes dans 770 ménages**

| Nombre de personnes | 1 | 2 | 3 | 4 | 5 | 6+ | TOTAL |
|---|---|---|---|---|---|---|---|
| Effectif | 125 | 200 | 295 | 100 | 50 | 0 | 770 |

Ce tableau est un exemple d'une **distribution**. Une distribution énumère les valeurs distinctes de la variable (ici la variable est le nombre de personnes et ses valeurs sont 1, 2, 3, 4, et 5), et fait correspondre à chaque valeur de la variable l'**effectif**, c'est-à-dire le nombre d'éléments de la population pour lesquels la variable prend la valeur donnée. Ainsi il y a 125 ménages d'une personne, 200 ménages de 2 personnes, 295 ménages de 3 personnes, 100 ménages de 4 personnes et 50 ménages de 5 personnes.

L'**effectif total** est la somme des effectifs, soit la taille de la population.

**Fréquences.**    Dans une distribution, l'effectif est parfois remplacé par la **fréquence**, c'est-à-dire le rapport de l'effectif à l'effectif total. Le tableau 1.3 donne la même distribution que le tableau 1.2, exprimée en fréquences. Une fréquence, lorsqu'elle est multipliée par 100, devient un pourcentage. Elle a l'avantage de se lire plus aisément lorsque les effectifs sont grands. De plus, on ne peut comparer deux distributions avec des effectifs totaux différents que si elles sont exprimées en fréquences.

TABLEAU 1.3    **Distribution du nombre de personnes dans 770 ménages**

| Nombre de personnes | 1 | 2 | 3 | 4 | 5 | TOTAL |
|---|---|---|---|---|---|---|
| Fréquence | 0,162 | 0,260 | 0,383 | 0,130 | 0,065 | 1 |

**Groupement des valeurs.**    Si une variable est continue, ou si ses valeurs sont trop nombreuses pour être énumérées au complet, il faut recourir à un *groupement des valeurs*. Le tableau 1.4 présente un exemple où la population est l'ensemble de tous les enseignants réguliers dans les cégeps du Québec en 1986–1987, et où la variable considérée est l'âge.

**Classes d'étendues inégales.**    Autant que possible, lorsqu'on groupe les valeurs d'une variable, on les groupe en **classes d'étendues égales**. Pour des raisons d'ordre pratique, on ne le fait pas toujours : parfois les données nous arrivent déjà groupées en **classes d'étendues inégales**, ou encore il peut être plus naturel d'utiliser des classes larges pour les grandes valeurs et des classes étroites pour les petites valeurs.

Le tableau 1.5 présente une distribution où la population est l'ensemble des hommes canadiens de moins de 70 ans et où la variable est l'âge. Le groupement des données est celui de Statistique Canada. L'étendue des cinq premières classes est 5, celle des 4 suivantes est 10, et celle de la dernière est 5.

**Variables continues.**    Dans le cas des variables continues, les classes sont contiguës et il faut prendre soin de bien identifier les limites des classes pour éviter toute équivoque quant à l'appartenance des points qui limitent

TABLEAU 1.4    **Distribution de l'âge des enseignants réguliers dans les cégeps au Québec – 1986–1987**

| Âge | Effectif | Fréquence |
|---|---|---|
| moins de 20 ans | 1 | 0,000 |
| 20–24 | 23 | 0,002 |
| 25–29 | 300 | 0,032 |
| 30–34 | 1 113 | 0,118 |
| 35–39 | 2 507 | 0,266 |
| 40–44 | 2 620 | 0,278 |
| 45–49 | 1 492 | 0,158 |
| 50–54 | 693 | 0,074 |
| 55–59 | 468 | 0,050 |
| 60–64 | 171 | 0,018 |
| 65+ | 36 | 0,004 |
| TOTAL | 9 424 | 1,000 |

SOURCE : Bulletin Statistique (vol. 13, no 4), DGEC, ministère de l'Enseignement supérieur et de la Science du Québec (1988)

TABLEAU 1.5    **Âge des hommes canadiens de moins de 70 ans – 1986**

| Âge | Effectif (en milliers) | Fréquence |
|---|---|---|
| 0–4 | 927,8 | 0,079 |
| 5–9 | 920,1 | 0,078 |
| 10–14 | 916,8 | 0,078 |
| 15–19 | 983,3 | 0,084 |
| 20–24 | 1 131,5 | 0,096 |
| 25–34 | 2 248,8 | 0,191 |
| 35–44 | 1 822,0 | 0,155 |
| 45–54 | 1 276,2 | 0,108 |
| 55–64 | 1 124,1 | 0,096 |
| 65–69 | 414,5 | 0,035 |
| TOTAL | 11 765,1 | 1,000 |

SOURCE : *Annuaire du Canada*, 1988

les classes. L'une des conventions possibles est illustrée dans le tableau 1.6. La variable est dénotée par $X$ et les classes sont définies par des inégalités qui montrent clairement à quelle classe chaque valeur appartient : il est clair, par exemple, que la valeur 2,0 appartient à la quatrième classe et non à la troisième. Remarquons que dans le tableau 1.6 la somme des fréquences est 0,999 au lieu de 1,000. Il n'y a là rien d'alarmant, les arrondis décimaux en sont responsables.

TABLEAU 1.6    **Distribution du poids à la naissance des bébés québécois – 1983**

| Poids (en kg) ($X$) | Effectif | Fréquence |
|---|---|---|
| $0,5 \leq X < 1,0$ | 286 | 0,003 |
| $1,0 \leq X < 1,5$ | 436 | 0,005 |
| $1,5 \leq X < 2,0$ | 1 070 | 0,012 |
| $2,0 \leq X < 2,5$ | 3 853 | 0,044 |
| $2,5 \leq X < 3,0$ | 15 945 | 0,183 |
| $3,0 \leq X < 3,5$ | 34 163 | 0,392 |
| $3,5 \leq X < 4,0$ | 24 187 | 0,278 |
| $4,0 \leq X < 4,5$ | 6 301 | 0,072 |
| $4,5 \leq X < 5,0$ | 784 | 0,009 |
| $5,0 \leq X \leq 5,5$ | 102 | 0,001 |
| TOTAL | 87 127 | 0,999 |

SOURCE : Bureau de la statistique du Québec, 1984

## 1.3    Représentations graphiques

Presque toute distribution pourrait avantageusement être présentée sous la forme d'un graphique. Un graphique nous permet de saisir en un coup d'œil les caractéristiques d'une distribution, et d'observer d'une manière immédiate et visuelle les différences qu'il peut y avoir entre deux populations. Les graphiques employés pour présenter des données abondent dans les revues populaires et sont d'une diversité illimitée. Il existe cependant quelques formes classiques, et nous en décrivons trois : le **diagramme à bâtons**, l'**histogramme**, et le **polygone des fréquences**.

**Le diagramme à bâtons.**    Le **diagramme à bâtons** s'applique bien aux variables qualitatives ou discrètes. La figure 1.2 est un diagramme à bâtons qui présente la distribution du tableau 1.3. La figure 1.3 présente la distribution d'une variable qualitative. Pour accommoder les textes à mettre en marge, il est cette fois plus naturel de placer les bâtons à l'horizontale plutôt qu'à la verticale.

**L'histogramme.**    L'**histogramme** est un graphique formé de rectangles adjacents dont les bases sont constituées des classes de regroupement et dont les surfaces sont proportionnelles aux effectifs respectifs. L'histogramme convient bien aux variables dont les valeurs sont nombreuses, en particulier

FIGURE 1.2     **Distribution du nombre de personnes dans 770 ménages**

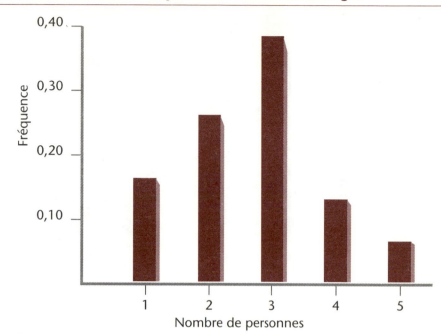

SOURCE : Tableau 1.3

FIGURE 1.3     **Répartition des dépenses totales des administrations publiques du Canada – 1986**

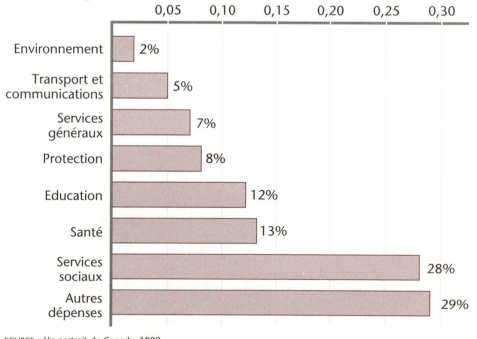

SOURCE : *Un portrait du Canada*, 1988

FIGURE 1.4   **Distribution du poids à la naissance des bébés québécois –
1983**

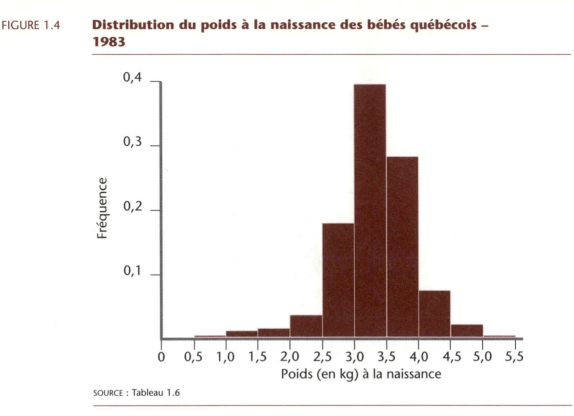

SOURCE : Tableau 1.6

aux variables continues. La figure 1.4 est l'histogramme qui représente la
distribution du tableau 1.6.

Lorsqu'on construit un histogramme dont les classes sont d'étendues
inégales, il faut se rappeler que c'est la surface d'un rectangle et non sa hauteur
qui représente l'effectif. Par conséquent, lorsqu'une classe est deux fois plus
étendue qu'une autre, la hauteur du rectangle correspondant doit être deux
fois plus petite. La figure 1.5 illustre cette procédure. La sixième classe, par
exemple, a une étendue deux fois plus grande que celle des cinq premières
classes. Son effectif de 2 248,8 est donc représenté par un rectangle dont la
hauteur, par rapport à l'échelle ayant servi à la construction des cinq premiers
rectangles, est de 2 248,8 ÷ 2 = 1 124,4. C'est comme si l'effectif de la classe
25–35 avait été réparti en deux, une partie pour chacune des classes 25–30 et
30–35. Pour comprendre la différence entre la première colonne du tableau 1.5
et les classes, lire l'énoncé de l'exercice 18.

Il va de soi que lorsqu'un histogramme contient des classes d'étendues
inégales, on ne peut indiquer les effectifs (ou les fréquences) au moyen d'une
échelle commune placée à l'ordonnée. Une échelle verticale commune n'a de
sens que si toutes les classes sont de même largeur.

FIGURE 1.5    **Distribution de l'âge des hommes canadiens de moins de 70 ans – 1986 (en milliers)**

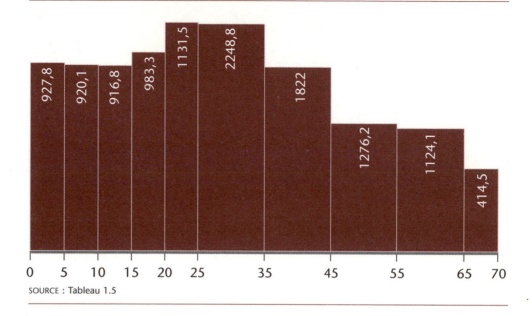

SOURCE : Tableau 1.5

**Le polygone des fréquences.**  Le polygone des fréquences est une alternative à l'histogramme, qui se prête particulièrement bien à des comparaisons de distributions. On construit un polygone des fréquences en joignant les milieux des sommets des rectangles d'un histogramme. On referme enfin les deux extrémités du graphique en faisant comme si deux rectangles de hauteur zéro précédaient et suivaient immédiatement ceux de l'histogramme.

La figure 1.6 illustre comment les polygones des fréquences peuvent servir à faire des comparaisons entre deux populations. Les deux populations sont les garçons et les filles nés au Québec en 1983, et la variable dans les deux cas est le poids à la naissance. Les deux distributions sont données dans le tableau 1.7. Comme ces populations ne sont pas de même taille, leur distribution est exprimée en fréquences. Ce que ces fréquences nous disent, les polygones des fréquences nous le disent mieux (voir figure 1.6). On voit immédiatement que les deux distributions coïncident essentiellement pour les très petits bébés, alors qu'ailleurs la distribution des poids des filles est à gauche de celle des poids des garçons. En somme, on voit sur cette figure 1.6 qu'il y a une fréquence plus élevée de « petits » bébés parmi les filles et de « gros » bébés parmi les garçons, alors que pour les très petits bébés, l'aspect le plus souvent accidentel de leur naissance fait qu'ils se divisent également entre les deux sexes.

Afin de montrer la diversité des représentations graphiques d'une distribution, la figure 1.7 illustre une représentation dite « en pointes de tarte » souvent utilisée pour les variables qualitatives.

TABLEAU 1.7    **Distribution du poids à la naissance des garçons et des filles du Québec – 1983**

| Poids (en kg) ($X$) | Centre de classe | Fréquence | |
| --- | --- | --- | --- |
| | | Garçons | Filles |
| $0,5 \leq X < 1,0$ | 0,75 | 0,003 | 0,003 |
| $1,0 \leq X < 1,5$ | 1,25 | 0,005 | 0,005 |
| $1,5 \leq X < 2,0$ | 1,75 | 0,010 | 0,012 |
| $2,0 \leq X < 2,5$ | 2,25 | 0,040 | 0,051 |
| $2,5 \leq X < 3,0$ | 2,75 | 0,153 | 0,216 |
| $3,0 \leq X < 3,5$ | 3,25 | 0,374 | 0,413 |
| $3,5 \leq X < 4,0$ | 3,75 | 0,310 | 0,244 |
| $4,0 \leq X < 4,5$ | 4,25 | 0,093 | 0,050 |
| $4,5 \leq X < 5,0$ | 4,75 | 0,012 | 0,005 |
| $5,0 \leq X \leq 5,5$ | 5,25 | 0,001 | 0,001 |
| TOTAL | | 1,001 | 1,000 |

SOURCE : Bureau de la statistique du Québec, 1984

FIGURE 1.6    **Distribution du poids à la naissance des garçons et des filles du Québec – 1983**

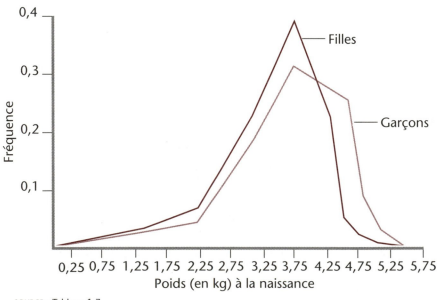

SOURCE : Tableau 1.7

FIGURE 1.7    **Distribution de la population mondiale selon les continents**

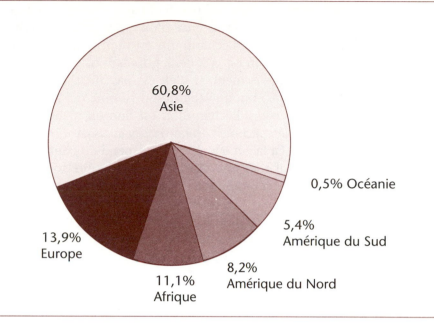

60,8%
Asie

0,5% Océanie

5,4%
Amérique du Sud

8,2%
Amérique du Nord

11,1%
Afrique

13,9%
Europe

# 1.4    Échantillons et test d'ajustement

**Introduction.**    Dans les exemples que nous avons vus jusqu'ici, les distributions étaient basées sur une énumération complète des membres de la population, c'est-à-dire sur un *recensement*. Parfois cette opération est relativement peu onéreuse, comme lorsque la population est l'ensemble des employés d'une compagnie ou l'ensemble des succursales d'une banque. La plupart du temps, par contre, le coût d'un recensement s'avère prohibitif. Le recensement du Canada constitue une opération si gigantesque qu'on ne le fait qu'à tous les cinq ou dix ans.

En pratique, donc, les données dont on dispose pour faire une distribution sont, la plupart du temps, les données d'un **échantillon**, c'est-à-dire, d'une partie, souvent très petite, de la population. Il surgit alors une question fondamentale qui ne se pose pas lorsqu'on a les données de la population entière. C'est de savoir *jusqu'à quel point il est permis d'extrapoler à la population entière les phénomènes observés dans l'échantillon.* Quelle assurance a-t-on qu'une distribution observée dans l'échantillon est bien conforme à celle de la population entière ? Cette problématique est parfois exprimée, quelque peu naïvement, par la question : « Est-ce que l'échantillon est représentatif ? »

Comme on le verra, cette question n'admet pas de réponse du type « oui » ou « non ». En fait, elle n'admet pas de réponse du tout car elle est mal posée. Elle sous-entend l'existence d'un critère qui permettrait de déclarer, une fois pour toutes, que l'échantillon est bon, et d'affirmer que tout ce qui est vrai de l'échantillon est vrai de la population.

Malheureusement, il n'en est pas ainsi. C'est *chaque conclusion* qui doit être validée, et non l'échantillon comme tel. La question que nous poserons sera, non pas si l'échantillon est bon ou mauvais, mais plutôt : « *Est-ce que telle ou telle conclusion peut, avec peu de risque d'erreur, s'appliquer à la population entière ?* » La façon d'y répondre dépend du contexte et du type de conclusion qu'on veut tirer à propos de la population, mais repose essentiellement sur l'étude de la similitude entre la distribution de la population et celle de l'échantillon. Nous développons, dans l'exemple qui suit, un **test** destiné à évaluer cette similitude, à juger mathématiquement de l'**ajustement** entre la distribution d'un échantillon et une distribution théorique ou idéale.

On entend souvent dire que les naissances sont influencées par la lune. On dit, entre autres, qu'il y a beaucoup de naissances à la pleine lune. Pour savoir ce qu'il y a de vrai dans ces affirmations, on prélève un échantillon de 360 naissances, *choisies au hasard*. On obtient les résultats suivants :

| Phase | Nouvelle lune | Premier quartier | Pleine lune | Dernier quartier | TOTAL |
|---|---|---|---|---|---|
| Effectif | 76 | 88 | 100 | 96 | 360 |
| Fréquence | 0,211 | 0,244 | 0,278 | 0,267 | 1,000 |

Il y a en effet plus de naissances à la pleine lune que durant les autres phases ; si ce constat semble appuyer la croyance populaire, il ne permet toutefois pas encore d'en tirer des conclusions : ces chiffres sont sujets au hasard et ce qui semble significatif pourrait n'être qu'un accident. Le problème est de décider s'il s'agit bien d'un accident ou si, au contraire, l'échantillon reflète un phénomène réel. Cette décision s'avère facile dans les cas extrêmes. Nous n'aurions pas de difficulté à attribuer au hasard les différences entre les effectifs ci-dessous :

| Phase | Nouvelle lune | Premier quartier | Pleine lune | Dernier quartier | TOTAL |
|---|---|---|---|---|---|
| Effectif | 89 | 88 | 92 | 91 | 360 |

Nous dirions volontiers que s'il y a eu plus de naissances à la pleine lune, c'est par pur hasard. Par contre, le hasard nous semblerait insuffisant pour expliquer les différences dans un tableau comme le suivant :

| Phase | Nouvelle lune | Premier quartier | Pleine lune | Dernier quartier | TOTAL |
|---|---|---|---|---|---|
| Effectif | 10 | 20 | 300 | 30 | 360 |

Dans ce cas, on n'aurait pas d'hésitation à affirmer que les naissances sont plus fréquentes, plus *probables*, à la pleine lune. Qu'un tel déséquilibre puisse s'être produit par pur hasard est trop invraisemblable.

Ces arguments élémentaires sont parfaitement convaincants lorsque les tableaux se présentent sous des formes aussi extrêmes. Mais le tableau que nous avons présenté au début de cet exemple est plus problématique, et pour en tirer des conclusions nous aurons besoin de techniques plus sophistiquées. Dans ce qui suit, nous commencerons par donner un énoncé formel du problème — étape indispensable — et nous présenterons une procédure de solution. Ensuite nous discuterons la logique qui justifie la procédure. Rappelons toutefois que cette logique est essentiellement la logique intuitive que nous venons d'exposer. Il reste à *quantifier* ces raisonnements pour qu'ils permettent de conclure, dans des cas moins évidents.

### Énoncé formel du problème et procédure de résolution.    Les données présentées dans l'exemple ont été prélevées pour répondre à une question dont l'énoncé, un peu vague, est « les naissances dépendent-elles des phases de la lune ? » La question est un peu vague parce qu'une dépendance entre les naissances et la lune peut prendre plusieurs formes : la lune peut avoir un effet important ou négligeable ; et la pleine lune peut favoriser ou défavoriser les naissances. Mais les naissances n'ont qu'une seule façon d'être *indépendantes* de la lune. Donc, des différentes hypothèses en concurrence, nous allons en privilégier une, que nous appellerons **hypothèse nulle** et qui s'énonce dans ce contexte par :

*Hypothèse nulle :*  les naissances ne sont pas influencées par les phases de la lune.

Nous choisissons celle-ci et pas une autre parce qu'elle est univoque et peut s'exprimer de façon quantitative. Affirmer que la lune n'a aucun effet sur les naissances revient à dire qu'aucune phase n'est plus ou moins propice aux naissances qu'une autre. Puisque chaque phase lunaire est pratiquement de même durée, une naissance se produit dans l'une ou l'autre des quatre phases avec la même *probabilité*, soit $1/4$. Et c'est précisément comme cela que nous pouvons maintenant exprimer l'hypothèse nulle :

*Hypothèse nulle :*  les naissances se distribuent selon les phases de la lune selon les probabilités   $1/4$   $1/4$   $1/4$   $1/4$.

Il s'ensuit que les 360 naissances devraient théoriquement se répartir comme suit :

| Phase | Nouvelle lune | Premier quartier | Pleine lune | Dernier quartier | TOTAL |
|-------|------|------|------|------|-------|
| Effectif | 90 | 90 | 90 | 90 | 360 |

Ces effectifs sont appelés **effectifs théoriques**.

Le tableau suivant présente les deux séries de données, qui résument numériquement le cheminement jusqu'ici.

|  |  |  |  |  | TOTAL |
|---|---|---|---|---|-------|
| Effectifs observés | 76 | 88 | 100 | 96 | 360 |
| Effectifs théoriques | 90 | 90 | 90 | 90 | 360 |

*Mise en garde.*   *Le total des effectifs théoriques est toujours égal à celui des effectifs observés : c'est la taille de l'échantillon.*

Entre les deux séries d'effectifs, nous observons des écarts, dont nous allons calculer une *mesure* globale. La mesure que nous allons employer, notée $\chi^2$ (« khi-deux ») est définie par la formule suivante :

$$\chi^2 = \sum \frac{(O-T)^2}{T}$$

où $O$ représente les effectifs observés, $T$ représente les effectifs théoriques, et la lettre grecque $\Sigma$ (sigma majuscule) désigne « la somme de ».

Pour les données de notre exemple, la valeur de $\chi^2$ est

$$\chi^2 = \frac{(76-90)^2}{90} + \frac{(88-90)^2}{90} + \frac{(100-90)^2}{90} + \frac{(96-90)^2}{90}$$
$$= \frac{196 + 4 + 100 + 36}{90}$$
$$= 3,73$$

Il reste à tirer une conclusion à partir de la valeur de $\chi^2$ trouvée, c'est-à-dire à déduire le rejet ou non de l'hypothèse nulle selon l'importance des écarts entre les deux séries d'effectifs, mesurée par ce $\chi^2$. Nous *rejetons* l'hypothèse nulle si ces écarts sont *trop grands*. La valeur de $\chi^2$ sera considérée « trop grande » si elle est supérieure à un certain nombre, appelé **point critique**. Ce point critique n'est pas le même pour tous les problèmes : il dépend du nombre de classes dans la distribution ou, plus précisément, d'un paramètre $\nu$ (« nu »), appelé **nombre de degrés de liberté**, qui est égal au nombre de classes, moins 1 :

$$\nu = (\text{nombre de classes}) - 1$$

**Note.** *Cette définition, purement mathématique, correspond intuitivement au fait que, pour les données étudiées plus haut, par exemple, on pourrait attribuer « librement » un effectif à 3 des 4 classes ; la valeur de la quatrième serait alors imposée par le respect du total de 360.*

Le tableau 1.8 donne, pour plusieurs valeurs de $\nu$, le point critique correspondant. Dans notre exemple, le nombre de classes est 4, donc $\nu = 4 - 1 = 3$ et la table nous donne comme point critique le nombre 7,82. Puisque la valeur de $\chi^2$ obtenue, 3,73, est inférieure à ce point critique, *nous ne rejetons pas l'hypothèse nulle*. En d'autres termes, l'écart de 3,73 entre la distribution observée et la distribution uniforme est assez petit pour être expliqué *par le seul hasard*.

TABLEAU 1.8    **Points critiques pour $\chi^2$**

| Degrés de liberté $\nu$ | Point critique | Degrés de liberté $\nu$ | Point critique | Degrés de liberté $\nu$ | Point critique |
|---|---|---|---|---|---|
| 1 | 3,84 | 11 | 19,68 | 21 | 32,67 |
| 2 | 5,99 | 12 | 21,03 | 22 | 33,92 |
| 3 | 7,82 | 13 | 22,36 | 23 | 35,17 |
| 4 | 9,49 | 14 | 23,68 | 24 | 36,42 |
| 5 | 11,07 | 15 | 25,00 | 25 | 37,65 |
| 6 | 12,59 | 16 | 26,30 | 26 | 38,89 |
| 7 | 14,07 | 17 | 27,59 | 27 | 40,11 |
| 8 | 15,51 | 18 | 28,87 | 28 | 41,34 |
| 9 | 16,93 | 19 | 30,14 | 29 | 42,56 |
| 10 | 18,31 | 20 | 31,41 | 30 | 43,77 |

Avec ces points crtitiques, la probabilité de rejeter l'hypothèse nulle, si elle est vraie, est de 5 %.

**Justification de la procédure.**    La procédure que nous venons d'employer, appelée **test d'hypothèse**, commence par l'énoncé d'une hypothèse stipulant que les « vraies » fréquences, celles de la population d'où est issu l'échantillon, sont une série de fréquences données. Ces fréquences sont exprimées en « effectifs théoriques ». Les effectifs théoriques sont les effectifs auxquels on s'attend lorsque l'hypothèse nulle est vraie. Les effectifs observés ne coïncident pas exactement avec les effectifs théoriques, même si l'hypothèse nulle est vraie : le hasard fait qu'en général l'échantillon n'est pas une parfaite réplique de la population. Ainsi, lorsque les effectifs observés s'écartent un peu des effectifs théoriques, nous n'allons pas conclure que l'hypothèse nulle est fausse : nous allons attribuer les écarts au hasard. Mais lorsque ces écarts sont très grands, il devient difficile de croire que le hasard seul puisse en être responsable.

La théorie des probabilités permet de calculer la probabilité d'avoir des écarts de tel ou tel ordre de grandeur. Elle permet de remarquer que certains écarts très grands ne se produisent que très rarement, c'est-à-dire qu'ils sont *très peu probables*. En présence de tels écarts, nous sommes portés à rejeter l'hypothèse nulle.

Nous mesurons l'ensemble des écarts entre les effectifs théoriques et les effectifs observés par une mesure globale, le $\chi^2$. La théorie des probabilités permet de dire entre quelle et quelle valeurs la valeur de $\chi^2$ devrait « normalement » (avec une probabilité élevée) se tenir, et de déterminer des « points critiques » comme ceux du tableau 1.8.

Dans le problème que nous venons de traiter, le point critique est 7,82. Dans un tel cas, deux situations peuvent alors se présenter, et deux issues sont possibles pour ce test :

a) toute valeur de $\chi^2$ *inférieure* à 7,82 est considérée *petite*, dans le sens où la probabilité d'avoir un tel $\chi^2$ (inférieur à 7,82) est grande ; dans ce cas, *on ne peut pas rejeter l'hypothèse nulle*. C'est le cas du problème ci-dessus ;

b) toute valeur de $\chi^2$ *supérieure* à 7,82 est considérée *grande*, dans le sens où la probabilité d'avoir un tel $\chi^2$ est petite ; dans ce cas, on doit *rejeter l'hypothèse nulle* ; ce sera le cas dans l'exemple ci-après (exemple 4).

Dans le tableau des points critiques, la définition d'une probabilité *petite* a été fixée à 5 %.

Dans l'exemple précédent, la distribution était celle d'une population « idéale », situation qui se rencontre souvent dans l'étude des résultats d'un jeu de hasard ou d'une expérience scientifique indéfiniment répétable. L'hypothèse nulle, dans ce cas, portait sur les *probabilités* respectives de chaque classe. Dans l'exemple que nous allons maintenant étudier, la population est *réelle* et ce sont les *fréquences* relatives des diverses classes qui vont nous intéresser.

**EXEMPLE 4**    Supposons qu'on s'intéresse à la distribution des revenus des familles immigrantes au Canada, afin de la comparer à celle de l'ensemble des familles canadiennes. Cette dernière nous est connue ; le tableau 1.9 la donne pour 1985.

Pour la population des immigrants, les données ne sont pas connues. On prélève donc, au hasard, un échantillon de 500 familles, et on détermine la distribution comme s'il s'agissait d'une population. On obtient les données du tableau 1.10, fictives mais vraisemblables. Nous les exprimons aussi en fréquences pour les rendre comparables plus facilement à celles du tableau 1.9.

L'examen de ces deux tableaux nous amène à constater que les familles immigrantes sont moins riches : elles ont une plus grande fréquence de revenus faibles et une plus petite de revenus élevés. Mais cette affirmation, vraie des 500 familles de l'échantillon, n'est peut-être pas vraie de l'ensemble

TABLEAU 1.9

**Distribution des revenus (en milliers de dollars) des familles canadiennes – 1985**

| Revenu | 0–15 | 15–25 | 25–40 | 40–60 | 60+ | TOTAL |
|--------|------|-------|-------|-------|-----|-------|
| Fréquence | 0,137 | 0,175 | 0,271 | 0,256 | 0,161 | 1,000 |

SOURCE : *Statistique Canada*

TABLEAU 1.10

**Distribution des revenus (en milliers de dollars) des familles immigrantes – 1985**

| Revenu | 0–15 | 15–25 | 25–40 | 40–60 | 60+ | TOTAL |
|--------|------|-------|-------|-------|-----|-------|
| Effectif | 80 | 92 | 163 | 110 | 55 | 500 |
| Fréquence | 0,160 | 0,184 | 0,326 | 0,220 | 0,110 | 1,000 |

de toutes les familles immigrantes au Canada. Il n'est pas impossible que l'*ensemble* des familles immigrantes ait un revenu distribué de la même façon que celui de l'ensemble des familles canadiennes. Les différences observées dans l'échantillon seraient alors le fruit du *hasard*. Pour répondre à la question, nous allons utiliser le même test d'ajustement, basé sur le calcul du $\chi^2$, que dans le premier exemple. Nous commençons, comme toujours, par énoncer l'hypothèse nulle que nous allons étudier.

*Hypothèse nulle :* Les revenus des familles immigrantes ont la même distribution de fréquences que ceux des familles canadiennes, soit

$$0,137 \quad 0,175 \quad 0,271 \quad 0,256 \quad 0,161$$

*Effectifs théoriques :* L'hypothèse nulle affirme toujours l'égalité de deux distributions, exprimées en probabilités ou en fréquences; toutefois *le calcul de* $\chi^2$ *se fait toujours sur des effectifs*. Une fois l'hypothèse nulle énoncée, nous devons calculer les effectifs théoriques, qui correspondent à la répartition de l'effectif total proportionnellement aux fréquences énoncées par l'hypothèse nulle. Dans notre exemple. on obtient

$$0,137 \times 500 \quad 0,175 \times 500 \quad 0,271 \times 500 \quad 0,256 \times 500 \quad 0,161 \times 500$$

ou encore

$$68,5 \quad 87,5 \quad 135,5 \quad 128 \quad 80,5$$

Le tableau suivant présente les données nécessaires au calcul de $\chi^2$

| | | | | | | TOTAL |
|--------|------|------|-------|-----|------|-------|
| Effectifs observés | 80 | 92 | 163 | 110 | 55 | 500 |
| Effectifs théoriques | 68,5 | 87,5 | 135,5 | 128 | 80,5 | 500 |

Calcul de $\chi^2$

$$\chi^2 = \frac{(80 - 68,5)^2}{68,5} + \frac{(92 - 87,5)^2}{87,5} + \cdots + \frac{(55 - 80,5)^2}{80,5}$$
$$= 1,93 + 0,23 + 5,58 + 2,53 + 8,08$$
$$= 18,35.$$

*Nombre de degrés de liberté :* Il y a 5 classes dans la distribution ; le nombre de degrés de liberté est donc

$$\nu = 5 - 1 = 4$$

Le point critique correspondant est 9,49.

*Conclusion :* La valeur de $\chi^2$ obtenue, 18,35, est supérieure au point critique (18,35 > 9,49). Nous devons donc *rejeter l'hypothèse nulle* et conclure que le revenu des familles immigrantes n'est pas distribué de la même manière que celui des familles canadiennes (Le hasard seul ne peut expliquer l'écart observé entre les deux distributions).   ☐

**Mise en garde.**   *Le test d'hypothèse décrit dans cette section est basé sur des calculs approximatifs qui ne sont valables que lorsque les effectifs sont grands. En pratique, on évite d'employer ce test si certains effectifs théoriques sont inférieurs à 5 (ou encore on regroupe des classes afin que tous les effectifs théoriques soient au moins égaux à 5).*

## Résumé

1. Les éléments d'une population sont appelés **unités statistiques**. Une **variable** fait correspondre une *valeur* à chaque élément de la population. Une variable est dite **qualitative** ou **quantitative** selon que ses valeurs représentent des qualités ou des quantités. Une variable quantitative est dite **discrète** si elle ne peut prendre que des valeurs isolées ; elle est dite **continue** si elle peut, théoriquement, prendre pour valeur tout nombre réel compris dans un intervalle.

2. Une **distribution** fait correspondre à chaque valeur $x$ d'une variable $X$ un **effectif** ou une **fréquence**, c'est-à-dire le nombre ou la proportion des unités statistiques pour lesquelles $X$ prend la valeur $x$. La somme des effectifs est appelée l'**effectif total**. La somme des fréquences est toujours égale à 1. Lorsque les valeurs d'une variable sont très nombreuses, on les groupe en **classes**, et c'est à ces classes que la distribution fait correspondre des effectifs ou des fréquences.

3. Le **diagramme à bâtons** est une représentation graphique qui s'applique aux variables qualitatives et aux variables quantitatives discrètes dont les valeurs sont relativement peu nombreuses (figure 1.2). Pour les variables dont les valeurs sont groupées — les variables continues et les variables discrètes à valeurs nombreuses — l'**histogramme** est une représentation graphique appropriée (figure 1.4). Dans un histogramme, c'est la *surface* du rectangle — et non sa hauteur — qui est proportionnelle à la fréquence (figure 1.5). Le **polygone des fréquences** se construit en joignant les milieux des bases supérieures des rectangles d'un histogramme (figure 1.6).

4. Pour **tester une hypothèse** concernant la population d'où est issu l'échantillon, on suit les étapes ci-dessous :

   a) On formule une **hypothèse nulle**, selon laquelle les fréquences de la distribution de la population sont égales à certaines fréquences données.

   b) On détermine les **effectifs théoriques**. Ce sont les effectifs qu'on s'attend à observer dans l'échantillon lorsque l'hypothèse nulle est vraie.

   c) On mesure la « distance » entre les effectifs théoriques ($T$) et les effectifs observés ($O$) par la quantité $\chi^2$ :

   $$\chi^2 = \sum \frac{(O - T)^2}{T}$$

   d) On *rejette l'hypothèse nulle* si la valeur de $\chi^2$ se révèle *trop grande*, c'est-à-dire si elle est supérieure au **point critique** trouvé dans le tableau 1.8, où $\nu$, le **nombre de degrés de liberté**, est égal au nombre de classes dans le tableau, moins 1.

Si l'on utilise la procédure décrite, la probabilité de rejeter l'hypothèse nulle lorsqu'elle est vraie est à peu près de 5 %. L'approximation est d'autant meilleure que les effectifs théoriques sont grands. Il est préférable d'éviter d'employer le test lorsque certains effectifs théoriques sont inférieurs à 5.

# Exercices

POPULATION ET VARIABLES

1. Dites lesquelles des variables suivantes sont respectivement quantitatives ou qualitatives :

   a) La superficie des lacs du Canada.

   b) Le pays d'origine des immigrants.

   c) La cause du décès, pour l'ensemble des décès dans un hôpital.

   d) Les effectifs étudiants dans les universités canadiennes.

e) Le nombre de tonnes kilométriques transportées par les différentes compagnies de camions.

f) L'intensité, en ampères, d'un courant électrique.

g) L'état matrimonial des employés d'une compagnie.

h) Le quotient intellectuel des étudiants d'une université.

i) L'ancienneté des employés d'une compagnie.

j) L'allégeance politique des électeurs.

Pour chacune de ces variables, donnez quelques-unes des valeurs possibles. Dans le cas des variables quantitatives, dites si elles sont discrètes ou continues.

DISTRIBUTIONS
ET
REPRÉSENTATIONS
GRAPHIQUES

2. Parfois il nous est possible, en faisant appel à ce que nous savons d'une situation familière, de décrire, *a priori*, la distribution approximative d'une variable. Dans chacun des cas suivants, on définit une population et une variable. Tentez de deviner l'allure de la distribution.

a) Population : l'ensemble des salariés de sexe masculin, vivant dans des régions urbaines du Canada. Variable : le salaire annuel.

b) Population : l'ensemble des naissances au Canada. Variable : l'âge de la mère.

c) Population : un ensemble de 1 000 Américains et de 1 000 Pygmées. Variable : la taille.

d) Population : un ensemble de 1 000 Américains et de 1 000 Français. Variable : la taille (Note : les Français sont légèrement plus petits que les Américains).

e) Population : un ensemble de paquets de 12 oranges, formés à partir d'un grand lot d'oranges dont 5 % sont gâtées. Variable : le nombre d'oranges gâtées.

f) Mêmes données qu'en (e), sauf que le pourcentage d'oranges gâtées dans le lot est 50 %.

g) Population : 36 000 lancers d'un dé. Variable : le résultat du lancer.

h) Population : les soldats canadiens de sexe masculin. Variable : la taille.

i) Population : les élèves d'une classe. Variable : leur note à un examen difficile.

j) Population : des boulons produits par une même machine. Variable : leur diamètre, en millimètres.

3. Voici le revenu net, exprimé en pourcentage des ventes, de 150 compagnies multinationales :

| | | | | | | | | | |
|---|---|---|---|---|---|---|---|---|---|
| 4,9 | 2,4 | 9,8 | 3,8 | 7,7 | 6,0 | 3,3 | 3,6 | 4,7 | 0,8 |
| 6,9 | 5,2 | 2,6 | 2,9 | 4,8 | 9,0 | 4,3 | 1,6 | 2,6 | 4,1 |
| 4,8 | 4,4 | 4,5 | 3,6 | 8,2 | 2,4 | 3,3 | 10,3 | 4,4 | 5,3 |
| 11,6 | 7,7 | 4,6 | 5,6 | 3,7 | 5,2 | 6,4 | 2,4 | 0,6 | 4,6 |
| 6,9 | 0,1 | 3,5 | 1,0 | 3,1 | 8,2 | 2,9 | 6,7 | 4,5 | 4,4 |
| 5,3 | 5,7 | 2,3 | 4,6 | 1,4 | 1,8 | 5,9 | 6,5 | 5,1 | 6,8 |
| 7,8 | 7,6 | 7,7 | 10,8 | 4,8 | 2,4 | 2,0 | 3,2 | 4,1 | 4,5 |
| 3,5 | 3,9 | 7,9 | 2,0 | 5,5 | 4,8 | 5,9 | 1,3 | 3,9 | 7,9 |
| 0,8 | 7,4 | 9,9 | 3,4 | 4,4 | 3,2 | 11,1 | 3,6 | 5,6 | 2,0 |
| 8,2 | 4,9 | 4,3 | 3,3 | 3,0 | 5,0 | 0,3 | 7,7 | 4,9 | 6,2 |
| 3,2 | 4,7 | 7,9 | 5,5 | 8,8 | 5,7 | 2,3 | 3,5 | 1,5 | 10,9 |
| 4,1 | 4,2 | 4,7 | 0,7 | 3,5 | 2,8 | 4,4 | 5,9 | 6,0 | 6,8 |
| 8,1 | 4,1 | 8,0 | 2,8 | 9,4 | 5,2 | 5,4 | 5,4 | 0,6 | 3,9 |
| 8,4 | 2,0 | 6,7 | 3,8 | 1,8 | 8,3 | 2,8 | 2,8 | 10,3 | 0,6 |
| 3,4 | 3,7 | 3,8 | 4,3 | 6,5 | 1,6 | 8,3 | 10,4 | 5,6 | 4,6 |

a) Présentez ces données sous la forme d'une distribution. Pour chaque classe, donnez l'effectif et la fréquence.

b) Représentez la distribution par un histogramme et par un polygone des fréquences. Construisez deux échelles verticales : l'une, à gauche, marquant l'effectif ; l'autre, à droite, marquant les fréquences.

4. Voici les gains hebdomadaires moyens (en dollars) dans 70 centres urbains en 1988 :

| | | | | | | | | | |
|---|---|---|---|---|---|---|---|---|---|
| 390 | 385 | 418 | 368 | 341 | 427 | 471 | 401 | 519 | 467 |
| 561 | 427 | 433 | 451 | 411 | 407 | 387 | 451 | 419 | 387 |
| 467 | 402 | 388 | 379 | 506 | 602 | 376 | 465 | 459 | 502 |
| 531 | 571 | 393 | 412 | 437 | 617 | 512 | 407 | 519 | 392 |
| 491 | 552 | 439 | 475 | 462 | 501 | 392 | 419 | 571 | 437 |
| 718 | 513 | 491 | 567 | 431 | 438 | 368 | 337 | 415 | 352 |
| 438 | 467 | 550 | 318 | 439 | 398 | 519 | 539 | 315 | 475 |

Présentez ces données sous la forme d'une distribution. Faites-en un histogramme et un polygone des fréquences.

5. Tracez le diagramme à bâtons de la distribution suivante de 300 accouchements selon les jours de la semaine :

| Jour | L | M | M | J | V | S | D | TOTAL |
|---|---|---|---|---|---|---|---|---|
| Effectif | 50 | 42 | 47 | 42 | 44 | 40 | 35 | 300 |

TEST DU KHI-DEUX

6. Supposons qu'un administrateur d'hôpital vous demande de vérifier si les accouchements, dont la distribution est donnée dans le problème précédent, se répartissent uniformément :

a) Formulez une hypothèse nulle, d'abord dans le langage courant, puis en termes d'une distribution.

b) Déterminez les effectifs théoriques. Expliquez en vos propres mots ce que ces effectifs signifient.

c) Calculez $\chi^2$.

d) Dites si la valeur de $\chi^2$ est trop grande ou pas assez, et dites en quel sens elle est « trop grande » ou « pas assez ».

7. Pour savoir si un dé est bien équilibré, on le lance 36 fois, et on obtient les résultats suivants :

| Résultat | 1 | 2 | 3 | 4 | 5 | 6 | TOTAL |
|---|---|---|---|---|---|---|---|
| Fréquence | 2/9 | 7/36 | 1/4 | 1/12 | 5/36 | 1/9 | 1 |

Tracez le diagramme à bâtons de la distribution et répondez aux mêmes questions qu'au numéro 6.

8. Il y a eu en une année 33 540 naissances dans une province du Canada. 17 206 de ces naissances étaient des garçons et 16 334 des filles. Est-ce un simple hasard que le nombre de garçons et de filles ne soit pas le même ? Formulez clairement votre hypothèse et explicitez votre démarche.

9. Au numéro 8, l'écart entre la distribution observée et la distribution théorique a été très significatif dans le sens où la valeur calculée de $\chi^2$ était de beaucoup supérieure au point critique. Pourtant, la proportion observée de garçons, 17 206 / 33 540 = 51,3 %, n'est pas très éloignée de ½. Quel sens donnez-vous alors à « très significatif » ?

10. Pour comparer l'aptitude en mathématiques des Orientaux à celle des Américains de race blanche, Tsang (1984) a examiné les résultats d'un échantillon de 10 097 étudiants orientaux au test de mathématiques du SAT (*Scholastic Aptitude Test*). La distribution des scores est donnée dans le tableau suivant, qui présente également la distribution, en fréquences, des scores de tous les Américains de race blanche.

| Score | Orientaux (effectif) | Américains blancs (fréquence) |
|---|---|---|
| 700–800 | 601 | 0,045 |
| 600–690 | 2 001 | 0,172 |
| 500–590 | 3 190 | 0,314 |
| 400–490 | 2 788 | 0,301 |
| 300–390 | 1 309 | 0,148 |
| 200–290 | 208 | 0,020 |

Y a-t-il une différence significative entre les Orientaux et les Américains de race blanche ?

DIVERS

11. Pour savoir si un dé est bien équilibré, on le lance 360 fois, et on obtient la même distribution qu'au numéro 7. Répétez l'exercice. Pouvez-vous expliquer les conclusions contradictoires ?

12. Le tableau suivant donne la distribution des revenus pour les gens ayant un niveau d'instruction élémentaire (hommes et femmes) au Canada en 1984.

**Distribution des revenus selon le sexe pour les gens ayant complété les seules études élémentaires – Canada, 1984**

| Revenu | Fréquence | |
|---|---|---|
| | Hommes | Femmes |
| 0– 1 000 | 0,028 | 0,055 |
| 1 000– 5 000 | 0,085 | 0,235 |
| 5 000–10 000 | 0,315 | 0,472 |
| 10 000–15 000 | 0,121 | 0,136 |
| 15 000–20 000 | 0,119 | 0,059 |
| 20 000–25 000 | 0,111 | 0,025 |
| 25 000–30 000 | 0,092 | 0,008 |
| 30 000–35 000 | 0,082 | 0,006 |
| 35 000–50 000 | 0,047 | 0,004 |

SOURCE : Adapté de l'*Annuaire du Canada*, 1986–87

a) Faites un histogramme pour la distribution des hommes et un autre pour celle des femmes.

b) Comparez ces deux distributions en utilisant leur polygone des fréquences.

13. Faites un histogramme pour représenter la distribution de l'âge des catholiques d'âge scolaire et pré-scolaire en 1979.

| Âge | Effectif | Âge | Effectif | Âge | Effectif |
|---|---|---|---|---|---|
| 0 | 46 159 | 7 | 59 733 | 14 | 83 817 |
| 1 | 60 271 | 8 | 63 002 | 15 | 85 831 |
| 2 | 62 812 | 9 | 64 828 | 16 | 88 157 |
| 3 | 62 754 | 10 | 63 817 | 17 | 80 105 |
| 4 | 64 010 | 11 | 65 504 | 18 | 84 682 |
| 5 | 60 204 | 12 | 69 365 | 19 | 81 404 |
| 6 | 60 001 | 13 | 74 630 | 20 | 75 453 |

SOURCE : *Le recensement scolaire.* Document statistique 53, Direction des études économiques et démographiques, Secteur de la planification, ministère de l'Éducation du Québec.

14. En 1976, 184 939 femmes âgées de 15 à 65 ans se sont mariées au Canada. Cette population de nouvelles mariées est divisée en trois sous-populations : les célibataires, les veuves et les divorcées. Voici la distribution de l'âge pour chacune des sous-populations.

**Répartition des mariages au Canada selon l'âge et l'état civil de l'épouse – 1976**

| Âge | État civil | | | Toutes |
| | Célibataires | Veuves | Divorcées | |
|---|---|---|---|---|
| 15–19 | 44 827 | 20 | 86 | 44 933 |
| 20–24 | 81 345 | 175 | 2 558 | 84 078 |
| 25–29 | 21 774 | 391 | 6 162 | 28 327 |
| 30–34 | 5 216 | 394 | 4 785 | 10 395 |
| 35–39 | 1 768 | 425 | 2 958 | 5 151 |
| 40–44 | 833 | 529 | 2 121 | 3 483 |
| 45–49 | 521 | 795 | 1 589 | 2 905 |
| 50–54 | 383 | 932 | 1 125 | 2 440 |
| 55–59 | 265 | 1 041 | 563 | 1 869 |
| 60–64 | 176 | 947 | 235 | 1 358 |
| Total | 157 108 | 5 649 | 22 182 | 184 939 |

SOURCE : *Annuaire du Canada*, 1980–1981

Comparez les trois distributions en construisant trois polygones des fréquences superposés.

15. Une équipe de chercheurs dispose de données sur la population suivante : l'ensemble de tous les accidents qui ont eu lieu au Québec en 1980 et qui ont entraîné des blessures corporelles. Pour la plupart des variables, il était aisé d'obtenir les données pour la population entière. Pour certaines autres variables, comme celles identifiant la position exacte du véhicule lors de l'accident, il était difficile d'en déterminer les valeurs et on ne pouvait se permettre de le faire pour une population entière. Il a donc fallu prélever un échantillon pour étudier la distribution de ces variables-là. On a prélevé un échantillon de 600 accidents. Malheureusement, l'échantillon n'a pas été prélevé de façon purement aléatoire, ce qui faisait douter de sa représentativité; on a choisi une variable particulière, la variable « gravité de la blessure », dont on connaissait la distribution pour la population entière ainsi que pour l'échantillon. Les deux distributions sont les suivantes :

| Blessure | Mortelle | Très grave | Grave | Pas grave | TOTAL |
|---|---|---|---|---|---|
| Fréquence (population) | 0,20 | 0,30 | 0,30 | 0,20 | 1 |
| Fréquence (échantillon) | 0,10 | 0,30 | 0,40 | 0,20 | 1 |

a) Formulez convenablement l'hypothèse que l'échantillon est représentatif.

b) Testez cette hypothèse et exprimez clairement votre conclusion.

16. La population des ménages canadiens a été divisée en deux sous-populations : les ménages dont le chef de famille est un homme; les ménages dont le chef de famille est une femme. Voici approximativement la distribution de l'âge du chef de famille pour les deux sous-populations. (Les données, tirées de l'*Annuaire du Canada 1980–1981*, ont été légèrement modifiées pour les besoins de cet exercice).

**Répartition des ménages canadiens selon l'âge et le sexe du chef de la famille – 1976 (en milliers)**

| Âge | Sexe du chef de famille | | |
|---|---|---|---|
| | Masculin | Féminin | Tous |
| 15–24 | 431 | 154 | 585 |
| 25–34 | 1 457 | 222 | 1 679 |
| 35–44 | 1 185 | 154 | 1 339 |
| 45–54 | 1 115 | 190 | 1 305 |
| 55–64 | 841 | 238 | 1 079 |
| 65–74 | 567 | 286 | 853 |
| 75–84 | 153 | 172 | 325 |
| Tous | 5 749 | 1 416 | 7 165 |

Construisez deux polygones des fréquences qui permettent de comparer les deux populations. Interprétez les différences.

17. Une firme de comptables agréés est chargée de surveiller un imprimeur de billets de loterie. Les billets sont numérotés de 10 000 à 99 999. L'un de ces billets, choisi au hasard par l'imprimeur, doit être le billet gagnant du gros lot. Les comptables observent les billets gagnants de 72 loteries consécutives. Leur objectif est de savoir si les numéros gagnants sont réellement choisis au hasard. Voici les données :

| 10252 | 17642 | 58391 | 57278 | 76217 | 13841 | 91276 | 21367 |
| 45222 | 64112 | 33914 | 39126 | 77319 | 23440 | 91328 | 21478 |
| 67315 | 38277 | 77319 | 44839 | 32187 | 85432 | 99877 | 34512 |
| 34156 | 52111 | 18394 | 27831 | 78989 | 49721 | 96543 | 45678 |
| 45220 | 72115 | 67313 | 34218 | 15268 | 76677 | 95212 | 53217 |
| 68221 | 32175 | 46317 | 57322 | 25681 | 47362 | 94323 | 67212 |
| 42178 | 64392 | 28491 | 18349 | 56122 | 21167 | 95121 | 77777 |
| 64568 | 69212 | 56319 | 57100 | 86341 | 12224 | 96131 | 21121 |
| 20351 | 24876 | 87719 | 83212 | 82119 | 83314 | 12133 | 31211 |

Quelle est votre conclusion?

18. Les deux tableaux en haut de la page opposée présentent la même distribution que le numéro 16, mais avec des classes formées de façons différentes. Il s'agit de la distribution de l'âge de la population canadienne de moins de 90 ans. Construisez, sur la même échelle, un histogramme correspondant à chacun des tableaux. (Un histogramme n'admet pas d'espaces vides entre les classes. Donc, dans le graphique, les limites des classes ne devraient pas être identiques à celles du tableau. Puisque « l'âge » signifie « l'âge au dernier anniversaire », les intervalles devraient être [0,5), [5,10), etc.).

19. Dans le cadre d'une étude sur les habitudes de lecture des élèves du secondaire, des chercheurs ont fait compléter un questionnaire à 1 687 élèves.* Avant d'analyser les réponses aux questions principales — celles traitant des habitudes de lecture — les chercheurs ont procédé à quelques comparaisons entre les données de leur échantillon et celles du recensement du Canada, afin de se rassurer sur la « représentativité » de leur échantillon. L'une des variables examinées est le sexe. Selon le recensement, la proportion de garçons dans la population est de 51,95 %. Dans l'échantillon, le nombre de garçons est de 847, soit 50,21 %. L'échantillon semble-t-il représentatif? (Qualifier un échantillon de « représentatif » est un abus de langage, car le terme suggère que l'échantillon est en tous points une réplique exacte de la population, chose impossible. Voir le numéro 15 pour une interprétation correcte du terme).

---

* *Rapport d'enquête sur les habitudes de lecture des élèves du secondaire*, Direction générale du développement pédagogique, ministère de l'Éducation du Québec.

**Deux distributions de l'âge, population canadienne de moins de 90 ans**

| Âge | Effectif (en milliers) | Âge | Effectif (en milliers) |
|---|---|---|---|
| 0–4 | 1 816 | 0–4 | 1 816 |
| 5–9 | 2 254 | 5–9 | 2 254 |
| 10–14 | 2 311 | 10–14 | 2 311 |
| 15–19 | 2 114 | 15–19 | 2 114 |
| 20–24 | 1 889 | 20–24 | 1 889 |
| 25–29 | 1 584 | 25–29 | 1 584 |
| 30–34 | 1 305 | 30–34 | 1 305 |
| 35–39 | 1 264 | 35–44 | 2 527 |
| 40–44 | 1 263 | 45–54 | 2 292 |
| 45–49 | 1 239 | 55–64 | 1 732 |
| 50–54 | 1 053 | 65–89 | 1 707 |
| 55–59 | 955 | | |
| 60–64 | 777 | | |
| 65–69 | 620 | | |
| 70–74 | 457 | | |
| 75–79 | 326 | | |
| 80–84 | 204 | | |
| 85–89 | 100 | | |
| TOTAL | 21 531 | TOTAL | 21 531 |

20. Les chercheurs (numéro 19) ont aussi étudié la répartition de leur échantillon selon le niveau scolaire et le sexe. Voici les distributions conjointes qu'ils ont obtenues :

| Niveau scolaire | Population Sexe M | F | TOTAL | Échantillon Sexe M | F | TOTAL |
|---|---|---|---|---|---|---|
| Sec. 1 | 0,104 | 0,088 | 0,192 | 0,107 | 0,099 | 0,206 |
| Sec. 2 | 0,089 | 0,113 | 0,202 | 0,105 | 0,101 | 0,206 |
| Sec. 3 | 0,106 | 0,095 | 0,201 | 0,110 | 0,105 | 0,215 |
| Sec. 4 | 0,110 | 0,092 | 0,202 | 0,100 | 0,099 | 0,199 |
| Sec. 5 | 0,092 | 0,111 | 0,203 | 0,086 | 0,088 | 0,174 |
| TOTAL | 0,501 | 0,499 | 1,000 | 0,508 | 0,492 | 1,000 |

Répondez à la même question qu'au numéro 19.

21. Les chercheurs mentionnés au numéro précédent ont examiné aussi la répartition de l'échantillon et de la population selon l'âge. Voici les deux distributions en pourcentages :

| Âge | 12 | 13 | 14 | 15 | 16 | 17 | 18+ | TOTAL |
|---|---|---|---|---|---|---|---|---|
| Population | 13,53 | 19,47 | 20,79 | 20,58 | 16,83 | 5,81 | 2,55 | 99,56 |
| Échantillon | 9,2 | 19,9 | 20,1 | 19,5 | 20,2 | 8,2 | 2,3 | 99,4 |

Répondez à la même question qu'au numéro 19.

22. Après avoir prélevé un échantillon de familles dans la zone métropolitaine de Montréal,* des chercheurs se proposent d'évaluer leur procédure de sélection de l'échantillon. Pour ce faire, ils examinent la distribution de la variable « scolarité du chef de ménage » dans l'échantillon et dans la population. Voici les deux distributions :

| | Scolarité | | TOTAL |
|---|---|---|---|
| | 0–7 ans | 8 ans ou plus | |
| Recensement canadien 1971 | 242 187 | 307 544 | 549 731 |
| Enquête sur les vacances 1978 | 162 | 625 | 787 |

Quelle est votre conclusion ?

23. Dans une étude célèbre, des données ont été prélevées sur 6 587 suicides en France. Voici la distribution des suicides selon le jour de la semaine :

| Jour | L | M | M | J | V | S | D | TOTAL |
|---|---|---|---|---|---|---|---|---|
| Effectif | 1 001 | 1 035 | 982 | 1 033 | 905 | 737 | 894 | 6 587 |

a) Testez l'hypothèse selon laquelle les suicides se répartissent uniformément sur les jours de la semaine.

b) Selon une certaine conjecture, les taux de suicide diminuent à l'approche d'un week-end. Plus précisément, le taux quotidien global pour l'ensemble des jours du vendredi au dimanche est inférieur au taux quotidien global

---

\* *Vacances et tourisme*, Cahier no 3, Centre de recherches urbaines et régionales, les Presses de l'Université du Québec.

pour l'ensemble des jours du lundi au jeudi. Est-ce que cette conjecture est vérifiée par les données ?

c) Testez l'hypothèse selon laquelle chacun des jours du lundi au jeudi a le même taux de suicide.

d) Testez l'hypothèse selon laquelle chacun des jours du vendredi au dimanche a le même taux de suicide.

e) Essayez de résumer en une phrase ou deux l'ensemble des conclusions tirées ci-dessus.

24. On affirme souvent que la qualité d'un produit manufacturé dépend du jour de la semaine où il a été fabriqué. Des données sont prélevées pour voir si c'est bien vrai. Au cours d'une longue période, on inspecte la production de 500 000 appareils de radio produits dans la même usine : 90 000 ont été produits un lundi, 109 000 un mardi, 106 000 un mercredi, 105 000 un jeudi et 90 000 un vendredi. De ces 500 000 appareils, 800 ont été trouvés défectueux. Les 800 appareils défectueux se répartissent comme ceci : lundi, 200 ; mardi, 144 ; mercredi, 128 ; jeudi, 136 ; vendredi, 192 ;

a) Testez l'hypothèse selon laquelle le taux de défectuosité est le même pour tous les jours de la semaine.

b) Testez l'hypothèse selon laquelle le taux de défectuosité est le même le lundi et le vendredi.

c) Testez l'hypothèse selon laquelle le taux de défectuosité est le même le mardi, le mercredi, et le jeudi.

d) Testez l'hypothèse selon laquelle le taux quotidien global de défectuosité le lundi et le vendredi est le même que le taux quotidien global du mardi au jeudi.

*25. Les parts du marché de 4 grandes marques de détergent, A, B, C et D sont, respectivement, de 10 %, 20 %, 30 % et 10 % ; une multitude d'autres compagnies se partagent les 30 % qui restent. Le fabricant de la marque A mène depuis plusieurs mois une campagne publicitaire dans le magazine X. Pour évaluer l'effet de cette publicité, il prélève un échantillon de 500 lecteurs du magazine X, les interroge sur la marque de savon qu'ils utilisent, et obtient les résultats suivants :

| Marque | A | B | C | D | Autres | TOTAL |
|---|---|---|---|---|---|---|
| Effectif | 80 | 100 | 130 | 50 | 140 | 500 |

a) Supposons qu'une seule question intéresse le fabricant de la marque A : « Les lecteurs du magazine X emploient-ils le savon A en plus grande proportion que l'ensemble des consommateurs ? » Faites un test pour répondre à cette question.

b) Supposons qu'en (a) vous avez conclu que les lecteurs du magazine X utilisent effectivement le savon A en plus grande proportion. Est-ce qu'on peut conclure que la publicité a un effet, ou bien est-ce que des doutes raisonnables persistent?

c) Supposons qu'en fait les lecteurs du magazine X emploient en plus grande proportion le savon A, et supposons que ce sont les annonces qui les ont attirés vers ce produit. Un analyste, en examinant les données du tableau ci-dessus, conclut que ce sont surtout les utilisateurs du savon C qui ont été attirés vers le savon A. Faites un test pour savoir si cette conclusion est justifiée.

*26. Au cours d'une négociation, la partie patronale affirme que les employés abusent des congés de maladie. Pour appuyer cette affirmation, elle présente les données suivantes, qui représentent la répartition de 500 absences *d'un jour*, chacune sous prétexte de maladie. (Le patron a délibérément omis tous les cas d'absence de plus d'un jour à la fois car il est prêt à concéder que ceux-là sont réellement dus à des maladies).

| Jour | L | M | M | J | V | TOTAL |
|------|-----|-----|-----|-----|-----|-------|
| Effectif | 129 | 80 | 82 | 81 | 128 | 500 |

Le patron fait remarquer que les absences sont particulièrement fréquentes les lundis et vendredis, ce qui laisse soupçonner que dans certains cas les absences n'avaient pour motif que celui de prolonger un week-end.

a) Faites un test pour déterminer si les absences sont réellement plus fréquentes les lundis et vendredis.

b) Le syndicat accepte le résultat en (a), mais il réplique que ceci ne démontre pas qu'il y ait eu des abus. Son argument : il rappelle que seules les absences d'un jour ont été retenues - les absences de deux jours consécutifs ou plus ont été omises, y compris celles du vendredi au lundi suivant. Donc, les absences du mardi, du mercredi et du jeudi représentent des maladies qui ont duré un seul jour, alors que les absences du lundi et du vendredi comptent non seulement des maladies d'un jour mais également des maladies de 2 jours et de 3 jours. Le syndicat prélève alors des données sur la durée d'une maladie mineure et trouve la distribution suivante :

| Durée (en jours) | 1 | 2 | 3 | 4 | TOTAL |
|------------------|-----|-----|-----|-----|-------|
| Fréquence | 0,5 | 0,2 | 0,1 | 0,2 | 1 |

Faites un test qui permet de démolir l'argument du patron.

# 2 Mesures de tendance centrale et de dispersion

**Introduction.**  L'histogramme et le polygone des fréquences permettent de visualiser aisément les caractéristiques essentielles d'une distribution. Ils nous permettent d'identifier approximativement le point autour duquel les valeurs se concentrent et dans quelle mesure elles se dispersent, de voir si la distribution est symétrique ou non. Cependant, toute cette information, qu'un graphique permet de saisir en un coup d'œil, est nécessairement imprécise. Nous attacherons donc une importance particulière aux caractéristiques que l'on peut *mesurer*. Une de ces caractéristiques est la **tendance centrale**; une autre est la **dispersion**.

## 2.1    Mesures de tendance centrale

La **tendance centrale** d'une distribution est la valeur autour de laquelle se concentrent en général les données. Il y a plusieurs façons de rendre cette notion précise, c'est-à-dire, de la mesurer. Nous présentons ici quatre mesures de tendance centrale : la **moyenne arithmétique**, le **mode**, la **médiane** et les **quantiles**. Chacune de ces mesures répond à sa façon à la question trop vague : quel est l'ordre de grandeur d'une donnée « typique » ?

**La moyenne arithmétique.**  La mesure de tendance centrale la mieux connue et la plus importante est la **moyenne arithmétique**, ou **moyenne** tout court. Étant donné $n$ nombres $x_1, x_2, \ldots, x_n$, leur moyenne arithmétique $\overline{x}$ est définie par :

$$\overline{x} = \frac{x_1 + x_2 + \ldots + x_n}{n} = \frac{\sum\limits_{i=1}^{n} x_i}{n} \, .$$

En mots, la moyenne arithmétique est la somme des données, divisée par le nombre de données.

*Remarque.*  *La notation $\Sigma$ (« sigma ») est expliquée en annexe pour ceux qui ne la connaissent pas. Pour simplifier la notation nous nous permettrons, lorsque cela ne risque pas de créer d'ambiguïtés, d'omettre l'indice et les bornes de sommation. Ainsi, nous écrirons :*

$$\sum x_i \text{ ou } \Sigma x \quad \text{au lieu de } \sum_{i=1}^{n} x_i \text{ ou } \sum_{i=1}^{n} x_i \, .$$

*EXEMPLE 1*    Dans une rue où habitent 21 ménages, on prend note du nombre d'enfants dans chaque ménage. On obtient les données suivantes :

0  1  1  1  1  1  1  2  2  2  2  2  2  2  2  2  2  2  3  3  4

La moyenne arithmétique du nombre d'enfants est :

$$\overline{x} = \frac{0+1+1+1+1+1+1+2+2+2+2+2+2+2+2+2+2+3+3+4}{21}$$

$$= \frac{38}{21}$$

$$= 1,8$$

Le nombre moyen d'enfants est de 1,8. La figure 2.1 illustre la distribution du nombre d'enfants. La position de la moyenne montre bien qu'il s'agit d'un nombre autour duquel les données se concentrent.     □

La notion de moyenne présente beaucoup d'analogies avec la notion de *centre de gravité* que l'on rencontre en physique. Si l'on imagine que chaque bâton d'un diagramme a une masse proportionnelle à sa hauteur et que l'on désire que le diagramme puisse se tenir en équilibre sur un pivot placé sous l'abscisse, c'est sous $\overline{x}$ que le pivot doit être placé.

**Le mode.** Dans la figure 2.1, on constate que la valeur « 2 » est très fréquente, et on pourrait bien vouloir la considérer comme valeur centrale. Ce genre de situation se répète assez souvent pour justifier l'introduction d'une nouvelle mesure de tendance centrale, le mode. Le **mode** est la valeur de la variable ayant la plus grande fréquence.

**EXEMPLE 2**     Le mode ne se révèle utile que lorsqu'il est plutôt prononcé, sinon il joue mal son rôle de mesure de tendance centrale. Considérez les données suivantes :

3   3   14   15   16   17   18   19     20

Leur mode est 3, mais on peut difficilement dire que c'est une valeur centrale ou une valeur représentative de l'ensemble des données.     □

**EXEMPLE 3**     Le mode a l'avantage d'être utilisable avec les données qualitatives. Ainsi la variable « langue maternelle » au Québec a pour mode le « français ».     □

**EXEMPLE 4**     Dans certaines situations, ni le mode ni la moyenne arithmétique ne peuvent servir de mesure de tendance centrale. Considérez les revenus annuels de douze ouvriers et celui du propriétaire d'une usine (en milliers de dollars) :

24,0  24,4  24,8  25,0  25,6  26,2  26,4  27,0  27,2  27,6  28,0  28,4  157,5

Chaque donnée est un mode, de sorte que cette mesure est ici sans intérêt. Quant à la moyenne arithmétique, elle vaut 36,3, un nombre éloigné de toutes les données. L'utilisation d'une autre mesure de tendance centrale semble ici souhaitable.     □

FIGURE 2.1    **Distribution du nombre d'enfants**

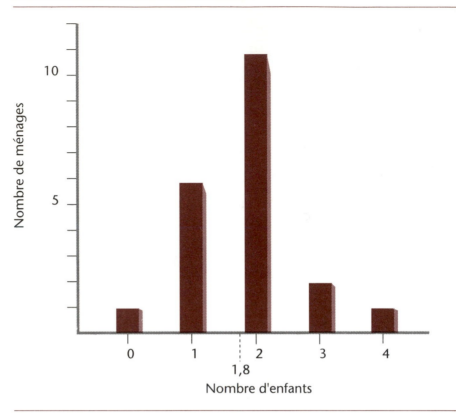

**Remarque.** *Il arrive parfois que deux ou plusieurs valeurs soient les plus fréquentes,* ex æquo. *Chacune de ces valeurs est alors un mode et on a affaire à une distribution bimodale ou multimodale.*

**La médiane.** La **médiane** est la donnée qui se situe au centre de la série lorsque celle-ci est écrite en ordre croissant ou décroissant. Par exemple, la médiane des données

$$2 \quad 5 \quad 6 \quad 9 \quad 11$$

est 6. Lorsque le nombre de données est pair, on définit la médiane comme la moyenne arithmétique entre les deux données centrales. Par exemple, la médiane des données

$$1 \quad 2 \quad 4 \quad 6 \quad 8 \quad 9 \quad 13 \quad 14 \quad 17 \quad 20$$

est

$$\frac{8+9}{2} = 8,5 \ .$$

L'avantage principal de la médiane, par rapport à la moyenne arithmétique, est qu'elle n'est pas indûment influencée par quelques données extrêmes. La médiane des données de l'exemple 4 est 26,4, une valeur plus raisonnable que la moyenne arithmétique de 36,3.

**Les quantiles.** La médiane sépare l'ensemble de toutes les valeurs de la variable en deux groupes d'égale fréquence (soit ½ ). Il s'avère intéressant de *généraliser* ce concept pour obtenir des points qui divisent les valeurs en $n$ groupes d'égale fréquence. C'est ainsi qu'on obtient la notion de **quantile**.

De façon générale, si $\alpha$ est un nombre compris entre 0 et 1, le **quantile d'ordre** $\alpha$ est le point tel qu'une proportion $\alpha$ des données se trouve « en dessous » et une proportion $1 - \alpha$ se trouve « au-dessus ». En pratique, on utilise les quantiles suivants :

- les **quartiles** $Q_1$, $Q_2$, $Q_3$ qui sont les quantiles d'ordre ¼, ½, ¾. Notons que $Q_2$ n'est autre que la médiane ;

- les **déciles** $D_1$, $D_2$, ..., $D_9$ qui sont les quantiles d'ordre ¹/₁₀, ²/₁₀, ..., ⁹/₁₀ ;

- les **centiles** $C_1$, $C_2$, ..., $C_{99}$ qui sont les quantiles d'ordre ¹/₁₀₀, ²/₁₀₀, ..., ⁹⁹/₁₀₀.

*EXEMPLE 5*     Considérons les 27 données suivantes :

$$1\ 1\ 2\ 3\ 3\ 4\ 4\ 5\ 5\ 5\ 5\ 5\ 5\ 6\ 6\ 6\ 7\ 7\ 7\ 8\ 9\ 9\ 9\ 9\ 9\ 9\ 9$$

Alors $Q_1 = 4$, $Q_2 = 6$, $Q_3 = 9$. En effet, $Q_1$ est la 7ᵉ donnée, $Q_2$ est la 14ᵉ et $Q_3$ la 21ᵉ. En général, on se convaincra aisément que, quand les $n$ données sont ordonnées, le quantile d'ordre $\alpha$ est

- soit la donnée dont le rang est l'entier le plus près de $\alpha n + \frac{1}{2}$ ;

- soit, si $\alpha n$ *est* entier, la moyenne des données de rangs respectifs $\alpha n$ et $\alpha n + 1$.     ☐

# 2.2    Mesures de dispersion

Une moyenne donne l'ordre de grandeur d'un ensemble de données, mais cette information se révèle presque toujours insuffisante. Considérez, par exemple, une classe dont la moyenne à un examen est 60. Cette classe peut être formée presque entièrement d'élèves très faibles et d'élèves très forts. Le nombre « 60 » n'étant qu'une moyenne, il peut cacher plusieurs réalités. Un indice de la **dispersion** des données par rapport à la moyenne s'impose.

On se convaincra, dans les trois exemples qui suivent, qu'une moyenne qui n'est pas accompagnée d'un indice de dispersion est beaucoup moins éloquente.

***EXEMPLE 6***    Un patient apprend de son médecin que sa pression intra-oculaire est de 19 alors que la pression moyenne pour ceux de son âge et de son sexe est de 17. Que peut-il conclure ? Le fait que ce patient s'écarte de la moyenne n'est pas nécessairement inquiétant, puisqu'en général, les données d'une population sont presque toutes distinctes de la moyenne. Mais s'écarte-t-il trop de la moyenne ? Pour le savoir, il faudrait qu'il sache de combien les autres membres de la population s'écartent de la moyenne. En d'autres termes, il lui faut une *mesure de la dispersion* des données par rapport à la moyenne.    □

***EXEMPLE 7***    La température moyenne à Montréal est de 6,9 °C. Ceci n'empêche pas la température de baisser à −30 °C en hiver et de monter à 30 °C en été.    □

***EXEMPLE 8***    Le service d'urgence d'un hôpital traite en moyenne 5 patients par heure. Puisque la *dispersion* du nombre d'arrivées de malades ou de blessés est en général très grande, il se peut très bien que, durant une certaine heure, il n'y ait qu'une seule arrivée ou même aucune et que, durant l'heure suivante il y en ait 10 ou 15. Si l'on veut éviter que le service soit trop souvent débordé, on doit l'organiser de telle sorte qu'il soit en mesure de traiter, par moments, beaucoup plus que 5 patients par heure. La demande moyenne d'un service est un indice inadéquat des ressources nécessaires à sa prestation.    □

**La variance.**    Soit $x_1, x_2, \ldots, x_n$ une série de $n$ données et $\overline{x}$ leur moyenne. La **variance** $s^2$ de ces données est la moyenne arithmétique des carrés des écarts à la moyenne :

$$s^2 = \frac{\sum (x_i - \overline{x})^2}{n}.$$

L'**écart-type** *s* est la racine carrée de la variance :

$$s = \sqrt{s^2} = \sqrt{\frac{\sum (x_i - \overline{x})^2}{n}}.$$

C'est l'*écart-type* que nous utiliserons comme mesure de dispersion.

***EXEMPLE 9***    Les données

$$3 \quad 4 \quad 4 \quad 4 \quad 6 \quad 9$$

ont pour moyenne $\overline{x} = 5$. Leur variance est (voir le tableau 2.1 qui illustre les calculs) :

$$\begin{aligned} s^2 &= \frac{(3-5)^2 + (4-5)^2 + (4-5)^2 + (4-5)^2 + (6-5)^2 + (9-5)^2}{6} \\ &= \frac{4 + 1 + 1 + 1 + 1 + 16}{6} \\ &= 4 \end{aligned}$$

TABLEAU 2.1    **Calcul de $s^2$**

| $x_i$ | $x_i - \bar{x}$ | $(x_i - \bar{x})^2$ |
|:---:|:---:|:---:|
| 3 | −2 | 4 |
| 4 | −1 | 1 |
| 4 | −1 | 1 |
| 4 | −1 | 1 |
| 6 | 1 | 1 |
| 9 | 4 | 16 |
| $\sum (x_i - \bar{x})^2$ | | 24 |

FIGURE 2.2    **Distribution des données**

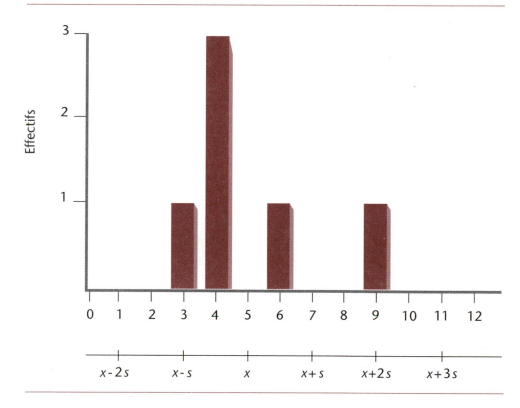

Leur écart-type est donc :

$$s = \sqrt{4} = 2$$

La figure 2.2 illustre la distribution de ces données au moyen d'un diagramme à bâtons. L'abscisse du graphique a été graduée en utilisant $\bar{x}$ et $s$ *afin de bien montrer leur rôle respectif dans la description numérique de la distribution.*

L'*interprétation* de la valeur d'un écart-type n'est pas aussi aisée que celle d'une moyenne. En comparant les écarts-types de deux séries de données, on peut arriver à certaines conclusions qualitatives.

**EXEMPLE 10**    Voici les revenus moyens des familles pour 5 régions du Canada, en 1951 et en 1978 en dollars constants (1971) :

| Région | Atlantique | Québec | Ontario | Prairies | Colombie-Britannique |
|--------|-----------|--------|---------|----------|----------------------|
| 1951 | 3 810 | 5 337 | 5 913 | 4 940 | 5 559 |
| 1978 | 9 744 | 11 569 | 12 921 | 12 129 | 13 320 |

L'écart-type est de 723,44 \$ en 1951 et de 1 253,99 \$ en 1978. Puisque l'écart-type est ici une mesure des disparités entre les régions, on peut conclure que ces disparités se sont élargies entre 1951 et 1978. Il faut noter, cependant, que même en dollars constants, les revenus sont en moyenne beaucoup plus élevés en 1978. On trouve en effet $\overline{x} = 5\,111,80$ \$ en 1951 et $\overline{x} = 11\,936,60$ \$ en 1978.

Même si, numériquement, l'écart-type est plus grand en 1978 qu'en 1951, on observe cependant que l'écart-type *relatif* $s/\overline{X}$ qui était de 0,142 en 1951 n'était plus que de 0,105 en 1978. Les valeurs de 1978 sont donc *relativement* moins dispersées que celles de 1951.    ▯

En somme, la comparaison des écart-types doit être relativisée pour les ordres de grandeur ; après tout, exprimés en grammes, les poids d'un échantillon d'éléphants seront infiniment plus dispersés que ceux d'un échantillon de souris... ce qui ne veut pas dire qu'« en soi » les poids des éléphants sont plus dispersés que ceux des souris.

## Calcul de la variance.    La formule
$$s^2 = \frac{\sum (x_i - \overline{x})^2}{n}$$

pour la variance d'une série de données constitue la définition de la variance et elle montre clairement ce que la variance mesure. Comme formule de calcul, cependant, elle ne se révèle pas très pratique. D'autres formules, équivalentes à celle-ci, sont en général plus faciles à utiliser. En voici quelques-unes :

$$s^2 = \frac{\sum x_i^2 - n\overline{x}^2}{n},$$

$$s^2 = \frac{\sum x_i^2 - (\sum x_i)^2/n}{n},$$

$$s^2 = \frac{\sum x_i^2}{n} - \overline{x}^2,$$

$$s^2 = \overline{x^2} - \overline{x}^2.$$

TABLEAU 2.2    **Calcul d'une variance**

| $x_i$ | $x_i^2$ |
|-------|---------|
| 3 | 9 |
| 4 | 16 |
| 4 | 16 |
| 4 | 16 |
| 6 | 36 |
| 9 | 81 |
| $\sum$  30 | 174 |

Ainsi, par exemple,

$$s^2 = \frac{\sum x_i^2 - (\sum x_i)^2/n}{n} = \frac{174 - 900/6}{6} = \frac{174 - 150}{6} = 4.$$

**Remarque.**  *Si l'on dispose d'une calculatrice qui possède au moins deux mémoires, l'emploi de ces dernières formules évite d'avoir à introduire deux fois la liste des observations. On peut en effet affecter une mémoire au calcul de $\sum x_i^2$ et une autre à celui de $\sum x_i$. Ces deux sommes, convenablement traitées, permettent d'obtenir rapidement la variance $s^2$. Cette procédure est schématisée par le tableau 2.2 (où l'on reprend les données de l'exemple 9).*

**Remarque.**  *Une mise en garde s'impose : ne jamais arrondir trop tôt les résultats intermédiaires. L'exemple 11 illustre le genre de péril auquel on s'expose en arrondissant trop la valeur de $\overline{x}$ dans le calcul de $s^2$.*

*EXEMPLE 11*    Considérons les trois observations suivantes :

$$136 \quad 137 \quad 139$$

Un calcul rapide donne $\overline{x} = 137{,}333\,3\dots$ et $\overline{x^2} = 18\,862$. On obtient donc $s^2 = \overline{x^2} - \overline{x}^2 = 1{,}555\,5\dots$, ce qui est correct. Si l'on arrondit $\overline{x}$ à 137,3, on trouve $s^2 = 18\,862 - (137{,}3)^2 = 10{,}71$, valeur près de 7 fois trop grande et carrément erronée. Une imprécision apparemment anodine sur la valeur de $\overline{x}$ peut facilement ruiner, comme on le voit, le calcul de $s^2$.    ☐

**Remarque.**  *On aura sans doute trouvé « naturelle » notre définition de la variance comme une sorte de moyenne ($\frac{1}{n}$) des carrés des écarts à la moyenne ($(x_i - \overline{x})^2$). Certains auteurs et certains fabricants de calculatrices, toutefois, utilisent plutôt un facteur « $\frac{1}{n-1}$ » dans cette définition. Nous reviendrons au chapitre 8 sur les raisons, techniques, qui motivent le choix de l'une ou l'autre de ces formules. Qu'il vous suffise, pour l'instant, de vérifier quelle formule est utilisée dans votre calculatrice.*

**L'écart interquartile.**    Il arrive que l'information donnée par $\overline{x}$ et $s$ ne fournisse pas un portrait aussi précis qu'on le voudrait de la réalité : c'est particulièrement vrai lorsqu'il y a plusieurs données « extrêmes » ou quand la distribution est très peu symétrique. On utilise alors l'**écart interquartile**, $E$, défini par

$$E = Q_3 - Q_1 \,.$$

Les deux exemples qui suivent montrent bien comment l'écart interquartile mesure la dispersion de la population, en évaluant la largeur de l'intervalle qui contient la moitié des valeurs et en négligeant les valeurs extrêmes.

**EXEMPLE 12**    Considérons les données suivantes :

$$2 \quad 2 \quad 2 \quad 2 \quad 3 \quad 4 \quad 4 \quad 5 \quad 22$$

Selon la règle énoncée à la page 37, le rang du 1$^{\text{er}}$ quartile est l'entier le plus près de $9/4 + 1/2$, soit 3. On voit que $Q_1 = 2$, $Q_2 = 3$ et $Q_3 = 4$. Donc $E = 4 - 2 = 2$.    □

**EXEMPLE 13**    Avec les données suivantes,

$$-8 \quad 1 \quad 2 \quad 3 \quad 4 \quad 5 \quad 6 \quad 1 \quad 22$$

on trouve, en procédant de façon analogue,

$$E = Q_3 - Q_1 = 6 - 2 = 4.$$    □

*Remarque.*    *On utilise quelquefois, mais beaucoup plus rarement, l'écart interdécile $(D_9 - D_1)$ et l'écart intercentile $(C_{99} - C_1)$.*

## 2.3    Moyennes et variance d'une distribution

Dans les sections précédentes, on a défini les mesures de tendance centrale et de dispersion pour une série de données $x_1, x_2, \ldots, x_n$. Ces notions *s'appliquent également aux distributions*, puisque la différence entre une distribution et une série de données est une simple question de présentation.

**EXEMPLE 14**    Considérons la distribution suivante du nombre d'enfants dans les ménages d'une rue :

| Nombre d'enfants | 0 | 1 | 2 | 3 | 4 | TOTAL |
|---|---|---|---|---|---|---|
| Effectif | 1 | 6 | 11 | 2 | 1 | 21 |

On peut déterminer les mesures de tendance centrale et de dispersion à l'aide des définitions et formules des sections précédentes ; il suffit de présenter cette distribution sous sa forme originale, celle d'une série de données :

$$0\ 1\ 1\ 1\ 1\ 1\ 1\ 2\ 2\ 2\ 2\ 2\ 2\ 2\ 2\ 2\ 2\ 2\ 3\ 3\ 4$$

En pratique, cette opération est inutile, souvent très laborieuse et parfois impossible. On peut trouver directement les mesures de tendance centrale et de dispersion à l'aide de procédés ou de formules que l'on déduit facilement de ceux des sections précédentes.                                                               ☐

**Le mode.**    Le mode se trouve plus aisément à partir d'une distribution qu'à partir d'une série de données. Dans l'exemple 14, le mode est évidemment 2, car cette valeur, observée 11 fois, est la plus fréquente.

Dans le cas d'une distribution où les *valeurs sont groupées*, nous ne parlerons pas de mode, mais plutôt de **classe modale**. Si les classes sont toutes de même largeur, la classe modale est celle qui a le plus grand effectif ou la plus grande fréquence. Si les classes sont de largeur variable, on se réfère à l'histogramme et la classe modale correspond alors au rectangle le plus élevé. Dans l'exemple illustré par la figure 1.5 (page 11), la classe modale est l'intervalle (15, 20), même si la classe (25, 35), qui est deux fois plus large, a un effectif supérieur.

**La médiane et les quantiles.**    On peut repérer la donnée centrale ou les données centrales sans ranger les données en série. Dans l'exemple 14, on sait que la médiane est la 11$^e$ donnée. La première est un « 0 » ; les 6 suivantes sont des « 1 » ; ensuite, de la huitième à la dix-huitième, les données sont des « 2 ». Donc, la onzième donnée est un « 2 », et c'est la médiane. De façon tout à fait analogue, on voit que le 1$^{er}$ quartile $Q_1$ est « 1 », et le 3$^e$, $Q_3$, est « 2 ».

Pour les valeurs groupées, la médiane et les divers quantiles peuvent être estimés, par **interpolation**. Comme l'illustre l'exemple 15, l'idée de base consiste à *faire comme si les observations de chaque classe étaient uniformément réparties dans cette classe*. Graphiquement, après avoir identifié la classe contenant la médiane ou le quantile cherché, il suffit de déterminer à quel endroit il faut découper l'histogramme pour que la surface de partie gauche représente exactement la proportion désirée de la population.

***EXEMPLE 15***    Supposons que l'on cherche $Q_1$ et $Q_3$ de la distribution suivante :

| $x$ | $0 \leq x < 5$ | $5 \leq x < 10$ | $10 \leq x < 15$ | $15 \leq x < 20$ | $20 \leq x < 25$ |
|---|---|---|---|---|---|
| Fréquence | 0,10 | 0,17 | 0,34 | 0,31 | 0,08 |

On voit immédiatement que $Q_1$ est dans la deuxième classe, $Q_3$ dans la quatrième. En effet, puisque les trois premières classes contiennent une proportion totale de 61 % de la population et les quatre premières 92 %, c'est donc dans le quatrième que se situe le point sous lequel il y a 75 % de la population, c'est-à-dire $Q_3$.

**Recherche de $Q_1$**

Présentons d'abord le problème graphiquement :

*FIGURE 2.3*

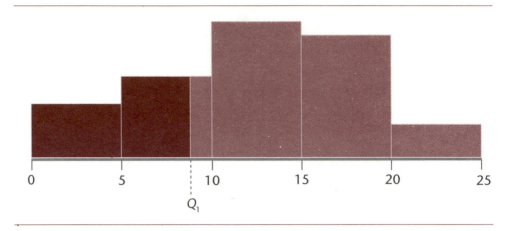

On voit que la répartition de l'aire ombragée correspond à l'équation suivante :

$0,25$ = (aire du $1^{er}$ rectangle) + (aire de la partie du $2^e$ rectangle à gauche de $Q_1$).

Le rapport de cette dernière aire sur l'aire totale du $2^e$ rectangle (soit $0,17$) est égal au rapport de la longueur $Q_1 - 5$ sur la longueur ($5$) de la base. L'équation peut donc se récrire

$$0,25 = 0,10 + \frac{Q_1 - 5}{5}(0,17).$$

Après quelques manipulations algébriques, on trouve

$$Q_1 = \frac{5(0,25 - 0,10)}{0,17} + 5$$

$$\simeq 9,41.$$

**Recherche de $Q_3$**

Un raisonnement et un calcul analogues nous donnent

$$Q_3 = \frac{5(0,75 - 0,61)}{0,31} + 15 \simeq 17,26.$$

On notera que le terme $0,61$ correspond à la fréquence totale des classes qui précèdent la quatrième. ▯

**La moyenne arithmétique.**    Soit $x_1, x_2, \ldots, x_k$, les valeurs distinctes d'une variable et $n_1, n_2, \ldots, n_k$ les effectifs correspondants. Alors la moyenne arithmétique est donnée par :

$$\overline{x} = \frac{\sum\limits_{i=1}^{k} x_i n_i}{n} \, .$$

**EXEMPLE 16**   Considérons les données de l'exemple 14 ; on peut les présenter en un tableau :

| $x_i$ | $n_i$ | $x_i n_i$ |
|-------|-------|-----------|
| 0 | 1 | 0 |
| 1 | 6 | 6 |
| 2 | 11 | 22 |
| 3 | 2 | 6 |
| 4 | 1 | 4 |
| TOTAL | 21 | 38 |

Donc $\overline{x} = {}^{38}/_{21} \simeq 1,8$.

Remarquez que la formule ci-dessus peut s'écrire

$$\overline{x} = \sum_{i=1}^{k} x_i \left( \frac{n_i}{n} \right) \, . \qquad \qquad \square$$

Posons $f_i = n_i/n$ ; $f_i$ est la fréquence de la valeur $x_i$. On peut calculer la moyenne arithmétique à partir des fréquences seulement : les effectifs ne sont pas indispensables. Si $f_1$, $f_2$, ..., $f_k$ sont les fréquences des valeurs $x_1$, $x_2$, ..., $x_k$, alors la moyenne arithmétique est donnée par :

$$\overline{x} = \sum x_i f_i \, .$$

Lorsque les *valeurs sont groupées*, les mêmes formules s'appliquent, sauf qu'alors les $x_i$ représentent les *points milieux* des classes. Dans ce cas, la valeur qu'on obtient pour $\overline{x}$ n'est qu'une **approximation** de la véritable moyenne. On a dû faire comme si les observations de chaque classe étaient uniformément réparties à l'intérieur de cette classe (ou comme si elles étaient toutes concentrées au centre de la classe). Avec des données groupées, c'est le mieux qu'on puisse faire. Il va de soi que si l'une des classes extrêmes se rend jusqu'à l'infini, son point milieu doit être remplacé par une valeur *raisonnable*.

**La variance.**   Soit $x_1$, $x_2$, ..., $x_k$ les valeurs d'une variable, $n_1$, $n_2$, ..., $n_k$ les effectifs et $f_1$, $f_2$, ..., $f_k$ les fréquences. On peut déduire plusieurs formules pour la variance des formules de la section précédente :

$$s^2 = \frac{\sum (x_i - \overline{x})^2 n_i}{n},$$

$$s^2 = \sum (x_i - \overline{x})^2 f_i,$$

$$s^2 = \frac{\sum x_i^2 n_i - (\sum x_i n_i)^2 / n}{n},$$

$$s^2 = \sum x_i^2 f_i - \overline{x}^2,$$

$$s^2 = \overline{x^2} - \overline{x}^2.$$

***EXEMPLE 17***    Voici la distribution du revenu familial de 1 000 Québécois dont le revenu, en 1981, était compris entre 2 000 $ et 25 000 $.

| Revenu $X$ (en milliers de dollars) | Point milieu | Effectif | Fréquence |
|---|---|---|---|
| $2 \le X < 4$ | 3,0 | 100 | 0,100 |
| $4 \le X < 6$ | 5,0 | 116 | 0,116 |
| $6 \le X < 10$ | 8,0 | 177 | 0,177 |
| $10 \le X < 15$ | 12,5 | 225 | 0,225 |
| $15 \le X < 20$ | 17,5 | 217 | 0,217 |
| $20 \le X < 25$ | 22,5 | 165 | 0,165 |
| | | 1 000 | 1,000 |

L'histogramme de cette distribution est le suivant :

Comme le montre clairement l'histogramme, c'est la classe $(4, 6)$ qui est la classe modale même si ce n'est pas cette classe qui a reçu le plus d'observations. En effet, les six classes étant de largeur respective 2, 2, 4, 5, 5 et 5, les hauteurs des rectangles de l'histogramme sont respectivement proportionnelles à :

$$50 \quad 58 \quad 44{,}25 \quad 45 \quad 43{,}4 \quad 33$$

C'est donc le second rectangle qui est le plus haut.

La moyenne arithmétique peut être *estimée* par :

$$\overline{x} = \frac{\sum x_i n_i}{n}$$

$$= \frac{(3 \times 100) + (5 \times 116) + (8 \times 177) + (12{,}5 \times 225) + (17{,}5 \times 217) + (22{,}5 \times 165)}{1\,000}$$

$$= \frac{12\,618{,}5}{1\,000}$$

$$= 12{,}618\,5$$

*FIGURE 2.4*    **Distribution du revenu familial de 1 000 Québécois**

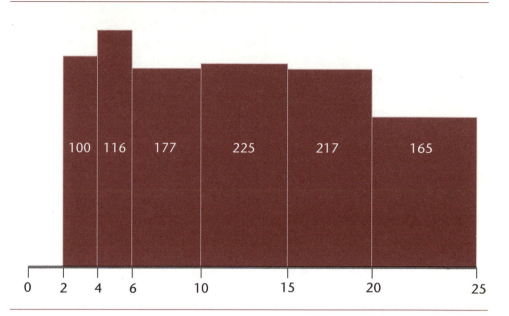

ou encore par :

$$\overline{x} = \sum x_i f_i$$
$$= (3 \times 0{,}100) + (5 \times 0{,}116) + (8 \times 0{,}177) + (12{,}5 \times 0{,}225) + (17{,}5 \times 0{,}217)$$
$$+ (22{,}5 \times 0{,}165)$$
$$= 12{,}618\,5$$

De même, $\overline{x^2}$ peut être estimé par :

$$\overline{x^2} = \sum x_i^2 f_i$$
$$= (3^2 \times 0{,}100) + (5^2 \times 0{,}116) + (8^2 \times 0{,}177) + (12{,}5^2 \times 0{,}225)$$
$$+ (17{,}5^2 \times 0{,}217) + (22{,}5^2 \times 0{,}165)$$
$$= 200{,}271\,75$$

On obtient donc $s^2 = \overline{x^2} - \overline{x}^2 = 41{,}045\,2$ et $s = \sqrt{s^2} = 6{,}406\,7$.    ☐

Rappelons encore que la moyenne et la variance calculées à partir de données groupées ne constituent que des *approximations des valeurs véritables* qui, elles, sont inaccessibles puisqu'on ne dispose pas de la liste détaillée de toutes les observations individuelles.

**Les moustaches.** Les techniques descriptives représentent toujours un compromis : entre la nécessité de condenser les données et celle de préserver l'information et entre l'attrait visuel d'un dessin et la précision des mesures numériques. On peut imaginer plusieurs présentations intermédiaires entre la distribution complète, d'une part, et une ou deux mesures statistiques, d'autre part. Une tendance moderne consiste à résumer les données par cinq indices : le centre des données, leurs limites, et les limites de la moitié centrale des données. Le choix le plus naturel serait la médiane, les limites inférieure et supérieure des données, et le premier et troisième quartiles. Ainsi on séparerait la distribution en quatre classes de *fréquences* égales.

Cette approche est attrayante par sa simplicité et s'avère satisfaisante dans la plupart des cas. Nous ne la présentons pas ici, cependant, car elle est un peu *trop* simple : elle peut à l'occasion cacher certaines caractéristiques qui méritent d'être mises en évidence. En particulier, elle ne permet pas de détecter des données exceptionnelles — extrêmement grandes ou extrêmement petites. De telles données sont significatives et on a intérêt à les isoler et à les examiner de près.

Considérons les données suivantes, qui représentent les revenus annuels, en milliers de dollars, de 29 fermes :

| | | | | | |
|------|------|------|------|------|-------|
| 1,3  | 4,5  | 22,2 | 33,5 | 49,2 | 71,1  |
| 1,7  | 9,4  | 24,8 | 37,5 | 58,3 | 85,9  |
| 1,9  | 10,3 | 29,0 | 38,7 | 60,9 | 169,3 |
| 3,1  | 10,4 | 29,5 | 44,4 | 61,8 | 181,6 |
| 4,2  | 21,7 | 29,7 | 46,3 | 70,0 |       |

Ces données sont présentées dans l'histogramme de la figure 2.5, dans lequel on voit que certaines des données sont excessivement grandes. La médiane n'est pas affectée par ces données extrêmes; ce sera donc le premier repère. La médiane est la 15 ième donnée, soit 29,7.

Il serait naturel ensuite de considérer $Q_1$ et $Q_3$ comme autres repères. Mais pour des raisons que nous ne discuterons pas ici nous choisirons plutôt deux autres points, généralement assez semblables à $Q_1$ et $Q_3$, que nous appellerons **charnières**. Ce sont les médianes des deux moitiés de données séparées par la médiane. La situation est schématisée par la droite suivante, où l'échelle est celle des rangs et non celle des données :

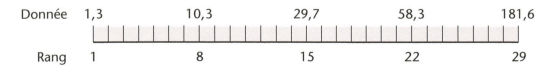

L'une des charnières est la médiane des données de rang 1 à 15, l'autre est celle des données de rang 15 à 29. Ce sont donc les données de rang 8 et de

FIGURE 2.5    **Revenus annuels de 29 fermes**

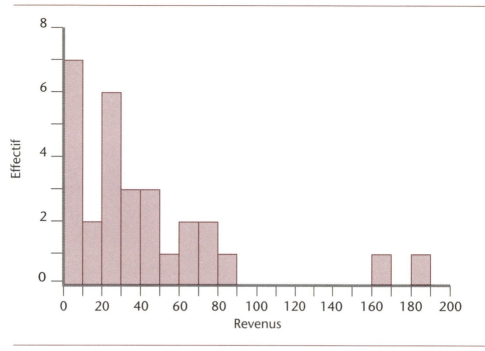

rang 22, soit 10,3 et 58,3. Les chiffres 10,3, 29,7, et 58,3 situent les données centrales.

Nous devons ensuite déterminer des nombres qui situent les extrémités de la distribution. Comme nous l'avons dit plus haut, la plus petite et la plus grande données pourraient servir, 1,3 et 181,6 dans l'exemple. Mais nous ne sommes pas très satisfaits du chiffre 181,6 : c'est bien la plus grande donnée, mais elle est beaucoup trop grande. La présenter comme limite, c'est cacher le fait que très peu de données sont de cet ordre de grandeur. Nous cherchons plutôt des limites « normales », donc des points qui ne s'éloignent pas trop des charnières. Pour des raisons théoriques, nous définirons une distance normale comme une distance qui ne dépasse pas *une fois et demie* l'écart entre les charnières. Dans les données ci-dessus, l'écart entre les charnières est

$$58,3 - 10,3 = 48$$

et donc un écart normal aux charnières est

$$1,5 \times 48 = 72.$$

Toutes les données qui s'écartent de la charnière la plus proche de plus de 72 seront considérées anormales et donc isolées. L'intervalle à l'intérieur duquel toutes les données sont normales est donc

$$(10,3 - 72 \, ; \, 58,3 + 72),$$

FIGURE 2.6    **Moustache représentant les revenus annuels de 29 fermes
(en milliers de dollars)**

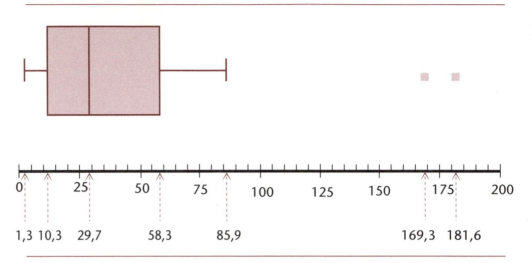

soit                              $(-61,7 \, ; \, 130,3)$.

Nous n'allons pas nous en tenir à ces limites, pour des raisons évidentes : la première limite est négative, ce qui n'a pas de sens; et les deux sont trop éloignées des données contenues dans l'intervalle. Nous présenterons plutôt, les plus petite et plus grande données comprises dans cet intervalle. La plus petite donnée dans l'intervalle $(-61,7 \, ; \, 130,3)$ est 1,3; la plus grande est 85,9. Nous présenterons donc, en définitive, les cinq repères suivants :

$$1,3 \, ; \, 10,3 \, ; \, 29,7 \, ; \, 58,3 \, ; \, 85,9.$$

Nous ajoutons à cela l'information qu'il y a deux données extrêmes, soit :

$$169,3 \quad \text{et} \quad 181,6$$

Ces chiffres — les cinq repères et les deux données extrêmes — peuvent être présentés dans un graphique comme celui de la figure 2.6, un type de graphique que nous appelons **moustache**. Le rectangle, dont les côtés gauche et droit représentent les deux charnières, est divisé par une droite verticale située au niveau de la médiane. Des tiges s'étendent vers la gauche et vers la droite, la première aboutissant à la limite inférieure 1,3; la seconde à la limite supérieure 85,9.

Une moustache révèle les caractéristiques essentielles d'une distribution : le rectangle est long ou court selon que les données sont concentrées ou dispersées; la position du rectangle est celle de la partie centrale des données. En particulier, lorsque la distribution est symétrique le rectangle se trouve en plein centre et ses deux parties sont égales. Mais une moustache n'est pas uniquement visuelle : une échelle permet de repérer les cinq indices et les données extrêmes. La moustache permet de voir qu'environ la moitié centrale des données se situe entre 10,3 et 58,3 (ou à peu près, selon le détail de l'échelle) ; que presque toutes les données sont entre 1,3 et 85,9 ; et que celles qui ne s'y trouvent pas sont 169,3 et 181,6.

Dans n'importe quelle analyse, des données telles que ces deux dernières ne doivent pas passer inaperçues. Dans cet exemple nous devrions tenter d'expliquer pourquoi ces fermes sont si grandes comparées aux autres. Les chiffres sont-ils erronés ? Si non, s'agit-il d'une autre forme de culture ? S'agit-il de fermes coopératives ou corporatives ? Si oui, devrait-on traiter cette catégorie comme une strate à part ? Seul le contexte permet d'expliquer ces données ; mais la moustache a permis de les signaler.

*Remarque.* *Lorsque le nombre de données est impair, la médiane intervient dans le calcul des deux charnières. Sinon, les charnières sont calculées à partir de deux moitiés disjointes. Le calcul des médianes se fait selon les conventions établies à la section 2.1. Lorsque le nombre de données est pair, la médiane est la moyenne arithmétique des deux données centrales. Ceci s'applique aussi bien au calcul des charnières qu'à celui de la médiane de l'ensemble des données.*

## 2.4 Transformation linéaire

Le passage des degrés Fahrenheit aux degrés Celsius, la relation entre les valeurs respectives de deux monnaies, la relation entre la distance parcourue par un taxi et le montant indiqué au compteur ne constituent que trois exemples d'une des transformations mathématiques les plus utilisées. De façon générale, soit $X$ une variable, $a$ et $b$ deux constantes et soit $Y$ une variable définie en fonction de $X$ par l'équation

$$Y = a + bX \ .$$

Cette **transformation linéaire** associe à chaque valeur $x_i$ de $X$ une valeur $y_i$ de $Y$ par le calcul $y_i = a + bx_i$. Alors la moyenne et la variance de chacune des deux variables sont données en fonction l'une de l'autre par

$$\overline{y} = a + b\overline{x}$$

et par

$$s_Y^2 = b^2 s_X^2 \ .$$

De cette dernière équation on obtient l'écart-type de $Y$ :

$$s_Y = |b| s_X$$

où $|b|$ est la *valeur absolue* de $b$.

**EXEMPLE 18**

Soit $X$ le salaire des employés d'une compagnie. Supposons que $\overline{x} = 18\,500\,\$$ et $s = 2\,000\,\$$. Supposons que chaque employé recevra l'année prochaine une augmentation de 15 % du salaire, plus un montant forfaitaire de 1 000 $. Soit $Y$ le revenu des employés l'année prochaine. Chaque salaire $x_i$ se verra transformé en un revenu $y_i$ calculé comme ceci :

$$y_i = 1\,000 + 1{,}15 x_i\,.$$

En d'autres termes, la variable $Y$ est liée à la variable $X$ par l'équation :

$$Y = 1\,000 + 1{,}15 X.$$

Donc, le revenu moyen des employés l'année prochaine sera :

$$\begin{aligned}
\overline{y} &= 1\,000 + 1{,}15\overline{x} \\
&= 1\,000 + 1{,}15(18\,500) = 22\,275.
\end{aligned}$$

L'écart-type sera :

$$\begin{aligned}
s_Y &= |1{,}15| s_X \\
&= 1{,}15(2000) \\
&= 2\,300\,.
\end{aligned}$$

&#x25AF;

## 2.5    Variable centrée réduite ou cote Z

La transformation linéaire particulière que nous étudions ici est souvent utile ; elle permet de passer d'une variable $X$ à une variable $Z$ **centrée réduite**, ainsi appelée parce que sa moyenne est 0 et son écart-type 1. Soit donc une variable $X$ et soit $Z$ une autre variable, définie en fonction de $X$ par l'équation

$$Z = \frac{X - \overline{x}}{s_X}\,.$$

Notons que $Z$ est souvent appelée la « **cote** $Z$ » de $X$. C'est une transformation linéaire qu'on peut écrire sous la forme $Z = a + bX$ :

$$Z = \frac{-\overline{x}}{s_X} + \left(\frac{1}{s_X}\right)X.$$

La moyenne de $Z$ est donc :

$$\overline{z} = \frac{-\overline{x}}{s_X} + \left(\frac{1}{s_X}\right)\overline{x} = 0,$$

et son écart-type est :

$$s_Z = \frac{1}{s_X} s_X = 1.$$

**EXEMPLE 19**    Vous passez un test psychologique et vous obtenez le score $x = 70$. Si vous ne connaissez pas bien ce test, vous ne pouvez pas interpréter ce résultat. Si l'on vous dit que la moyenne de la population est $\overline{x} = 60$, vous avez un premier élément d'information utile : vous savez que vous vous situez à $x - \overline{x} = 70 - 60 = 10$ unités au-dessus de la moyenne. Mais vous ne savez pas encore si cet écart à la moyenne est important ou non. Pour pouvoir l'évaluer, il faut que vous ayez une mesure de l'écart « typique », et c'est précisément ce que mesure l'écart-type. Si l'on vous dit que l'écart-type est $s_X = 5$, alors vous savez que votre écart à la moyenne est de 2 fois l'écart typique. Ce chiffre, « 2 », est votre cote $Z$. Elle s'interprète mieux que le score brut de 70.    ☐

La cote $Z$ s'avère particulièrement utile lorsqu'on traite de variables dont la distribution ne nous est pas familière. Il n'est peut-être pas nécessaire de calculer une cote $Z$ pour savoir si un Canadien ayant un revenu de 80 000 $ par an est aisé ou non. Mais une cote $Z$ serait certainement utile pour situer un Russe dont le revenu est de 4 000 roubles par années. Si la cote $Z$ correspondant à 4 000 roubles est 2, le Russe se situe à 2 écarts-types au dessus de la moyenne et il est plutôt aisé relativement à ses compatriotes. En effet, quelle que soit l'unité de mesure originale, une cote $Z$ de 2 représente une valeur importante.

En quel sens est-ce important? C'est important dans le sens où la proportion des membres d'une population qui se situent à 2 écarts-types ou plus de la moyenne est petite. Ceci découle d'un théorème, dû au mathématicien russe P. L. Tchebychev, duquel on peut déduire, entre autres, qu'à 2 écarts-types ou plus de la moyenne on ne retrouve jamais plus de $1/4 = 1/2^2$ de la population; qu'à 3 écarts-types ou plus de la moyenne on ne retrouve jamais plus de $1/9 = 1/3^2$ de la population; et qu'à 4 écarts-types ou plus de la moyenne on ne retrouve jamais plus de $1/16 = 1/4^2$ de la population. Voici l'énoncé de ce théorème :

*Théorème de Tchebychev :* Soit $k$ un nombre supérieur à 1, et soit $p$ la proportion des membres de la population dont la cote $Z$ est soit supérieure ou égale à $k$, soit inférieure ou égale à $-k$. Alors $p$ n'est jamais supérieure à $1/k^2$.

Il convient de préciser que, dans la plupart des cas, la valeur véritable de $p$ est beaucoup plus petite que la borne qu'on obtient en utilisant l'inégalité de Tchebychev.

**EXEMPLE 20**    Considérons une variable $X$ de moyenne $\overline{x} = 100$ et d'écart-type $s_X = 10$. Alors le théorème de Tchebychev permet d'affirmer que : au plus $1/2^2 = \frac{1}{4}$ des individus seront à au moins 2 écarts-types de $\overline{x}$, donc *hors* de l'intervalle $(80, 120)$; au plus $1/3^2 = \frac{1}{9}$ des individus seront *hors* de l'intervalle $(70, 130)$; au plus $1/4^2 = \frac{1}{16}$ des individus seront *hors* de l'intervalle $(60, 140)$; etc.    ☐

***EXEMPLE 21***    Une chaîne de supermarchés annonce tous les jeudis des ventes à prix réduits. Le gérant de l'un de ces supermarchés décide un jour de mettre une annonce supplémentaire dans un journal local. Habituellement, ce gérant reçoit en moyenne 2 000 clients le jeudi ; ce jeudi-là, il en reçoit 2 400. Peut-il conclure que son annonce dans le journal local a eu un effet ? La question est de savoir si cet écart de 400 est suffisament grand pour être significatif, c'est-à-dire, pour être attribué à plus qu'un simple hasard. Supposons que l'écart-type du nombre de clients reçus le jeudi est $s = 80$. Alors le nombre 2 400 correspond à une cote $Z$ de $(2\,400 - 2\,000)/80 = 5$. Cette cote $Z$ importante porte à croire que l'annonce a bien eu l'effet voulu.    ☐

## 2.6    Moyennes pondérées et moyennes ajustées

La moyenne d'une série de données est la somme des données divisée par le nombre de données. Cependant, lorsque les données sont elles-mêmes des moyennes, chaque donnée doit être **pondérée**, c'est-à-dire qu'elle doit être affectée d'un poids qui reflète son importance.

***EXEMPLE 22***    Les gains hebdomadaires moyens, en dollars, pour les 10 provinces canadiennes, en 1985, étaient les suivants :

$$405,89 \quad 306,74 \quad 381,99 \quad 401,98 \quad 449,89$$

$$455,32 \quad 408,06 \quad 438,20 \quad 496,72 \quad 504,43$$

La moyenne de ces 10 nombres est 424,92 $. Mais est-ce la moyenne des gains hebdomadaires pour l'ensemble du Canada ? Non, parce que chacune des 10 moyennes est basée sur un nombre différent d'individus. La moyenne qui convient est une moyenne *pondérée*. Le tableau 2.3 donne les gains hebdomadaires ainsi que la distribution de la population active selon la province.

La moyenne pondérée se calcule en prenant la somme des produits des moyennes par les fréquences.

$$\text{Moyenne} = (405,89 \times 0,018) + (306,74 \times 0,005) + \ldots + (504,43 \times 0,113)$$
$$= 455,81$$    ☐

La moyenne pondérée n'est pas une nouvelle sorte de moyenne ; nous voulons uniquement attirer l'attention sur l'importance, dans le calcul d'une *moyenne de moyennes*, de prendre en compte le poids relatif de chacun des termes. La situation se complique lorsqu'on veut comparer les moyennes

TABLEAU 2.3    **Gains hebdomadaires pour les dix provinces canadiennes, 1985**

| Province | Gains (en dollars) | Proportion de la population active |
|---|---|---|
| Terre-Neuve | 405,89 | 0,018 |
| Île-du-Prince-Édouard | 306,74 | 0,005 |
| Nouvelle-Écosse | 381,99 | 0,031 |
| Nouveau-Brunswick | 401,98 | 0,024 |
| Québec | 449,89 | 0,251 |
| Ontario | 455,32 | 0,379 |
| Manitoba | 408,06 | 0,041 |
| Saskatchewan | 438,20 | 0,039 |
| Alberta | 496,72 | 0,099 |
| Colombie-Britannique | 504,43 | 0,113 |
| | | 1,000 |

SOURCE : *Annuaire du Canada*, 1986–87

pondérées respectives de deux populations différemment réparties. Pour éviter dans ce cas les aberrations que peuvent produire les variations de fréquences, on choisit souvent d'utiliser une *pondération* commune. On parle alors de **moyennes ajustées**.

*EXEMPLE 23*    Un échantillon de 1 731 francophones bilingues et de 191 anglophones bilingues a été prélevé. Le tableau 2.4, adapté d'un texte de François Vaillancourt,* donne leurs salaires annuels moyens, en dollars, pour l'année 1970, selon la catégorie d'emploi.

TABLEAU 2.4    **Salaires des francophones et anglophones, par catégorie d'occupation**

| Occupation | Francophones | | Anglophones | | Effectif total |
|---|---|---|---|---|---|
| | Salaire (en dollars) | Effectif | Salaire (en dollars) | Effectif | |
| Cadres et ingénieurs | 10 243 | 261 | 13 505 | 41 | 302 |
| Santé / éducation | 8 505 | 147 | 7 784 | 12 | 159 |
| Employés de bureau | 5 924 | 272 | 5 841 | 35 | 307 |
| Vendeurs | 7 498 | 218 | 8 882 | 32 | 250 |
| Employés de production | 6 242 | 833 | 6 292 | 71 | 904 |
| TOTAL | | 1 731 | | 191 | 1 922 |

* Département de sciences économiques et centre de recherche en développement économique, *Cahier 7904*, Université de Montréal, 1979.

Afin de comparer francophones et anglophones, nous calculons la moyenne de chaque groupe. Ensuite, pour pondérer, nous utilisons les effectifs échantillonnaux, supposant que ceux-ci sont à peu près proportionnels aux effectifs des populations respectives. Pour les francophones, la moyenne est :

$$\frac{(10\,243 \times 261) + (8\,505 \times 147) + (5\,924 \times 272) + (7\,498 \times 218) + (6\,242 \times 833)}{1\,731} = 7\,146$$

Un calcul analogue pour les anglophones donne 8 285 $. Cette différence de 1 139 $ entre francophones et anglophones pourrait être l'effet de deux facteurs : 1) les francophones occupent des emplois moins payants ; 2) pour une même catégorie d'emploi, les francophones sont moins bien payés. Il est évident que le premier facteur joue un rôle important ici. On trouve, par exemple, que 21 % des anglophones sont des cadres et ingénieurs alors que seulement 15 % des francophones le sont. D'autre part, 48 % des francophones sont des employés de production alors que seulement 37 % des anglophones le sont. Ceci a pour effet de baisser la moyenne des francophones. Nous voudrions calculer deux moyennes de telle sorte que la différence entre francophones et anglophones ne puisse pas être attribuée à des effets comme ceux-ci. En d'autres termes, nous voudrions que la différence entre les deux ne soit pas affectée par des différences de pondération.

La solution consiste à employer une *même pondération* pour les deux moyennes. Quelle pondération ? Trois choix s'offrent à nous : la pondération des francophones, la pondération des anglophones, ou une pondération qui reflète la distribution de la catégorie d'emploi dans la population *combinée* des francophones et anglophones. Ces méthodes sont toutes valables, mais nous considérons ici la dernière seulement. Nous supposons encore une fois que l'ensemble des deux échantillons représente bien la population des anglophones et francophones réunis.

Utilisant la pondération donnée par les effectifs totaux, la *moyenne ajustée* pour les francophones est :

$$\frac{(10\,243 \times 302) + (8\,505 \times 159) + (5\,924 \times 307) + (7\,498 \times 250) + (6\,242 \times 904)}{1\,922} = 7\,170$$

et la *moyenne ajustée* pour les anglophones est :

$$\frac{(13\,505 \times 302) + (7\,784 \times 159) + (5\,841 \times 307) + (8\,882 \times 250) + (6\,292 \times 904)}{1\,922} = 7\,814$$

Remarquez que la différence s'amenuise : elle est de 644 $ au lieu de 1 139 $. La différence de 1 139 $ est en partie due au fait que la distribution de la catégorie d'emploi n'est pas la même dans les deux populations, tandis que la différence de 644 $ ne peut être attribuée qu'au fait que, pour une catégorie d'emploi donnée, les francophones sont en moyenne moins bien payés.    ◻

# Résumé

1. Soit $x_1, x_2, \ldots, x_n$ une série de données. La **moyenne arithmétique** est définie par :

$$\overline{x} = \frac{\sum x_i}{n} \, .$$

Le **mode** est la valeur ayant la plus grande fréquence. Supposons que les données sont rangées en ordre croissant ou décroissant. La **médiane** est la donnée centrale, lorsque $n$ est impair ; elle est la moyenne arithmétique des deux données centrales lorsque $n$ est pair. Au moins une moitié des données est inférieure ou égale à la médiane ; et au moins une moitié est supérieure ou égale à la médiane.

Le **quantile d'ordre** $\alpha$ est soit la donnée dont le rang est l'entier le près de $\alpha n + \frac{1}{2}$ ; soit, si $\alpha n$ est entier, la moyenne des données de rangs respectifs $\alpha n$ et $\alpha n + 1$.

En prenant pour $\alpha$ des multiples de $1/4$, on obtient les quartiles ; en prenant des multiples de $1/10$ on obtient les déciles ; en prenant des multiples de $1/100$ on obtient les centiles.

La **variance** $s^2$ se définit par l'une ou l'autre des formules équivalentes suivantes :

$$s^2 = \frac{\sum (x_i - \overline{x})^2}{n} = \frac{\sum x_i^2 - n\overline{x}^2}{n} = \frac{\sum x_i^2 - (\sum x_i)^2/n}{n}$$
$$= \overline{x^2} - \overline{x}^2.$$

L'**écart-type** $s$ est la racine carrée de $s^2$.

L'**écart interquartile** $E$ est la différence des $3^e$ et $1^e$ quartiles : $E = Q_3 - Q_1$.

2. Soit $x_1, x_2, \ldots, x_k$ les valeurs distinctes d'une variable, $n_1, n_2, \ldots, n_k$ les effectifs correspondants et $f_1, f_2, \ldots, f_k$ les fréquences correspondantes. Soit $n = \sum n_i$ l'effectif total. Le mode est la valeur $x$ à laquelle correspond la fréquence $f_i$ la plus grande. On peut repérer la médiane en imaginant les $n$ données écrites au long.

La moyenne arithmétique se calcule par l'une ou l'autre des formules suivantes :

$$\overline{x} = \frac{\sum x_i n_i}{n} = \sum x_i f_i \, .$$

La variance est calculée par l'une ou l'autre des formules suivantes :

$$s^2 = \frac{\sum (x_i - \overline{x})^2 n_i}{n} = \frac{\sum x^2 n_i - (\sum x_i n_i)^2/n}{n} = \overline{x^2} - \overline{x}^2 \, .$$

Les mêmes formules s'appliquent aux données groupées en prenant pour $x_i$ le point milieu de la $i$-ème classe. Les résultats, cependant, sont *approximatifs*.

3. Soit $X$ une variable de moyenne $\overline{x}$ et de variance $s_X^2$. Soit $Y = a + bX$ où $a$ et $b$ sont des constantes. Alors la moyenne $\overline{y}$, la variance $s_Y^2$ et l'écart-type $s_Y$ de $Y$ sont donnés par :

$$\overline{y} = a + b\overline{x} \qquad s_Y^2 = b^2 s_X^2 \qquad s_Y = |b| s_X.$$

4. Soit $X$ une variable de moyenne $\overline{x}$ et d'écart-type $s_X$. La nouvelle variable

$$Z = \frac{X - \overline{x}}{s_X}$$

est **centrée réduite**, car de moyenne nulle et de variance 1. On l'appelle souvent **cote Z**. Soit $p$ la proportion des membres d'une population dont la cote $Z$ est soit supérieure ou égale à $k$, soit inférieure ou égale à $-k$, où $k$ est un nombre supérieur à 1. Alors $p$ n'est jamais supérieure à $1/k^2$.

5. Une définition générale de $\overline{x}$ est $\overline{x} = \Sigma x_i f_i$, où les $f_i$ représentent des « poids » qui reflètent l'importance relative de chaque valeur et dont la somme vaut 1. Ces poids sont souvent les fréquences d'une distribution, mais lorsque les $x_i$ sont des moyennes de sous-populations, les $f_i$ sont alors proportionnels aux tailles des sous-populations. Dans ce cas, $\overline{x}$ est dite **moyenne pondérée** des $x_i$. Parfois, les moyennes de deux populations ou plus sont calculées avec une pondération commune, habituellement celle qui s'appliquerait à la réunion de ces populations. Ces moyennes sont appelées **moyennes ajustées**.

## Exercices

MESURES DE
TENDANCE
CENTRALE

1. Calculez la moyenne arithmétique et la médiane des données suivantes. Déterminez aussi le mode, s'il existe.

   a) 2   2   3   3   3   4   4   4   4   4   5   5   6   7   8

   b) 7,1   8,2   9,4   11,2   14,5   18,3   12,5

   c) 2,8   2,7   3,9   4,7   2,8   1,9   7,8   8,4

2. Déterminez la médiane et le mode de chacune des séries suivantes :

   a) 20   21   22   23   24

   b) 20   21   22   23   38

   c) 5   21   22   23   24

3. Déterminez les trois quartiles de chacune des séries suivantes :

   a) 0   1   1   1   2   3   3   3   3   4   7   9   9   9   12

   b) 10   8   2   4   10   6   6   4   6

   c) 2   2   2   2   2   2   2   8   10   12   20   30   40

4. Déterminez la moyenne arithmétique, la médiane et les quartiles des séries suivantes :

a) 1  2  3  4  ...  31

b) −20  −19  −18  ...  −1  0  1  2  ...  20

5. Calculez la variance et l'écart-type de chacune des séries données aux numéros 1 et 2.

6. Laquelle des deux séries suivantes vous semble la plus dispersée ? Confirmez votre réponse en calculant l'écart-type de chacune.

     A : 40 49 50 51 60
     B : 48 49 50 51 52

7. Laquelle des deux séries suivantes vous semble la plus dispersée ? Confirmez votre réponse en calculant l'écart-type de chacune.

     A :  40  50  60  70  80
     B :  40  59  60  61  80

8. La série B ci-dessous est obtenue en ajoutant 10 à chaque membre de la série A. Intuitivement, comment se comparent les deux écarts-types ? Confirmez votre intuition en calculant les deux écarts-types.

     A :  0  5   10  15  20
     B :  10  15  20  25  30

9. La série B ci-dessous est obtenue en multipliant par 5 chaque membre de la série A. Intuitivement, comment se comparent les deux écarts-types ? Confirmez votre intuition en calculant les deux écarts-types.

     A :  0  5  10  15  20
     B :  0  25  50  75  100

10. Calculez la variance de la série suivante en employant les trois formules données dans la section 2.2.

          5  8  12  16  19

11. Calculez l'écart interquartile de chacune des séries données aux numéros 3 et 4.

12. Comparez les diverses mesures de tendance centrale et de dispersion que l'on peut utiliser pour décrire la série suivante de notes (sur 10) à un examen de statistique.

    7 7 0 10 4 8 8 8 4 7 7 8 0 4 4 8 8 8 8

13. Les données suivantes représentent les revenus moyens des ménages dans 100 subdivisions de recensement. Construisez une moustache pour les représenter. Quelles sortes de quartiers seront au-delà des limites ?

| | | | | | | | | | |
|---|---|---|---|---|---|---|---|---|---|
| 13 441 | 16 870 | 18 269 | 19 366 | 20 364 | 21 295 | 22 196 | 23 504 | 26 248 | 30 214 |
| 13 489 | 17 186 | 18 365 | 19 498 | 20 495 | 21 410 | 22 323 | 23 548 | 26 385 | 32 720 |
| 13 893 | 17 353 | 18 540 | 19 533 | 20 754 | 21 440 | 22 350 | 23 580 | 26 713 | 33 532 |
| 14 052 | 17 428 | 18 542 | 19 725 | 20 798 | 21 580 | 22 361 | 23 598 | 26 736 | 33 750 |
| 15 383 | 17 465 | 18 555 | 19 806 | 20 799 | 21 597 | 22 436 | 24 130 | 26 789 | 34 406 |
| 16 333 | 17 617 | 18 712 | 19 974 | 20 877 | 21 722 | 22 496 | 24 299 | 27 651 | 35 136 |
| 16 347 | 17 648 | 18 905 | 20 139 | 20 883 | 21 787 | 22 533 | 24 423 | 28 002 | 38 275 |
| 16 370 | 17 825 | 18 966 | 20 230 | 21 160 | 21 888 | 22 681 | 24 476 | 28 041 | 39 307 |
| 16 480 | 17 875 | 18 982 | 20 271 | 21 232 | 21 909 | 22 845 | 25 002 | 28 698 | 44 853 |
| 16 510 | 18 151 | 19 182 | 20 306 | 21 240 | 22 137 | 22 914 | 25 364 | 28 881 | 49 754 |

SOURCE : Statistique Canada

14. Les données suivantes représentent les revenus nets, exprimés en pourcentage des ventes, de 74 compagnies. Tracez une moustache pour les représenter.

| | | | | | | | | |
|---|---|---|---|---|---|---|---|---|
| 0,1 | 2,6 | 3,5 | 4,1 | 4,7 | 5,6 | 7,7 | 9,4 |
| 0,7 | 2,8 | 3,5 | 4,2 | 4,8 | 5,7 | 7,8 | 15,2 |
| 0,8 | 2,9 | 3,6 | 4,3 | 4,8 | 6,5 | 7,9 | 18,5 |
| 1,0 | 3,0 | 3,7 | 4,3 | 4,8 | 6,7 | 7,9 | 25,3 |
| 1,4 | 3,1 | 3,7 | 4,4 | 4,9 | 6,9 | 8,0 | |
| 1,8 | 3,2 | 3,8 | 4,4 | 4,9 | 6,9 | 8,1 | |
| 2,0 | 3,3 | 3,8 | 4,5 | 5,2 | 7,4 | 8,2 | |
| 2,0 | 3,4 | 3,8 | 4,6 | 5,3 | 7,6 | 8,2 | |
| 2,3 | 3,4 | 3,9 | 4,6 | 5,5 | 7,7 | 8,4 | |
| 2,4 | 3,5 | 4,1 | 4,7 | 5,5 | 7,7 | 8,8 | |

**MESURES D'UNE DISTRIBUTION**

15. Déterminez la moyenne arithmétique, la médiane, le mode, la variance et l'écart-type de la distribution suivante :

| Valeur | 0 | 5 | 7 | 8 | TOTAL |
|---|---|---|---|---|---|
| Effectif | 1 | 3 | 4 | 2 | 10 |

Employez les formules de la section 2.3, puis recommencez les calculs en appliquant les formules de la section 2.2 à la série :

0  5  5  5  7  7  7  7  8  8

Examinez de près les deux séries de calculs pour constater que les deux méthodes reviennent au même.

16. Laquelle des deux variables suivantes vous semble la plus dispersée ? Justifiez votre réponse à l'aide de graphiques et des deux écarts-types :

**Variable X**

| $x$ | 1 | 2 | 3 | 4 | 5 | TOTAL |
|---|---|---|---|---|---|---|
| Effectif | 3 | 1 | 2 | 1 | 3 | 10 |

**Variable Y**

| $y$ | 1 | 2 | 3 | 4 | 5 | TOTAL |
|---|---|---|---|---|---|---|
| Effectif | 1 | 2 | 4 | 2 | 1 | 10 |

17. Déterminez la moyenne arithmétique, le mode, la médiane, la variance et l'écart-type de la distribution suivante :

| Valeur | 1 | 2 | 3 | 4 | 5 | TOTAL |
|---|---|---|---|---|---|---|
| Fréquence | 0,1 | 0,4 | 0,2 | 0,2 | 0,1 | 1 |

18. Déterminez l'écart interquartile de chacune des distributions suivantes.

a)

| $x$ | 1 | 2 | 5 | 6 | 8 | 9 | TOTAL |
|---|---|---|---|---|---|---|---|
| Effectif | 3 | 3 | 9 | 6 | 5 | 11 | 37 |

b)

| $x$ | $0 \leq x < 4$ | $4 \leq x < 8$ | $8 \leq x < 16$ | $16 \leq x \leq 20$ |
|---|---|---|---|---|
| Fréquence | 0,12 | 0,37 | 0,19 | 0,32 |

**TRANS-FORMATIONS LINÉAIRES**

19. Soit $x_1$, $x_2$, $x_3$, $x_4$, $x_5$ la série suivante :

$$5 \quad 7 \quad 11 \quad 13 \quad 15$$

Construisez une nouvelle série $y_1$, $y_2$, $y_3$, $y_4$, $y_5$, en multipliant chaque terme de la première série par 2 puis en ajoutant 10 au produit. Énumérez les éléments de cette deuxième série. Calculez la moyenne $\overline{x}$ et la variance $s_X^2$ de la première série, ainsi que la moyenne $\overline{y}$ et la variance $s_Y^2$ de la deuxième série. Vérifiez que $\overline{y} = 2\overline{x} + 10$ et que $s_Y^2 = 4s_X^2$.

20. Calculez la moyenne et l'écart-type de la série :

$$2 \quad 5 \quad 7 \quad 9 \quad 12$$

Employez la moyenne et l'écart-type obtenus pour calculer la moyenne et l'écart-type de la série :

$$2\,012 \quad 2\,030 \quad 2\,042 \quad 2\,054 \quad 2\,072$$

21. La moyenne et la variance d'une série de températures quotidiennes, en degrés Celsius, sont respectivement 18 et 25. Déterminez la moyenne et la variance de la même série, exprimée en degrés Fahrenheit.

COTE Z

22. Votre note est de 68 dans une classe où la moyenne est de 54 et l'écart-type est de 14. Quelle est votre cote $Z$?

23. Calculez la cote $Z$ de chaque membre de la série 5   7   8   9   11, puis calculez la moyenne et la variance des 5 cotes $Z$.

24. Un médecin vous dit que votre pression intra-oculaire est de 23. Pour une population de 100 000 personnes de votre âge, la pression moyenne est de 17 avec un écart-type de 2,5. Combien, au maximum, y a-t-il de personnes dans la population qui ont une pression au moins aussi éloignée de la moyenne que la vôtre?

MOYENNES PONDÉRÉES OU AJUSTÉES

25. Deux cent cinquante étudiants répartis en six groupes ont suivi un cours de statistique. Le nombre d'étudiants et la note moyenne de chaque groupe sont indiqués dans le tableau suivant :

| Groupe | Nombre d'étudiants | Moyenne du groupe |
|--------|--------------------|--------------------|
| 1 | 47 | 63 |
| 2 | 38 | 61 |
| 3 | 30 | 68 |
| 4 | 55 | 54 |
| 5 | 40 | 72 |
| 6 | 40 | 73 |

Calculez la moyenne des 250 étudiants.

26. Le propriétaire de deux concessions de vente d'automobiles analyse le rendement de ses deux concessions. La concession $X$ a vendu 313 voitures à un prix moyen de 16 262 $; la concession Y a vendu 295 voitures à un prix moyen de 13 831 $. Avant de reprocher au gérant de la concession Y de vendre les voitures à un prix trop bas, le propriétaire examine le détail des ventes par catégories de voitures. Le concessionnaire X a vendu 43 voitures de catégorie A, 50 de catégorie B, 70 de catégorie C et 150 de catégorie D. Le concessionnaire Y a vendu 10 voitures de catégorie A, 20 de catégorie B, 65 de catégorie C et 200 de catégorie D. Le prix moyen, en milliers de dollars, pour chaque concessonnaire et pour chaque catégorie de voitures est donnée par le tableau suivant :

**Prix moyen par catégorie de voitures (en milliers de dollars)**

| | A | B | C | D |
|---|---|---|---|---|
| X | 30 | 22 | 15 | 11 |
| Y | 31 | 23 | 14 | 12 |

Calculez une moyenne pour chaque concessionnaire de façon que la différence entre les deux moyennes ne soit pas affectée par la différence dans les distributions des catégories de voitures.

27. Soit $X$ le revenu annuel des corporations multinationales dont le siège social est situé au Canada; et soit $Y$ le revenu annuel des petites et moyennes entreprises du Canada. D'après vous, l'écart-type de $X$ est-il supérieur ou inférieur à celui de $Y$? Discutez.

28. Calculez l'écart-type des températures en janvier et l'écart-type des températures en juillet à Montréal à partir des données suivantes :

**Températures moyennes à Montréal – janvier et juillet, 1965–1976 (en degrés Celsius)**

| Année | Janvier | Juillet |
|---|---|---|
| 1965 | −10,0 | 20,0 |
| 1966 | − 9,4 | 21,7 |
| 1967 | − 5,6 | 22,2 |
| 1968 | −12,2 | 22,2 |
| 1969 | − 7,2 | 21,7 |
| 1970 | −13,3 | 23,3 |
| 1971 | −11,1 | 21,7 |
| 1972 | − 6,7 | 21,7 |
| 1973 | − 6,1 | 21,7 |
| 1974 | − 9,8 | 23,3 |
| 1975 | − 6,3 | 21,0 |
| 1976 | −11,9 | 23,9 |

SOURCE : *Annuaire du Québec*, 1971, 1980.

29. Voici la distribution du nombre de familles par logement pour la région métropolitaine de Montréal en 1981 :

| Nombre de familles | Effectif |
|---|---|
| 0 | 293 390 |
| 1 | 724 975 |
| 2 et plus | 8 560 |
| TOTAL | 1 026 925 |

SOURCE : *Recensement du Canada*, 1981

a) Quel est le mode de cette variable?

b) Quelle est la médiane?

30. Dites lesquelles des propositions suivantes sont vraies. Pour celles qui ne sont pas vraies, trouvez un contre-exemple.

a) 50 % des données sont inférieures à la médiane et 50 % sont supérieures à la médiane.

b) 50 % des données sont inférieures ou égales à la médiane.

c) Au plus 50 % des données sont inférieures ou égales à la médiane.

d) Au moins 50 % des données sont inférieures ou égales à la médiane.

e) Au plus 50 % des données sont inférieures à la médiane.

31. Voici les distributions du nombre de personnes par ménage, pour la région métropolitaine de Montréal et pour la ville de Montréal :

| Nombre de personnes | Effectif | |
|---|---|---|
| | Région métropolitaine | Ville de Montréal |
| 1 | 120 370 | 84 100 |
| 2 | 201 110 | 109 905 |
| 3 | 148 510 | 70 735 |
| 4 et 5 | 240 630 | 93 975 |
| de 6 à 9 | 91 035 | 34 265 |
| 10 ou plus | 4 370 | 1 746 |
| TOTAL | 806 025 | 394 726 |

SOURCE : *Recensement du Canada*, 1971.

a) Calculez la médiane et le mode pour la ville de Montréal.

b) Est-il possible d'en faire autant pour la région métropolitaine ?

32. Soit A la série des 365 températures quotidiennes à Montréal en 1981 et B la série des 365 températures quotidiennes à Miami en 1981. D'après vous, laquelle des deux séries a une plus grande variance ?

33. Deux supermarchés, A et B, reçoivent en moyenne le même nombre de clients par jour. Cependant, l'écart-type est beaucoup plus élevé au supermarché A. D'après vous, lequel des deux supermarchés aura des dépenses en personnel plus élevées ?

34. Dans une région du globe un peu aride, on enregistre la précipitation quotidienne pendant 60 jours consécutifs. La moyenne des 60 données est égale à 0. Que vaut l'écart-type ?

35. Un test de dextérité manuelle donne un score moyen de 60 pour la population. Un score de 65 est donc supérieur à la moyenne. Dans lequel des deux cas suivants un score de 65 est-il plus spectaculaire ?

a) L'écart-type de la population est égal à 1.

b) L'écart-type de la population est égal à 20.

36. Le tableau suivant donne la répétition des revenus en 1984 des familles canadiennes ayant un revenu inférieur à 60 000 $.

| Revenu | Fréquence |
|---|---|
| < 5 000 $ | 0,017 |
| 5 000– 9 999 | 0,063 |
| 10 000–11 999 | 0,037 |
| 12 000–14 999 | 0,072 |
| 15 000–16 999 | 0,047 |
| 17 000–19 999 | 0,062 |
| 20 000–21 999 | 0,040 |
| 22 000–24 999 | 0,062 |
| 25 000–26 999 | 0,047 |
| 27 000–29 999 | 0,067 |
| 30 000–31 999 | 0,045 |
| 32 000–34 999 | 0,069 |
| 35 000–36 999 | 0,045 |
| 37 000–39 999 | 0,062 |
| 40 000–44 999 | 0,092 |
| 45 000–49 999 | 0,072 |
| 50 000–59 999 | 0,101 |

SOURCE : Statistique Canada

Estimez la moyenne et la médiane de ces revenus, ainsi que l'écart-type, les quartiles et l'écart interquartile.

37. Considérons les variables $X$ et $Y$, où $X$ représente la proportion quotidienne de garçons parmi les nouveaux-nés d'un petit hôpital et $Y$ la proportion quotidienne parmi tous les nouveaux-nés canadiens. D'après vous, laquelle des deux variables a le plus grand écart-type ? Discutez.

38. La variance d'une variable dépend-elle de l'unité de mesure ? Considérez, par exemple, les tailles d'une population. La variance change-t-elle selon que les tailles sont exprimées en pouces ou en centimètres ? La cote $Z$ d'une personne change-t-elle selon que les tailles sont exprimées en pouces ou en centimètres ?

39. Deux étudiants terminent un cours de comptabilité. L'étudiant A, qui a suivi le cours avec le chargé de cours X a obtenu la note 69 à l'examen final; l'étudiant B, avec le chargé de cours Y, a obtenu la note 75. Pour la classe de X, la moyenne est de 60 et l'écart-type de 3 ; pour Y la moyenne est également de 60, et l'écart-type de 10. Lequel des deux étudiants a eu le meilleur résultat ?

40. Dans un cours, il y a deux examens de même importance : un intra et un final. La note moyenne de la classe est de 60 pour les deux examens, mais l'écart-type est de 10 à l'intra et de 20 au final. Un étudiant a eu 60 à l'intra

et 80 au final ; un autre a eu 80 à l'intra et 60 au final. Lequel est le meilleur ? Discutez.

41. Un marchand se plaint à la ville du fait que certains travaux effectués par la municipalité ont causé une diminution de la circulation sur la rue du marchand et donc une baisse dans ses recettes. Pour appuyer sa plainte, il signale que ses recettes sont en moyenne de 20 000 $ par jour, et que le jour des travaux elles n'étaient que de 19 500 $. La ville réplique qu'un écart de 500 $, pour des recettes moyennes de 20 000 $, est trop petit et donc ne démontre rien. Le marchand calcule alors l'écart-type de ses recettes quotidiennes. Il trouve $s = 100$ $. Qui a raison ?

42. Une succursale de banque reçoit constamment les dépôts sous la forme de rouleaux de 40 pièces de 25¢. Pour s'assurer que ces rouleaux contiennent bien 40 pièces, le gérant conçoit l'idée de mesurer les longueurs des rouleaux déposés et de rejeter ceux qui seraient trop longs ou trop courts. Pour fixer des critères, il mesure plusieurs centaines de rouleaux. Il trouve que leurs longueurs ont une moyenne de 65 mm avec un écart-type de 0,99 mm. Dès lors, il décide de rejeter tout rouleau de moins de 62,03 cm et de plus de 67,97 mm. Quel est, au maximum, le pourcentage des rouleaux contenant réellement 40 pièces qu'il rejettera ?

43. Un vérificateur doit faire une estimation du montant total des comptes à payer. Il y a en tout 10 570 comptes, répartis en 3 « strates », selon l'importance du compte : il y a 70 comptes dans la strate 1, 500 comptes dans la strate 2 et 10 000 comptes dans la strate 3. Pour estimer le montant total il procède par échantillonnage. Dans la strate 1, il choisit au hasard 20 comptes. Il trouve que le montant moyen par compte est de 3 010,75 $. De la strate 2 il tire 200 comptes, et trouve une moyenne de 580,60 $. De la strate 3 il tire 300 comptes et trouve une moyenne de 89,78 $. Supposez que ces moyennes échantillonnales sont de bonnes estimations des vraies moyennes des strates. Estimez alors le montant total des comptes à payer.

44. Un taux de mortalité est essentiellement une moyenne : il représente le nombre de décès par 1 000 habitants en une année donnée. Le tableau suivant donne le taux de mortalité pour des hommes et des femmes de 5 ans et plus en 1971, par groupe d'âge. Il donne également la distribution de l'âge des Canadiens de 5 ans et plus.

   a) Calculez le taux de mortalité pour les hommes et pour les femmes en pondérant selon les fréquences ci-dessus.

   b) Lorsqu'on calcule le taux de mortalité des hommes en utilisant la distribution de l'âge des hommes (qui n'est pas donnée ici), on obtient le taux de 8,5 ; un calcul analogue pour les femmes donne un taux de 6,1. Interprétez les différences que vous trouvez entre ces taux et ceux que vous avez calculés en a).

| Âge | Taux Hommes | Taux Femmes | Fréquence |
|---|---|---|---|
| 5–9 | 0,6 | 0,4 | 0,114 |
| 10–14 | 0,5 | 0,3 | 0,117 |
| 15–19 | 1,4 | 0,6 | 0,107 |
| 20–24 | 1,8 | 0,6 | 0,096 |
| 25–29 | 1,5 | 0,6 | 0,080 |
| 30–34 | 1,6 | 0,9 | 0,067 |
| 35–39 | 2,2 | 1,3 | 0,064 |
| 40–44 | 3,6 | 2,1 | 0,064 |
| 45–49 | 5,7 | 3,0 | 0,062 |
| 50–54 | 9,3 | 4,6 | 0,053 |
| 55–59 | 14,6 | 7,2 | 0,048 |
| 60–64 | 22,9 | 11,0 | 0,039 |
| 65–69 | 34,7 | 17,3 | 0,032 |
| 70–74 | 51,9 | 28,3 | 0,023 |
| 75–79 | 79,0 | 48,1 | 0,016 |
| 80–84 | 118,8 | 82,4 | 0,010 |
| 85 + | 198,5 | 163,3 | 0,008 |
| | | | 1,000 |

SOURCE : *Recensement du Canada*, 1971.

45. Le tableau suivant donne, pour les hommes et pour les femmes, le revenu annuel moyen en dollars pour l'année 1971, selon le nombre de semaines de travail. Il s'agit des personnes de 15 ans et plus ayant travaillé à plein temps. Les effectifs sont en milliers.

   a) Calculez le revenu moyen des hommes et le revenu moyen des femmes.

   b) Calculez, pour les hommes et pour les femmes, les moyennes ajustées pour le nombre de semaines de travail.

| Nombre de semaines | Hommes Effectif | Hommes Revenu (en dollars) | Femmes Effectif | Femmes Revenu (en dollars) |
|---|---|---|---|---|
| 1–13 | 274,5 | 1 591 | 234,0 | 845 |
| 14–26 | 352,3 | 2 973 | 258,7 | 1 889 |
| 27–39 | 442,4 | 4 788 | 236,3 | 3 026 |
| 40–48 | 736,0 | 7 162 | 323,2 | 4 026 |
| 49–52 | 3 541,1 | 8 230 | 1 276,5 | 4 932 |

SOURCE : *Annuaire du Canada* 1976–1977.

46. Le tableau suivant donne le montant de l'impôt fédéral payé en 1974 et en 1973 par les contribuables dont le revenu a été d'au moins 2 000 $.

| Catégorie de revenu (X) (en milliers de dollars) | Nombre de contribuables (en milliers) | | Impôt fédéral payé (en millions de dollars) | |
|---|---|---|---|---|
| | 1973 | 1974 | 1973 | 1974 |
| 2 ≤ X < 3 | 571,0 | 427,8 | 13,8 | 1,2 |
| 3 ≤ X < 5 | 1 702,6 | 1 381,7 | 322,3 | 158,2 |
| 5 ≤ X < 7 | 1 662,0 | 1 594,4 | 777,6 | 594,4 |
| 7 ≤ X < 10 | 1 975,3 | 1 985,8 | 1 721,0 | 1 519,4 |
| 10 ≤ X < 15 | 1 669,0 | 2 155,2 | 2 582,2 | 3 089,6 |
| 15 ≤ X < 25 | 599,9 | 1 037,7 | 1 713,0 | 2 796,9 |
| 25 ≤ X < 50 | 142,9 | 224,5 | 937,9 | 1 384,2 |
| 50 ≤ X | 34,9 | 50,0 | 765,0 | 1 071,3 |

SOURCE : *Annuaire du Canada*, 1976–1977.

a) Comparez, pour chaque tranche de revenu, l'impôt moyen payé par les contribuables en 1973 et en 1974.

b) Comparez, pour l'ensemble de tous les contribuables (de revenu supérieur à 2 000 $), l'impôt moyen payé en 1973 et en 1974.

# Distributions à deux variables qualitatives

**Introduction.**    Certaines études statistiques, conçues à des fins très précises, se concentrent sur un seul caractère des unités observées. Lorsqu'on fait des prélèvements réguliers pour contrôler la qualité d'une production, on s'intéresse généralement à un seul indice de qualité. Cela peut être une variable qualitative qui identifie un article comme étant acceptable ou non; ou une variable quantitative mesurant une caractéristique de l'article, comme le poids net du contenu, pour une boîte de conserve; ou la force de rupture, pour un matériau; ou la concentration de matières grasses, pour un morceau de fromage.

Beaucoup d'autres études, cependant, ont un objectif plus large ou plus vague; elles accumulent alors des données sur *plusieurs variables*. Un questionnaire rempli par un certain nombre de répondants, par exemple, engendre autant de variables qu'il contient de questions. Dans ces cas-là, l'intérêt peut porter non seulement sur chacune des questions comme telle, mais également — on peut même dire *surtout* — sur les liens qui peuvent exister entre les variables. En fait, certaines études ont pour unique but d'établir l'existence d'un *lien entre certaines variables*. L'épidémiologue qui prélève des données sur la consommation de cigarettes et l'état des poumons ne cherche pas à savoir quelle est la consommation de cigarettes de la population, ni quel est l'état des poumons de cette population. Il cherche à savoir s'il y a un lien entre la consommation de cigarettes et l'état des poumons. L'information qu'il possède sur ces deux variables doit donc être présentée de façon à faire ressortir ce lien.

# 3.1    Distribution conjointe

Soit $X$ et $Y$ deux variables qualitatives définies sur une même population. On peut présenter la distribution de chacune à l'aide des moyens décrits dans le chapitre 1. L'information contenue dans ces deux distributions distinctes se révèle toutefois insuffisante si l'objectif consiste à étudier la *relation* entre les variables. Pour cela, l'information essentielle prend la forme d'une **distribution conjointe**.

Le tableau 3.1 présente la distribution conjointe de deux variables définies pour l'ensemble des bébés au Québec en 1983; les variables sont :

X : sexe (garçon, fille)

Y : poids à la naissance (faible, moyen, élevé, très élevé)

Nous avons déjà examiné séparément les distributions des poids pour les filles et pour les garçons, et les avons même comparées en utilisant les polygones de fréquences (voir fig. 1.6, page 12). Ici nous les étudions conjointement, en tant que variables qualitatives. Tout comme la distribution d'une

TABLEAU 3.1 **Sexe (*X*) et poids à la naissance (*Y*) des bébés québécois – 1983**

| X : Sexe | Y : poids à la naissance | | | | TOTAL |
|---|---|---|---|---|---|
| | **Faible** (0,5–2 kg) | **Moyen** (2–3 kg) | **Élevé** (3–4 kg) | **Très élevé** (4+ kg) | |
| Garçons | 830 | 8 615 | 30 784 | 4 839 | 45 068 |
| Filles | 862 | 11 183 | 27 566 | 2 348 | 41 959 |
| TOTAL | 1 692 | 19 798 | 58 350 | 7 187 | 87 027 |

SOURCE : Bureau de la statistique du Québec

TABLEAU 3.2 **Sexe (*X*) et poids des bébés (*Y*) – Québec 1983**

| X : Sexe | Y : poids à la naissance | | | | TOTAL |
|---|---|---|---|---|---|
| | **Faible** | **Moyen** | **Élevé** | **Très élevé** | |
| Garçons | 0,009 | 0,099 | 0,354 | 0,056 | 0,518 |
| Filles | 0,010 | 0,128 | 0,317 | 0,027 | 0,482 |
| TOTAL | 0,019 | 0,227 | 0,671 | 0,083 | 1,000 |

SOURCE : Tableau 3.1

seule variable, la distribution conjointe de deux variables fait correspondre un effectif à une « valeur », sauf qu'ici la « valeur » est en fait un *couple* : une valeur de $X$ et une valeur de $Y$. Par exemple, au couple (fille, élevé), la distribution du tableau 3.1 fait correspondre l'effectif 27 566, ce qui veut dire qu'il y a eu en 1983 au Québec 27 566 bébés qui étaient des filles *et* avaient un poids élevé à la naissance.

Une distribution conjointe peut également s'exprimer en fréquences : il suffit de diviser chaque effectif par l'effectif total. Le tableau 3.2 exprime, en fréquences, la distribution du tableau 3.1.

# 3.2    Distribution marginale

Le tableau 3.1 (ou 3.2) contient bien plus d'information que ne contiendraient deux tableaux donnant l'un la distribution de $X$, l'autre celle de $Y$. Du reste, ces deux distributions, appelées **distributions marginales** dans ce contexte, se retrouvent intégralement dans les marges du tableau 3.1 (ou 3.2). Les effectifs (fréquences) de la distribution de $X$ sont les sommes des lignes du tableau 3.1 (ou 3.2) ; les effectifs (fréquences) de la distribution de $Y$ sont les sommes des colonnes du tableau 3.1 (ou 3.2). Ainsi, la distribution marginale de $Y$ est (voir tableau 3.2) :

| $Y$ | Faible | Moyen | Élevé | Très élevé | TOTAL |
|---|---|---|---|---|---|
| Fréquence | 0,019 | 0,227 | 0,671 | 0,083 | 1,000 |

Cette distribution est simplement la distribution de $Y$. Il n'y a pas de différence entre « distribution de $Y$ » et « distribution marginale de $Y$ ». L'adjectif « marginale » est employé dans ce contexte pour distinguer la distribution marginale de la *distribution conditionnelle*, que nous introduisons maintenant.

## 3.3    Distribution conditionnelle

La distribution conjointe de deux variables $X$ et $Y$ contient toute l'information nécessaire à l'étude de la relation entre les variables. Mais elle ne met pas cette relation clairement en évidence. La notion de relation ou de dépendance entre deux variables s'exprime en termes de **distributions conditionnelles**. *Une distribution conditionnelle de $Y$* est la distribution de $Y$ confinée à une tranche de la population, cette tranche étant définie par une valeur de $X$. Par exemple, la distribution conditionnelle de $Y$ étant donné $X$ = « garçon » est la distribution de $Y$ limitée à l'ensemble des garçons. D'après le tableau 3.1, la distribution de $Y$ pour cette sous-population (les garçons) est la suivante :

| $Y$ | Faible | Moyen | Élevé | Très élevé | TOTAL |
|---|---|---|---|---|---|
| Effectif | 830 | 8 615 | 30 784 | 4 839 | 45 068 |

L'analyse qui suit réclame que l'on exprime cette distribution en fréquences. Lorsqu'on divise chaque effectif par l'effectif total, on obtient la distribution suivante :

**Distribution conditionnelle de $Y$ étant donné $X$ = « garçon »**

| $Y$ | Faible | Moyen | Élevé | Très élevé | TOTAL |
|---|---|---|---|---|---|
| Fréquence | 0,019 | 0,191 | 0,683 | 0,107 | 1,000 |

On peut déterminer de la même façon la distribution conditionnelle de $Y$ étant donné $X$ = « fille ». Afin d'étudier la **dépendance** entre les deux variables, on juxtapose les distributions conditionnnelles de $Y$ étant donné chacune des valeurs de $X$. Le tableau 3.3 donne les deux distributions conditionnelles (ainsi que la distribution marginale).

TABLEAU 3.3    **Distributions conditionnelles des poids à la naissance (*Y*) étant donné le sexe (*X*) (en fréquences)**

| X : sexe | Y : poids à la naissance | | | | TOTAL |
|---|---|---|---|---|---|
| | Faible | Moyen | Élevé | Très élevé | |
| Garçons | 0,019 | 0,191 | 0,683 | 0,107 | 1,000 |
| Filles | 0,021 | 0,266 | 0,657 | 0,056 | 1,000 |
| Toutes naissances | 0,019 | 0,227 | 0,671 | 0,083 | 1,000 |

TABLEAU 3.4    **Distributions conditionnelles du sexe (*X*) étant donné le poids (*Y*) à la naissance (en fréquences)**

| Y : poids à la naissance | X : sexe | | TOTAL |
|---|---|---|---|
| | Garçon | Fille | |
| Faible | 0,491 | 0,509 | 1,000 |
| Moyen | 0,435 | 0,565 | 1,000 |
| Élevé | 0,528 | 0,472 | 1,000 |
| Très élevé | 0,673 | 0,327 | 1,000 |
| Toutes naissances | 0,518 | 0,482 | 1,000 |

Le tableau 3.3 permet de donner un sens précis à la proposition « le poids des bébés à la naissance dépend de leur sexe ». Cette proposition signifie, en gros, que le poids n'est pas le même chez les garçons et chez les filles. Plus précisément, les distributions conditionnelles ne sont pas identiques. Le tableau 3.3 met cette observation en évidence, et cela nous fait dire que le poids dépend du sexe : la distribution conditionnelle de $Y$ change selon que $X$ = « garçon » ou $X$ = « fille ».

Une fois établi qu'il y a *dépendance*, on s'interroge alors sur la *nature* de cette dépendance. On peut dire qu'alors qu'il y a même fréquence de très petits bébés, il y a sensiblement plus de filles de poids moyens et sensiblement plus de garçons de poids élevés.

Nous avons jusqu'ici fait jouer des rôles apparemment différents à nos deux variables. En réalité, il n'existe aucune raison mathématique pour « préférer » une variable à une autre. Du point de vue technique, une information aussi valable est donnée par les *distributions conditionnelles de $X$ par rapport aux valeurs de $Y$*. Ces distributions (de même que la distribution marginale) sont présentées au tableau 3.4.

De même que le tableau 3.3 indique que $Y$ dépend de $X$, le tableau 3.4 indique que $X$ *dépend de $Y$*; en effet, les distributions conditionnelles de $X$ étant donné chaque valeur de $Y$ sont différentes. Mathématiquement, les deux propositions (« $Y$ dépend de $X$ », « $X$ dépend de $Y$ ») sont aussi vraies (ou fausses) l'une que l'autre, et *toujours simultanément* vraies (ou fausses).

Intuitivement, une de ces propositions est, le plus souvent, plus naturelle que l'autre car on attribue spontanément à une des deux variables un rôle de cause, à l'autre un rôle d'effet.

## 3.4    Indépendance

En général, lorsque les distributions conditionnelles de $Y$ étant donné les valeurs de $X$ ou les distributions conditionnelles de $X$ étant donné les valeurs de $Y$ sont différentes, on dit que $Y$ *dépend de* $X$ (ou que $X$ *dépend de* $Y$, le choix entre ces deux affirmations dépendant du contexte intuitif). Dans le cas contraire, c'est-à-dire quand les distributions conditionnelles de $Y$ (ou celles de $X$) sont identiques, on dit que les deux variables $X$ **et** $Y$ **sont indépendantes**. L'indépendance peut se caractériser de plusieurs façons ; nous en donnons ici les plus utilisées.

a) Si $X$ et $Y$ sont indépendantes, alors les distributions conditionnelles de $Y$ (exprimées en fréquences) sont identiques entre elles, quelle que soit la valeur de $X$, et sont alors nécessairement identiques à la distribution marginale de $Y$.

b) Si $X$ et $Y$ sont indépendantes, alors les distributions conditionnelles de $X$ (exprimées en fréquences) sont identiques entre elles, quelle que soit la valeur de $Y$, et sont alors nécessairement identiques à la distribution marginale de $X$.

c) Si $X$ et $Y$ sont indépendantes, alors, dans le tableau donnant leur distribution conjointe, l'effectif de chaque case est fonction des totaux de la ligne et de la colonne dans lesquelles se trouve la case. L'effectif de la case située à l'intersection de la ligne $i$ et de la colonne $j$ est égal à :

(total de la ligne $i$) $\times$ (total de la colonne $j$) $\div$ (effectif total).

d) Si $X$ et $Y$ sont indépendantes, alors, pour chaque case du tableau, la fréquence de cette case est égale au produit des fréquences marginales de la ligne et de la colonne qui se rencontrent à cette case.

**EXEMPLE 1**    Considérons les deux variables :

X : langue maternelle

Y : quotient intellectuel.

Supposons que la distribution conjointe de ces deux variables (obtenue d'un échantillon de 120 étudiants) est la suivante :

| $X$ : langue maternelle | $Y$ : quotient intellectuel | | TOTAL |
| --- | --- | --- | --- |
| | Inférieur à 100 | Supérieur ou égal à 100 | |
| Français | 18 | 22 | 40 |
| Anglais | 27 | 33 | 60 |
| Autres | 9 | 11 | 20 |
| TOTAL | 54 | 66 | 120 |

Les distributions conditionnelles de $Y$ sont :

| $X$ : langue maternelle | $Y$ : quotient intellectuel | | TOTAL |
| --- | --- | --- | --- |
| | Inférieur à 100 | Supérieur ou égal à 100 | |
| Français | 0,45 | 0,55 | 1,00 |
| Anglais | 0,45 | 0,55 | 1,00 |
| Autres | 0,45 | 0,55 | 1,00 |
| TOTAL | 0,45 | 0,55 | 1,00 |

Puisque les distributions conditionnelles sont égales, nous concluons que les variables sont indépendantes : le quotient intellectuel ne dépend pas de la langue maternelle. Remarquez que les distributions conditionnelles sont non seulement identiques l'une à l'autre, mais aussi à la distribution marginale. On observe le même phénomène dans les distributions conditionnelles de $X$ étant donné $Y$ :

| $X$ : langue maternelle | $Y$ : quotient intellectuel | | |
| --- | --- | --- | --- |
| | Inférieur à 100 | Supérieur ou égal à 100 | |
| Français | $1/3$ | $1/3$ | $1/3$ |
| Anglais | $1/2$ | $1/2$ | $1/2$ |
| Autres | $1/6$ | $1/6$ | $1/6$ |
| TOTAL | 1 | 1 | 1 |

Finalement, remarquez que l'effectif « 18 » de la case située à la première ligne, première colonne est égal à $40 \times 54 \div 120$ (c'est-à-dire, au produit du total de la première ligne par le total de la première colonne, divisé par l'effectif total). Le lecteur peut vérifier cette propriété pour les autres cases. □

**Remarque.** *Les données de l'exemple 1 sont fictives, et pour une bonne raison. En pratique, des données comme celles-ci, avec des distributions conditionnelles tout à fait identiques, ne se produisent jamais. La définition d'indépendance donnée ici représente une situation idéalisée qui ne se reflète pratiquement jamais dans des données réelles. En pratique, on ne devrait pas conclure que les variables sont*

*dépendantes dès qu'on observe les moindres petits écarts entre les distributions con-
ditionnelles. Car enfin, des variables indépendantes, cela existe! Nous aborderons
cette question dans la section 3.6; pour l'instant, nous continuerons à ne déclarer
indépendantes que les variables dont les distributions conditionnelles sont strictement identiques.*

# 3.5    Dépendance et causalité

Il est rare que l'on étudie la dépendance entre deux variables sans envisager,
par le fait même, la possibilité d'un lien de **causalité** entre les variables.
Considérez, par exemple, les nombreuses études qui établissent, d'une façon
ou d'une autre, l'existence d'un lien entre l'état de santé et la consommation
de cigarettes. Si, par des moyens statistiques, on démontre qu'il existe un lien
entre ces deux variables, on résiste difficilement à la tentation de conclure
que la cigarette « cause » la maladie. Si cette conclusion est vraisemblable, elle
n'est pas évidente, et il demeure important de se rendre compte des risques
qu'il y a à identifier trop hâtivement une variable à la cause, l'autre à l'effet. Il
peut arriver que la dépendance entre deux variables soit due, non pas à l'effet
de l'une sur l'autre, mais à l'effet simultané d'une troisième variable sur les
deux premières. Nous illustrons ce phénomène, encore une fois, à l'aide d'un
exemple idéalisé.

**EXEMPLE 2**    Imaginez une expérience faite avec 300 rats atteints d'une certaine maladie.
Soit $X$ la pression artérielle et $Y$ une variable qui identifie les conséquences
éventuelles de la maladie. Supposons que l'expérience donne les résultats
suivants :

| $X$ : pression artérielle | $Y$ : conséquences de la maladie | | |
|---|---|---|---|
| | Succombe | Survit | TOTAL |
| Élevée | 136 | 44 | 180 |
| Normale | 64 | 56 | 120 |
| TOTAL | 200 | 100 | 300 |

On constate que le taux de mortalité est de 75,6 % parmi ceux qui ont une
pression élevée alors qu'il n'est que de 53,3 % parmi ceux ayant une pression
normale. Peut-on conclure que la pression élevée est la *cause* de ce taux de
mortalité plus élevé? C'est possible, mais avant de tirer cette conclusion on
décide d'examiner une fois de plus les données à la lumière de l'information
qu'on possède sur l'âge des rats. Il y en a 100 qu'on classifie comme « jeunes »
et 200 qu'on classifie comme « vieux ». Pour chacun de ces deux groupes,

on dresse un tableau comme le tableau ci-dessus. On obtient les résultats suivants :

**Jeunes**

| X : pression artérielle | Y : conséquences de la maladie | | |
|---|---|---|---|
| | Succombe | Survit | TOTAL |
| Élevée | 8 | 12 | 20 |
| Normale | 32 | 48 | 80 |
| TOTAL | 40 | 60 | 100 |

**Vieux**

| X : pression artérielle | Y : conséquences de la maladie | | |
|---|---|---|---|
| | Succombe | Survit | TOTAL |
| Élevée | 128 | 32 | 160 |
| Normale | 32 | 8 | 40 |
| TOTAL | 160 | 40 | 200 |

Parmi les jeunes, le taux de mortalité est de 40 %, quelle que soit la pression. Parmi les vieux, le taux de mortalité est de 80 %, quelle que soit la pression. Donc, contrairement à la conclusion suggérée par le premier tableau, la pression n'agit pas de façon directe sur la mortalité. C'est apparemment l'*âge* qui agit en même temps sur la pression et sur la mortalité.    □

## 3.6    Un test d'indépendance

Nous attaquons maintenant la question soulevée dans la remarque relative à l'exemple 1 (page 74). Deux variables sont indépendantes, selon la définition, si la distribution conditionnelle de l'une étant donné la valeur de l'autre ne dépend pas de la valeur de cette seconde variable. Or, en pratique, cette situation ne se produit presque jamais : une certaine dépendance se manifeste inévitablement dans les données, même si les deux variables sont, en théorie, parfaitement indépendantes (par exemple, les résultats de plusieurs lancers simultanés d'un dé rouge et d'un dé vert). Si la dépendance qui se manifeste dans les données expérimentales est si faible qu'elle peut être attribuée au simple jeu du hasard, rien ne s'oppose à ce que les deux variables soient *en réalité* parfaitement indépendantes. Cela tient au fait que toute affirmation relative à la dépendance ou à l'indépendance de variables se fait à propos d'une *population*, que l'on doit considérer mathématiquement comme infinie et abstraite

TABLEAU 3.5

## Distribution de l'âge de la mère (*X*) et du sexe de l'enfant (*Y*) – naissances au Canada, 1971

| X : âge de la mère | Y : sexe de l'enfant | | TOTAL |
| --- | --- | --- | --- |
| | Masculin | Féminin | |
| 19 ans et moins | 20 956 | 19 524 | 40 480 |
| De 20 à 24 ans | 63 927 | 60 383 | 124 310 |
| De 25 à 29 ans | 56 153 | 52 671 | 108 824 |
| 30 ans et plus | 38 751 | 36 503 | 75 254 |
| Population totale | 179 787 | 169 081 | 348 868 |

SOURCE : *Recensement du Canada*, 1971.

TABLEAU 3.6

## Distributions conditionnelles du sexe de l'enfant (*Y*) étant donné l'âge de la mère (*X*)

| X : âge de la mère | Y : sexe de l'enfant | | TOTAL |
| --- | --- | --- | --- |
| | Masculin | Féminin | |
| 19 ans et moins | 0,518 | 0,482 | 1,000 |
| De 20 à 24 ans | 0,514 | 0,486 | 1,000 |
| De 25 à 29 ans | 0,516 | 0,484 | 1,000 |
| 30 ans et plus | 0,515 | 0,485 | 1,000 |
| Population totale | 0,515 | 0,485 | 1,000 |

et non concrète et finie. Affirmer que deux variables sont indépendantes (dans la population théorique), malgré des distributions conditionnelles observées non identiques ne constitue donc pas une contradiction. Nous illustrons ces notions à l'aide des données du tableau 3.5.

Ce tableau donne, pour la population de 348 868 naissances qui ont eu lieu au Canada en 1971, la distribution conjointe des deux variables suivantes :

$X$ : Âge de la mère

$Y$ : Sexe de l'enfant

On s'attend à ce que ces variables soient indépendantes : il n'y a aucune raison de croire que l'âge de la mère a une influence sur le sexe du bébé. Toutefois, on se propose de le vérifier de façon empirique. On calcule donc les *distributions conditionnelles* du sexe du bébé étant donné l'âge de la mère. Les résultats sont dans le tableau 3.6.

Comme on devait s'y attendre, les distributions conditionnelles ne sont pas rigoureusement identiques : le pourcentage de garçons est 51,8 pour les mères de 19 ans et moins, et 51,4 pour les mères de 20 à 24 ans. Quelle crédibilité peut-on accorder à ces résultats ? Peut-on affirmer, par exemple, qu'une femme de 19 ans et moins a plus de chances d'avoir un garçon ? La réponse, comme nous le verrons plus bas, est non : on ne peut pas affirmer qu'une femme de 19 ans et moins a plus de chances — ni même un tout petit peu plus de chances — d'avoir un garçon.

Nous n'affirmons pas que la *fréquence observée* des garçons est la même dans chaque groupe d'âge ; nous affirmons que la *probabilité* d'avoir un garçon peut être la même pour chaque groupe d'âge.

Si les probabilités sont égales pour chaque groupe d'âge, alors les fréquences devraient être à peu près égales. Si les fréquences ne sont pas égales mais presque, on attribue la différence au hasard. Si elles sont très différentes, le hasard devient une explication peu convaincante, et il faut alors remettre en question l'hypothèse de départ — l'hypothèse selon laquelle les probabilités sont égales.

Le reste de cette section est consacré à une procédure, semblable à celle présentée au chapitre 1, qui permet de juger de l'importance des écarts entre les fréquences échantillonnales et de décider si ces écarts *peuvent être attribués au hasard ou non*.

On commence par formuler une hypothèse, appelée **hypothèse nulle**. L'hypothèse nulle, dans cette section, est l'hypothèse que les deux variables *sont indépendantes*. La procédure ensuite suit les mêmes étapes que la procédure décrite au chapitre 1.

a) On construit un tableau d'*effectifs théoriques*. Ce tableau indique les effectifs auxquels on s'attend lorsque l'hypothèse nulle est vérifiée.

b) On calcule une mesure $\chi^2$ des écarts entre les effectifs théoriques et les effectifs observés. On rejette l'hypothèse nulle si la valeur de $\chi^2$ est supérieure à un point critique trouvé comme dans le tableau 1.8 (page 17).

**Les effectifs théoriques.** Les **effectifs théoriques** sont les effectifs auxquels on s'attend lorsque les variables sont indépendantes. Il existe une façon mécanique de les calculer, nous l'illustrerons dans l'exemple suivant. Ici, nous allons montrer, à l'aide des données sur les naissances, *par quel raisonnement* on arrive aux effectifs théoriques. Lorsque les variables sont indépendantes, les distributions conditionnelles sont identiques — non seulement entre elles mais également à la distribution marginale. Autrement dit, les proportions de garçons et de filles devraient être les mêmes pour chaque groupe d'âge que pour la population entière. La proportion de garçons pour la population entière est, d'après le tableau 3.5, $179\,787 \div 348\,868 = 0,515\,343\,9$ (c'est le nombre qu'on retrouve, avec moins de décimales, au bas du tableau 3.6). Si les variables sont indépendantes, ce même pourcentage devrait s'appliquer à tous les groupes d'âge.

Parmi les 40 480 mères de 19 ans et moins, le nombre de garçons devrait être

$$40\,480 \times 0,515\,343\,9 = 20\,861$$

Parmi les 124 310 mères de 20 à 24 ans, le nombre de garçons devrait être

$$124\,310 \times 0{,}515\,343\,9 = 64\,062$$

Parmi les 108 824 mères de 25 à 29 ans, le nombre de garçons devrait être

$$108\,824 \times 0{,}515\,343\,9 = 56\,082$$

Nous venons de calculer les effectifs théoriques correspondant à trois des huit cases du tableau 3.5. On pourrait, par le même raisonnement, remplir les cinq cases qui restent, mais on peut également le faire par soustraction car les effectifs marginaux restent inchangés. Donc, si parmi les 40 480 enfants nés d'une mère de 19 ans et moins on s'attend à avoir 20 861 garçons, alors on s'attend à avoir $40\,480 - 20\,861 = 19\,619$ filles. Le tableau 3.7 donne les effectifs *théoriques (sous l'hypothèse d'indépendance).*

TABLEAU 3.7      **Âge de la mère (X) et sexe de l'enfant (Y) – effectifs théoriques**

| X : âge de la mère | Y : sexe de l'enfant | | TOTAL |
| --- | --- | --- | --- |
| | **Masculin** | **Féminin** | |
| 19 ans et moins | 20 861 | 19 619 | 40 480 |
| De 20 à 24 ans | 64 062 | 60 248 | 124 310 |
| De 25 à 29 ans | 56 082 | 52 742 | 108 824 |
| 30 ans et plus | 38 782 | 36 472 | 75 254 |
| Population totale | 179 787 | 169 081 | 348 868 |

**Le khi-deux.**   Les effectifs observés doivent maintenant être comparés aux effectifs théoriques. Comme mesure globale de l'écart entre le tableau des effectifs observés (tableau 3.5) et le tableau des effectifs théoriques (tableau 3.7), nous utilisons la *mesure* $\chi^2$ employée au chapitre 1 :

$$\chi^2 = \sum \frac{(O-T)^2}{T}\,.$$

On peut aussi considérer cette quantité comme une mesure de la dépendance qui se manifeste dans les données : si la dépendance est forte, les effectifs observés s'écartent des effectifs théoriques et $\chi^2$ prend une valeur grande. Si la valeur $\chi^2$ est très grande, c'est que les données prennent une allure de dépendance qui est trop forte pour être attribuée au hasard.

Nous calculons la valeur de $\chi^2$ :

$$\chi^2 = \frac{(20\,956 - 20\,861)^2}{20\,861} + \frac{(19\,524 - 19\,619)^2}{19\,619} + \frac{(63\,927 - 64\,062)^2}{64\,062}$$

$$+ \frac{(60\,383 - 60\,248)^2}{60\,248} + \frac{(56\,153 - 56\,082)^2}{56\,082} + \frac{(52\,671 - 52\,742)^2}{52\,742}$$

$$+ \frac{(38\,751 - 38\,782)^2}{38\,782} + \frac{(36\,503 - 36\,472)^2}{36\,472}$$

$$= 0{,}433 + 0{,}460 + 0{,}284 + 0{,}302 + 0{,}090 + 0{,}096 + 0{,}025 + 0{,}026$$

$$= 1{,}72$$

Il s'agit maintenant de déterminer si cette valeur est « trop grande », c'est-à-dire, de la comparer à un certain point critique. Le **point critique** dépend du nombre de **degrés de liberté** $\nu$, lequel est fonction du nombre de lignes et de colonnes dans le tableau. Il est donné par :

$$\nu = (\text{nombre de lignes} - 1) \times (\text{nombre de colonnes} - 1)$$

Cette formule peut être démontrée mais il faudrait pour cela recourir à des techniques passablement avancées relevant de la théorie des probabilités. Par contre, on peut l'illustrer, par exemple, dans le tableau 3.5 : tout en respectant les totaux des lignes et des colonnes, on peut remplir « librement » $(4-1) \times (2-1) = 3$ cases. Voici, schématiquement, 3 façons de le faire (vérifiez)

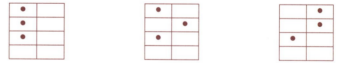

Dans notre tableau il y a 4 lignes et 2 colonnes. Donc, le nombre de degrés de liberté est :

$$\nu = (4 - 1) \times (2 - 1) = 3 \times 1 = 3$$

D'après le tableau 1.8 (page 17), le point critique est 7,82. Puisque la valeur 1,72 obtenue pour $\chi^2$ n'est pas supérieure à 7,82, nous ne rejetons pas l'hypothèse nulle. Voici *deux façons d'énoncer cette conclusion* :

a) La dépendance qui se manifeste dans les données, et qui est mesurée par $\chi^2$, est assez faible pour pouvoir être attribuée au hasard seulement — et non à une vraie dépendance.

b) Les écarts observés entre les données observées et les données théoriques (issues de l'hypothèse d'indépendance) et mesurés par le $\chi^2$ ne sont pas assez forts pour entraîner le rejet de l'hypothèse d'indépendance.

***EXEMPLE 3***    Les données du tableau 3.8 portent sur 252 couples mariés américains, classifiés selon le rang social du père du mari ($X$) et le rang social du père de l'épouse ($Y$).

*TABLEAU 3.8*    **Échantillon de 252 couples américains – rang social du père du mari (X) et du père de l'épouse (Y)**

| X : rang social du père du mari | Y : rang social du père de l'épouse | | | |
|---|---|---|---|---|
| | Professionnel ou gérant | Commis ou ouvrier spécialisé | Ouvrier non spécialisé | TOTAL |
| Professionnel ou gérant | 44 | 39 | 13 | 96 |
| Commis ou ouvrier spécialisé | 21 | 38 | 29 | 88 |
| Ouvrier non spécialisé | 12 | 24 | 32 | 68 |
| TOTAL | 77 | 101 | 74 | 252 |

SOURCE : Katz (1978)

Les variables sont-elles indépendantes ? *L'hypothèse nulle est qu'elles le sont.*

Pour calculer les effectifs théoriques, nous utilisons la formule « mécanique » qui découle de l'indépendance (voir page 74, caractéristique c) : lorsque les variables sont indépendantes, l'effectif d'une case est égal au produit du total de la ligne par le total de la colonne, divisé par l'effectif total. Le tableau 3.9 présente l'ensemble des effectifs théoriques ainsi obtenus.

*TABLEAU 3.9*    **Effectifs théoriques**

| | | | TOTAL |
|---|---|---|---|
| $\frac{96\times77}{252} = 29,333$ | $\frac{96\times101}{252} = 38,476$ | $\frac{96\times74}{252} = 28,191$ | 96 |
| $\frac{88\times77}{252} = 26,889$ | $\frac{88\times101}{252} = 35,270$ | $\frac{88\times74}{252} = 25,841$ | 88 |
| $\frac{68\times77}{252} = 20,778$ | $\frac{68\times101}{252} = 27,254$ | $\frac{68\times74}{252} = 19,968$ | 68 |
| TOTAL    77 | 101 | 74 | 252 |

SOURCE : Tableau 3.8

La valeur de $\chi^2$ est :

$$\chi^2 = \frac{(44 - 29,333)^2}{29,333} + \frac{(39 - 38,476)^2}{38,476} + \frac{(13 - 28,191)^2}{28,191} + \ldots + \frac{(32 - 19,968)^2}{19,968}$$

$$= 7,334 + 0,007 + 8,186 + \ldots + 7,25$$

$$= 28,76$$

Puisque $\nu = (3 - 1)(3 - 1) = 2 \times 2 = 4$, le point critique est 9,49 (voir tableau 1.8, page 17). La valeur de $\chi^2$ étant bien supérieure au point critique,

TABLEAU 3.10    **Distributions conditionnelles de Y étant donné X**

| X : rang social du père du mari | Y : rang social du père de l'épouse | | | |
| --- | --- | --- | --- | --- |
| | Professionnel ou gérant | Commis ou ouvrier spécialisé | Ouvrier non spécialisé | TOTAL |
| Professionnel ou gérant | 0,46 | 0,41 | 0,13 | 1,00 |
| Commis ou ouvrier spécialisé | 0,24 | 0,43 | 0,33 | 1,00 |
| Ouvrier non spécialisé | 0,18 | 0,35 | 0,47 | 1,00 |

SOURCE : Tableau 3.8

*nous rejetons l'hypothèse nulle*. Il semble bien y avoir une dépendance entre les deux variables. Le tableau 3.10 qui donne les distributions conditionnelles de $Y$ étant donné $X$ révèle la nature de cette dépendance : grosso modo, les hommes de rang social élevé épousent des femmes de rang social élevé, et vice-versa.                                                                          ☐

**Remarque.**    *Il n'est pas toujours nécessaire d'effectuer le calcul complet du $\chi^2$ ; dans l'exemple précédent, on voit que la somme des trois premiers termes est 15,527, ce qui suffit à assurer que le $\chi^2$ dépasse le point critique et à conclure à la dépendance.*

**Mise en garde.**    *La procédure décrite dans cette section est basée sur des calculs de probabilités approximatifs et n'est valable que pour des échantillons **assez grands**. En pratique, on évite d'employer le test du khi-deux lorsque le tableau des effectifs théoriques comprend des effectifs inférieurs à 5, ou encore on regroupe certaines classes afin que tous les effectifs théoriques soient au moins égaux à 5.*

# Résumé

1. La **distribution conjointe** de deux variables $X$ et $Y$ fait correspondre à chaque paire $(x, y)$, où $x$ est une valeur de $X$ et $y$ une valeur de $Y$, un effectif ou une fréquence. D'un tableau qui donne la distribution conjointe de $X$ et $Y$ on peut obtenir, en prenant la somme des lignes et la somme des colonnes, la distribution de $X$ et la distribution de $Y$. Ces distributions sont alors appelées **distributions marginales**. La **distribution conditionnelle** de $Y$ étant donné $X = x$, est la distribution de $Y$ confinée à une tranche de la population, l'ensemble de tous ceux pour qui $X = x$. Il existe donc une distribution conditionnelle de $Y$ pour chaque valeur de $X$. De même, il y a une distribution conditionnelle de $X$ pour chaque valeur de $Y$.

2. Deux variables $X$ et $Y$ sont **indépendantes** si et seulement si elles satisfont l'une ou l'autre des quatre conditions équivalentes suivantes :

a) Les distributions conditionnelles de $Y$, exprimées en fréquences, sont identiques entre elles et sont donc identiques à la distribution marginale de $Y$.

b) Les distributions conditionnelles de $X$, exprimées en fréquences, sont identiques entre elles et sont donc identiques à la distribution marginale de $X$.

c) Pour toute ligne $i$ et toute colonne $j$, l'effectif de la case située à l'intersection de la ligne $i$ et de la colonne $j$ est égal à :

(total de la ligne $i$) $\times$ (total de la colonne $j$) $\div$ (effectif total)

d) Pour toute ligne $i$ et toute colonne $j$, la fréquence de la case située à l'intersection de la ligne $i$ et de la colonne $j$ est égale au produit des fréquences marginales de la ligne $i$ et de la colonne $j$.

3. Une dépendance entre deux variables n'est pas nécessairement due à l'effet de l'une sur l'autre. Elle peut résulter de l'effet simultané d'une troisième variable sur les deux premières. On peut parfois éliminer cet effet lorsqu'on dispose des données nécessaires, en gardant cette troisième variable fixe.

4. Pour tester l'hypothèse que deux variables sont indépendantes, on procède de la façon suivante :

a) On dresse un tableau d'**effectifs théoriques**. Les effectifs théoriques sont calculés à partir des effectifs marginaux en employant la définition 2 c) ci-dessus.

b) On mesure l'**écart** entre le tableau des effectifs théoriques et le tableau des effectifs observés par :

$$\chi^2 = \sum \frac{(O - T)^2}{T}$$

c) On rejette l'hypothèse d'indépendance si la valeur de $\chi^2$ est **supérieure à un point critique** trouvé dans le tableau 1.8 (page 17). Le nombre $\nu$ de degrés de liberté est donné par :

$$\nu = (\text{nombre de lignes} - 1) \times (\text{nombre de colonnes} - 1)$$

Le test du khi-deux est approximatif. On devrait éviter de l'employer s'il y a des effectifs théoriques inférieurs à 5.

# Exercices

DISTRIBUTIONS
CONJOINTE,
MARGINALE ET
CONDITIONNELLE;
INDÉPENDANCE

1. Consultez le tableau 3.2 (page 71) et dites lesquelles des affirmations suivantes à propos des bébés québécois nés en 1983 sont vraies. Pour celles qui sont fausses, déterminez le vrai pourcentage.

   a) 51,8 % des bébés étaient des garçons.

   b) 1,9 % des bébés avaient un poids faible.

   c) 9,9 % des garçons avaient un poids moyen.

   d) 5,6 % des bébés étaient des garçons et avaient un poids très élevé.

   e) 12,8 % des bébés de poids moyen étaient des filles.

2. a) Montrez que les variables de l'exemple 1 (page 74) sont indépendantes en vérifiant que l'effectif d'une case est égal au produit du total de la ligne par le total de la colonne, divisé par l'effectif total.

   b) Exprimez la distribution conjointe du même exemple en fréquences. Les fréquences vérifient une propriété analogue à celle qu'on demande de vérifier en a). Quelle est-elle ? Énoncez-la clairement.

3. Déterminez, à partir du tableau 3.5 (page 78) :

   a) la distribution marginale de l'âge de la mère.

   b) la distribution marginale du sexe de l'enfant.

   c) chacune des distributions conditionnelles possibles.

4. Déterminez, à partir du tableau 3.9 (page 82), la distribution conditionnelle de $X$ étant donné chacune des valeurs de $Y$.

5. Le tableau 3.11 donne, pour une population de 68 297 mariages ayant eu lieu au Canada en 1984, la distribution de la religion de l'époux ($X$) et de la religion de l'épouse ($Y$). Dressez un tableau qui expose clairement la forte dépendance existant entre ces variables.

TABLEAU 3.11

**Religion de l'époux ($X$) et de l'épouse ($Y$) quatre principales religions, Canada – 1984**

| X : religion de l'époux | Y : religion de l'épouse | | | | TOTAL |
|---|---|---|---|---|---|
| | Anglicane | Baptiste | Catholique | Église Unie | |
| Anglicane | 5 469 | 500 | 4 270 | 2 740 | 12 979 |
| Baptiste | 480 | 2 031 | 861 | 613 | 3 985 |
| Catholique | 4 106 | 806 | 23 632 | 4 898 | 33 442 |
| Église Unie | 2 673 | 563 | 5 023 | 9 632 | 17 891 |

SOURCE : *Annuaire du Canada*, 1986–87

TABLEAU 3.12    **Mortinaissances et naissances vivantes selon l'âge de la mère –
1974**

| Âge de la mère | < 20 | 20–24 | 25–29 | 30–34 | 35–39 | 40–44 | > 45 |
|---|---|---|---|---|---|---|---|
| Naissances vivantes | 38 626 | 111 409 | 119 239 | 48 142 | 14 133 | 3 333 | 226 |
| Mortinaissances | 316 | 757 | 836 | 402 | 232 | 81 | 10 |

SOURCE : *Annuaire du Canada*, 1976–1977.

6. Le tableau 3.12 donne, pour un ensemble de naissances ayant eu lieu au Canada en 1974, la distribution de l'âge de la mère ($X$) et de l'état du bébé ($Y$ : mort, vivant).

   a) Déterminez les distributions conditionnelles de $Y$ étant donné les valeurs de $X$.

   b) Déterminez les distributions conditionnelles de $X$ étant donné les valeurs de $Y$.

   c) Comme façon d'exposer la dépendance entre deux variables, laquelle des deux séries de distributions conditionnelles vous semble plus naturelle ?

**DÉPENDANCE ET CAUSALITÉ**

7. Un fabricant de détersifs, avec la coopération de cent supermarchés, se livre à une expérience dans le but d'étudier l'effet sur les ventes de deux variables : l'emballage (bleu ou rouge) et l'emplacement sur l'étalage (au niveau des yeux ou au niveau des chevilles). Chaque magasin expose le produit, soit dans l'emballage bleu, soit dans l'emballage rouge ; et soit au niveau des yeux, soit au niveau des chevilles. Après deux semaines, on évalue les ventes dans chaque magasin : on les qualifie de « bonnes » ou de « mauvaises » selon les critères propres à chaque magasin (pour tenir compte des particularités du magasin). Voici les résultats :

| Ventes | Emplacement | | | |
|---|---|---|---|---|
| | Niveau des yeux | | Niveau des chevilles | |
| | Emballage | | Emballage | |
| | Bleu | Rouge | Bleu | Rouge |
| Bonnes | 4 | 36 | 8 | 2 |
| Mauvaises | 6 | 4 | 32 | 8 |

Dressez des tableaux qui permettent de répondre clairement aux questions suivantes :

   a) Est-ce que l'emballage a un effet sur les ventes ?

   b) Est-ce que l'emplacement a un effet sur les ventes ?

8. Supposons que dans le cadre d'une étude sur la discrimination sexuelle, le service du personnel d'une compagnie prélève un échantillon de 900

employés qu'il classifie selon le sexe ($X$), le salaire ($Y$) et la catégorie d'emploi. La question est de savoir si les femmes sont moins bien payées que les hommes. Chacun des exemples suivants montre qu'on peut arriver à des conclusions différentes selon qu'on sépare les deux catégories d'emploi ou non. Dans chacun des cas suivants, tirez vos conclusions à partir des deux tableaux. Combinez ensuite les deux tableaux pour voir à quelle conclusion vous seriez arrivé si vous n'aviez pas séparé les catégories d'emploi.

### a) Emplois techniques

| X : sexe | Y : salaire | |
|---|---|---|
| | < 30 000 | ≥ 30 000 |
| Femmes | 25 | 100 |
| Hommes | 150 | 125 |

### Emplois administratifs

| X : sexe | Y : salaire | |
|---|---|---|
| | < 30 000 | ≥ 30 000 |
| Femmes | 75 | 100 |
| Hommes | 50 | 275 |

### b) Emplois techniques

| X : sexe | Y : salaire | |
|---|---|---|
| | < 30 000 | ≥ 30 000 |
| Femmes | 22 | 78 |
| Hommes | 150 | 150 |

### Emplois administratifs

| X : sexe | Y : salaire | |
|---|---|---|
| | < 30 000 | ≥ 30 000 |
| Femmes | 268 | 132 |
| Hommes | 82 | 18 |

### c) Emplois techniques

| X : sexe | Y : salaire | |
|---|---|---|
| | < 30 000 | ≥ 30 000 |
| Femmes | 125 | 175 |
| Hommes | 75 | 25 |

### Emplois administratifs

| X : sexe | Y : salaire | |
|---|---|---|
| | < 30 000 | ≥ 30 000 |
| Femmes | 15 | 85 |
| Hommes | 85 | 315 |

Essayez d'expliquer les contradictions sans employer de langage technique.

**TEST DU KHI-DEUX**

9. Testez, avec les donnés du tableau 3.11, l'hypothèse que la religion de l'époux et celle de l'épouse sont indépendantes. Exprimez clairement votre conclusion.

10. Testez, avec les données du tableau 3.12, l'hypothèse que le taux de mortinatalité ne dépend pas de l'âge de la mère.

11. À la page 25 du rapport «École et luttes de classes au Québec» publié par la Centrale des enseignants du Québec, les auteurs affirment «qu'il existe une relation très nette entre la scolarité et la classe sociale d'appartenance» et que

« les pères de classe sociale supérieure ont aussi une formation supérieure ». L'un des tableaux fournis à l'appui de ces affirmations donne la distribution de la classe sociale et du niveau de scolarité du père de 5 582 élèves du secondaire. Faites un test pour déterminer si les affirmations sont justifiées.

| Scolarité | Élémentaire ou moins | Secondaire | Collégial | Universi- taire | Sans réponse | TOTAL |
|---|---|---|---|---|---|---|
| Élèves de classe supérieure | 108 | 192 | 152 | 137 | 10 | 599 |
| Élèves de classe intermédiaire | 527 | 667 | 392 | 118 | 20 | 1 724 |
| Élèves de classe inférieure | 1 752 | 1 076 | 318 | 44 | 69 | 3 259 |

**Remarque.** *Cette dépendance entre le niveau de scolarité et de la classe sociale n'a rien d'étonnant puisqu'elle est imposée par la définition même de classe sociale. La classe sociale d'un élève est définie selon l'occupation du père. Or, le rang social attribué à une occupation est fortement lié à la scolarité nécessaire pour y accéder.*

12. À la page 24 du rapport cité à l'exercice 11, les auteurs affirment que « le phénomène drop-out et surtout l'abandon des études touchent davantage les enfants de classe sociale inférieure ». Cette affirmation est basée sur les données suivantes, qui représentent une classification de 6 930 élèves de l'élémentaire, du secondaire et du collégial selon leur classe sociale :

| Niveau | Classe | | | TOTAL |
|---|---|---|---|---|
| | Supérieure | Intermédiaire | Inférieure | |
| Élémentaire | 31 | 112 | 256 | 399 |
| Secondaire | 599 | 1 724 | 3 259 | 5 582 |
| Collégial | 123 | 334 | 492 | 949 |

a) Déterminez les distributions conditionnelles qui ont pu mener à la conclusion citée plus haut.

b) Faites un test pour déterminer si la conclusion est justifiée.

DIVERS

13. Les données suivantes sur les renouvellements des abonnements à la revue *American History Illustrated* en janvier et février 1979 ont été recueillies par Wagner (1982). Les variables sont $X$ (janvier, février) et $Y$ (abonnement renouvelé ou non). Voici la distribution conjointe des deux variables :

| X : mois | Y : abonnement renouvelé | |
| --- | --- | --- |
| | Oui | Non |
| Janvier | 21 749 | 21 071 |
| Février | 4 733 | 2 155 |

a) Le taux de renouvellement s'est-il amélioré en février par rapport à janvier ?

b) Les tableaux suivants présentent les distributions séparément pour chaque catégorie d'abonnement. Les catégories sont : A, cadeaux ; B, anciens renouvellements ; et C, service commercial d'abonnement.

**A**

| X : mois | Y : abonnement renouvelé | |
| --- | --- | --- |
| | Oui | Non |
| Janvier | 2 918 | 676 |
| Février | 704 | 180 |

**B**

| X : mois | Y : abonnement renouvelé | |
| --- | --- | --- |
| | Oui | Non |
| Janvier | 14 488 | 3 876 |
| Février | 3 907 | 1 233 |

**C**

| X : mois | Y : abonnement renouvelé | |
| --- | --- | --- |
| | Oui | Non |
| Janvier | 4 343 | 16 519 |
| Février | 122 | 742 |

Peut-on maintenant dire que le taux de renouvellement s'est amélioré entre janvier et février ? Expliquez la contradiction apparente entre les résultats en a) et en b).

14. Voici la répartition de 6 459 francophones québécois selon la connaissance de l'anglais et l'origine ethnique (Vaillancourt et Lefebvre, 1979) :

| | Origine ethnique | | | TOTAL |
| --- | --- | --- | --- | --- |
| | Française | Anglaise | Autres | |
| Unilingues | 3 156 | 142 | 116 | 3 414 |
| Connaissent l'anglais | 2 667 | 193 | 185 | 3 045 |
| TOTAL | 5 823 | 335 | 301 | 6 459 |

a) Testez l'hypothèse qu'il n'y a pas de différence entre les gens d'origine française, anglaise et autres quant au pourcentage d'unilingues.

b) Faites un test pour comparer seulement ceux d'origine anglaise et ceux d'origine française.

15. Dans une certaine expérience en marketing (Carefoot, 1982), on a choisi 800 consommateurs (le groupe expérimental) à leur entrée dans un supermarché. On a incité ces consommateurs à venir visionner 5 annonces publicitaires dans une roulotte installée sur le terrain de stationnement avant de faire leurs emplettes. À la sortie, ils présentaient une carte magnétique qui, à l'aide d'un appareil branché à la caisse enregistreuse, permettait de dresser une liste complète de leurs achats. On pouvait donc savoir lesquels des articles dont les consommateurs avaient vu les annonces ont été achetés par chacun d'eux. Parallèlement, on a choisi un groupe témoin de 800 personnes à qui on n'a pas fait visionner les annonces. Dans le tableau suivant, on donne pour trois des cinq articles annoncés le nombre de personnes dans chaque groupe qui l'ont acheté.

| Article | Groupe témoin | Groupe expérimental |
|---|---|---|
| Savon A | 15 | 17 |
| Céréales B | 31 | 44 |
| Dîner congelé C | 12 | 24 |

Pour chacun des produits, testez l'hypothèse que l'annonce n'a pas d'effet. Cette expérience, faite avec un échantillon de 800 personnes pour chaque groupe, se révèle plutôt onéreuse. À la lumière des résultats obtenus pour le dîner congelé, peut-on dire que des échantillons de cette taille étaient nécessaires?

16. Les données suivantes proviennent d'une étude (Lynn, 1981) qui visait à déterminer les caractéristiques de ceux qui lisent les annonces publicitaires (les «lecteurs») et de ceux qui ne les lisent pas (les «non-lecteurs»). Dans chacun des cas, dites s'il y a un lien entre la variable indiquée et le fait de lire les annonces ou pas.

| État matrimonial | Lecteur ou non des annonces publicitaires | |
|---|---|---|
| | Lecteur | Non-lecteur |
| Marié | 666 | 200 |
| Pas marié | 216 | 48 |

| Scolarité | Lecteur ou non des annonces publicitaires | |
|---|---|---|
| | Lecteur | Non-lecteur |
| Secondaire ou moins | 593 | 159 |
| Université | 276 | 96 |

| Sexe | Lecteur ou non des annonces publicitaires | |
|---|---|---|
| | Lecteur | Non-lecteur |
| Femmes | 377 | 177 |
| Hommes | 504 | 79 |

| Taille de la famille | Lecteur ou non des annonces publicitaires | |
|---|---|---|
| | Lecteur | Non-lecteur |
| 1 | 100 | 27 |
| 2 | 302 | 87 |
| 3 | 192 | 55 |
| 4 | 170 | 54 |
| 5+ | 118 | 34 |

17. Pour comparer l'aptitude en mathématiques des étudiants orientaux et des étudiants américains de race blanche, Tsang (1984) a examiné la distribution des résultats au test de mathématiques du SAT (*Scholastic Aptitude Test*) de 10 097 étudiants orientaux et de 502 990 étudiants américains de race blanche. Les distributions pour les deux populations sont données dans le tableau suivant :

| Score au SAT-mathématiques | Origine | |
|---|---|---|
| | Orientaux | Américains de race blanche |
| 700–800 | 601 | 22 564 |
| 600–690 | 2 001 | 86 521 |
| 500–590 | 3 190 | 158 049 |
| 400–490 | 2 788 | 151 466 |
| 300–390 | 1 309 | 74 498 |
| 200–290 | 208 | 9 892 |
| | 10 097 | 502 990 |

Testez l'hypothèse que la distribution des scores des Orientaux est la même que celle des Américains de race blanche.

18. Dans le cadre d'une étude sur les pressions exercées par les sectes fondamentalistes sur la programmation à la télévision, Rubens (1981) a fait remplir un questionnaire à 440 sujets. Le questionnaire lui a permis de classer chaque sujet selon son « degré de fondamentalisme ». Il a en outre posé un certain nombre de questions d'opinion. Testez l'hypothèse d'indépendance entre le degré de fondamentalisme et chacune des opinions exprimées.

| Réglementation de la presse<br>*Il faudrait qu'il y ait plus*<br>*de réglementation pour régir*<br>*le contenu des journaux* | Degré de fondamentalisme | | | |
|---|---|---|---|---|
| | Zéro | Faible | Fort | Très fort |
| D'accord | 15 | 25 | 35 | 38 |
| Pas d'accord | 81 | 70 | 60 | 7 |

| Bibliothèque<br>*Tout livre devrait être*<br>*autorisé dans les bibliothèques* | Degré de fondamentalisme | | | |
|---|---|---|---|---|
| | Zéro | Faible | Fort | Très fort |
| D'accord | 85 | 77 | 59 | 52 |
| Pas d'accord | 13 | 20 | 36 | 47 |

| Télévision<br>*Tout sujet devrait pouvoir*<br>*être traité à la télévision* | Degré de fondamentalisme | | | |
|---|---|---|---|---|
| | Zéro | Faible | Fort | Très fort |
| D'accord | 88 | 80 | 67 | 56 |
| Pas d'accord | 8 | 15 | 27 | 37 |

19. Le tableau suivant donne la répartition de 7 187 francophones du Québec selon le lieu de naissance et la connaissance de l'anglais. (Vaillancourt et Lefebvre, 1979).

a) Testez l'hypothèse que la proportion d'unilingues est la même parmi ceux qui sont nés au Québec et parmi ceux venant d'un pays anglophone.

b) Considérez comme appartenant à un même groupe ceux qui sont nés au Québec et ceux qui sont nés dans un pays francophone. Testez l'hypothèse que dans ce nouveau groupe, la proportion d'unilingues est la même que parmi ceux des pays anglophones et que parmi ceux des autres pays.

| | Lieu de naissance | | | |
|---|---|---|---|---|
| | Québec | Pays francophones | Pays anglophones | Autres pays |
| Taille de l'échantillon | 6 868 | 133 | 164 | 22 |
| Nombre d'unilingues | 3 770 | 72 | 32 | 7 |

20. Considérez la distribution conjointe suivante :

| X | Y | | TOTAL |
|---|---|---|---|
| | $y_1$ | $y_2$ | |
| $x_1$ | 0,3 | 0,1 | 0,4 |
| $x_2$ | 0,4 | 0,2 | 0,6 |
| TOTAL | 0,7 | 0,3 | 1,0 |

a) Dressez le tableau des distributions conditionnelles de $Y$.

b) Testez l'hypothèse d'indépendance en supposant que :

   i) l'effectif total est 100 ;

   ii) l'effectif total est 1 000.

21. Les données suivantes portent sur 17 060 diplômés d'université (Service général des communications, « Relance à l'Université », ministère de l'Éducation du Québec, 1979). Les diplômés sont classés selon leur statut en 1978 et la scolarité de leur père :

| Scolarité du père | Statut du diplômé | | | TOTAL |
|---|---|---|---|---|
| | Aux études | Au travail | Inactif ou en chômage | |
| Secondaire ou moins | 808 | 11 160 | 591 | 12 559 |
| Plus que le secondaire | 544 | 3 727 | 230 | 4 501 |
| TOTAL | 1 352 | 14 887 | 821 | 17 060 |

a) Testez l'hypothèse selon laquelle il n'y a pas de dépendance entre le statut du diplômé et la scolarité du père. S'il y a dépendance, décrivez-en la nature.

b) Y a-t-il une dépendance entre le statut du diplômé et la scolarité du père *parmi ceux qui ne sont pas aux études* ?

22. Utilisez les données du tableau 3.11 pour tester à tour de rôle chacune des hypothèses suivantes :

    a) la probabilité qu'un homme épouse une coreligionnaire est la même pour les quatre religions;

    b) 50 % des femmes baptistes épousent des coreligionnaires;

    c) 50 % des mariages entre Catholiques et Baptistes sont des mariages entre un homme catholique et une femme baptiste.

23. Les données suivantes portent sur 289 usines portoricaines qui ont fermé leurs portes entre 1973 et 1980 pour l'une des raisons suivantes : A, problèmes de marché; B, problèmes financiers; et C, problèmes d'opérations. Les usines sont classées selon le nombre d'employées ($X$) et la raison principale pour laquelle elles ont fermé leurs portes ($Y$).

| X : nombre d'employées | Y : raison principale de la fermeture de l'usine | | |
|---|---|---|---|
| | A | B | C |
| 5–9 | 35 | 27 | 5 |
| 10–49 | 58 | 39 | 32 |
| 50+ | 48 | 16 | 29 |

SOURCE : Constas (1981)

Dressez un tableau qui présente ces données sous une forme plus instructive, et discutez les conclusions qu'on peut en tirer.

24. En 1974, 4 974 hommes baptistes se sont mariés, dont 2 222 à des coreligionnaires. Connaissant les données pour 1984 (tableau 3.11), pouvez-vous dire que la tendance chez les hommes baptistes à épouser des coreligionnaires a changé entre 1974 et 1984? Commentez.

25. Les données suivantes portent sur 17 059 diplômés d'université en 1974–1975, rejoints en 1978 (Service général des communications, « Relance à l'Université », ministère de l'Éducation du Québec, 1979). Les diplômés sont classés selon leur statut en 1978 et leur langue maternelle.

| Langue maternelle | Statut du diplômé | | | |
|---|---|---|---|---|
| | Aux études | Au travail | Inactif ou en chômage | TOTAL |
| Français | 448 | 2 294 | 145 | 2 887 |
| Anglais | 757 | 11 267 | 547 | 12 571 |
| Autres | 217 | 1 234 | 150 | 1 601 |
| TOTAL | 1 422 | 14 795 | 842 | 17 059 |

a) Testez l'hypothèse selon laquelle le statut du diplômé ne dépend pas de sa langue maternelle.

b) Testez l'hypothèse selon laquelle parmi ceux qui ne sont pas aux études, le taux de chômage ou d'inactivité est le même pour les francophones, les anglophones et les allophones.

26. On émet parfois l'hypothèse que le succès d'un savant dépend en partie de son rang dans l'ordre de sa naissance parmi ses frères ou sœurs. Les données suivantes sur les gagnants de prix Nobel ont été recueillies par Clark et Rice (1982) dans le but de vérifier une hypothèse particulière, l'hypothèse que les scientifiques ont une tendance plus grande que les non-scientifiques à être des premiers-nés. Les prix en physique, chimie, médecine et économie sont considérés comme prix scientifiques; les prix de littérature et de la paix sont non scientifiques. Les gagnants de prix Nobel qui sont fils uniques sont exclus.

| Prix | Statut dans la famille | | TOTAL |
|------|-----------|-------|-------|
| | Premier-né | Cadet | |
| Scientifique | 51 | 62 | 113 |
| Non scientifique | 17 | 45 | 62 |
| TOTAL | 68 | 107 | 175 |

L'hypothèse de Clark et Rice est-elle vérifiée?

27. La distribution suivante a été dressée par Haberman (1978) à partir de données fournies par le *National Opinion Research Center* de l'Université de Chicago. Les variables sont le nombre d'années de scolarité ($X$) et l'attitude face à l'avortement ($Y$).

| $X$ : scolarité | $Y$ : attitude face à l'avortement | | |
|-----------------|------|-------|--------|
| | Pour | Mixte | Contre |
| Moins de 8 ans | 31 | 23 | 56 |
| Entre 9 et 12 ans | 171 | 89 | 177 |
| Plus de 12 ans | 116 | 39 | 74 |

a) Testez l'hypothèse selon laquelle $X$ et $Y$ sont indépendantes.

b) Les données ci-dessus portent sur deux groupes : des catholiques et des protestants du Nord des États-Unis. Voici la distribution pour chaque groupe :

*Catholiques*

| X : scolarité | Y : attitude face à l'avortement | | |
|---|---|---|---|
| | Pour | Mixte | Contre |
| Moins de 8 ans | 8 | 10 | 24 |
| Entre 9 et 12 ans | 65 | 39 | 89 |
| Plus de 12 ans | 37 | 18 | 43 |

*Protestants*

| X : scolarité | Y : attitude face à l'avortement | | |
|---|---|---|---|
| | Pour | Mixte | Contre |
| Moins de 8 ans | 23 | 13 | 32 |
| Entre 9 et 12 ans | 106 | 50 | 88 |
| Plus de 12 ans | 79 | 21 | 31 |

La conclusion tirée en a) doit-elle être modifiée?

28. Pour étudier l'effet de certaines maladies sur le sommeil, Kaye, Kaye et Madow (1983) ont interrogé 30 personnes souffrant du cancer, 27 personnes souffrant de maladies du cœur et 24 personnes en bonne santé. Ils leur ont posé la question suivante: «Avez-vous de la difficulté à vous endormir?» Le nombre de réponses affirmatives a été 12 pour ceux qui souffraient de cancer, 22 pour ceux qui souffraient de maladie de cœur, et 6 pour les personnes en bonne santé.

    a) Le cancer a-t-il un effet sur le sommeil?

    b) Les maladies de cœur ont-elles un effet sur le sommeil?

29. Le tableau suivant présente la répartition de 151 voyages entrepris par des familles montréalaises, selon la direction prise et le niveau de scolarité du chef de famille.

| | Direction prise | | | |
|---|---|---|---|---|
| Scolarité | Québec | Reste du Canada et continent américain | Hors continent | TOTAL |
| 0–11 ans | 22 | 36 | 12 | 70 |
| 12 ans+ | 11 | 40 | 30 | 81 |
| TOTAL | 33 | 76 | 42 | 151 |

    a) Y a-t-il une dépendance entre la direction prise par les voyageurs et le niveau de scolarité?

b) Si oui, peut-on quand même défendre la thèse que le niveau de scolarité, comme tel, n'a pas d'influence sur le choix des vacances ?

c) Quelles données devrait-on prélever et quelle analyse devrait-on faire pour défendre une telle thèse ? Dressez une série de tableaux avec des données fictives, desquelles on pourrait déduire i) que le niveau de scolarité n'a pas d'influence sur la direction prise par les voyageurs, et ii) que le *revenu* a une influence sur la direction prise par les voyageurs.

30. Une certaine secte religieuse au Canada a des pratiques sexuelles qui, selon certains, favorisent les naissances de garçons. On a constaté en effet que parmi 50 enfants nés de cette secte en 1971, 31 étaient des garçons. Sachant qu'au Canada cette année-là 179 781 garçons et 169 081 filles sont nés, peut-on affirmer que la probabilité qu'un enfant de cette secte soit un garçon est supérieure à la probabilité qu'un enfant canadien le soit ? (« enfant canadien » peut inclure les enfants de cette secte ou pas — la secte est trop petite pour changer perceptiblement les proportions). Devrait-on employer un test d'ajustement (le test vu au chapitre 1) ou un test d'indépendance ? Discutez.

*31. Arthur affirme pouvoir prédire le temps qu'il fera demain d'après certaines sensations qu'il ressent dans ses articulations. Pour voir si c'est bien vrai, on observe ses prédictions pendant 150 jours. Il a prédit de la pluie 100 fois, et de ces 100 fois il a effectivement plu 70 fois. Les 50 autres fois il a prédit du beau temps et le temps a été beau 20 fois. Peut-on conclure qu'il a vraiment des capacités de prédiction du temps ?

a) Un statisticien amateur procède de la façon suivante : il observe que les prédictions ont été correctes 90 fois sur 150. Il considère donc ses effectifs observés comme étant 90 et 60, et il les compare aux effectifs théoriques 75 et 75, à l'aide d'un test d'ajustement. Il trouve $\chi^2 = 6$ avec 1 degré de liberté, ce qui est significatif. Pourquoi cette procédure est-elle incorrecte ?

b) Faites le test correctement.

*32. La conclusion tirée au numéro 26 (que les scientifiques ont une plus forte tendance à être premiers-nés) pourrait bien être un artifice. Pour diverses raisons, dont peut-être les années auxquelles les différents prix ont été décernés, les scientifiques sont nés de familles moins nombreuses. Ce seul fait pourrait suffire à expliquer pourquoi ils sont plus souvent premiers-nés. Considérez les données fictives suivantes. On prélève un échantillon de 360 scientifiques, dont 300 appartiennent à des familles de 2 enfants et 60 à des familles de 3 enfants ; et un échantillon de 360 non-scientifiques, dont 60 appartiennent à des familles de 2 enfants et 300 à des familles de 3 enfants. Quel est théoriquement le nombre de premiers-nés parmi les non-scientifiques ?

*33. Pour résoudre le problème 17, un étudiant procède de la façon suivante. Il détermine la distribution de fréquences pour les Américains de race blanche :

0,045, 0,172, 0,314, 0,301, 0,148, 0,020. Il fait ensuite un test comme celui présenté au chapitre 1 pour tester l'hypothèse que la distribution du score pour les Orientaux est identique à celle qu'il a déterminée pour les Américains de race blanche.

a) Savez-vous pourquoi ce test n'est pas applicable ?

b) Faites le test de la façon décrite dans ce numéro, et comparez votre résultat à celui du numéro 17. Pouvez-vous expliquer pourquoi les deux résultats sont si semblables ?

34. Pour comparer deux bières on fait une expérience avec 100 amateurs de chaque marque. Chaque groupe affirme connaître la différence entre les deux et préférer nettement la sienne. On demande à chaque sujet d'identifier sa préférence, après avoir goûté les deux. Voici les résultats :

|  |  | Habituellement boivent | | TOTAL |
|  |  | A | B |  |
|---|---|---|---|---|
| Ont | A | 65 | 45 | 110 |
| préféré | B | 35 | 55 | 90 |
| TOTAL |  | 100 | 100 | 200 |

Les hypothèses suivantes sont exprimées dans le langage de tous les jours. Exprimez-les plus formellement et puis testez-les. Ce ne sont pas nécessairement des hypothèses « nulles ».

a) Il n'y a pas de différence discernable entre les deux bières.

b) Les buveurs de la bière B ne connaissent pas la différence entre les deux bières.

c) Les buveurs de la bière A ne connaissent pas la différence entre les deux bières.

d) Les buveurs de la bière A discriminent mieux entre les deux marques que les buveurs de la bière B.

# 4 Droite des moindres carrés et corrélation

**Introduction.**  Les méthodes du chapitre 3 sont conçues essentiellement pour des données qualitatives. Ces méthodes pourraient servir à l'analyse de données quantitatives puisqu'on peut toujours, en groupant les valeurs d'une variable quantitative, réduire celle-ci à une variable qualitative. On peut toutefois éviter la perte d'information qu'entraînerait un tel regroupement en employant des méthodes propres aux variables quantitatives.

Lorsque deux variables quantitatives sont dépendantes, il est possible, quand les circonstances sont favorables, d'exprimer la dépendance à l'aide d'une équation mathématique. Dans ce chapitre, nous étudions le cas particulier où la dépendance peut être exprimée par une *équation linéaire*. Nous commençons par montrer comment déterminer l'équation qui relie une variable à l'autre. Ensuite, nous définissons une *mesure de la dépendance* entre deux variables quantitatives. Finalement, nous présentons un *test statistique* permettant de déterminer si une dépendance observée dans un échantillon est significative ou non.

# 4.1    Droite des moindres carrés

Typiquement, l'analyse de la dépendance entre deux variables quantitatives débute avec des données couplées comme celles du tableau 4.1. Ce tableau donne, pour un ensemble de 41 maisons vendues à Outremont au printemps 1981, les valeurs de deux variables :

$X$ : L'évaluation municipale, en milliers de dollars

$Y$ : Le prix à la vente, en milliers de dollars.

Il est certain que nous allons observer une dépendance entre ces deux variables. La figure 4.1, qui présente les données du tableau 4.1 sous la forme d'un nuage de points, le confirme. Chaque maison vendue est représentée par un point dont l'abscisse est $X$, l'évaluation municipale, et l'ordonnée est $Y$, le prix à la vente. La figure montre qu'il y a une relation entre $X$ et $Y$ en ce sens que, en gros, lorsque $X$ croît, $Y$ croît. Elle indique aussi que la relation est à peu près *linéaire* : à l'œil, il semble possible de tracer une droite qui passe assez bien dans l'ensemble des points du nuage.

Notre objectif est de trouver l'équation de la droite s'approchant le plus possible des points. Pour ce faire, nous allons d'abord définir une mesure de la « distance » entre les points et une droite ; nous allons ensuite montrer comment *trouver l'équation de la droite qui minimise cette distance*.

**Principe des moindres carrés.**  En général, les données prennent la forme de $n$ couples $(x_1, y_1)$, $(x_2, y_2)$, ..., $(x_n, y_n)$ que l'on peut représenter par autant de points sur un plan cartésien. L'équation d'une droite est de la forme

$$y = a + bx \, .$$

TABLEAU 4.1    **Évaluation (X) et prix (Y) de 41 maisons vendues à Outremont – printemps 1981**

| X | Y | X | Y | X | Y | X | Y |
|---|---|---|---|---|---|---|---|
| 45,3 | 65 | 136,4 | 235 | 88,8 | 117 | 29,3 | 58 |
| 55,6 | 60 | 77,5 | 125 | 58,1 | 160 | 82,0 | 132 |
| 102,7 | 140 | 111,2 | 112 | 98,0 | 188 | 79,0 | 198 |
| 38,2 | 50 | 186,1 | 268 | 39,3 | 88 | 64,4 | 90 |
| 63,6 | 60 | 69,3 | 150 | 58,8 | 103 | 78,0 | 110 |
| 63,6 | 80 | 32,5 | 45 | 42,2 | 65 | 75,1 | 114 |
| 41,6 | 74 | 92,3 | 142 | 45,2 | 77 | 86,8 | 149 |
| 31,3 | 79 | 36,6 | 69 | 117,4 | 188 | 143,5 | 315 |
| 181,4 | 275 | 87,4 | 100 | 117,3 | 156 | 85,4 | 130 |
| 89,3 | 162 | 44,0 | 123 | 122,9 | 225 | 86,6 | 135 |
| 54,9 | 136 | | | | | | |

FIGURE 4.1    **Nuage de points – données du tableau 4.1**

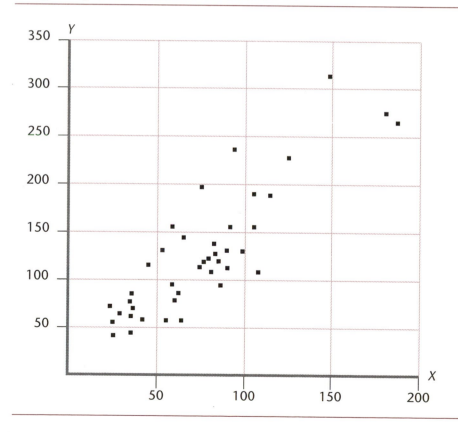

FIGURE 4.2    **Distances verticales à une droite**

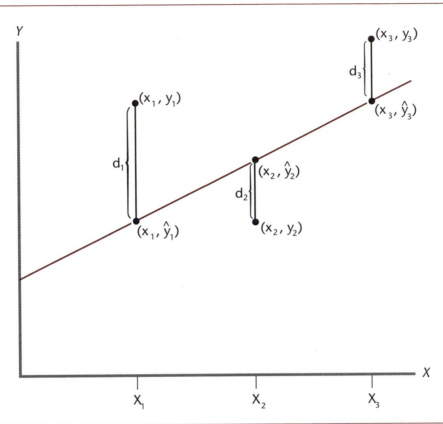

Soit une droite donnée $y = a + bx$, et soit $d_1, d_2, \ldots, d_n$ les distances verticales entre les points et la droite. Ces distances sont représentées par les traits verticaux dans la figure 4.2.

La somme des carrés de ces distances servira de mesure globale de la distance entre les points et la droite. On définit formellement la distance $D$ entre les points et la droite par

$$D = d_1^2 + d_2^2 + \ldots + d_n^2 = \Sigma d_i^2 \, .$$

Si l'on dénote par $\hat{y}_i$ la hauteur de la droite au point $x_i$, c'est-à-dire

$$\hat{y}_i = a + bx_i \, ,$$

alors $d_i$ est donné par

$$d_i = |y_i - \hat{y}_i|$$

et
$$D = \sum |y_i - \hat{y}_i|^2 = \sum (y_i - \hat{y}_i)^2 \, .$$

FIGURE 4.3    **Calcul de la distance verticale à une droite**

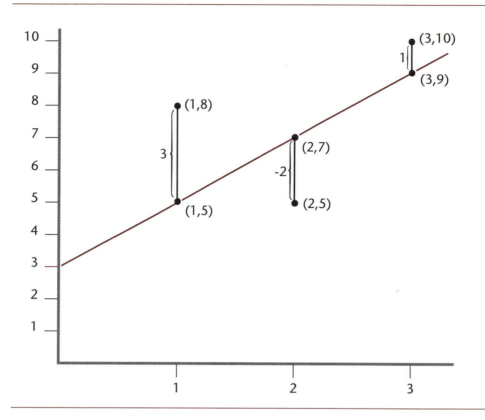

Nous souhaitons que cette distance soit petite : plus elle est petite, mieux la droite est ajustée aux données. Puisque notre objectif est de trouver une droite qui s'ajuste le mieux possible aux données, nous devons chercher la droite pour laquelle la **distance $D$ est minimale**.

Nous commettons un léger abus de langage en utilisant le terme « distance » pour désigner la quantité $D$. En toute rigueur, nous devrions plutôt affecter ce terme à $\sqrt{D}$. Ces considérations d'ordre terminologique sont cependant sans grande conséquence puisque minimiser $D$ ou minimiser $\sqrt{D}$ revient au même.

**EXEMPLE 1**    Considérons les trois points $(1, 8)$, $(2, 5)$ et $(3, 10)$ ainsi que la droite $y = 3 + 2x$ (voir figure 4.3).

Les trois points correspondants sur la droite ont pour ordonnée :

$$\hat{y}_1 = 3 + 2(1) = 5; \ \ \hat{y}_2 = 3 + 2(2) = 7; \ \ \hat{y}_3 = 3 + 2(3) = 9.$$

Les écarts verticaux sont :

$$d_1 = |8 - 5| = 3; \ \ d_2 = |5 - 7| = 2; \ \ d_3 = |10 - 9| = 1.$$

La distance $D$ est donc :

$$D = d_1^2 + d_2^2 + d_3^2 = 3^2 + 2^2 + 1^2 = 14.$$

La droite $y = 3 + 2x$ n'est pas la meilleure possible. Le lecteur peut vérifier que la droite $y = 6 + x$ donne une distance $D = 11$, plus petite que la distance $D = 14$ obtenue avec $y = 3 + 2x$. La droite $y = 6 + x$ passe donc mieux parmi les trois points que la droite $y = 3 + 2x$. Toutefois, elle n'est encore pas aussi proche que possible. On peut montrer que la droite qui minimise $D$ est $y = {}^{17}/_3 + x$. La distance correspondante est $D = {}^{32}/_3 = 10\,{}^2/_3$. Aucune autre droite ne peut donner une distance aussi petite que celle-ci.    □

Le **principe des moindres carrés** est le principe selon lequel on choisit, parmi toutes les droites possibles, celle qui minimise la somme des carrés des distances verticales, c'est-à-dire, celle qui minimise la distance $D$. Cette droite est appelée **droite des moindres carrés** ou **droite de régression**.

**Droite des moindres carrés.**    On peut démontrer que les coefficients $a$ et $b$ de la droite des moindres carrés $y = a + bx$ sont donnés par les formules suivantes :

$$b = \frac{\sum (x_i - \overline{x})(y_i - \overline{y})}{\sum (x_i - \overline{x})^2}$$

$$a = \overline{y} - b\overline{x}.$$

En utilisant les identités

$$\sum (x_i - \overline{x})(y_i - \overline{y}) = \Sigma x_i y_i - (\Sigma x_i)(\Sigma y_i)/n$$
$$= \Sigma x_i y_i - n\overline{x}\,\overline{y}$$
$$\Sigma (x_i - \overline{x})^2 = \Sigma x_i^2 - (\Sigma x_i)^2/n$$
$$= \Sigma x_i^2 - n\overline{x}^2,$$

on peut trouver plusieurs expressions équivalentes pour $b$. En voici quelques-unes qui sont, en général, plus faciles à employer que la formule originale car elles permettent d'obtenir $b$ en fonction des quatre sommes $\Sigma x_i$, $\Sigma x_i^2$, $\Sigma y_i$ et $\Sigma x_i y_i$.

$$b = \frac{n\Sigma x_i y_i - (\Sigma x_i)(\Sigma y_i)}{n\Sigma x_i^2 - (\Sigma x_i)^2}$$

$$b = \frac{\Sigma x_i y_i - (\Sigma x_i)(\Sigma y_i)/n}{\Sigma x_i^2 - (\Sigma x_i)^2/n}$$

$$b = \frac{\Sigma x_i y_i - n\overline{x}\,\overline{y}}{\Sigma x_i^2 - n\overline{x}^2}$$

$$b = \frac{\overline{xy} - \overline{x}\,\overline{y}}{\overline{x^2} - \overline{x}^2}$$

où
$$\overline{xy} = \frac{1}{n}\Sigma x_i\,y_i\,; \quad \overline{x^2} = \frac{1}{n}\Sigma x_i^2\,.$$

**EXEMPLE 2**    Pour illustrer les calculs, nous prenons les données de l'exemple 1 :

| x | 1 | 2 | 3 |
|---|---|---|---|
| y | 8 | 5 | 10 |

Des calculs simples donnent les résultats suivants :

$$\Sigma x_i = 6 \qquad \Sigma x_i^2 = 1 + 4 + 9 = 14$$
$$\Sigma y_i = 23 \qquad \Sigma x_i y_i = 8 + 10 + 30 = 48.$$

Donc :

$$b = \frac{n\Sigma x_i y_i - (\Sigma x_i)(\Sigma y_i)}{n\Sigma x_i^2 - (\Sigma x_i)^2} = \frac{3(48) - (6)(23)}{3(14) - (6)^2} = \frac{6}{6} = 1\,,$$

$$a = \overline{y} - b\overline{x} = \frac{23}{3} - 1\left(\frac{6}{3}\right) = \frac{23 - 6}{3} = \frac{17}{3} = 5\tfrac{2}{3}\,.$$

Donc, la droite des moindres carrés est

$$y = a + bx = 5\tfrac{2}{3} + x\,. \qquad \qquad \square$$

L'équation de la droite des moindres carrés est une expression qui permet d'estimer la valeur de $Y$ qui correspond à une valeur de $X$ donnée. Il suffit de remplacer $X$ par la valeur en question dans l'expression $y = a + bx$.

**EXEMPLE 3**    Nous utilisons les données du tableau 4.1 pour trouver l'équation qui permettra d'estimer le prix à la vente $(Y)$ d'une maison d'Outremont à partir de son évaluation $(X)$. Les calculs donnent :

$$\Sigma x_i = 3\,238,9 \qquad \Sigma y_i = 5\,348 \qquad \Sigma x_i^2 = 313\,698,21$$

$$\Sigma x_i y_i = 508\,455,6 \qquad n = 41 \qquad \Sigma y_i^2 = 864\,988$$

Donc :

$$\Sigma(x_i - \overline{x})(y_i - \overline{y}) = \Sigma x_i y_i - (\Sigma x_i)(\Sigma y_i)/n = 85\,976,643\,9$$

$$\Sigma(x_i - \overline{x})^2 = \Sigma x_i^2 - (\Sigma x_i)^2/n = 57\,833,009\,76$$

$$b = \frac{85\,976,643\,9}{57\,833,009\,76} = 1,486\,636\,166$$

$$a = \overline{y} - b\overline{x} = \frac{5\,348}{41} - 1,486\,636\,166\,\frac{3\,238,9}{41}$$

$$= 12,998\,393\,2$$

La droite des moindres carrés est donc approximativement

$$y = 13 + 1{,}49x\,.$$

Cette équation peut servir à estimer le prix de vente d'une maison à partir de son évaluation. Par exemple, nous estimons qu'une maison évaluée à 70 500 \$ se vendra à :

$$y = 13 + 1{,}49(70{,}5) = 118{,}045$$

c'est-à-dire, 118 045 \$.                                                     ◻

Dans les formules pour la droite des moindres carrés, on ne peut intervertir les $x_i$ et les $y_i$. Chacune des variables joue un rôle qui lui est propre. La variable $X$, appelée variable *explicative* (ou variable *indépendante*), servira éventuellement à estimer $Y$. La variable $Y$, appelée variable *expliquée* (ou variable *dépendante*), est celle dont on voudra estimer la valeur.

## 4.2    Corrélation

Il est toujours possible de déterminer la droite des moindres carrés en utilisant les formules de la section précédente — à condition, toutefois, que les $x_i$ ne soient pas tous identiques. Cela ne veut pas dire que les estimations faites à partir de la droite des moindres carrés seront bonnes : elles seront bonnes seulement dans la mesure où la relation entre $X$ et $Y$ est linéaire et forte, c'est-à-dire, dans la mesure où les points du nuage sont proches d'une droite de pente non nulle.

Le **coefficient de corrélation**, noté $r$, est une mesure de dépendance linéaire définie par l'une ou l'autre des formules suivantes :

$$r = \frac{\Sigma(x_i - \overline{x})(y_i - \overline{y})}{\sqrt{\Sigma(x_i - \overline{x})^2}\sqrt{\Sigma(y_i - \overline{y})^2}}$$

$$r = \frac{n\Sigma x_i y_i - (\Sigma x_i)(\Sigma y_i)}{\sqrt{n\Sigma x_i^2 - (\Sigma x_i)^2}\sqrt{n\Sigma y_i^2 - (\Sigma y_i)^2}}$$

$$r = \frac{\overline{xy} - \overline{x}\,\overline{y}}{\sqrt{\overline{x^2} - \overline{x}^2}\sqrt{\overline{y^2} - \overline{y}^2}}$$

$$r = \frac{s_X}{s_Y}b$$

Le coefficient de corrélation jouit des propriétés suivantes :

1. $-1 \leq r \leq 1$.   Le coefficient de corrélation est toujours compris entre $-1$ et 1.

2. $r = 1$ si et seulement si tous les points se situent sur une droite de pente positive ; $r = -1$ si et seulement si tous les points se situent sur une droite de pente négative. En d'autres termes, les valeurs extrêmes $-1$ et 1 dénotent une corrélation parfaite entre $X$ et $Y$.

3. Si $X$ et $Y$ sont indépendantes, alors $r = 0$. La réciproque n'est pas vraie : le coefficient de corrélation peut être nul sans que les variables soient indépendantes. Dans ce cas, cependant, la dépendance n'est pas linéaire.

4. $r = 0$ si et seulement si $b = 0$.

5. Plus les points du nuage s'alignent le long d'une droite de pente non nulle, plus $r$ est éloigné de 0.

**EXEMPLE 4**    Pour les données de l'exemple 3, le coefficient de corrélation est :

$$r = \frac{n\Sigma x_i y_i - (\Sigma x_i)(\Sigma y_i)}{\sqrt{n\Sigma x_i^2 - (\Sigma x_i)^2}\sqrt{n\Sigma y_i^2 - (\Sigma y_i)^2}}$$

$$= \frac{41(508\,455,6) - (3\,238,9)(5\,348)}{\sqrt{41(313\,698,21) - (3\,238,9)^2}\,\sqrt{41(864\,988) - (5\,348)^2}}$$

$$= \frac{3\,525\,042,4}{\sqrt{2\,371\,153,4}\,\sqrt{6\,863\,404}} = 0,87$$

Le coefficient de corrélation est assez proche de 1, ce qui indique une *forte corrélation positive* entre $X$ et $Y$.    ☐

La figure 4.4 illustre, pour différentes dispositions de points, la droite de régression qui s'y ajuste le mieux. Pour chaque cas on donne aussi la valeur approximative du coefficient de corrélation $r$.

***Commentaires.***   *Le graphique (a) de la figure 4.4 illustre un cas de* corrélation négative parfaite : *tous les points sont exactement alignés le long d'une droite de pente négative :* $r = -1$.

*Le graphique (b) illustre une* corrélation positive très forte *pour laquelle* $r = 0,98$. *Dans le graphique (c), l'alignement des points est moins rigoureux mais la tendance est encore très nette :* $r = 0,8$. *Dans le graphique (d) la tendance linéaire est beaucoup plus faible :* $r = -0,3$.

*Les graphiques (e) et (f) illustrent deux cas d'indépendance. La droite de régression $y$ est horizontale et $r = 0$. On pourrait être tenté, dans le graphique (f), de préférer l'ajustement d'une droite verticale plutôt que celui de la droite horizontale qui a été tracée. Rappelons toutefois que le critère utilisé pour quantifier la qualité de l'ajustement d'une droite dans un nuage de points est la somme des carrés des écarts* *verticaux entre la droite et chacun des points. Dans le graphique (f), c'est vraiment la droite horizontale qui minimise la somme des carrés des écarts verticaux. En fait, les graphiques (e) et (f) illustrent fondamentalement le même cas; il suffit de comprimer ou de dilater l'échelle des $X$ ou celle des $Y$ pour passer librement de l'un à l'autre cas.*

*Le graphique (g) donne un exemple où la relation entre $X$ et $Y$ n'est pas linéaire. Globalement, on y observe tout de même que les petits $X$ donnent de petits $Y$ et que les grands $X$ donnent de grands $Y$. Sensible à cette tendance, le coefficient de corrélation a pris la valeur 0,8 comme dans le graphique (c).*

*Le graphique (h) montre clairement que $r = 0$ n'implique pas que les variables soient indépendantes. Ici, la dépendance entre $X$ et $Y$ est très prononcée : les petits $X$, comme les grands $X$, donnent de grands $Y$ alors que les $X$ moyens donnent de petits $Y$.*

## 4.3    Un test d'indépendance

Revenons à l'exemple des maisons d'Outremont. Dans la section 4.1, exemple 3, nous avons déterminé la droite de régression pour estimer le prix à partir de l'évaluation. Dans la section 4.2, exemple 4, nous avons déterminé le coefficient de corrélation pour nous assurer que la droite de régression donnera de bonnes estimations. Ayant trouvé un coefficient de corrélation de 0,87, nous avons conclu que la dépendance entre $X$ et $Y$ est assez forte pour permettre des estimations relativement bonnes.

Cette conclusion était un peu hâtive, car le coefficient de corrélation de 0,87 ne mesure que le dépendance qui se manifeste *dans l'échantillon*. Or, les valeurs échantillonnales sont déterminées en bonne partie par le hasard : le prix auquel se vend une maison est le fruit d'une négociation dont l'issue est imprévisible. Il se peut que deux variables soient fondamentalement indépendantes et que le hasard seul soit responsable de la dépendance observée dans l'échantillon. Dans le contexte de notre exemple, cette hypothèse est peu vraisemblable, d'abord parce qu'on sait *a priori* que le prix d'une maison est fortement lié à son évaluation, et ensuite parce que le coefficient de corrélation est élevé. Dans plusieurs cas, cependant, on ne sait pas *a priori* si les variables sont dépendantes ou non, et le coefficient de corrélation n'est ni très près ni très loin de 0.

Pour ces cas-là, nous avons besoin d'un test pour décider si le coefficient de corrélation est assez grand pour être *significatif*.

**Le test.**    Le test se base sur un raisonnement analogue à celui des autres tests statistiques : si $r$ est petit (en valeur absolue), on attribue la dépendance au hasard; si $r$ est grand (en valeur absolue), on attribue la dépendance

FIGURE 4.4  **Différents cas de régression**

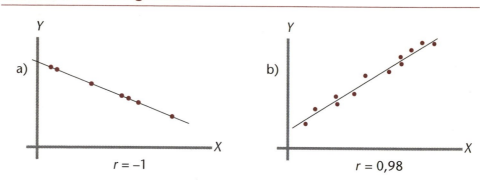

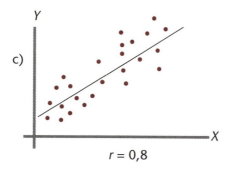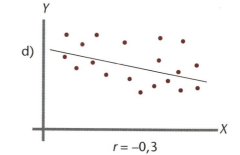

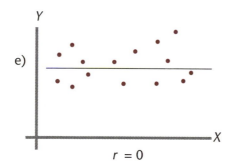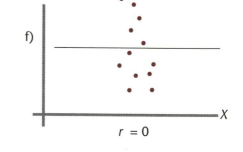

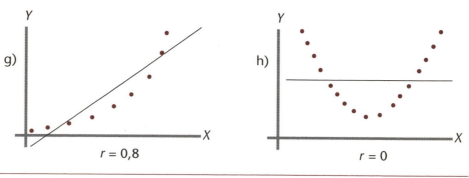

échantillonnale à une dépendance réelle entre les variables. Il s'avère plus commode, cependant, de baser le test non pas sur $r$ lui-même mais sur une autre quantité, fonction de $r$, qui croît lorsque $r$ croît. C'est la quantité définie par :

$$Z = \frac{\sqrt{n-2}\, r}{\sqrt{1-r^2}}\,.$$

Lorsque $r$ est grand, $Z$ est grand et lorsque $r$ est petit, $Z$ est petit. De plus, $r = 0$ si et seulement si $Z = 0$. Donc, un test basé sur $Z$ est équivalent à un test basé sur $r$. Toutefois, $Z$ a l'avantage d'être une variable centrée réduite et peut donc être interprétée à peu près comme une cote $Z$. Une valeur de 3 ou de $-3$ est très éloignée de 0 et indique une dépendance réelle entre les variables. Une valeur de 1 ou de $-1$, par contre, n'est pas excessive : elle peut être due au hasard.

*Il est habituellement raisonnable de rejeter l'hypothèse d'indépendance quand $Z$ se trouve à l'extérieur de l'intervalle $(-2, 2)$.* Si l'hypothèse d'indépendance est vraie, la valeur de $Z$ a tendance à être petite, presque certainement dans l'intervalle $(-2, 2)$. Auquel cas on ne rejette pas l'hypothèse d'indépendance, et on a raison. Il peut arriver que $Z$ se trouve à l'extérieur de l'intervalle $(-2, 2)$, même si $X$ et $Y$ sont indépendantes. Dans ce cas, on rejette l'hypothèse d'indépendance *à tort*. La probabilité d'une telle erreur est voisine de 5 %, un risque généralement considéré acceptable.

Si l'hypothèse d'indépendance est fausse, $Z$ a tendance à sortir de l'intervalle $(-2, 2)$, ce qui conduit, comme il le faut, au rejet de l'hypothèse. Si $Z$ est *dans* l'intervalle, on accepte l'hypothèse d'indépendance *à tort*. La probabilité d'*accepter* à tort, contrairement à *rejeter* à tort, ne peut pas être bornée par une quantité relativement petite comme 5 %. C'est pourquoi on « accepte » l'hypothèse avec circonspection. Il s'agit plutôt d'un non-rejet que d'une acceptation.

**Remarque.** *Si $n$ est vraiment grand, on n'a pas réellement à utiliser la transformation $Z$. En convenant de rejeter l'hypothèse d'indépendance si $nr^2 > 4$ on arrive encore plus rapidement à la conclusion et le risque d'erreur est encore voisin de 5 %.*

Dans l'exemple des maisons vendues à Outremont, la valeur de $Z$ est

$$Z = \frac{\sqrt{41-2} \times 0{,}87}{\sqrt{1-(0{,}87)^2}} = 11{,}02.$$

Pour une cote $Z$, cette valeur est énorme. Ceci veut dire que $r$ est trop grand pour qu'on puisse attribuer la dépendance observée au hasard. La dépendance entre les variables est réelle.

Le test basé sur $nr^2$ conduit à la même conclusion : $nr^2 = 31{,}03$ étant beaucoup plus grand que le point critique 4, l'hypothèse d'indépendance est vigoureusement rejetée.

**Conditions de validité.**    On peut démontrer rigoureusement la validité du test que nous venons de décrire si on suppose que certaines conditions sont réalisées. Or, ces conditions — qu'on peut énoncer de façon fort précise — n'admettent pas, en pratique, de vérification facile. Si l'on peut employer le test quand même, c'est parce que les conditions qui assurent sa validité perdent de leur importance lorsque l'échantillon est grand. C'est donc la seule mise en garde que nous faisons à propos de l'emploi de ce test : *il faut que l'échantillon soit assez grand.*

Nous n'allons pas préciser le sens de « grand ». Un échantillon de taille 200 est, à toutes fins pratiques, « grand ». Un échantillon de taille 20 est grand ou pas assez, selon que les conditions évoquées plus haut sont vérifiées ou non. Si les conditions sont vérifiées, le test est parfaitement valide ; si elles ne le sont qu'à peu près, le test est approximatif ; si elles ne le sont pas du tout, le test est en principe non valide. Dans ce dernier cas, on peut quand même calculer la valeur de $Z$, mais la conclusion qu'on en tire doit alors être exprimée avec circonspection.

**Remarque.**    *La notion d'indépendance a été définie formellement pour des variables qualitatives au chapitre 3 : $X$ et $Y$ sont indépendantes si les distributions conditionnelles de $Y$ sont identiques. La même définition s'applique aux variables quantitatives. Pour concrétiser, supposons que $X$ est la taille et $Y$ le poids de chaque individu d'une population d'adultes. Si $x$ est une valeur donnée de $X$, alors $x$ détermine une sous-population : l'ensemble de tous ceux pour qui $X$ prend la valeur $x$. La distribution conditionnelle de $Y$ étant donné $X = x$ est la distribution de $Y$ pour la sous-population en question. Par exemple, la distribution conditionnelle de $Y$ étant donné $X = 160$ est la distribution du poids de tous ceux dont la taille est de 160 cm. Il y a autant de sous-populations, et donc autant de distributions conditionnelles de Y, qu'il y a de valeurs de $X$.*

*On dit que $X$ et $Y$ sont indépendantes si ces distributions conditionnelles sont identiques.*

# Résumé

1. Lorsqu'un graphique indique qu'il pourrait y avoir une relation linéaire entre deux variables quantitatives X et Y, il convient de *mesurer* le degré de dépendance linéaire à l'aide du **coefficient de corrélation *r***, que l'on peut calculer par l'une ou l'autre des formules suivantes :

$$r = \frac{\Sigma(x_i - \overline{x})(y_i - \overline{y})}{\sqrt{\Sigma(x_i - \overline{x})^2}\sqrt{\Sigma(y_i - \overline{y})^2}} = \frac{n\Sigma x_i y_i - (\Sigma x_i)(\Sigma y_i)}{\sqrt{n\Sigma x_i^2 - (\Sigma x_i)^2}\sqrt{n\Sigma y_i^2 - (\Sigma y_i)^2}}.$$

2. Si les données ne constituent qu'un *échantillon* de la population visée, on peut vouloir **tester l'hypothèse** que dans la population, les variables sont **indépendantes**. Pour effectuer ce test, on calcule

$$Z = \frac{\sqrt{n-2}\, r}{\sqrt{1-r^2}}$$

et on rejette l'hypothèse d'indépendance si $Z$ est trop éloigné de 0. Les valeurs de $Z$ sont interprétées comme celles d'une cote $Z$. En général, on rejette l'hypothèse d'indépendance quand $|Z| > 2$. Le **risque d'erreur** est alors voisin de 5 %.

Si $n$ est assez grand, ce critère de décision se ramène à rejeter l'hypothèse d'indépendance si $nr^2 > 4$.

3. La dépendance linéaire entre deux variables est exprimée par la **droite des moindres carrés** $y = a + bx$. C'est la droite qui minimise la somme des carrés des distances verticales entre les points et la droite. Les coefficients $b$ et $a$ sont donnés par :

$$b = \frac{\Sigma(x_i - \overline{x})(y_i - \overline{y})}{\Sigma(x_i - \overline{x})^2} = \frac{n\Sigma x_i y_i - (\Sigma x_i)(\Sigma y_i)}{n\Sigma x_i^2 - (\Sigma x_i)^2} = \frac{\Sigma x_i y_i / n - \overline{xy}}{\Sigma x_i^2 / n - \overline{x}^2}$$

$$a = \overline{y} - b\overline{x}\,.$$

## Exercices

**DROITE DES MOINDRES CARRÉS**

1. Tracez le nuage de points qui représente les données suivantes :

| $x$ | 2 | 3 | 5 | 7 |
|---|---|---|---|---|
| $y$ | 5 | 8 | 7 | 12 |

Calculez la distance $D$ entre le nuage de points et chacune des droites suivantes :

**a)** $y = 1 + 2x$      **b)** $y = 2 + 2x$      **c)** $y = 3 + 1,1x$

Déterminez la droite des moindres carrés ; ensuite calculez la distance $D$ entre les points et la droite des moindres carrés.

2. Déterminez la droite des moindres carrés pour les données suivantes :

| $x$ | 1 | 5 | 8 | 11 |
|---|---|---|---|---|
| $y$ | 13 | 12 | 9 | 6 |

Faites un graphique.

3. Sans faire de calculs, déterminez la droite des moindres carrés pour les données suivantes :

| $x$ | 1 | 5 | 7 | 9 | 13 |
|---|---|---|---|---|---|
| $y$ | 6 | 6 | 6 | 6 | 6 |

4. Lorsque $n = 2$, quelle est la distance $D$ entre les deux points et la droite des moindres carrés ? (supposez que $x_1 \neq x_2$)

5. Pour les données suivantes, calculez la somme $\Sigma(y_i - \hat{y}_i)$ et la somme des carrés $D = \Sigma(y_i - \hat{y}_i)^2$.

| $x$ | 1 | 2 | 3 | 4 | 5 | 6 |
|---|---|---|---|---|---|---|
| $y$ | 6 | 9 | 10 | 15 | 16 | 21 |

6. Dans une certaine ville, un chauffeur de taxi prend note du nombre de kilomètres $(X)$ et du montant perçu en dollars $(Y)$ pour chacune des 10 courses qu'il a faites durant la journée. Voici les données :

| $x$ | 1,5 | 2,6 | 5,4 | 3,8 | 1,5 | 0,70 | 1,8 | 1,9 | 2,7 | 5,1 |
|---|---|---|---|---|---|---|---|---|---|---|
| $y$ | 3,75 | 4,3 | 5,7 | 4,9 | 3,75 | 3,35 | 3,9 | 3,95 | 4,35 | 5,55 |

a) Tracez un nuage de points.

b) Déterminez la droite des moindres carrés.

c) Interprétez les coefficients $a$ et $b$.

7. Si, dans les formules pour $a$ et $b$ on échangeait $X$ et $Y$, est-ce qu'on obtiendrait la même droite ? Vérifiez votre réponse à l'aide des données de l'exercice 1.

8. On prend note du score $X$ dans un test d'aptitude et de la note $Y$ en mathématiques de 10 étudiants. Voici les résultats :

| $x$ | 11 | 13 | 14 | 15 | 16 | 17 | 19 | 20 | 23 | 25 |
|---|---|---|---|---|---|---|---|---|---|---|
| $y$ | 5 | 6 | 7 | 9 | 11 | 16 | 17 | 16 | 18 | 19 |

La droite de régression est $y = -7{,}10 + 1{,}13x$. Estimez la note en mathématiques d'un étudiant dont le score est 5. Pouvez-vous réconcilier votre résultat avec le bon sens ?

**COEFFICIENT DE CORRÉLATION**

9. Calculez le coefficient de corrélation pour les données de l'exercice 2.

10. Que peut-on dire de la valeur d'un coefficient de corrélation calculé à partir de 2 couples seulement ?

11. À partir du nuage de points de l'exercice 6, donnez la valeur du coefficient de corrélation.

12. Faites le graphique et calculez le coefficient de corrélation pour les données suivantes :

| $x$ | 0 | 1 | 2 | 3 | 4 | 5 | 6 | 7 | 8 | 9 | 10 |
|---|---|---|---|---|---|---|---|---|---|---|---|
| $y$ | 22 | 18 | 14 | 10 | 6 | 2 | 6 | 10 | 14 | 18 | 22 |

D'après le graphique, les variables sont-elles indépendantes?

13. Si l'on fait subir une transformation linéaire à chacune des variables $X$ et $Y$, le coefficient de corrélation ne change pas en valeur absolue. Vérifiez cette affirmation à l'aide des données de l'exercice 2 en calculant le coefficient de corrélation entre $2 + 4x$ et $30 + 2y$. Calculez également le coefficient de corrélation entre $2 + 4x$ et $30 - 2y$.

14. En examinant les formules pour le coefficient de corrélation, dites si $r$ change lorsque $X$ et $Y$ sont échangés.

**TEST D'INDÉPENDANCE** 15. Considérez une population de 9 éléments dont les valeurs de $X$ et $Y$ sont :

$$(1,1),\ (1,2),\ (1,3),\ (2,1),\ (2,2),\ (2,3),\ (3,1),\ (3,2),\ (3,3)$$

On peut considérer cette population comme formée de 3 sous-populations : celle pour laquelle $x = 1$, celle pour laquelle $x = 2$, et celle pour laquelle $x = 3$. Supposons qu'on prélève de cette population un échantillon de taille 3 en choisissant au hasard un individu dans chaque sous-population, et qu'on calcule le coefficient de corrélation échantillonnal $r$. Montrez, en choisissant des échantillons appropriés, que $r$ peut être égal à $-1$, à $0$, ou à $1$. Trouvez aussi un échantillon pour lequel $r$ prend une valeur différente de celles-ci. (suggestion : faites un graphique). Quel est le coefficient de corrélation de la population?

16. Avec un échantillon de taille 30, peut-on déclarer que les variables sont réellement dépendantes?

   **a)** Si $r = 0,1$    **b)** Si $r = 0,2$    **c)** Si $r = 0,3$
   **d)** Si $r = 0,4$    **e)** Si $r = -0,2$    **f)** Si $r = -0,5$

17. Supposons que dans un échantillon de taille $n$ on obtient $r = 0,4$. Peut-on déclarer que les variables sont réellement dépendantes?

   **a)** Si $n = 5$   **b)** Si $n = 15$   **c)** Si $n = 20$   **d)** Si $n = 30$

**DIVERS** 18. Un sondage est fait auprès des pères de 17 élèves d'une école. De chacun on obtient l'information suivante : le nombre d'années de scolarité, et le nombre de livres ou revues lus en un mois. Voici les données :

| Scolarité | Nombre de revues ou de livres | Scolarité | Nombre de revues ou de livres |
|---|---|---|---|
| 10 | 2 | 17 | 6 |
| 10 | 3 | 18 | 9 |
| 8 | 1 | 16 | 6 |
| 11 | 5 | 16 | 5 |
| 19 | 8 | 14 | 5 |
| 19 | 7 | 14 | 4 |
| 12 | 4 | 13 | 5 |
| 12 | 3 | 13 | 6 |
| 9 | 1 | | |

a) Laquelle des variables est la variable indépendante naturelle?

b) Faites le graphique et calculez le coefficient de corrélation.

c) Déterminez la droite des moindres carrés.

d) Testez l'hypothèse que le nombre de livres et de revues lus n'a pas de rapport avec la scolarité.

19. Voici les données de l'A.P.A. sur la cylindrée ($X$) et la consommation d'essence ($Y$) de 25 modèles de voitures. La cylindrée est exprimée en litres, la consommation en litres par 100 km.

| Modèle | $X$ | $Y$ | Modèle | $X$ | $Y$ |
|---|---|---|---|---|---|
| Mazda GLC | 1,5 | 8,0 | Pontiac 6000 | 2,8 | 11,0 |
| Tercel | 1,5 | 8,0 | Pontiac Phoenix | 2,8 | 11,5 |
| Honda Civic | 1,5 | 8,0 | Cougar | 3,3 | 12,0 |
| Datsun 310 | 1,5 | 9,3 | BMW 733i | 3,3 | 14,0 |
| Datsun Nissan | 2 | 9,5 | Thunderbird | 3,3 | 12,5 |
| Fiat 2000 | 2 | 11,0 | Impala | 3,8 | 12,4 |
| Mazda 626 | 2 | 11,0 | M. Benz 380SL | 3,8 | 13,7 |
| Saab 900 | 2 | 11,5 | Granada | 3,8 | 13,0 |
| Skylark | 2,5 | 10,3 | Olds Delta 88 | 3,8 | 13,0 |
| Celebrity | 2,5 | 10,5 | Mustang | 5 | 14,5 |
| Camaro | 2,5 | 10,4 | Lincoln | 5 | 14,0 |
| Toyota Sup. | 2,8 | 12,8 | Olds 98 | 5 | 14,8 |
| Datsun 280ZX | 2,8 | 12,0 | | | |

a) Faites le graphique et calculez le coefficient de corrélation.

b) Déterminez la droite des moindres carrés.

| Année | Trimestre | X | Y | Année | Trimestre | X | Y |
|-------|-----------|-----|------|-------|-----------|-----|------|
| 1978 | 1 | 159 | 8,40 | 1980 | 1 | 204 | 7,50 |
|  | 2 | 154 | 8,50 |  | 2 | 195 | 7,70 |
|  | 3 | 161 | 8,40 |  | 3 | 204 | 7,50 |
|  | 4 | 187 | 8,16 |  | 4 | 210 | 7,40 |
| 1979 | 1 | 175 | 7,96 | 1981 | 1 | 231 | 7,30 |
|  | 2 | 186 | 7,70 |  | 2 | 221 | 7,15 |
|  | 3 | 198 | 7,13 |  | 3 | 241 | 7,13 |
|  | 4 | 196 | 7,23 |  |  |  |  |

c) Estimez la consommation d'essence d'une voiture dont le moteur est de 4 litres.

$$\Sigma x = 72,8, \ \Sigma y = 288,7, \ \Sigma x^2 = 240,54, \ \Sigma y^2 = 3\,429,57, \ \Sigma xy = 887,92.$$

20. Le tableau suivant donne, pour 15 trimestres consécutifs, les valeurs des deux variables suivantes :

   $X$ : L'indice d'offre d'emploi (1969 = 100). Il s'agit d'un indice calculé à partir des offres d'emploi parues dans les 18 plus grands journaux canadiens.

   $Y$ : Le taux de chômage.

   a) Faites le graphique et calculez le coefficient de corrélation.

   b) Déterminez la droite des moindres carrés.

$$\Sigma x = 2\,922, \ \Sigma y = 115,16, \ \Sigma x^2 = 578\,368, \ \Sigma y^2 = 887,516\,4, \ \Sigma xy = 22\,277,22.$$

21. Le tableau suivant donne, pour les fils de cuivre, le diamètre en pouces ($X$) et l'ampérage maximal toléré ($Y$).

| X | Y | X | Y |
|------|-----|------|-------|
| 0,51 | 245 | 0,82 | 530 |
| 0,55 | 285 | 0,87 | 575 |
| 0,60 | 330 | 0,95 | 660 |
| 0,65 | 385 | 1,10 | 740 |
| 0,73 | 425 | 1,20 | 845 |
| 0,78 | 480 | 1,36 | 1 000 |

a) Faites le graphique et calculez le coefficient de corrélation.

b) Déterminez la droite des moindres carrés.

c) Estimez l'ampérage maximal toléré par un fil de diamètre 1,00.

22. Les données suivantes, provenant du ministère de l'Agriculture, des Pêcheries et de l'Alimentation, portent sur une expérience visant à déterminer la

relation entre le taux de semis d'avoine ($X$, en kg/ha) et le nombre de plantules par mètre carré ($Y$). Les données portent sur 17 parcelles de terre.

| X | Y | X | Y | X | Y |
|---|---|---|---|---|---|
| 90 | 232 | 105 | 237 | 114 | 201 |
| 95 | 208 | 106 | 298 | 120 | 304 |
| 95 | 220 | 108 | 279 | 120 | 275 |
| 95 | 150 | 113 | 237 | 126 | 284 |
| 95 | 203 | 113 | 210 | 133 | 313 |
| 100 | 252 | 114 | 211 | | |

a) Faites un graphique et calculez le coefficient de corrélation.

b) Déterminez la droite des moindres carrés.

c) Estimez le nombre de plantules auquel on peut s'attendre lorsqu'on sème à un taux de 118 kg/ha.

d) Pourquoi la relation ne peut-elle être linéaire que pour un intervalle restreint de valeurs de $X$ ?

$\Sigma x = 1\,842$, $\Sigma y = 4\,114$, $\Sigma x^2 = 202\,020$, $\Sigma y^2 = 1\,027\,372$, $\Sigma xy = 451\,252$.

23. Dans un échantillon de 18 personnes, on prend note du poids ($X$, en kg) et du taux de cholestérol ($Y$, en mg par 100 ml de sang). Voici les données :

| X | Y | X | Y | X | Y |
|---|---|---|---|---|---|
| 50 | 262 | 72 | 281 | 93 | 277 |
| 56 | 250 | 76 | 293 | 94 | 300 |
| 58 | 265 | 78 | 271 | 95 | 305 |
| 64 | 280 | 82 | 261 | 101 | 310 |
| 64 | 264 | 82 | 296 | 104 | 286 |
| 68 | 256 | 86 | 268 | 108 | 301 |

a) Faites un graphique et calculez le coefficient de corrélation.

b) Déterminez la droite des moindres carrés.

c) Testez l'hypothèse selon laquelle le taux de cholestérol et le poids sont indépendants.

$\Sigma x = 1\,431$, $\Sigma y = 5\,026$, $\Sigma x^2 = 118\,895$, $\Sigma y^2 = 1\,409\,064$, $\Sigma xy = 403\,552$.

24. Au service du personnel d'une compagnie d'assurances, un analyste tente de savoir quels sont les facteurs qui déterminent le succès des vendeurs. L'une des hypothèses est que l'aptitude verbale représente un facteur important, et pour l'éprouver il prélève un échantillon de 30 vendeurs à qui il fait passer un test d'aptitude verbale. Les tableaux suivants donnent le score ($X$) pour

| X | Y | X | Y | X | Y |
|---|---|---|---|---|---|
| 22 | 30 | 41 | 180 | 80 | 320 |
| 24 | 20 | 48 | 100 | 65 | 350 |
| 29 | 50 | 43 | 140 | 82 | 280 |
| 33 | 40 | 46 | 120 | 90 | 400 |
| 25 | 80 | 56 | 160 | 60 | 400 |
| 31 | 50 | 44 | 160 | 70 | 320 |
| 35 | 80 | 57 | 140 | 85 | 350 |
| 38 | 30 | 59 | 180 | 68 | 280 |
| 27 | 40 | 52 | 100 | 73 | 300 |
| 36 | 20 | 54 | 120 | 77 | 300 |

les 30 vendeurs, ainsi que leurs ventes annuelles $(Y)$ en dizaines de milliers de dollars.

a) Calculez le coefficient de corrélation et testez l'hypothèse selon laquelle $X$ et $Y$ sont indépendantes.

b) Supposons que vous appreniez qu'avant de tirer l'échantillon, l'analyste a séparé les vendeurs de la compagnie en trois groupes, le premier comprenant les vendeurs de moins de 5 années d'expérience; le deuxième les vendeurs ayant de 5 à 10 années d'expérience; et le troisième, enfin, les vendeurs ayant plus de 10 années d'expérience. Il a ensuite prélevé un échantillon de 10 vendeurs dans chaque groupe. Supposons que les trois tableaux ci-dessus correspondent au premier, au deuxième et au troisième groupe, respectivement. Analysez, à la lumière de ces faits, la relation entre le score d'aptitude verbale et les ventes. Expliquez la contradiction entre cette conclusion et celle que vous avez tirée en a).

*Premier groupe*

$\Sigma x = 300$, $\Sigma y = 440$, $\Sigma x^2 = 9\,270$, $\Sigma y^2 = 23\,600$, $\Sigma xy = 13\,200$

*Deuxième groupe*

$\Sigma x = 500$, $\Sigma y = 1\,400$, $\Sigma x^2 = 25\,372$, $\Sigma y^2 = 204\,000$, $\Sigma xy = 70\,000$

*Troisième groupe*

$\Sigma x = 750$, $\Sigma y = 3\,300$, $\Sigma x^2 = 57\,056$, $\Sigma y^2 = 1\,106\,600$, $\Sigma xy = 247\,500$

25. Dans un collège certains étudiants suivent un cours de rattrapage en mathématiques pour se préparer au cours de calcul. Pour évaluer l'utilité du cours, on prélève un échantillon d'étudiants ayant suivi le cours de rattrapage, et un échantillon d'étudiants ne l'ayant pas suivi. Après qu'ils aient tous suivi le cours de calcul on observe leurs notes $(Y)$. On constate que ceux qui ont suivi

le cours de rattrapage (le groupe A, disons) ont une moyenne inférieure à celle de ceux qui ne l'ont pas suivi (le groupe B) : 58,8 pour le groupe A et 68,2 pour le groupe B. Dans d'autres circonstances, ces résultats auraient mené à l'étonnante conclusion que le cours de rattrapage a eu un effet négatif. Dans ce cas, les étudiants qui ont suivi le cours étaient faibles au départ — c'est précisément la raison pour laquelle ils l'ont suivi. Leur faible note en calcul ne démontre donc pas que le cours leur a été inutile ou nuisible. Pour étudier la question plus à fond, on prélève des données sur la note en mathématiques ($X$) obtenues à la dernière année du secondaire. Voici les données sur $X$ et sur $Y$ pour les deux groupes.

| Groupe A | | Groupe B | |
|---|---|---|---|
| $X$ | $Y$ | $X$ | $Y$ |
| 50 | 57 | 70 | 60 |
| 51 | 46 | 71 | 53 |
| 52 | 59 | 74 | 64 |
| 53 | 58 | 77 | 66 |
| 54 | 52 | 78 | 64 |
| 55 | 51 | 81 | 66 |
| 56 | 65 | 83 | 76 |
| 57 | 62 | 83 | 75 |
| 60 | 61 | 87 | 75 |
| 68 | 77 | 91 | 83 |

Ces données permettent-elles de tirer des conclusions sur l'utilité du cours de rattrapage ? (Ne vous préoccupez pas des problème d'échantillonnage : supposez que tous les coefficients que vous calculez sont de bonnes estimations des coefficients correspondants dans la population.) (Suggestion : faites un graphique.)

*Groupe A*

$$\Sigma x = 556, \ \Sigma y = 588, \ \Sigma x^2 = 31\,164, \ \Sigma y^2 = 35\,234, \ \Sigma xy = 33\,021$$

*Groupe B*

$$\Sigma x = 795, \ \Sigma y = 682, \ \Sigma x^2 = 63\,619, \ \Sigma y^2 = 47\,228, \ \Sigma xy = 54\,730$$

26. Pour un échantillon de 15 familles de 4 personnes on prélève des données sur 2 variables :

   $X$ : Le revenu hebdomadaire net.

   $Y$ : Les dépenses en nourriture.

Voici les données :

| X | Y | X | Y | X | Y |
|---|---|---|---|---|---|
| 150 | 80 | 225 | 88 | 290 | 88 |
| 175 | 60 | 230 | 89 | 320 | 90 |
| 210 | 85 | 250 | 81 | 370 | 89 |
| 220 | 70 | 260 | 86 | 380 | 92 |
| 220 | 79 | 275 | 86 | 500 | 95 |

a) Calculez le coefficient de corrélation.

b) Déterminez la droite des moindres carrés et interprétez les valeurs de $a$ et de $b$.

c) Estimez les dépenses en nourriture d'une famille dont le revenu hebdo-madaire net est de (i) 150 $; (ii) 500 $.

d) Une façon classique d'exploiter le lien entre deux variables est basée sur le rapport de la somme des $Y$ à la somme des $X$. Ce rapport ici vaut $\Sigma y / \Sigma x = 1\,258/4\,075 = 0,309$, ce qui veut dire qu'en moyenne 30,9 % du revenu est dépensé en nourriture. En appliquant ce pourcentage au revenu d'une famille on obtient une estimation de ses dépenses en nourriture. Employez cette méthode pour faire les estimations demandées en (c). Quels sont les inconvénients de cette approche?

e) Croyez-vous que la droite des moindres carrés puisse fournir de bonnes estimations des dépenses pour les familles avec un revenu hebdomadaire de 5 000 $?

f) Faites un test pour déterminer si les variables $X$ et $Y$ sont réellement dépendantes.

$\Sigma x = 4\,075$, $\Sigma y = 1\,258$, $\Sigma x^2 = 1\,221\,075$, $\Sigma y^2 = 106\,638$, $\Sigma xy = 349\,370$.

27. Une façon d'étudier les déterminants génétiques d'un trait humain consiste à mesurer ce trait sur des jumeaux qui ont vécu séparés. Dans une telle étude, 36 paires de jumeaux ayant été séparés très jeunes passent un test d'aptitudes. On obtient les scores qui suivent à la page opposée.
$X$ = score du premier jumeau, $Y$ = score du second.

$N = 36$; $\Sigma x = 887$; $\Sigma y = 828$; $\Sigma x^2 = 24\,381$; $\Sigma y^2 = 21\,746$; $\Sigma xy = 22\,509$.

Déterminez le coefficient de corrélation $r$ entre les aptitudes du premier et du second jumeau.

28. Pour tenir compte de certaines caractéristiques d'un contexte on peut vouloir poser d'emblée l'égalité $a = 0$, pour ne considérer que le modèle $y = bx$. Dans ce cas, pour calculer $b$, il suffit de remplacer $\overline{x}$ et $\overline{y}$ par 0 dans la formule pour $b$ donnée dans ce chapitre. On a alors $b = \Sigma x_i y_i / \Sigma x_i^2$. Utilisez cette formule pour déterminer le coefficient $b$ dans le problème précédent.

| Paire | Premier | Second | Paire | Premier | Second | Paire | Premier | Second |
|-------|---------|--------|-------|---------|--------|-------|---------|--------|
| 1 | 5 | 3 | 13 | 21 | 16 | 25 | 31 | 23 |
| 2 | 8 | 6 | 14 | 23 | 29 | 26 | 30 | 29 |
| 3 | 15 | 12 | 15 | 23 | 20 | 27 | 31 | 33 |
| 4 | 13 | 14 | 16 | 25 | 31 | 28 | 32 | 27 |
| 5 | 14 | 5 | 17 | 25 | 19 | 29 | 32 | 31 |
| 6 | 12 | 24 | 18 | 26 | 26 | 30 | 30 | 19 |
| 7 | 14 | 7 | 19 | 26 | 23 | 31 | 32 | 27 |
| 8 | 15 | 23 | 20 | 27 | 25 | 32 | 36 | 27 |
| 9 | 21 | 12 | 21 | 26 | 25 | 33 | 36 | 31 |
| 10 | 18 | 22 | 22 | 28 | 23 | 34 | 33 | 25 |
| 11 | 22 | 25 | 23 | 28 | 32 | 35 | 37 | 36 |
| 12 | 23 | 28 | 24 | 29 | 32 | 36 | 40 | 38 |

29. Certaines associations ne peuvent pas être représentées par une équation linéaire. La concentration d'un médicament dans le sang, par exemple, ne diminue pas de façon linéaire après son absorption, car le taux d'élimination du produit est proportionnel à la quantité présente dans le sang. Certains arguments théoriques rendent plausible l'hypothèse que la concentration $y$ est liée à la durée $x$ depuis l'absorption par une équation de la forme

$$y = ae^{-bx}.$$

Le problème est encore de trouver $a$ et $b$ à partir du tableau ci-dessous, qui présente des données sur la concentration $y$ du médicament dans le sang à différents moments $(x)$. Les méthodes de ce chapitre peuvent être utilisées, à condition de transformer la variable $Y$ en une variable $Y'$ qui, elle, est linéaire en $X$. C'est la transformation logarithmique qui a cet effet. Par l'équation exponentielle ci-dessus, nous avons $\log y = \log a - bx$. Donc la variable $Y' = \log Y$ s'exprime comme fonction linéaire

$$y' = a' + b'x$$

où $a' = \log a$ et $b' = -b$.

| X Nombre d'heures | Y Concentration (mg/ml) | X Nombre d'heures | Y Concentration (mg/ml) | X Nombre d'heures | Y Concentration (mg/ml) |
|-------------------|-------------------------|-------------------|-------------------------|-------------------|-------------------------|
| 0,5 | 0,091 6 | 3,5 | 0,052 3 | 6,5 | 0,025 5 |
| 1,0 | 0,089 8 | 4,0 | 0,031 7 | 7,0 | 0,023 5 |
| 1,5 | 0,080 5 | 4,5 | 0,038 4 | 7,5 | 0,023 1 |
| 2,0 | 0,059 0 | 5,0 | 0,037 6 | 8,0 | 0,019 6 |
| 2,5 | 0,057 8 | 5,5 | 0,030 8 | 8,5 | 0,016 7 |
| 3,0 | 0,053 4 | 6,0 | 0,029 3 | 9,0 | 0,016 6 |

Le tableau donne les concentrations prélevées à chaque demi-heure pendant 9 heures après la consommation.

a) Construisez un nuage de points pour montrer que la relation entre $X$ et $Y$ n'est pas linéaire.

b) Déterminez $a'$ et $b'$, les coefficients de la droite de régression entre $Y'$ et $X$.

c) Déterminez les paramètres $a$ et $b$ de l'équation exponentielle $y = ae^{-bx}$.

d) Utilisez l'équation pour estimer la concentration 2 heures et 15 minutes après la consommation.

$n = 18$; $\Sigma x_i = 85,5$; $\Sigma x_i^2 = 527,25$; $\Sigma x_i \log y_i = -305,98$;
$\Sigma \log y_i = -59,195$; $\Sigma [\log y_i]^2 = 199,908$.

**\*30.** Cet exercice montre une façon de quantifier la distribution des ressources dans une population, comme les terres arables, le capital, le revenu. Considérons la proportion $X$ de la population qui est la plus démunie et notons par $Y$ la proportion des ressources que cette partie de la population possède. Avec des statistiques, on peut obtenir pour une série de valeurs de $X$ une valeur de $Y$ correspondante. La forme de la courbe reliant $X$ à $Y$ renseigne sur le degré d'inégalité de la distribution. L'égalité parfaite se traduit par la *droite* $y = x$ qui passe de $(0, 0)$ à $(1, 1)$. En général, la courbe se situe *au-dessous* de la droite, rejoignant cependant les points $(0, 0)$ et $(1, 1)$, et passe très bas au-dessous de la droite dans des situations de profondes inégalités. Un modèle possible pour cette courbe est l'équation

$$y = x^b$$

où $b$ est un paramètre qui doit être estimé. L'inégalité est alors mesurée par la valeur de $b$, qui est toujours supérieure ou égale à 1. Le tableau suivant donne la valeur de $y$ pour certaines valeurs de $x$.

| X | Y | X | Y | X | Y |
|---|---|---|---|---|---|
| 0,25 | 0,032 | 0,50 | 0,180 | 0,75 | 0,588 |
| 0,30 | 0,055 | 0,55 | 0,259 | 0,80 | 0,618 |
| 0,35 | 0,079 | 0,60 | 0,275 | 0,85 | 0,650 |
| 0,40 | 0,115 | 0,65 | 0,367 | 0,90 | 0,843 |
| 0,45 | 0,173 | 0,70 | 0,453 | 0,95 | 0,860 |

$n = 15$; $\Sigma \log x_i = -8,774$; $\Sigma [\log x_i]^2 = 7,535$; $\Sigma \log y_i = -20,714$;
$\Sigma [\log y_i]^2 = 43,274$; $\Sigma \log x_i \log y_i = 18,037$.

Pour déterminer la valeur de $b$, on peut faire les transformations $y' = \log(y)$, $x' = \log(x)$. On a alors la relation

$$y' = bx'$$

où $b$ peut être estimé en utilisant la formule proposée à l'exercice 28. Déterminez $b$.

*31. Une conseillère pédagogique reçoit les données suivantes sur 15 classes de mathématiques sous sa juridiction. Son but est de déterminer si un certain jeu qu'elle a conçu améliore l'apprentissage des mathématiques. La variable $X$ représente le nombre d'heures passées pendant l'année à jouer au jeu; et $Y$ est la note moyenne de la classe à un examen de mathématiques. Remarquez que chaque $y_i$ est une *moyenne* d'un nombre variable de notes. Par conséquent, les formules pour calculer $a$ et $b$ changent. Nous pouvons toujours les écrire sous la forme suivante : $b = (\overline{xy} - \overline{x}\,\overline{y})/(\overline{x^2} - \overline{x}^2)$ et $a = \overline{y} - b\overline{x}$; mais les moyennes impliquées doivent être pondérées : par exemple, $\overline{xy} = \Sigma n_i x_i y_i / n$ et $\overline{x^2} = \Sigma n_i x_i^2 / n$. Calculez $a$ et $b$ pour les données suivantes.

| Effectif | $X$ | $Y$ | Effectif | $X$ | $Y$ | Effectif | $X$ | $Y$ |
|---|---|---|---|---|---|---|---|---|
| 22 | 2 | 70 | 31 | 4 | 66 | 36 | 6 | 63 |
| 28 | 8 | 68 | 27 | 10 | 74 | 30 | 12 | 76 |
| 33 | 14 | 80 | 37 | 16 | 71 | 41 | 18 | 89 |
| 20 | 20 | 86 | 19 | 22 | 69 | 28 | 24 | 81 |
| 27 | 26 | 85 | 32 | 28 | 90 | 25 | 30 | 92 |

32. Un spécialiste développe un test dans le but d'établir une relation entre la dextérité manuelle et l'aptitude mentale des élèves du secondaire. À l'occasion d'une analyse préliminaire il fait passer des tests à 25 élèves, obtenant pour chacun le score ($X$) à un test d'aptitude et le score ($Y$) à un test de dextérité manuelle. Pour s'assurer d'une bonne représentation, il choisit un groupe de chaque niveau du secondaire. Il obtient les résultats suivants :

| | Secondaire 1 | | Secondaire 2 | | Secondaire 3 | | Secondaire 4 | | Secondaire 5 | |
|---|---|---|---|---|---|---|---|---|---|---|
| | $X$ | $Y$ | $X$ | $Y$ | $X$ | $Y$ | $X$ | $Y$ | $X$ | $Y$ |
| | 26 | 25 | 42 | 37 | 56 | 43 | 68 | 54 | 80 | 61 |
| | 28 | 29 | 43 | 35 | 57 | 47 | 69 | 56 | 82 | 66 |
| | 32 | 27 | 44 | 34 | 59 | 45 | 72 | 55 | 84 | 63 |
| | 36 | 25 | 46 | 35 | 61 | 46 | 73 | 53 | 87 | 62 |
| | 38 | 27 | 49 | 39 | 62 | 44 | 75 | 55 | 92 | 63 |
| $b$ | −0,04 | | 0,39 | | 0,04 | | −0,07 | | −0,01 | |
| $a$ | 27,8 | | 18,5 | | 42,7 | | 59,3 | | 64,0 | |
| $r$ | −0,12 | | 0,54 | | 0,06 | | −0,17 | | −0,03 | |
| $Z$ | −0,20 | | 1,11 | | 0,11 | | −0,29 | | −0,05 | |

Pour le groupe au complet : $\Sigma x = 1\,461$; $\Sigma y = 1\,126$; $\Sigma x^2 = 94\,457$; $\Sigma y^2 = 54\,950$; $\Sigma xy = 71\,868$,

Selon les résultats ci-dessus, il n'y a rien de significatif. Vérifiez que néanmoins, le coefficient de corrélation obtenu en réunissant les 25 données est 0,98, fortement significatif. Dessinez un nuage de points dans lequel vous représenterez chaque classe par un symbole différent et, à partir de ce dessin, interprétez la contradiction entre les conclusions basées sur chaque classe et celle basée sur l'ensemble des classes. Tâchez d'éviter le langage technique dans vos explications.

*33. Une faculté universitaire considère la possibilité d'imposer un test d'admission. Elle fait passer le test à un ensemble de 46 étudiants déjà inscrits, et calcule le coefficient de corrélation entre le résultat $(X)$ et la moyenne obtenue au premier trimestre $(Y)$. Voici les résultats :

| X | Y | X | Y | X | Y | X | Y | X | Y |
|---|---|---|---|---|---|---|---|---|---|
| 5 | 24 | 25 | 42 | 39 | 52 | 47 | 65 | 57 | 90 |
| 10 | 35 | 27 | 60 | 39 | 70 | 48 | 81 | 57 | 70 |
| 12 | 29 | 29 | 44 | 41 | 72 | 49 | 73 | 58 | 85 |
| 12 | 37 | 30 | 52 | 41 | 67 | 49 | 69 | 59 | 86 |
| 13 | 38 | 32 | 57 | 42 | 61 | 51 | 75 | 59 | 92 |
| 15 | 29 | 35 | 56 | 43 | 75 | 52 | 87 | 60 | 95 |
| 18 | 35 | 36 | 60 | 45 | 72 | 52 | 70 | 60 | 80 |
| 19 | 44 | 36 | 67 | 45 | 79 | 53 | 85 | 61 | 90 |
| 21 | 38 | 38 | 56 | 46 | 67 | 56 | 90 | 62 | 85 |
| 23 | 50 | | | | | | | | |

Le coefficient de corrélation, qui est 0,95 ici, encourage l'administration de l'université à utiliser le test à l'avenir. Cette information aurait été perdue en grande partie si l'on avait procédé immédiatement à l'utilisation du test. Supposons, par exemple, que l'université ait refusé l'admission à tous les candidats qui n'avaient pas obtenu un score de 50 ou plus. Il lui resterait pour son expérience les 14 sujets admis. Le coefficient de corrélation pour ceux-ci n'est que 0,46. Faites un nuage de points montrant les 46 sujets, puis indiquez ceux qui seraient admis avec ce critère. Expliquez par un argument graphique pourquoi le coefficient de corrélation baisse tellement.

*34. On étudie l'effet de la scolarité sur la tendance à être libéral sur des questions économiques. On prélève des sujets appartenant à trois classes sociales, A, B et C; A représente la classe ouvrière, B la petite bourgeoisie, C la classe dirigeante. On recueille les données suivantes, où $X$ est le nombre d'années de scolarité et $Y$ est le score dans un test de libéralisme.

Pour le groupe au complet : $\Sigma x = 404$; $\Sigma y = 1\,084$; $\Sigma x^2 = 6\,138$; $\Sigma y^2 = 45\,656$; $\Sigma xy = 14\,533$.

Pour chaque groupe, la relation entre la scolarité et le « libéralisme » est forte et significative. Vérifiez, cependant, que lorsqu'on réunit les trois groupes on obtient un coefficient de corrélation de $-0,03$, ce qui est parfaitement non significatif. Dessinez un nuage de points dans lequel vous représenterez chaque classe par un symbole différent. À partir de ce dessin, interprétez la contradiction entre les conclusions basées sur chaque groupe et celle basée sur l'ensemble des groupes. Tâchez d'éviter le langage technique dans vos explications.

| | Classe A | | Classe B | | Classe C | |
|---|---|---|---|---|---|---|
| | X | Y | X | Y | X | Y |
| | 5 | 25 | 11 | 20 | 16 | 15 |
| | 6 | 30 | 12 | 20 | 17 | 20 |
| | 6 | 30 | 13 | 20 | 18 | 25 |
| | 7 | 20 | 14 | 25 | 19 | 35 |
| | 8 | 50 | 15 | 55 | 20 | 45 |
| | 8 | 55 | 16 | 40 | 21 | 55 |
| | 10 | 65 | 17 | 55 | 18 | 35 |
| | 10 | 60 | 17 | 59 | 18 | 25 |
| | 7 | 40 | 14 | 30 | 19 | 25 |
| | 8 | 45 | 15 | 40 | 19 | 20 |
| b | 8,37 | | 6,91 | | 7,30 | |
| a | −20,8 | | −63,1 | | −105,0 | |
| r | 0,89 | | 0,89 | | 0,84 | |
| Z | 5,56 | | 5,44 | | 4,36 | |

*35. Dans le tableau 4.2 nous présentons des données prélevées en 1977 sur les salaires au moment de l'engagement de 93 employés, dont 32 sont de sexe masculin et 61 de sexe féminin.* Les salaires sont ceux auxquels les employés ont été engagés; l'expérience est le nombre de mois d'expérience préalable dans un domaine connexe; la période est la date d'engagement, exprimée en nombre de mois depuis le 1er janvier 1969. Voici les moyennes des différentes variables pour les hommes et pour les femmes.

| | Femmes | Hommes | Tous |
|---|---|---|---|
| Salaires (1 000 $) | 5,139 | 5,957 | 5,420 |
| Éducation | 11,97 | 13,53 | 12,51 |
| Expérience | 99,81 | 103,05 | 100,93 |
| Période | 17,44 | 15,34 | 16,72 |

* Roberts, H.V. (1979), Harris Trust and Savings Bank : *An analysis of employee compensation*, Report 7946, Center for Mathematical Studies in Business and Economics, University of Chicago, Graduate School of Business.

On a prélevé ces données dans le but de déterminer s'il y a eu discrimination dans les engagements. À première vue, les moyennes salariales pourraient appuyer l'hypothèse d'une discrimination, mais on constate que les femmes ont moins de scolarité et moins d'expérience que les hommes et ces différences pourraient expliquer les différences salariales. D'autre part, les femmes ont été engagées en moyenne *plus tard* que les hommes, ce qui devrait avoir pour conséquence *d'augmenter* leur salaire et non de les diminuer. Il est évident que toute comparaison de salaires devrait être faite à partir de moyennes *ajustées*. Dans cet exercice on vous demande de calculer des moyennes salariales ajustées.

a) Vérifiez que la droite de régression du salaire ($Y$) sur la scolarité ($X$) et le coefficient de corrélation sont

pour les femmes, $Y = 4,382 + 0,063X$,   $r = 0,27$

pour les hommes, $Y = 4,120 + 0,136X$,   $r \doteq 0,37$

et que la dépendance est significative dans les deux cas. Calculez la valeur de $Y$ qui correspond à $X = 12,51$, pour les hommes et pour les femmes. Les valeurs obtenues sont des moyennes *ajustées*. Le concept est identique à celui présenté au chapitre 2, mais la technique change du fait que la variable pour laquelle on ajuste est quantitative. Interprétez les résultats.

b) On fait des opérations analogues pour obtenir des moyennes salariales ajustées qui tiennent compte de la différence de *période*. Vérifiez que la droite de régression du salaire ($Y$) sur la période d'engagement ($X$) et le coefficient de corrélation sont

pour les femmes, $Y = 4,752 + 0,022X$,   $r = 0,43$

pour les hommes, $Y = 5,550 + 0,027X$,   $r = 0,37$

Vérifiez que la dépendance est significative dans les deux cas et calculez des moyennes ajustées. *Commentez.*

c) Vérifiez que la droite de régression du salaire ($Y$) sur l'expérience ($X$) et le coefficient de corrélation sont

pour les femmes, $Y = 4,927 + 0,002\,1X$,   $r = 0,34$

pour les hommes, $Y = 5,964 - 0,000\,1X$,   $r = -0,01$

Vous constatez que la dépendance n'est pas significative pour les hommes, ce qui pose un dilemme. À moins d'attribuer ce qu'on observe ici à un accident du hasard, nous devons expliquer le fait que le salaire dépend de l'expérience pour les hommes mais pas pour les femmes. Cette question ne peut être tranchée ici, mais le lecteur pourrait trouver instructif de se livrer à ses propres spéculations. Autre problème : comment ajuster les données? S'il est certain que $Y$ ne dépend pas de $X$, alors ajuster n'a pas de sens. D'autre part, cette conclusion n'est jamais vraiment certaine. Il est donc raisonnable de procéder comme aux deux numéros précédents,

TABLEAU 4.2   **Salaire initial, scolarité, expérience et date d'engagement de 61 femmes**

| Femmes | | | | Femmes | | | |
|---|---|---|---|---|---|---|---|
| Salaire (mille $) | Scolarité (années) | Expérience (mois) | Période (mois) | Salaire (mille $) | Scolarité (années) | Expérience (mois) | Période (mois) |
| 3,99 | 12 | 0,0 | 1 | 5,22 | 12 | 127,0 | 29 |
| 4,02 | 10 | 44,0 | 7 | 5,28 | 8 | 90,0 | 11 |
| 4,29 | 12 | 5,0 | 30 | 5,28 | 8 | 190,0 | 1 |
| 4,38 | 8 | 6,2 | 7 | 5,28 | 12 | 107,0 | 11 |
| 4,38 | 8 | 7,5 | 6 | 5,40 | 8 | 173,0 | 34 |
| 4,38 | 12 | 0,0 | 7 | 5,40 | 8 | 228,0 | 33 |
| 4,38 | 12 | 0,0 | 10 | 5,40 | 12 | 26,0 | 11 |
| 4,38 | 12 | 4,5 | 6 | 5,40 | 12 | 26,0 | 33 |
| 4,44 | 15 | 75,0 | 2 | 5,40 | 12 | 38,0 | 22 |
| 4,50 | 8 | 52,0 | 3 | 5,40 | 12 | 82,0 | 29 |
| 4,50 | 12 | 8,0 | 19 | 5,40 | 12 | 169,0 | 27 |
| 4,62 | 12 | 52,0 | 3 | 5,40 | 12 | 244,0 | 1 |
| 4,80 | 8 | 70,0 | 20 | 5,40 | 15 | 24,0 | 13 |
| 4,80 | 12 | 6,0 | 23 | 5,40 | 15 | 49,0 | 27 |
| 4,80 | 12 | 11,0 | 12 | 5,40 | 15 | 51,0 | 21 |
| 4,80 | 12 | 11,0 | 17 | 5,40 | 15 | 122,0 | 33 |
| 4,80 | 12 | 63,0 | 22 | 5,52 | 12 | 97,0 | 17 |
| 4,80 | 12 | 144,0 | 24 | 5,52 | 12 | 196,0 | 32 |
| 4,80 | 12 | 163,0 | 12 | 5,58 | 12 | 132,5 | 30 |
| 4,80 | 12 | 228,0 | 26 | 5,64 | 12 | 55,0 | 9 |
| 4,80 | 12 | 381,0 | 1 | 5,70 | 12 | 90,0 | 23 |
| 4,80 | 16 | 214,0 | 15 | 5,70 | 12 | 116,5 | 25 |
| 4,89 | 8 | 318,0 | 25 | 5,70 | 15 | 51,0 | 17 |
| 5,10 | 8 | 96,0 | 33 | 5,70 | 15 | 61,0 | 11 |
| 5,10 | 12 | 36,0 | 15 | 5,70 | 15 | 241,0 | 34 |
| 5,10 | 12 | 59,0 | 14 | 6,00 | 12 | 121,0 | 30 |
| 5,10 | 15 | 115,0 | 1 | 6,00 | 15 | 78,5 | 13 |
| 5,10 | 15 | 165,0 | 4 | 6,12 | 12 | 208,5 | 21 |
| 5,10 | 16 | 123,0 | 12 | 6,30 | 12 | 86,5 | 33 |
| 5,16 | 12 | 18,0 | 12 | 6,30 | 15 | 231,0 | 15 |
| 5,22 | 8 | 102,0 | 29 | | | | |

d'autant plus que l'ajustement se révèle presque sans effet. Vous pouvez confirmer ceci en calculant les moyennes ajustées pour les femmes et pour les hommes.

TABLEAU 4.2    **Salaire initial, scolarité, expérience et date d'engagement de 32 hommes**

| Hommes | | | | Hommes | | | |
|---|---|---|---|---|---|---|---|
| Salaire (mille $) | Scolarité (années) | Expérience (mois) | Période (mois) | Salaire (mille $) | Scolarité (années) | Expérience (mois) | Période (mois) |
| 4,62 | 12 | 11,5 | 22 | 6,00 | 12 | 252,0 | 11 |
| 5,04 | 15 | 14,0 | 3 | 6,00 | 12 | 272,0 | 19 |
| 5,10 | 12 | 180,0 | 15 | 6,00 | 15 | 25,0 | 13 |
| 5,10 | 12 | 315,0 | 2 | 6,00 | 15 | 35,5 | 32 |
| 5,22 | 12 | 29,0 | 14 | 6,00 | 15 | 56,0 | 12 |
| 5,40 | 12 | 7,0 | 21 | 6,00 | 15 | 64,0 | 33 |
| 5,40 | 12 | 38,0 | 11 | 6,00 | 15 | 108,0 | 16 |
| 5,40 | 12 | 113,0 | 3 | 6,00 | 16 | 45,5 | 3 |
| 5,40 | 15 | 17,5 | 8 | 6,30 | 15 | 72,0 | 17 |
| 5,40 | 15 | 359,0 | 11 | 6,60 | 15 | 64,0 | 16 |
| 5,70 | 15 | 36,0 | 5 | 6,60 | 15 | 84,0 | 33 |
| 6,00 | 8 | 320,0 | 21 | 6,60 | 15 | 215,5 | 16 |
| 6,00 | 12 | 24,0 | 2 | 6,84 | 15 | 41,5 | 7 |
| 6,00 | 12 | 32,0 | 17 | 6,90 | 12 | 175,0 | 10 |
| 6,00 | 12 | 49,0 | 8 | 6,90 | 15 | 132,0 | 24 |
| 6,00 | 12 | 56,0 | 33 | 8,10 | 16 | 54,5 | 33 |

d) Revenons aux deux droites de régression en a). Nous avons trouvé que pour $X = 12,51$ le salaire moyen des femmes est inférieur à celui des hommes. Toutefois les deux droites de régression ne sont pas parallèles et elles se rencontreront pour une certaine valeur de $X$; et au dessous de ce point, ce sont les femmes qui ont le plus gros salaire. Pour quelle valeur de $X$ les deux droites se rencontrent-elles? La conclusion déterminée en a) change-t-elle? Pourquoi ou pourquoi pas?

e) Les techniques utilisées ici ne sont malheureusement pas adéquates, puisqu'elles ne permettent pas de réconcilier les conclusions en a) et b). On devrait pouvoir ajuster les moyennes pour tenir compte simultanément de la différence de scolarité *et* de la différence de période. Il existe une généralisation des concepts présentés dans ce chapitre qui permet d'exprimer la dépendance entre le salaire ($Y$) et plusieurs autres variables. En particulier, nous pouvons exprimer la dépendance entre le salaire ($Y$), d'une part, et la scolarité ($X_1$) et la période ($X_2$), d'autre part. Les équations pour les femmes et les hommes sont :

   pour les femmes, $Y = 3,882\,8 + 0,071\,0X_1 + 0,023\,3X_2$

   pour les hommes, $Y = 3,885\,8 + 0,125\,2X_1 + 0,0246\,X_2$

Déterminez les moyennes ajustées et commentez.

# Variables aléatoires et probabilités

**Introduction.** Nous avons vu, dans les premiers chapitres, comment présenter des données quantitatives tirées d'une population et comment en extraire certaines caractéristiques. Nous avons vu aussi que dans la plupart des cas, une étude statistique se restreint à la considération d'un échantillon et à l'établissement des conditions mathématiques selon lesquelles les conclusions tirées de l'examen de l'échantillon peuvent s'étendre à la population entière. Une telle démarche suppose l'usage d'un certain nombre d'outils mathématiques, et en particulier de ceux qui régissent l'étude des phénomènes aléatoires et des probabilités.

On peut prévoir le moment exact d'une éclipse de soleil, on peut aussi déterminer à l'avance la trajectoire d'un projectile si l'on connaît les conditions de son envol. De tels phénomènes sont *déterministes*. De nombreux autres phénomènes par contre sont **aléatoires,**\* c'est-à-dire qu'on n'en peut pas prévoir l'issue. Ainsi en est-il des jeux de hasard, comme du nombre de naissances qui surviendront l'an prochain dans une clinique donnée d'obstétrique. C'est cette dernière catégorie de phénomènes qu'étudie la statistique.

Nous nous intéresserons donc dans ce chapitre aux **expériences aléatoires,** c'est-à-dire à toute opération dont on peut décrire, ou énumérer, l'ensemble des résultats possibles, mais dont on ne peut prévoir lequel arrivera. Cela nous amènera naturellement à définir les **probabilités** et à en étudier les lois élémentaires, ainsi que les **variables aléatoires,** c'est-à-dire les quantités dont la variation est soumise au hasard.

# 5.1    Espace échantillon et événement

**Espace échantillon.** Pour décrire le comportement du résultat d'une expérience aléatoire, il faut d'abord déterminer l'ensemble de tous les résultats possibles. Cet ensemble porte le nom d'**espace échantillon**, noté $\Omega$ (lettre grecque oméga).

*EXEMPLE 1*    On lance un dé ordinaire. $\Omega = \{1, 2, 3, 4, 5, 6\}$ .    ☐

*EXEMPLE 2*    On lance deux fois un dé. Il y a 36 résultats possibles.
$$\Omega = \{(1, 1), (1, 2), \ldots, (6, 6)\} \, .$$    ☐

*EXEMPLE 3*    On choisit une personne au hasard et on observe la couleur de ses yeux.
$$\Omega = \{\text{bleu, brun, gris, autre couleur}\} \, .$$    ☐

———————————

\* Du latin *alea* : coup de dé, chance.

Comme le montre l'exemple 3, la détermination de l'espace échantillon $\Omega$ n'est pas toujours unique. On aurait très bien pu considérer d'autres couleurs, définir autrement les classes, etc. Il faut toutefois s'assurer que l'ensemble $\Omega$ qu'on a choisi contient vraiment *tous* les résultats possibles de l'expérience et ne contient chacun *qu'une fois*.

Au fond, cette détermination de $\Omega$ est un problème de **modélisation** : créer un *modèle* d'une situation concrète, c'est d'abord se concentrer sur les aspects essentiels ou pertinents de cette situation, quitte à ne pas prendre en compte les aspects secondaires ou négligeables.

**EXEMPLE 4**  On choisit une personne au hasard et on observe le nombre de frères et sœurs qu'elle a. Ici il est commode de prendre $\Omega = \{0, 1, 2, \ldots\}$. Il est bien évident que personne n'a un million de frères et sœurs mais il est bien délicat de choisir une borne qui ne serait pas arbitraire.    □

**Événement.**  Un **événement** est un sous-ensemble de l'espace échantillon. Le plus souvent, un événement peut aussi se définir au moyen d'une proposition affirmative du genre « la boule est bleue » ou « le résultat est impair ». Les deux représentations sont fondamentalement équivalentes : à toute proposition, qui peut être vraie ou fausse selon le résultat de l'expérience, on fait correspondre le sous-ensemble de $\Omega$ composé des résultats pour lesquels la proposition est vraie.

**EXEMPLE 5**  On lance trois fois un sou. Il y a 8 résultats possibles et on a

$$\Omega = \{PPP, PPF, PFP, FPP, PFF, FPF, FFP, FFF\}.$$

Plusieurs événements peuvent être considérés. En voici quelques-uns présentés à la fois sous forme de proposition et sous forme de sous-ensemble.

| *Proposition* | *Sous-ensemble correspondant* |
| --- | --- |
| On a exactement deux faces. | $\{PFF, FPF, FFP\}$ |
| On n'a que des piles. | $\{PPP\}$ |
| On a le même nombre de piles que de faces | $\emptyset$ (sous-ensemble vide) |
| On a plus de piles que de faces. | $\{PPP, PPF, PFP, FPP\}$ |
| On a moins de 4 faces. | $\Omega$ (tout l'espace échantillon) |

Il va sans dire qu'il y a souvent plusieurs façons de dire la même chose. L'événement « avoir deux piles » est le même que « avoir une seule face » et chacun d'eux correspond au même sous-ensemble $\{PPF, PFP, FPP\}$. L'**événement impossible**, correspondant au sous-ensemble vide $\emptyset$, de même que l'**événement certain**, correspondant à $\Omega$, peuvent aussi s'énoncer de bien des façons ! La représentation des évéments au moyen des sous-ensembles de $\Omega$ a l'avantage de se prêter facilement à toutes les opérations qu'on peut faire sur les ensembles.    □

Avant d'aller plus loin, rappelons le sens et la portée des symboles utilisés. Si $A$ et $B$ sont deux sous-ensembles de $\Omega$, alors :

$A \cup B$ (réunion de $A$, $B$) est formé des éléments de $\Omega$ qui appartiennent à $A$ *ou* à $B$.

$A \cap B$ (intersection de $A$, $B$) est formé des éléments de $\Omega$ qui appartiennent à $A$ *et* à $B$.

$A^c$ (complément de $A$) est formé des éléments de $\Omega$ qui *n'*appartiennent *pas* à $A$.

$A - B$ (différence de $A$, $B$) est formé des éléments de $A$ qui *n'*appartiennent *pas* à $B$. $A - B = A \cap B^c$.

On utilise les « diagrammes de Venn » pour visualiser les opérations sur les ensembles.

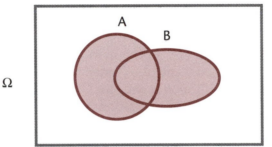

$A \cup B$

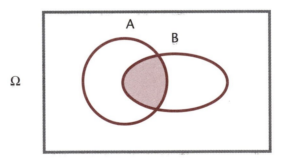

$A \cap B$

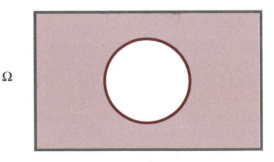

$A^c$

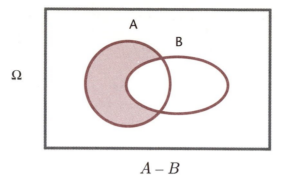

$$A - B$$

Cette représentation géométrique peut s'avérer particulièrement utile quand plus de deux ensembles sont en cause :

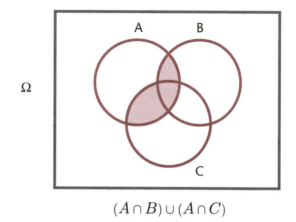

$$(A \cap B) \cup (A \cap C)$$

Quand on joint deux propositions au moyen d'un « ou », on en obtient une nouvelle, qui sera vraie si l'une ou l'autre des deux premières propositions est vraie et qui ne sera fausse que si les deux propositions initiales sont fausses. Cette nouvelle proposition correspond au sous-ensemble $A \cup B$, formé par l'union des sous-ensembles $A$ et $B$ correspondant aux deux propositions de départ.

**EXEMPLE 6**   La proposition composée « l'élève choisi est doué » ou « l'élève choisi est travailleur » correspond essentiellement aux élèves qui *réussissent*.    ☐

D'autre part, quand deux propositions sont jointes par un « et », il faut que les deux soient vraies pour que la nouvelle proposition le soit. Cette nouvelle proposition correspond donc au sous-ensemble $A \cap B$.

**EXEMPLE 7**   La proposition « La personne est rousse et la personne est une femme » est vraie (et n'est vraie que) pour une femme rousse.    ☐

Enfin, la négation d'une proposition en donne une nouvelle qui est vraie si la première est fausse, et fausse si la première est vraie. Ce nouvel événement est donc le complément du premier.

**EXEMPLE 8**    La proposition « il est faux que la personne est rousse » correspond à toutes les autres personnes : blondes, brunes, etc.    ☐

**EXEMPLE 9**    On lance deux fois un dé.

$$\Omega = \left\{ \begin{array}{llllll} (1,1) & (1,2) & (1,3) & (1,4) & (1,5) & (1,6) \\ (2,1) & (2,2) & (2,3) & (2,4) & (2,5) & (2,6) \\ (3,1) & (3,2) & (3,3) & (3,4) & (3,5) & (3,6) \\ (4,1) & (4,2) & (4,3) & (4,4) & (4,5) & (4,6) \\ (5,1) & (5,2) & (5,3) & (5,4) & (5,5) & (5,6) \\ (6,1) & (6,2) & (6,3) & (6,4) & (6,5) & (6,6) \end{array} \right\}$$

Considérons les trois événements :

$A$ = « La somme des points égale 5. »

$B$ = « La face 2 est apparue au moins une fois. »

$C$ = « Les deux dés donnent la même face. »

Ces événements correspondent aux sous-ensembles :

$A = \{(1,4), (2,3), (3,2), (4,1)\}$

$B = \{(1,2), (2,2), (3,2), (4,2), (5,2), (6,2), (2,1), (2,3), (2,4), (2,5), (2,6)\}$

$C = \{(1,1), (2,2), (3,3), (4,4), (5,5), (6,6)\}$

On trouve alors, entre autres :

$A \cup B = \{(1,4), (2,3), (3,2), (4,1), (1,2), (2,2), (4,2), (5,2), (6,2), (2,1), (2,4), (2,5), (2,6)\}$

$A \cap B = \{(2,3), (3,2)\}$

$A \cup C = \{(1,4), (2,3), (3,2), (4,1), (1,1), (2,2), (3,3), (4,4), (5,5), (6,6)\}$

$A \cap C = \emptyset$

$B^c = \{(1,1), (1,3), (1,4), (1,5), (1,6), (3,1), (3,3), (3,4), (3,5), (3,6), (4,1), (4,3), (4,4), (4,5), (4,6), (5,1), (5,3), (5,4), (5,5), (5,6), (6,1), (6,3), (6,4), (6,5), (6,6)\}$

$A^c \cup C^c = (A \cap C)^c = \emptyset^c = \Omega$

$A - B = \{(1,4), (4,1)\}$    ☐

# 5.2    Probabilités

Afin de compléter le modèle probabiliste qui permettra de décrire le comportement du résultat de l'expérience aléatoire considérée, il faut maintenant trouver une façon de déterminer la **probabilité** de chacun des événements que nous aurons à considérer.

On peut déjà dire que la probabilité d'un des résultats d'une expérience aléatoire sera une mesure de l'importance de ce résultat dans l'ensemble de tous les résultats possibles de l'expérience.

Il est souvent commode de se représenter la probabilité d'un événement comme une sorte de « poids ». Un poids total de 1 est réparti sur les éléments de l'espace échantillon.

Plus le poids d'un résultat est grand, plus grande est la probabilité que l'expérience aléatoire donne ce résultat. Une fois déterminée la probabilité de chacun des *résultats*, c'est-à-dire de chaque élément de $\Omega$, il sera aisé de calculer la probabilité d'un *événement*, c'est-à-dire d'une partie de $\Omega$.

Notons par $P(r)$ *la probabilité (ou le poids) du résultat* $r$. Les probabilités négatives (ou supérieures à 1) étant manifestement absurdes, on doit avoir, pour tout élément $r$ de $\Omega$ :

$$0 \le P(r) \le 1.$$

Notons au passage qu'on a rarement $P(r) = 0$ car si un résultat est impossible, on n'avait pas à le mettre dans $\Omega$. Il arrive cependant qu'on ne sache pas à l'avance quelle sera la probabilité de chacun des éléments de $\Omega$ ; ou encore qu'il soit naturel, pour effectuer des comparaisons, d'utiliser un même espace échantillon pour des expériences aléatoires légèrement différentes. Il est alors bien commode de pouvoir attribuer une probabilité nulle à certains résultats plutôt que de les retirer de l'espace échantillon.

Une autre contrainte, déjà implicitement reconnue, est que la somme des probabilités de tous les résultats doit donner exactement 1.

$$\sum_{r \in \Omega} P(r) = 1 \,.$$

*Remarque.*    *La notation* $\sum_{r \in \Omega} P(r)$ *représente la somme des valeurs de* $P(r)$ *pour tous les éléments* $r$ *de l'ensemble* $\Omega$.

Quand la probabilité de chacun des résultats élémentaires est déterminée, *la probabilité de n'importe quel événement* $A$ (sous-ensemble de $\Omega$) s'obtient en calculant la somme des probabilités des éléments qui le constituent.

$$P(A) = \sum_{r \in A} P(r) \,.$$

Le poids d'un objet est bien la somme des poids de ses parties; ainsi en est-il de la probabilité d'un événement.

**EXEMPLE 10**    On lance un dé. $\Omega = \{1, 2, 3, 4, 5, 6\}$. Si on suppose que le dé est bien équilibré, chacun de ces 6 résultats doit avoir la même probabilité. Le poids total de 1 sera donc divisé en 6 parties égales et on obtient :

$$P(1) = P(2) = P(3) = P(4) = P(5) = P(6) = \frac{1}{6}$$

L'événement « le résultat est pair » correspond à l'ensemble $A = \{2, 4, 6\}$ et on calcule :

$$P(A) = \sum_{r \epsilon A} P(r) = P(2) + P(4) + P(6) = \frac{1}{6} + \frac{1}{6} + \frac{1}{6} = \frac{3}{6} = \frac{1}{2}.$$

Il y a donc une chance sur deux que le résultat du dé soit un nombre pair (et une chance sur deux qu'il soit impair).    ▯

Il arrive fréquemment que, par un simple argument de symétrie, on puisse facilement admettre que tous les éléments de $\Omega$ sont *équiprobables*. La probabilité de chaque résultat est alors nécessairement $1/n$, où $n$ est le nombre d'éléments de $\Omega$. Dans ce cas, appelé **modèle uniforme**, la probabilité de n'importe quel événement $A$ s'obtient par la formule :

$$P(A) = \frac{\text{nombre de résultats favorables à } A}{\text{nombre total de résultats possibles}}$$
$$= \frac{\text{Card}(A)}{\text{Card}(\Omega)}$$

où la notation Card($A$) désigne la *cardinalité* de $A$, c'est-à-dire le nombre d'éléments de l'ensemble $A$. Rappelons que cette formule commode ne peut être utilisée que si le modèle uniforme est satisfait, c'est-à-dire si tous les éléments de $\Omega$ ont la même probabilité.

C'est ce qui arrive dans la plupart des situations reliées aux jeux de hasard : les faces d'un dé, les cartes d'un jeu sont au départ équiprobables. Les calculs de probabilité se ramènent alors à des problèmes de *dénombrement*. La *symétrie* de telles situations, c'est-à-dire le fait que chaque résultat ait la même importance, permet alors d'attribuer une probabilité « a priori » à chacun des résultats.

**EXEMPLE 11**    Un vase contient 3 boules blanches et 7 boules noires. On tire une boule au hasard. Considérons l'événement $A$ = « la boule tirée est blanche ».

En utilisant des indices qui permettent de bien distinguer chacune des boules, on peut écrire :

$$\Omega = \{b_1, b_2, b_3, n_1, n_2, n_3, n_4, n_5, n_6, n_7\}$$

et $\qquad\qquad A = \{b_1, b_2, b_3\}$

Toutes les boules ayant exactement le même statut, le modèle uniforme peut être appliqué et on obtient :

$$P(A) = \frac{\text{Card}\,(A)}{\text{Card}\,(\Omega)} = \frac{3}{10} \qquad\qquad\qquad \square$$

***EXEMPLE 12***    Considérons une classe qui compte 25 élèves, dont 5 sont blonds et 20 bruns. Alors l'expérience « observer la couleur des cheveux d'un élève tiré au hasard » est de même nature que celle de l'exemple 11. On aura $P(\text{« blond »}) = {}^5\!/_{25} = 0{,}2$ et $P\,(\text{« brun »}) = {}^{20}\!/_{25} = 0{,}8$. $\qquad\qquad \square$

La plupart des situations concrètes, par contre, ne débouchent pas sur des résultats aussi symétriques et ne permettent pas d'identifier des probabilités a priori. La probabilité de chaque résultat doit alors être *estimée de façon empirique*; c'est le plus souvent la *fréquence* de ce résultat, telle que calculée à partir de données déjà disponibles ou des résultats d'une suite d'expériences ad hoc.

***EXEMPLE 13***    Supposons que nous nous demandions quelles sont les chances qu'il pleuve un 10 juillet. L'expérience aléatoire ici est l'observation du temps le 10 juillet et, pour simplifier, on peut dire que $\Omega = \{\text{pluie, beau temps}\}$. Nous consultons les archives météorologiques et nous y trouvons qu'il a plu 22 fois durant les 117 dernières années, un 10 juillet. Personne ne sera alors surpris si nous disons qu'une estimation raisonnable de la probabilité qu'il pleuve un 10 juillet est de « 22 sur 117 », donc de 0,188. $\qquad\qquad \square$

> **Remarque.** *La distinction entre le cas empirique et le cas* a priori *peut se révéler délicate; c'est ainsi qu'on pourrait attribuer* a priori *la probabilité* $^1\!/_2$ *au résultat « avoir un garçon » lors d'une naissance, alors qu'en réalité la probabilité (empirique) est légèrement supérieure à* $^1\!/_2$.

Quelle que soit la façon dont les probabilités sont obtenues (de façon empirique ou *a priori*), elles obéiront à un certain nombre de lois, que nous allons maintenant présenter. Chacune de ces lois pourrait être formellement démontrée, mais il nous a plutôt semblé préférable d'en donner une *illustration* géométrique. On conviendra, pour ce faire, qu'une fois $\Omega$ représenté par un rectangle d'aire 1, *un événement quelconque $A$ sera représenté par une surface d'aire $P(A)$*. Cette illustration (ou représentation) permet de visualiser parfaitement aussi bien les lois ci-dessous que toute autre relation impliquant des probabilités.

## Lois des probabilités

**LOI 1** : $P(\Omega) = 1$

« L'événement certain a probabilité 1. »

**LOI 2** : $P(\emptyset) = 0$

« L'événement impossible a probabilité 0. »

**LOI 3** : $P(A^c) = 1 - P(A)$

« La probabilité qu'un événement ne se produise pas est 1 moins la probabilité qu'il se produise. »

**Illustration**

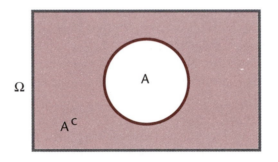

L'aire de $A^c$ vaut celle de $\Omega$ moins celle de $A$. Étant donné notre convention, $P(A^c) = 1 - P(A)$.

**LOI 4** : $P(A \cup B) = P(A) + P(B) - P(A \cap B)$

**Illustration**

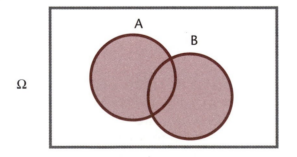

L'aire de $A \cup B$ s'obtient en additionnant les aires de $A$ et de $B$; mais alors l'aire de la partie commune $(A \cap B)$ est comptée 2 fois (1 de trop). D'où $P(A \cup B) = P(A) + P(B) - P(A \cap B)$.

L'illustration ci-dessus suggère que la loi 4 prend une forme particulièrement simple quand $A$ *et* $B$ *sont disjoints* :

Si $A \cap B = \emptyset$, on dit que $A$ et $B$ sont **incompatibles**; dans ce cas

$$P(A \cup B) = P(A) + P(B).$$

**Illustration**

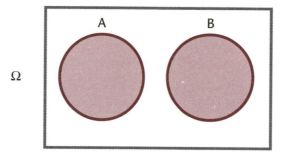

**LOI 5** : $P(A - B) = P(A) - P(A \cap B)$

En effet, on peut écrire $A = (A \cap B) \cup (A \cap B^c)$ et, puisque les événements $B$ et $B^c$ sont incompatibles, les événements $A \cap B$ et $A \cap B^c$ le sont aussi. En vertu de la remarque précédente, on trouve donc que $P(A) = P(A \cap B) + P(A \cap B^c)$. Enfin, utilisant la définition de $A - B$, on obtient :

$$P(A - B) = P(A \cap B^c) = P(A) - P(A \cap B)$$

**Illustration**

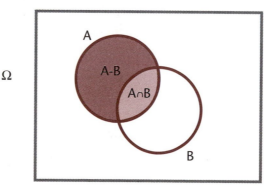

**Indépendance.** Nous voulons maintenant évaluer la *probabilité d'une intersection* : $P(A \cap B)$.

Deux cas peuvent alors se présenter, selon que $A$ et $B$ ont, ou non, de l'influence l'un sur l'autre. Voyons d'abord en détail le cas où $A$ et $B$ n'ont *pas* d'influence réciproque (le second cas sera développé à la section 5.3)

Deux événements $A$ et $B$ sont dits **indépendants** s'il n'ont aucune influence l'un sur l'autre; autrement dit, si la probabilité de l'un n'est d'aucune façon modifiée par le fait que l'autre soit ou non réalisé. Cette définition de l'indépendance, verbale et intuitive, se traduit mathématiquement par la loi suivante.

**LOI 6** : $A$ et $B$ sont indépendants si et seulement si $P(A \cap B) = P(A)P(B)$.

**EXEMPLE 14**    On tire une carte au hasard dans un jeu ordinaire de 52 cartes. Considérons les événements :

$A$ = « La carte est un ♡. »

$B$ = « La carte est un Roi. »

$A$ et $B$ sont indépendants : en effet $\mathrm{Card}(\Omega) = 52$, $\mathrm{Card}(A) = 13$, $\mathrm{Card}(B) = 4$ et $\mathrm{Card}(A \cap B) = 1$. On obtient donc $P(A \cap B) = \frac{1}{52} = \frac{1}{13} \times \frac{1}{4} = P(A)P(B)$.

Cela est aussi en accord avec notre intuition : que la carte tirée soit ou non un Roi, la probabilité qu'elle soit un ♡ demeure toujours ¼.    ☐

*Remarque.    Dans le cas d'événements dont la probabilité est définie empiriquement par leur fréquence relative, l'indépendance apparaîtra, à l'occasion, comme une sorte d'évidence intuitive ; il en est sûrement ainsi, par exemple, lors du choix au hasard d'un citoyen canadien adulte, de l'événement « il a les cheveux blonds » et de l'événement « il conduit une voiture à 4 portes ». L'indépendance n'est toutefois établie mathématiquement que par la vérification de l'identité*

$$P(A \cap B) = P(A) \times P(B)$$

*par exemple, en utilisant le tableau des fréquences conjointes, comme au chapitre 3.*

### Indépendance de plusieurs événements.

La notion d'indépendance se *généralise* à plus de deux événements. On dira que $n$ événements $A_1, A_2, \ldots, A_n$ sont indépendants si aucun d'entre eux n'est influencé par la réalisation ou la non-réalisation des autres. L'énoncé mathématique correspondant est plus complexe que celui de la loi 6 ; voyons-le dans le cas où $n = 3$.

**LOI 6'** : (cas $n = 3$)

$A_1$, $A_2$ et $A_3$ sont des événements indépendants si et seulement si

$$P(A_1 \cap A_2) = P(A_1)P(A_2)$$
$$P(A_1 \cap A_3) = P(A_1)P(A_3)$$
$$P(A_2 \cap A_3) = P(A_2)P(A_3)$$
$$P(A_1 \cap A_2 \cap A_3) = P(A_1)P(A_2)P(A_3).$$

La propriété « *la probabilité de l'intersection égale le produit des probabilités individuelles* » doit donc être vérifiée pour les événements pris 2 à 2 **et** 3 à 3. Dans le cas de $n$ événements, ladite propriété devra être vérifiée pour les événements pris 2 à 2, 3 à 3, ... $n$ à $n$.

**EXEMPLE 15**    Dans une manufacture, trois systèmes d'alarme sont installés de telle façon que n'importe lequel des trois va sonner si quelque chose d'anormal se produit. Si chacun des trois systèmes a une probabilité de 0,95 de bien fonctionner, quelle est la probabilité que l'alarme soit déclenchée si c'est nécessaire ?

*Solution*

$P$(l'alarme sonne)

$= P$(au moins un des systèmes fonctionne)

$= 1 - P$(aucun des systèmes ne fonctionne)

En supposant que les trois systèmes fonctionnent indépendamment, on a :

$P$(aucun des systèmes ne fonctionne)

$= P$(1$^{er}$ ne fonctionne pas *et* 2$^e$ non plus *et* 3$^e$ non plus)

$= P$(1$^{er}$ ne fonctionne pas) $\times P$(2$^e$ non plus) $\times P$(3$^e$ non plus)

$= 0,000\,125$.

Donc $P$(l'alarme sonne) $= 1 - 0,000\,125 = 0,999\,875$.     ☐

## 5.3    Probabilités conditionnelles

Quand deux événements $A$ et $B$ sont indépendants, on évalue la probabilité que l'un **et** l'autre se produisent par la formule $P(A \cap B) = P(A)P(B)$. Dans la mesure où un calcul de probabilité se ramène très souvent à un exercice de **dénombrement**, cette identité correspond au principe de base de la combinatoire, qu'on pourrait formuler ainsi :

« Si une opération peut être faite de $n$ façons et si une deuxième peut l'être indépendamment de $m$ façons, alors les deux *ensemble* peuvent être faites de $m \times n$ façons. »

Ainsi, quelqu'un ayant 4 pantalons et 5 chemises peut arborer 20 ($= 4 \times 5$) tenues vestimentaires différentes. Toutefois, il peut arriver que le choix de la chemise *dépende* du pantalon choisi, ce qui modifie les calculs. En somme, il arrive que des événements ne soient pas indépendants. Voyons d'abord un exemple technique avant d'élaborer une formule pour le calcul de $P(A \cap B)$ dans les cas de dépendance.

**EXEMPLE 16**    On lance un dé. Posons

$A$ = « le résultat est pair » ;

$B$ = « le résultat est plus grand ou égal à 5 » ;

$C$ = « le résultat est plus grand ou égal à 3 ».

On a $A = \{2, 4, 6\}$, $B = \{5, 6\}$, $C = \{3, 4, 5, 6\}$, et $A \cap C = \{4, 6\}$, $B \cap C = \{5, 6\}$.

On trouve donc que :

$$P(A)P(C) = \frac{3}{6} \times \frac{4}{6} = \frac{1}{3} = P(A \cap C) \quad (A \text{ et } C \text{ sont indépendants}).$$

$$P(B)P(C) = \frac{2}{6} \times \frac{4}{6} = \frac{2}{9} \neq \frac{2}{6} = P(B \cap C) \quad (B \text{ et } C \text{ ne sont } pas$$
$$\text{indépendants}). \qquad \square$$

Deux événements, tels $B$ et $C$ dans l'exemple 16 ci-dessus, qui ne sont pas indépendants, sont dits **dépendants**. Voyons un exemple qui suggère une façon de calculer alors $P(A \cap B)$.

***EXEMPLE 17*** Un sac contient 3 boules noires et 2 boules blanches. On tire successivement (sans remise) deux boules du sac. Quelle est la probabilité que ces deux boules soient noires ?

Définissons les deux événements suivants :

$A$ = « La première boule est noire. »

$B$ = « La deuxième boule est noire. »

L'événement qui nous intéresse, « les deux boules sont noires », est l'événement $A \cap B$. On veut calculer $P(A \cap B)$.

On conviendra aisément que, pour que $A \cap B$ soit réalisé, il faut d'*abord* que $A$ soit réalisé, ce qui se produira avec une probabilité égale à $3/5$. Il faudra *ensuite* que la seconde boule soit noire aussi. Or, on a déjà, en réalisant $A$, retiré une boule noire du sac qui ne contient, pour le second tirage, que 4 boules : 2 blanches et 2 noires. La probabilité que la seconde boule soit noire *sachant que* la première boule était noire est donc $2/4$. La probabilité que les deux boules soient noires s'obtient alors en calculant $P(A \cap B) = 3/5 \times 2/4 = 3/10$. $\qquad \square$

Dans l'exemple qui vient d'être présenté, nous avons calculé $P(A \cap B)$ au moyen de la formule :

$$P(A \cap B) = P(A)P(B|A)$$

La barre verticale se lit « quand », « sachant que » ou « étant donné que ». Cette formule générale s'applique à toutes les situations. Par symétrie, on peut aussi l'écrire sous la forme :

$$P(A \cap B) = P(B)P(A|B)$$

La probabilité que deux événements se réalisent est le produit de la probabilité que l'un deux se réalise par la probabilité que le second se réalise aussi *sachant que* le premier événement est réalisé. Le terme $P(A|B)$ désigne la **probabilité conditionnelle** de $A$ sachant que $B$ est réalisé. En divisant par $P(B)$ les deux membres de l'égalité $P(A \cap B) = P(B)P(A|B)$ on obtient :

$$P(A|B) = \frac{P(A \cap B)}{P(B)} \qquad (\text{si } P(B) \neq 0).$$

Symétriquement, $P(B|A)$ est la probabilité conditionnelle de $B$ sachant que $A$ est réalisé. On obtient de la même façon

$$P(B|A) = \frac{P(A \cap B)}{P(A)} \qquad (\text{si } P(A) \neq 0).$$

Comme le montrent ces formules, les probabilités conditionnelles $P(A|B)$ et $P(B|A)$ mesurent respectivement l'importance relative de $A \cap B$ par rapport à $B$ et à $A$.

Le traitement des probabilités conditionnelles est donc tout à fait analogue à ce qu'on a déjà fait, dans le chapitre 3, au sujet des distributions conditionnelles : la donnée d'une condition $B$ fait qu'on ne considère plus, de l'espace échantillon $\Omega$, que la « tranche » où la condition $B$ est réalisée.

**EXEMPLE 18**  On lance un dé qui donne $X$ points. Calculer : $P(X \text{ est pair } |X \geq 4)$.

Définissons les événements :

$A$= « $X$ est pair ».

$B$= « $X \geq 4$ ».

Dans l'espace échantillon $\Omega = \{1, 2, 3, 4, 5, 6\}$, les événements $A$, $B$ et $A \cap B$ sont : $A = \{2, 4, 6\}$, $B = \{4, 5, 6\}$ et $A \cap B = \{4, 6\}$.

On trouve donc :

$$P(A|B) = \frac{P(A \cap B)}{P(B)} = \frac{2/6}{3/6} = \frac{2}{3}$$

Cette réponse est en accord avec l'intuition : si $X \geq 4$, trois valeurs seulement sont possibles, 4, 5, et 6, parmi lesquelles deux sont paires et une seule est impaire. □

**EXEMPLE 19**  On lance deux dés. Calculer :

$P$(la somme des points est $\geq 9|$ la face 6 ne paraît pas).

Définissons les événements :

$A$ = « La somme des points est $\geq 9$. »

$B$ = « La face 6 ne paraît pas ».

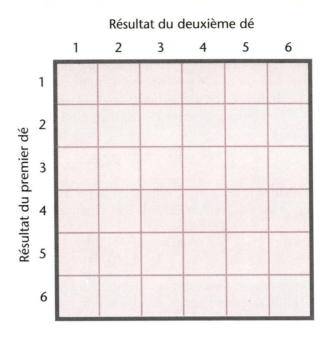

Résultat du deuxième dé

Résultat du premier dé

L'espace échantillon $\Omega$ est un ensemble de 36 éléments. On peut le représenter par la grille ci-dessus.

Le lancement des deux dés correspond au choix aléatoire de l'une ou l'autre des 36 cases (équiprobables) de la grille. Marquant d'un $A$ ou d'un $B$ les cases pour lesquelles les événements correspondants sont réalisés, on obtient la nouvelle grille qui paraît à la page opposée.

L'observation des lettres de cette grille donne $P(A) = \frac{10}{36}$, $P(B) = \frac{25}{36}$ et $P(A \cap B) = \frac{3}{36}$. On trouve donc :

$$P(A|B) = \frac{P(A \cap B)}{P(B)} = \frac{3/36}{25/36} = \frac{3}{25}\,.$$

Si la face 6 ne paraît sur aucun dé, il y a donc 3 chances sur 25 que la somme des points soit supérieure ou égale à 9.                    □

On a déjà vu que deux événements $A$ et $B$ sont indépendants si $P(A \cap B) = P(A)P(B)$. Si $A$ et $B$ sont indépendants on obtient donc :

$$P(A|B) = \frac{P(A \cap B)}{P(B)} = \frac{P(A)P(B)}{P(B)} = P(A)$$

et
$$P(B|A) = \frac{P(A \cap B)}{P(A)} = \frac{P(A)P(B)}{P(A)} = P(B).$$

ce qui nous redonne la définition intuitive de l'indépendance : deux événements sont indépendants si la réalisation de l'un ne modifie pas la probabilité de réalisation de l'autre.

Résultat du deuxième dé

| | 1 | 2 | 3 | 4 | 5 | 6 |
|---|---|---|---|---|---|---|
| 1 | B | B | B | B | B | |
| 2 | B | B | B | B | B | |
| 3 | B | B | B | B | B | A |
| 4 | B | B | B | B | AB | A |
| 5 | B | B | B | AB | AB | A |
| 6 | | | A | A | A | A |

(axe vertical : Résultat du premier dé)

Dans plusieurs situations, les événements considérés sont notoirement indépendants. Quand ce n'est pas le cas, des informations supplémentaires peuvent nous aider ; l'exemple qui suit illustre une façon simple d'utiliser de telles informations.

**EXEMPLE 20**    Soient $A$ et $B$ deux événements tels que :

$$P(A) = 0,5; \quad P(B) = 0,3; \quad P(A \cap B) = 0,2 \,.$$

Trouver :

a) $P(A \cup B)$

b) $P(A^c \cap B)$

*Solution*

a) D'après la loi 4,

$$P(A \cup B) = P(A) + P(B) - P(A \cap B)$$
$$= 0,5 + 0,3 - 0,2 = 0,6$$

b) Dans une situation comme celle-ci, il est commode de considérer le tableau suivant (*qui n'est rien d'autre qu'un tableau de distribution conjointe*) :

|       | $B$            | $B^c$              |           |
|-------|----------------|--------------------|-----------|
| $A$   | $P(A \cap B)$  | $P(A \cap B^c)$    | $P(A)$    |
| $A^c$ | $P(A^c \cap B)$| $P(A^c \cap B^c)$  | $P(A^c)$  |
|       | $P(B)$         | $P(B^c)$           | 1         |

où il est facile de voir que chaque ligne (*chaque colonne*) est formée d'événements incompatibles ; par exemple, $A \cap B$ et $A^c \cap B$ sont incompatibles (car $A$ et $A^c$ le sont) et leur union $(A \cap B) \cup (A^c \cap B)$ est égale à $B$. On a donc

$$P(B) = P(A \cap B) + P(A^c \cap B).$$

Si l'on revient au problème posé, on complète le tableau comme suit :

|       | $B$   | $B^C$ |     |
|-------|-------|-------|-----|
| $A$   | 0,2   |       | 0,5 |
| $A^C$ |       |       |     |
|       | 0,3   |       | 1,0 |

|       | $B$   | $B^C$ |     |
|-------|-------|-------|-----|
| $A$   | 0,2   |       | 0,5 |
| $A^C$ |       |       | 0,5 |
|       | 0,3   | 0,7   | 1,0 |

|       | $B$   | $B^C$ |     |
|-------|-------|-------|-----|
| $A$   | 0,2   | 0,3   | 0,5 |
| $A^C$ | 0,1   | 0,4   | 0,5 |
|       | 0,3   | 0,7   | 1,0 |

Donc $P(A^c \cap B) = 0,1$.

# 5.4  Variables aléatoires

Une **variable aléatoire** est une caractéristique *numérique* résultant d'une expérience aléatoire. À toutes fins pratiques, une variable aléatoire est donc simplement une *quantité* qui varie au hasard.

Comme pour les variables statistiques déjà rencontrées dans les quatre premiers chapitres, les variables aléatoires sont conventionnellement représentées par des lettres majuscules habituellement choisies vers la fin de l'alphabet ($X$, $Y$, $Z$, $S$, ...), alors qu'on réserve les premières lettres ($A$, $B$, $C$, ...) pour identifier les événements.

Une variable aléatoire peut être discrète ou continue. *Nous ne traiterons ici que des variables discrètes* ; le cas continu sera abordé dans le chapitre 7.

Le comportement d'une variable aléatoire $X$ discrète est complètement décrit par la donnée de deux listes :

a) la *liste des valeurs $x_1$, $x_2$, ... , $x_n$ possibles pour $X$* ;

b) la *liste des probabilités $p(x_1)$, $p(x_2)$, ... , $p(x_n)$ de chaque valeur possible*.

L'expression $p(x_i)$ est une notation concise qui représente $P(X = x_i)$, la probabilité que la variable aléatoire $X$ prenne la valeur $x_i$. On peut aussi écrire simplement $p_1, p_2, \ldots p_n$ au lieu de $p(x_1), p(x_2), \ldots, p(x_n)$.

Rappelons que le $P$ majuscule s'applique aux événements; on peut écrire $P(A)$ ou $P(X \leq 2)$, jamais $p(A)$ ou $p(X \leq 2)$. Le $p$ minuscule, lui, s'applique directement aux nombres; on peut écrire $p(3)$, jamais $p(X \leq 3)$.

Les probabilités $p_1, p_2, \ldots, p_n$ tiennent le même rôle, dans la description du comportement de la variable aléatoire $X$, que celui tenu par les fréquences $f_1$, $f_2, \ldots, f_n$ dans la description de la distribution des données expérimentales. On peut se représenter la probabilité $p_i$ comme étant la valeur théorique vers laquelle convergerait la fréquence $f_i$ si l'on pouvait répéter l'expérience une infinité de fois.

La fonction $p(x)$ est appelée **fonction de masse** ou **fonction de probabilité**. Puisque les nombres $p(x_1), p(x_2), \ldots, p(x_n)$ représentent des probabilités, ils doivent satisfaire aux deux conditions suivantes :

1. $0 \leq p(x_i) \leq 1$  pour $i = 1, 2, \ldots, n$

2. $\sum\limits_{i=1}^{n} p(x_i) = 1$

De même qu'on pouvait le faire pour illustrer les fréquences, on peut représenter la fonction de masse $p(x)$ au moyen d'un diagramme à bâtons.

**EXEMPLE 21**   Un sac contient 10 billets de banque : 4 billets de 1 \$, 3 billets de 2 \$, 2 billets de 5 \$ et 1 billet de 10 \$. On tire un billet au hasard; il vaut $X$ \$.

Les valeurs possibles pour $X$ sont 1, 2, 5, et 10. Les probabilités de chacune de ces valeurs sont $p(1) = {}^4\!/_{10}$, $p(2) = {}^3\!/_{10}$, $p(5) = {}^2\!/_{10}$ et $p(10) = {}^1\!/_{10}$.

Cette fonction de masse $p(x)$ est illustrée par un diagramme à bâtons (figure 5.1). ∎

## 5.5   Espérance et variance

Combien de points, en moyenne, un dé donne-t-il? Pour répondre à cette question, imaginons que le dé est lancé un très grand nombre de fois; disons 6 000 fois. Normalement, chacune des faces devrait apparaître environ 1 000 fois. Ce sont là les effectifs théoriques que nous savons déjà calculer.

Puisque chacune des valeurs 1, 2, 3, 4, 5, 6 apparaîtra environ 1 000 fois, la somme des 6 000 résultats obtenus du dé devrait être voisine de :

$$(1\,000 \times 1) + (1\,000 \times 2) + (1\,000 \times 3) + (1\,000 \times 4) + (1\,000 \times 5) + (1\,000 \times 6) = 21\,000$$

FIGURE 5.1    **Illustration d'une fonction de masse *p(x)* au moyen d'un diagramme à bâtons**

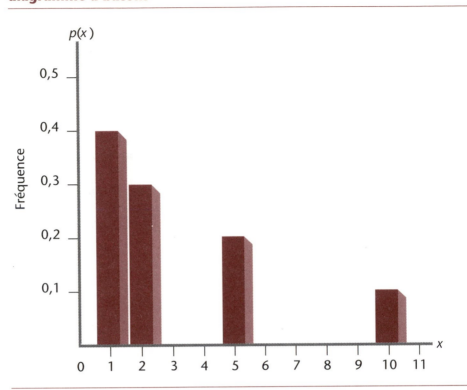

Le résultat moyen sera donc voisin de :

$$\frac{21\,000}{6\,000} = \frac{7}{2} = 3,5$$

On conviendra sans peine que si l'on pouvait lancer le dé une infinité de fois, la moyenne de tous les résultats serait exactement 3,5. Cette *moyenne théorique* porte le nom d'**espérance mathématique**.

En fait, on n'a pas vraiment besoin d'imaginer une infinité d'observations d'une variable aléatoire $X$ pour pouvoir en calculer l'espérance mathématique, notée $E(X)$. On n'a qu'à appliquer la formule

$$E(X) = \sum x_i p(x_i).$$

Cette formule est analogue à celle qu'on a déjà amplement utilisée pour calculer la moyenne $\overline{x}$ à partir des fréquences $f_i$ :

$$\overline{x} = \sum x_i f_i\,.$$

En y remplaçant les fréquences expérimentales $f_i$ par les fréquences théoriques (ou probabilités) $p(x_i)$, la formule donne, plutôt que la moyenne expérimentale $\overline{x}$, la moyenne théorique $E(X)$.

**EXEMPLE 22**

Considérons encore le sac et les billets décrits dans l'exemple 21. On obtient :

$$E(X) = \sum x_i p(x_i) = \left(1 \times \frac{4}{10}\right) + \left(2 \times \frac{3}{10}\right) + \left(5 \times \frac{2}{10}\right) + \left(10 \times \frac{1}{10}\right) = 3.$$

En moyenne, le billet tiré du sac vaut donc 3 $, même si les billets de 3 $ n'existent pas ! Si on répétait 1 000 fois l'expérience, en replaçant le billet tiré afin de ne pas modifier la composition du sac, la valeur totale des 1 000 billets tirés serait voisine de 3 000 $.                                                     ☐

L'espérance mathématique d'une variable aléatoire $X$ est aussi représentée par l'expression $\mu_X$ ($\mu$ = mu, le m grec) ou par $\mu$, s'il n'y a pas d'ambiguïté. Les notations $\mu_X$ (respectivement $\mu$) et $E(X)$ sont *équivalentes*.

L'espérance mathématique peut aussi s'appliquer à une *transformation d'une variable aléatoire donnée*. Par exemple, $E(X + 2)$ désigne la moyenne théorique de la variable $X + 2$ obtenue de $X$ en lui ajoutant 2. De même, $E(X^2)$ désigne la moyenne théorique du carré de $X$.

Une transformation particulièrement utile est celle donnée par le carré de la distance entre $X$ et sa moyenne. Elle conduit à la **variance de** $X$.

$$Var(X) = E((X - \mu)^2) = \sum(x_i - \mu)^2 p(x_i).$$

Cette formule permet de calculer la moyenne théorique du carré de l'écart entre $X$ et sa moyenne théorique. C'est l'analogue direct de la formule donnant la variance expérimentale $s^2$ :

$$s^2 = \sum(x_i - \overline{x})^2 f_i .$$

On n'a fait que remplacer les $f_i$ par leur équivalent théorique $p(x_i)$ ainsi que remplacer $\overline{x}$ par son équivalent théorique $\mu$.

**EXEMPLE 23**

Considérons encore le sac contenant 4 billets de 1 $, 3 billets de 2 $, 2 de 5 $ et 1 de 10 $. On a déjà calculé, dans l'exemple 22, que $\mu = 3$. On peut maintenant calculer que :

$$\begin{aligned}
Var(X) &= \sum(x_i - \mu)^2 p(x_i) \\
&= (1 - 3)^2(0,4) + (2 - 3)^2(0,3) + (5 - 3)^2(0,2) + (10 - 3)^2(0,1) \\
&= (4 \times 0,4) + (1 \times 0,3) + (4 \times 0,2) + (49 \times 0,1) \\
&= 7,6.
\end{aligned}$$

En moyenne, le billet tiré vaut 3 $ ; de plus, comme on vient de calculer, le carré de la distance entre $X$ et 3 vaut, en moyenne, 7,6. C'est une mesure de dispersion.                                                                        ☐

La variance $Var(x)$ est aussi notée $\sigma_X^2$ ($\sigma$ = sigma, le s grec) ou $\sigma^2$ s'il n'y a pas d'ambiguïté. Comme c'était le cas avec les données expérimentales, la racine carrée $\sigma_X$ (respectivement $\sigma$) de la variance théorique est aussi appelée **écart-type** (ou **écart-type théorique**).

***EXEMPLE 24***    Considérons le nombre $X$ de points donnés par un dé.

On veut calculer $\mu$ et $\sigma$.

Les valeurs possibles pour $X$ sont 1, 2, 3, 4, 5 et 6 et la probabilité de chacune de ces valeurs est $\frac{1}{6}$. On trouve donc :

$$E(X) = \sum x_i p(x_i)$$

$$= \left(1 \times \frac{1}{6}\right) + \left(2 \times \frac{1}{6}\right) + \left(3 \times \frac{1}{6}\right) + \left(4 \times \frac{1}{6}\right) + \left(5 \times \frac{1}{6}\right) + \left(6 \times \frac{1}{6}\right)$$

$$= \frac{21}{6} = \frac{7}{2} = 3{,}5 \,,$$

conformément à ce qu'on a déjà vu au début de la section 5.5. On trouve aussi :

$$\sigma^2 = Var(X) = \sum (x_i - \mu)^2 p(x_i) = \sum \left(x_i - \frac{7}{2}\right)^2 p(x_i)$$

$$= \left(1 - \frac{7}{2}\right)^2 \times \frac{1}{6} + \left(2 - \frac{7}{2}\right)^2 \times \frac{1}{6} + \ldots + \left(6 - \frac{7}{2}\right)^2 \times \frac{1}{6}$$

$$= \left(\frac{25}{4} \times \frac{1}{6}\right) + \left(\frac{9}{4} \times \frac{1}{6}\right) + \left(\frac{1}{4} \times \frac{1}{6}\right) + \left(\frac{1}{4} \times \frac{1}{6}\right) + \left(\frac{9}{4} \times \frac{1}{6}\right) + \left(\frac{25}{4} \times \frac{1}{6}\right)$$

$$= \frac{70}{24} = \frac{35}{12} = 2{,}916\,67$$

$$\sigma = \sqrt{\sigma^2} = 1{,}707\,8 \,.$$

**Remarque.**    *On sait déjà calculer $s^2$ au moyen de la formule rapide $s^2 = \overline{x^2} - \overline{x}^2$. La variance théorique $\sigma^2$ se calcule aussi au moyen d'une formule analogue. On a*

$$\sigma^2 = E(X^2) - (E(X))^2$$
$$= E(X^2) - \mu^2 .$$

**EXEMPLE 25**    Reprenant le calcul de la variance du nombre $X$ de points donné par un dé, on trouve

$$E(X^2) = \sum x_i^2 p(x_i)$$
$$= \left(1^2 \times \frac{1}{6}\right) + \left(2^2 \times \frac{1}{6}\right) + \left(3^2 \times \frac{1}{6}\right) + \left(4^2 \times \frac{1}{6}\right) + \left(5^2 \times \frac{1}{6}\right) + \left(6^2 \times \frac{1}{6}\right)$$
$$= \frac{91}{6} = 15{,}166\,67.$$

Donc

$$\sigma^2 = E(X^2) - \mu^2$$
$$= 15{,}166\,67 - (3{,}5)^2 = 2{,}916\,67,$$

valeur obtenue, après un calcul plus lourd, dans l'exemple 24.    □

**Propriétés élémentaires de *E(X)* et de *Var(X)*.**    Comme nous l'avons déjà fait remarquer, bien qu'une définition mathématique soit toujours suffisante pour les fins de calcul, son application mécanique conduit souvent à des calculs fort longs, qu'on peut abréger en développant, sous forme de « formules », quelques conséquences simples de la définition. C'est ainsi qu'en partant de la définition de $E$, nous pouvons déduire des formules pour $E(bX)$, $E(a+bX)$, $E(X \pm Y)$, et qu'en partant de la définition de $Var$, nous déduisons des formules pour $Var(bX)$, $Var(a+bX)$, $Var(X \pm Y)$. Nous donnons ces formules sans démonstration : certaines sont d'ailleurs analogues aux formules que nous connaissons déjà pour $\overline{x}$ et $s^2$.

1. $E(bX) = bE(X)$
2. $E(a + bX) = a + bE(X)$
3. $E(X \pm Y) = E(X) \pm E(Y)$
4. $Var(a + bX) = b^2 Var(X)$
5. Si $X$ et $Y$ sont indépendantes, alors
   $$Var(X \pm Y) = Var(X) + Var(Y).$$

Nous n'avons pas encore formellement défini ce qu'étaient des **variables aléatoires indépendantes**. Intuitivement, deux variables aléatoires $X$ et $Y$ sont *indépendantes* si elles n'ont aucune influence l'une sur l'autre, c'est-à-dire si le comportement *conditionnel* de l'une n'est pas affecté par la valeur prise par l'autre. Techniquement, le critère d'indépendance que nous avons utilisé pour les *événements* peut être adapté aux variables aléatoires et devient, dans le cas discret : $X$ et $Y$ sont indépendantes si, pour toutes valeurs $x$ et $y$ on a

$$P(X = x \,\text{et}\, Y = y) = P(X = x)P(Y = y).$$

Avec cette définition, on peut montrer que si $X$ et $Y$ sont indépendantes, tout événement $A$ qui ne porte que sur $X$ et tout événement $B$ qui ne dépend que de $Y$ sont indépendants.

Les formules qui permettent de calculer l'espérance et la variance d'une somme (ou d'une différence) de deux variables aléatoires se généralisent directement à une somme arbitrairement longue. On obtient les formules suivantes :

1. Pour l'espérance :

$$E(X_1 \pm X_2 \pm \ldots \pm X_n) = E(X_1) \pm \ldots \pm E(X_n)$$

2. Pour la variance :

Si $X_1, \ldots, X_n$ sont indépendantes,

$$Var(X_1 \pm \ldots \pm X_n) = Var(X_1) + \ldots + Var(X_n)$$

**EXEMPLE 26**

On lance $1\,000$ dés. Posons $Y =$ « Le nombre total de points obtenus ». On veut calculer $E(Y)$ et $Var(Y)$. Posons $Y = X_1 + X_2 + \ldots + X_{1\,000}$, où $X_1, X_2, \ldots, X_{1\,000}$ désignent les résultats successifs de chacun de ces lancers. Dans l'exemple 24 on a déjà calculé que chacun de ces $X_i$ a une espérance de 3,5 et une variance de 2,916 67. On trouve donc

$$\begin{aligned}
E(Y) &= E(X_1 + X_2 + \ldots + X_{1\,000}) \\
&= E(X_1) + E(X_2) + \ldots + E(X_{1\,000}) \\
&= 3,5 + 3,5 + \ldots + 3,5 \\
&= 1\,000 \times 3,5 \\
&= 3\,500.
\end{aligned}$$

En vertu de l'indépendance des variables $X_1, X_2, \ldots, X_{1\,000}$ on trouve aussi

$$\begin{aligned}
Var(Y) &= Var(X_1 + X_2 + \ldots + X_{1\,000}) \\
&= Var(X_1) + Var(X_2) + \ldots + Var(X_{1\,000}) \\
&= 1\,000 \times 2,916\,67 \\
&= 2\,916,67.
\end{aligned}$$

L'écart-type $\sigma$ vaut donc $\sqrt{2\,916,67} = 54,01$.

En lançant $1\,000$ dés on obtient donc en moyenne $3\,500$ points. On a de plus calculé que le nombre de points obtenus ($Y$) est en général de $3\,500$ $\pm\ 54$.    □

**EXEMPLE 27**  Dans une serre expérimentale, une parcelle de terre est découpée en 4 carrés identiques. Sans engrais, la production de tomates pour chaque carré est une variable d'espérance 600 kg et d'écart-type 60 kg. En utilisant un certain engrais, l'espérance sera de 630 kg avec un écart-type 80 kg. Supposons que 2 carrés sont semés sans engrais et 2 avec engrais.

a) Soit $T$ la production totale des 4 carrés. Quelle est l'espérance et l'écart-type de $T$?

b) Soit $X$ la production moyenne des deux lots avec engrais et $Y$ la production moyenne des deux lots sans engrais. Quelle est l'espérance et l'écart-type de la différence $X - Y$?

*Solution :* Soit $X_1$, $X_2$ et $Y_1$, $Y_2$ les productions des lots avec et sans engrais, respectivement. Alors $E(X_1) = E(X_2) = 630$, $Var(X_1) = Var(X_2) = (80)^2$; $E(Y_1) = E(Y_2) = 600$, $Var(Y_1) = Var(Y_2) = (60)^2$.

Nous supposerons que ces 4 variables sont indépendantes, puisque la culture dans un carré n'est pas affectée par celle d'un autre.

a) $T = X_1 + X_2 + Y_1 + Y_2$. Donc $E(T) = E(X_1 + X_2 + Y_1 + Y_2) = E(X_1) + E(X_2) + E(Y_1) + E(Y_2) = 630 + 630 + 600 + 600 = 2\,460$. $Var(T) = Var(X_1 + X_2 + Y_1 + Y_2) = Var(X_1) + Var(X_2) + Var(Y_1) + Var(Y_2) = (80)^2 + (80)^2 + (60)^2 + (60)^2 = 20\,000$. Donc, l'écart-type de $T$ est $\sqrt{20\,000} = 141{,}42$.

b) $X = (1/2)(X_1+X_2)$, $Y = (1/2)(Y_1+Y_2)$, $E(X) = (1/2)(E(X_1+X_2)) = (1/2)(630 + 630) = 630$, $E(Y) = 600$.

$$Var(X) = \left(\frac{1}{2}\right)^2 Var(X_1 + X_2)$$

$$= \left(\frac{1}{2}\right)^2 [Var(X_1) + Var(X_2)]$$

$$= \left(\frac{1}{2}\right)^2 (80^2 + 80^2)$$

$$= 3\,200$$

$Var(Y) = 1\,800$. Donc $E(X - Y) = 630 - 600 = 30$ et $Var(X - Y) = Var(X) + Var(Y) = 3\,200 + 1\,800 = 5\,000$. L'écart-type de $X - Y$ est donc $\sqrt{5\,000} = 70{,}71$.  □

# Résumé

1. L'**espace échantillon** d'une expérience aléatoire est l'ensemble de tous les résultats possibles de cette expérience.

2. Un **événement** est un énoncé relatif au résultat d'une expérience. Chaque événement correspond à un sous-ensemble de l'espace échantillon.

3. À chaque résultat $r$ est associée une **probabilité** $P(r)$ qui est un nombre compris entre 0 et 1. La somme des probabilités de tous les résultats de l'expérience vaut 1. La probabilité d'un événement $A$ est la somme des probabilités des éléments de $A$.

4. Si tous les éléments de $\Omega$ sont **équiprobables** (modèle uniforme), la probabilité d'un événement $A$ peut être obtenue en calculant :

$$P(A) = \frac{\text{nombre de résultats favorables à } A}{\text{nombre total de résultats possibles}} = \frac{\text{Card}(A)}{\text{Card}(\Omega)}.$$

5.  I $P(\Omega) = 1$ où $\Omega$ est l'espace échantillon (**événement certain**).

   II $P(\emptyset) = 0$ où $\emptyset$ est l'ensemble vide (**événement impossible**).

   III $P(A^c) = 1 - P(A)$, où $A^c$ est le complément de $A$.

   IV $P(A \cup B) = P(A) + P(B) - P(A \cap B)$.

   V $P(A - B) = P(A) - P(A \cap B)$.

   VI Deux événements $A$ et $B$ sont **indépendants** si et seulement si

$$P(A \cap B) = P(A)P(B).$$

6. $A$ et $B$ sont dits **incompatibles** si $A \cap B = \emptyset$. Dans ce cas,

$$P(A \cup B) = P(A) + P(B)$$

7. $P(A \cap B) = P(A)P(B|A) = P(B)P(A|B)$ où $P(B|A)$ **désigne la probabilité que $B$ se produise sachant que $A$ s'est produit** :

$$P(A|B) = \frac{P(A \cap B)}{P(B)} \qquad (\text{si } P(B) \neq 0)$$

ou

$$P(B|A) = \frac{P(A \cap B)}{P(A)} \qquad (\text{si } P(A) \neq 0).$$

8. Si deux événements $A$ et $B$ sont indépendants, alors

$$P(A|B) = P(A) \quad \text{et} \quad P(B|A) = P(B).$$

9. On appelle **variable aléatoire** une caractéristique numérique des résultats d'une expérience aléatoire. Une variable aléatoire est donc une quantité qui varie au hasard.

10. Soit $X$ une variable aléatoire discrète dont l'ensemble des valeurs possibles est $\{x_1, x_2, \ldots, x_n\}$. On appelle **fonction de masse** $p$ la fonction définie par

$$p(x_i) = P(X = x_i).$$

11. L'**espérance mathématique** $E(X)$ de $X$ est définie par

$$\mu = E(X) = \sum x_i p(x_i)$$

et sa **variance** $Var(X)$ est définie par

$$\sigma^2 = Var(X) = \sum \Big(x_i - E(X)\Big)^2 p(x_i) = E(X^2) - \Big(E(X)\Big)^2.$$

12. L'espérance et la variance d'une variable aléatoire jouissent des propriétés suivantes :

I $E(bX) = bE(X)$

II $E(a + bX) = a + bE(X)$

III $E(X \pm Y) = E(X) \pm E(Y)$

IV $Var(a + bX) = b^2 Var(X)$

V Si $X$ et $Y$ sont indépendantes, alors

$$Var(X \pm Y) = Var(X) + Var(Y).$$

13. Deux variables aléatoires discrètes $X$ et $Y$ sont indépendantes si, pour toutes valeurs de $x$ et $y$ on a

$$P(X = x \text{ et } Y = y) = P(X = x)P(Y = y).$$

Si $X$ et $Y$ sont indépendantes, il suit que tout événement $A$ qui porte uniquement sur $X$ et tout événement $B$ qui porte uniquement sur $Y$ sont indépendants.

# Exercices

1. Pour chacune des expériences aléatoires suivantes, donnez une description rigoureuse de $\Omega$; si possible, énumérez-en les éléments.

   a) Lancer 4 sous et observer le résultat.

   b) Interroger des gens sur le parti fédéral qu'ils favoriseraient s'il y avait élection le lendemain.

   c) Observer la température maximale un 10 janvier.

   d) Observer la température maximale un 12 juillet.

   e) Lancer 3 dés et observer la somme des nombres obtenus.

   f) Tirer un échantillon de 10 pneus dans la production d'une firme $N$ et compter le nombre de pneus défectueux.

   g) Observer le type d'habitat d'un Québécois choisi au hasard.

2. À une personne choisie au hasard, on pose un certain nombre de questions sur la peine capitale. Considérons les événements suivants :

   A : La personne choisie répond « oui » à la question : « Êtes-vous en faveur de la peine de mort pour le meurtre d'un policier ? »

   B : La personne choisie répond « oui » à la question : « Êtes-vous en faveur de la peine de mort pour un meurtre commis par un détenu en prison ? »

   C : La personne choisie répond « oui » à la question : « Êtes-vous en faveur de la peine de mort pour tout meurtre ? »

   D : La personne choisie répond « oui » à la question : « Y a-t-il des crimes pour lesquels vous favorisez la peine de mort ? »

   E : La personne choisie répond « oui » à la question : « Êtes-vous en faveur de l'abolition totale de la peine de mort ? »

   a) Décrivez en mots les événements suivants :

      i) $A - C$    ii) $A \cup B$    iii) $D \cup E$    iv) $A \cap E$

   b) Quelle est la relation entre les événements $C$ et $A$ ?

3. Un sac contient 2 billes identiques sauf pour la couleur : une verte et une jaune, et une balle de golf blanche. On tire au hasard un des 3 objets du sac :

   a) Peut-on dire *a priori* que $P(j) = P(v) = P(b)$ ?

   b) Lesquelles des affirmations suivantes sont vraies ?

      i) $P(v) = P(j)$    ii) $P(b) = 1$    iii) $P(v) + P(j) + P(b) = 1$
      iv) $P(b) = 0$    v) $P(v) = P(b)$    vi) Si $P(v) = \frac{1}{4}$, $P(b) = \frac{1}{2}$.

**4.** Une expérience aléatoire a quatre résultats possibles : $r_1, r_2, r_3, r_4$. Lesquelles des données suivantes sont acceptables, et pourquoi?

**a)** $P(r_1) = 0{,}2\,;\ P(r_2) = 0{,}3\,;\ P(r_3) = 0{,}4\,;\ P(r_4) = 0$

**b)** $P(r_1) = 0{,}2\,;\ P(r_2) = 1{,}0\,;\ P(r_3) = 0{,}1\,;\ P(r_4) = 0{,}1$

**c)** $P(r_1) = 0\,;\ P(r_2) = 0\,;\ P(r_3) = 0\,;\ P(r_4) = 1$

**d)** $P(r_1) = \frac{1}{2}\,;\ P(r_2) = -\frac{1}{2}\,;\ P(r_3) = \frac{1}{2}\,;\ P(r_4) = \frac{1}{2}$

**5.** On choisit au hasard une personne parmi les étudiants d'une classe ; considérons les événements suivants :

A : La personne choisie est une fille.

B : La personne choisie est un garçon.

C : La personne choisie a les yeux bleus.

D : La personne choisie a les cheveux blonds.

Décrivez en mots le « contenu » de chacun des éléments suivants :

$$A \cup B,\ A \cap C,\ A^c,\ C \cap D,\ C^c \cap D,\ A \cap C \cap D,\ A - C,\ D - C,\ D - B.$$

**6.** Soit $P(A) = 0{,}3\,;\ P(B) = 0{,}5\,;\ P(A \cup B) = 0{,}7$. Trouvez :

**a)** $P(A \cap B)$

**b)** $P(A^c \cup B^c)$

**c)** $P(B \cap A^c)$

**7.** Un architecte soumet un projet à deux bureaux $X$, $Y$. Supposons que la probabilité que $X$ accepte le projet est de 0,5, celle que $Y$ refuse est de 0,6 et celle que le projet soit rejeté par au moins un bureau est de 0,7. Trouvez la probabilité :

a) que les bureaux $X$ et $Y$ acceptent le projet.

b) que $X$ accepte le projet, mais $Y$ le refuse.

c) qu'au moins un des bureaux accepte le projet.

**8.** On prend au hasard un enfant dans une classe. Considérons les événements suivants :

M : L'enfant est un garçon.

F : L'enfant est une fille.

D : L'enfant est droitier.

G : L'enfant est gaucher.

Si $P(M) = 0{,}5\,;\ P(G) = 0{,}1$ et $P(F \cap G) = 0{,}03$, déterminez $P(F)$, $P(D)$, $P(F \cup G)$, $P(F \cap D)$.

9. On choisit une personne au hasard. Les événements $A$ et $B$ ci-dessous sont-ils incompatibles? Sont-ils, d'après vous, indépendants? L'un est-il contenu dans l'autre?

   a) A : La personne choisie est une femme.
   B : La personne choisie est un homme.

   b) A : La personne choisie est pour l'abolition du droit de grève dans le secteur public.
   B : La personne choisie est d'avis que le droit de grève est un droit inaliénable de tous les travailleurs.

   c) A : La personne choisie est pour l'abolition du droit de grève pour tous les travailleurs.
   B : La personne choisie est pour l'abolition du droit de grève dans le secteur public.

   d) A : La personne choisie a les cheveux blonds.
   B : La personne choisie a un quotient intellectuel supérieur à 100.

   e) A : La personne choisie mesure plus de 1,50 m.
   B : La personne choisie mesure plus de 1,30 m.

   f) A : La personne choisie mesure moins de 1,70 m.
   B : La personne choisie mesure plus de 5 m. (Utilisez la définition mathématique de l'indépendance)

   g) A : La personne choisie mesure moins de 1,70 m.
   B : La personne choisie a les yeux bleus.

10. Une boîte renferme 8 billes rouges, 3 blanches et 9 vertes. Si l'on extrait sans remise 3 billes au hasard, calculez la probabilité que :

    a) les 3 billes soient rouges.

    b) les 3 billes soient blanches.

    c) les 2 premières billes soient rouges, la 3e blanche.

    d) au moins une des billes soit blanche.

    e) les billes soient tirées dans l'ordre rouge, blanche, verte.

11. Une étudiante suit un cours de marketing et un cours de statistique. La probabilité qu'elle réussisse en marketing est de 0,5 et en statistique de 0,7; la probabilité qu'elle réussisse les deux cours est de 0,3. Calculez chacune des probabilités suivantes :

    a) Elle réussit au moins un des deux cours.

    b) Elle échoue les deux cours.

    c) Elle échoue en statistique et réussit en marketing.

**12.** De chaque expérience aléatoire suivante, isolez une ou deux variables aléatoires et donnez-en les valeurs possibles.

   **a)** D'une urne contenant 3 billes rouges et 4 vertes, tirer une bille.

   **b)** D'une urne contenant 5 billes rouges et 6 vertes, tirer trois billes.

   **c)** D'une assemblée où siègent 10 femmes et 8 hommes, extraire un comité de 4 personnes.

   **d)** Choisir un étudiant au hasard dans la classe.

**13.** On lance 4 pièces de monnaie; soit $X$ le nombre de faces. Déterminez la fonction de masse de $X$ et faites-en une représentation graphique. Calculez $E(X)$ et $Var(X)$.

**14.** On assigne un numéro distinct à chacun des 1 000 invités à un « party » de bureau. On procède ensuite au tirage au hasard d'un numéro; le gagnant reçoit un cadeau de 100 $.

   **a)** Soit $X$ le gain d'un des invités. Déterminez $E(X)$ et $Var(X)$.

   **b)** Soit $X$ le gain d'un couple d'invités. Déterminez $E(X)$ et $Var(X)$.

**15.** On assigne un numéro distinct à chacun des 1 000 invités à un « party » de bureau. On procède ensuite au tirage aléatoire de deux numéros, sans remise; le premier gagnant reçoit un cadeau de 1 000 $, le second 100 $.

   **a)** Soit $X$ le gain d'un des invités. Déterminez $E(X)$ et $Var(X)$.

   **b)** Soit $X$ le gain d'un couple d'invités. Déterminez $E(X)$ et $Var(X)$.

**16.** Un dé est pipé de telle sorte que tous les nombres ont la même chance d'apparaître, sauf le 1 qui a trois fois plus de chances d'apparaître que chacun des autres.

   **a)** Calculez la probabilité d'avoir un nombre $< 4$.

   **b)** Si vous jouez systématiquement le 1, gagnant 5 $ quand il sort et perdant 1 $ dans les autres cas, quelle est votre espérance de gain?

**17.** Soit $X$ la valeur dans un an d'une action de la compagnie $A$ et $Y$ la valeur dans un an d'une action de la compagnie $B$. Supposons que $E(X) = 30$, $Var(X) = 25$, $E(Y) = 40$, $Var(Y) = 16$, et que, de plus, $X$ et $Y$ sont indépendantes.

   **a)** Déterminez la valeur totale dans un an de

      **i)** 8 actions de $A$ et 9 actions de $B$;

      **ii)** 12 actions de $A$ et 6 de $B$.

   **b)** Discutez l'hypothèse que $X$ et $Y$ sont indépendantes.

18. Votre ami et vous achetez chacun un billet de loterie. Soit $X_1$ votre gain brut et $X_2$ le sien. Supposons que $X_1$ et $X_2$ sont indépendantes, les deux de moyenne 1,50 \$ et d'écart-type 10 \$. Vous décidez de partager les gains éventuels. Soit $X$ votre gain sous cette hypothèse. Calculez $E(X)$ et $Var(X)$; comparez avec l'espérance et la variance de $X_1$ et $X_2$.

DIVERS

19. Soient $A$ et $B$ deux événements incompatibles; dites pourquoi la situation suivante est impossible :

$$P(A) = 0,4, \qquad P(B) = 0,3, \qquad P(A^c \cap B^c) = 0,2$$

20. Une boîte contient 5 billes, dont 2 sont marquées [1], 1 est marquée [2] et 2 sont marquées [3]. On tire une bille et on note $X$ son numéro; on tire une deuxième bille (sans remettre la première) et on note $Y$ son numéro. Trouvez :

   a) $E(X)$   b) $E(Y)$   c) $E(X + Y)$

21. Si l'on suppose que les trente élèves d'une classe constituent un choix parfaitement aléatoire d'une certaine population, quelle est la probabilité qu'au moins un élève appartienne au premier centile de la population en intelligence?

22. Un petit restaurateur emploie 3 serveurs. Il constate que les 5 dernières assiettes cassées accidentellement l'ont été par le même serveur, Louis Lacasse. Peut-il conclure que Louis est particulièrement maladroit?

23. Un marchand de parapluies peut gagner 400 \$ par jour quand il pleut, et perdre 100 \$ par jour s'il fait beau. Sachant qu'il y a 3 fois plus de beaux jours que de jours de pluie, quelle est son espérance de gain quotidien?

24. On retourne l'une après l'autre les 52 cartes d'un jeu; quelle est la probabilité que le premier roi rencontré soit :

   a) la 1re carte retournée.

   b) la 3e carte retournée.

   c) la 50e carte retournée.

25. Dans une classe de maternelle composée de 15 garçons et de 10 filles, deux enfants sont choisis successivement au hasard pour représenter la classe à un concours. Calculez la probabilité :

   a) que 2 garçons soient choisis.

   b) qu'une fille soit choisie en premier, un garçon en deuxième.

   c) qu'un garçon soit choisi au 1er tirage.

   d) qu'un garçon soit choisi au 2e tirage.

26. D'un jeu de 52 cartes, on tire une $1^{re}$ carte, puis une $2^e$, sans remettre la $1^{re}$ dans le jeu. Évaluez les probabilités suivantes :

a) $P(1^{re}$ carte soit un as).

b) $P$(les 2 cartes soient un as).

c) $P$(au moins une des cartes soit un as).

d) $P$(aucune des 2 cartes ne soit un as).

27. On vous propose le jeu suivant : vous payez 2 \$ pour tenter de deviner le résultat du lancer d'un dé équilibré. Si vous devinez correctement, on vous donne $K$ \$ plus votre mise ; sinon vous perdez votre mise. Quelle doit être la valeur de $K$ pour que votre espérance de gain soit nulle ?

28. Soit $A$ et $C$ des événements indépendants. Si $P(A) = \frac{1}{3}$ et $P(C) = \frac{1}{5}$, calculez :

a) $P(A^c \cap C)$   b) $P(A \cup C^c)$

29. Soit $A$ et $B$ deux événements tels que $P(A) = 0,4$ et $P(B) = 0,3$. Déterminez $P(A \cup B)$ pour chacune des hypothèses suivantes :

a) $P(A \cap B) = 0,1$

b) $A$ et $B$ sont incompatibles

c) $P(A|B) = 0,8$

d) $P(A \cap B^c) = 0,15$

e) $B \subseteq A$

30. Une boîte contient 2 billes noires et 3 blanches. On tire une bille à la fois (sans remise) jusqu'à ce qu'apparaisse une bille noire. Soit $X$ le nombre de tirages requis. Trouvez $E(X)$.

31. Un solide a quatre faces, numérotées de 1 à 4. Sachant que $P(1) = P(3) = p$ et $P(2) = P(4) = 2p$ :

a) Trouvez l'espérance mathématique de :
$X$ = Le nombre qui apparaît sur la face inférieure quand on lance le solide.

b) Si vous lancez ce solide 2 fois et que vous notiez la somme des résultats obtenus, en identifiant les sous-ensembles suivants de $\Omega$ : $A = \{$somme paire$\}$, $B = \{$somme impaire$\}$, $C = \{$somme supérieure à 5$\}$, évaluez :

i) $P(B)$

ii) $P(A \cap B)$

iii) $P(B^c - A)$

iv) $P(C|B)$

v) $P(B \cup C)$

32. On suppose que le poids (en kg) des adultes se distribue avec une moyenne de 64 et un écart-type de 12. Soit $X$ le poids total de 14 personnes qui s'entassent dans un ascenseur. Calculez $E(X)$ et $\sigma_X$.

33. Si l'on suppose que le poids, en grammes, des œufs est de moyenne 56 et de variance 20, quelle est l'espérance mathématique et la variance du poids d'une douzaine d'œufs?

34. Dans le problème précédent, si on place au hasard 6 œufs dans chaque plateau d'une balance, quelle est l'espérance et la variance de la différence de poids entre la première et la deuxième demi-douzaine?

35. Une compagnie d'assurances offre une police d'annulation de voyage. La prime est de 25 \$ par personne; le coût pour la compagnie d'assurance est de 800 \$ en cas d'annulation. Supposons que, d'après les statistiques, la probabilité qu'un client annule son voyage est de 0,02. Soit $X$ le gain de la compagnie lorsqu'elle assure une personne (en négligeant tous les frais autres que le versement éventuel de 800 \$).

    a) Calculez $E(X)$ et $Var(X)$.

    b) Soit $X_1$ et $X_2$ les gains associés à deux clients et $X = X_1 + X_2$ le gain total. Déterminez $Var(X)$ si

        i) les deux clients sont étrangers l'un à l'autre;

        ii) les deux clients appartiennent à la même famille, et une annulation entraîne automatiquement l'autre. (On suppose que la probabilité que le couple annule est 0.02.)

36. Au numéro précédent, supposons que le coût d'annulation $C$ est variable, mais que la probabilité d'annulation demeure fixe à 0,02. La compagnie voudrait conserver en profit 30 % des primes recueillies. Quel pourcentage de $C$ doit-elle exiger comme prime?

*37. Un jury est formé de 3 juges. Les 2 premiers sont des juges honnêtes qui prennent la bonne décision avec probabilité $p$ ($p > \frac{1}{2}$). Le $3^e$ juge prend sa décision au moyen d'un «pile ou face». La décision du jury est prise à la majorité simple. Quelle est la probabilité que le jury prenne la bonne décision?

# Quelques lois discrètes

**Introduction.**   Nous avons vu au chapitre 5 qu'il est possible de dévelop-
per la fonction de masse d'une variable aléatoire particulière à partir des lois
élémentaires des probabilités. Cette approche signifie que chaque nouveau
contexte présente un problème nouveau que l'on résout indépendamment des
autres. Or, il est évident que certains problèmes ont des similitudes entre eux
qui font que la solution de l'un est solution de l'autre. On épargne beaucoup
de temps et d'efforts en reconnaissant, dans un problème donné, une structure
probabiliste déjà identifiée, car il suffit alors d'appliquer une solution déjà
développée.

C'est ce que nous ferons dans ce chapitre : nous identifierons des grandes
classes de variables aléatoires et pour chacune nous développerons une fonction de masse générale. La fonction de masse sera exprimée à l'aide d'une
*formule* mathématique, qui permet de passer d'une valeur de la variable à sa
probabilité en effectuant un calcul relativement simple. Il est possible ainsi
d'éviter les tableaux dans lesquels sont énumérées toutes les valeurs d'une
variable et leur probabilité et qui, au chapitre 5, étaient notre seul moyen de
présenter une fonction de masse. Nous donnerons, en outre, une expression
pour la moyenne et la variance de chacune des lois étudiées.

Avant d'aborder l'étude de ces lois nous présentons quelques notations
qui seront utiles pour la suite.

## 6.1   Factorielle et combinaisons

Certaines des formules que nous utiliserons par la suite exigent qu'on calcule
le produit des entiers 1, 2, 3, ..., $n$. Pour simplifier l'écriture, on représente
ce produit par le symbole $n!$, appelé « factorielle $n$ » :

$$n! = 1 \times 2 \times \ldots \times (n-1) \times n.$$

Par exemple,

$$3! = 1 \times 2 \times 3 = 6,$$

$$6! = 1 \times 2 \times 3 \times 4 \times 5 \times 6 = 720.$$

Cette définition, évidemment, ne s'applique qu'aux entiers positifs. Ajoutons
l'utile convention suivante :

$$0! = 1.$$

Un autre calcul qui figure dans les formules de ce chapitre est celui symbolisé
par $\binom{n}{x}$ et défini par

$$\binom{n}{x} = \frac{n!}{x!(n-x)!}$$

où $x$ et $n$ sont des entiers non négatifs et $x \leq n$. Par exemple,

$$\binom{5}{3} = \frac{5!}{3!(5-3)!} = \frac{5!}{3!2!} = \frac{1 \times 2 \times 3 \times 4 \times 5}{(1 \times 2 \times 3)(1 \times 2)} = \frac{4 \times 5}{1 \times 2} = 10.$$

La quantité $\binom{n}{x}$ est appelée *nombre de combinaisons de $x$ objets parmi $n$*. On trouvera, à la page 361, une table des nombres $\binom{n}{x}$, aussi appelés *coefficients du binôme de Newton*. L'ensemble de ces nombres forme le *triangle de Pascal*. La première ligne du tableau, correspondant à $n = 0$, donne $\binom{0}{0}$ ; la deuxième, correspondant à $n = 1$, donne $\binom{1}{0}$ et $\binom{1}{1}$ ; la troisième, correspondant à $n = 2$, donne $\binom{2}{0}$, $\binom{2}{1}$, et $\binom{2}{2}$ ; ainsi de suite. En général, pour $n = 0, 1, \ldots, 20$, le tableau donne $\binom{n}{0}$, $\binom{n}{1}$, $\ldots$, $\binom{n}{n}$. Chaque ligne du tableau peut être facilement calculée à partir de la ligne précédente en prenant les sommes des paires de nombres successifs, ainsi :

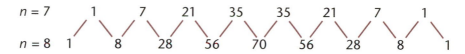

À part le nombre 1 aux deux extrémités, chaque nombre dans la ligne $n = 8$ est la somme des deux nombres situés juste au-dessus. Le lecteur peut vérifier qu'il obtiendra bien la ligne $n = 9$ à partir de la ligne $n = 8$ en utilisant la même technique.

Il est intéressant de noter la signification des symboles $n!$ et $\binom{n}{x}$ dans la solution des problèmes de dénombrement.

Le nombre $n!$ représente le nombre de *permutations* de $n$ objets.

**EXEMPLE 1**    Combien y a-t-il de façons de placer 3 personnes, A, B, et C, sur un banc de trois places ? Le schéma suivant montre pourquoi la réponse est $3! = 6$.

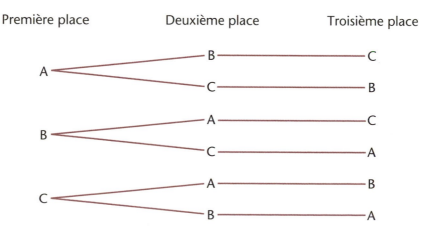

Il y a trois choix possibles pour la première place : A, B, ou C. Pour chacun de ces choix, il y en a deux pour la deuxième. Finalement, les occupants des deux premières places ayant été choisis, il ne reste plus qu'une seule possibilité pour la troisième. Donc, le nombre de permutations égale $3 \times 2 \times 1$, soit $3!$. ☐

La solution du problème de l'exemple 1 est clairement généralisable à n'importe quel nombre d'objets.

Le nombre $\binom{n}{x}$ représente le nombre de façons de choisir, sans tenir compte de l'ordre, $x$ objets parmi $n$. Nous ne le démontrerons pas.

**EXEMPLE 2**    Combien y a-t-il de façons de choisir, sans tenir compte de l'ordre, trois livres parmi six ?

*Solution :*  On cherche la valeur de $\binom{6}{3}$. Par la formule $\binom{n}{x} = \frac{n!}{x!(n-x)!}$ on obtient :

$$\binom{6}{3} = \frac{6!}{3!(6-3)!} = \frac{1 \times 2 \times 3 \times 4 \times 5 \times 6 \times}{(1 \times 2 \times 3) \times (1 \times 2 \times 3)} = 20.$$

Cette valeur s'obtient aussi directement de la table des coefficients du binôme de Newton, à la case déterminée par les valeurs $n = 6$ et $x = 3$. Si les 6 livres sont désignés par les lettres *a*, *b*, *c*, *d*, *e* et *f*, les 20 choix possibles de 3 livres sont :

*abc, abd, abe, abf, acd, ace, acf, ade, adf, aef,*

*bcd, bce, bcf, bde, bdf, bef, cde, cdf, cef, def.*    ☐

# 6.2    Loi binomiale

Considérons les quatre expériences aléatoires suivantes :

a) On lance 20 pièces de monnaie et on obtient $X$ « faces ».
b) On lance 36 dés ; $Y$ est le nombre de « 1 ».
c) Il y a 10 naissances dans un hôpital ; $U$ est le nombre de filles.
d) 45 % des gens sont en faveur d'un projet de loi. Dans un échantillon de 100 personnes choisies au hasard, on en trouve $W$ qui sont en faveur du projet de loi.

Ces quatre expériences aléatoires ont en commun un certain nombre de caractéristiques fondamentales :

• chacune des variables $X$, $Y$, $U$ et $W$ peut être considérée comme étant le nombre de « succès » obtenus en un certain nombre $n$ d'essais,

• chacun des $n$ essais a la même probabilité de donner un succès.

Une autre caractéristique fondamentale — parfois évidente, parfois pas — est la suivante :

• les essais sont indépendants.

Ces caractéristiques communes sont assez fondamentales pour que les variables $X$, $Y$, $U$ et $W$, malgré leurs différences superficielles, aient un comportement probabiliste de même type. On dit qu'elles sont toutes de même loi, la **loi binomiale**. Leurs fonctions de masse ne sont pas identiques, mais nous verrons plus bas qu'elles sont de même forme. Elles se distinguent l'une de l'autre par la valeur de deux quantités appelées des **paramètres** :

$n$ : le nombre d'essais, et

$p$ : la probabilité, à chaque essai, d'obtenir un succès.

Une variable qui représente le nombre de succès obtenus lors de $n$ essais indépendants est de loi **binomiale avec paramètres $n$ et $p$**, notée $B(n,p)$.

Vérifions les conditions qui définissent la loi binomiale dans chacun des exemples ci-dessous.

a) Le nombre $X$ de « faces » en 20 lancers d'une pièce de monnaie. Il y a $n = 20$ essais, le succès est « obtenir face », la probabilité d'obtenir « face » est $p = \frac{1}{2}$.

   L'indépendance des épreuves ici est indiscutable : il suffit de réaliser que le fait d'avoir eu, disons « face », à un certain essai n'a aucun effet sur la probabilité d'avoir « face » au prochain. On dit alors que $X$ est de loi $B(20, \frac{1}{2})$.

b) Le nombre $Y$ de « 1 » en 36 essais. Ici $n = 36$, le succès est « obtenir « 1 », la probabilité de succès est $p = \frac{1}{6}$. L'indépendance est ici aussi évidente. Alors $Y$ est de loi $B(36, \frac{1}{6})$.

c) Le nombre $U$ de filles parmi 10 nouveaux-nés. Il y a $n = 10$ essais, le succès est « avoir une fille », et la probabilité de succès est, d'après les statistiques, voisine de $p = 0{,}487$. Il est presque certain que les essais sont indépendants, à la seule condition qu'il n'y ait pas de jumeaux homozygotes dans l'échantillon. $U$ est de loi $B(10; 0{,}487)$. En pratique on utilisera souvent la loi $B(10; 0{,}5)$ comme approximation.

d) Le nombre $W$ de personnes en faveur du projet de loi dans un échantillon de 100 personnes. Si l'on envisage l'échantillonnage comme une succession de 100 tirages dans la population, alors il y a $n = 100$ essais, le succès est « la personne choisie est en faveur du projet de loi », et la probabilité de succès est $p = 0{,}45$ à chaque tirage. L'indépendance des épreuves n'est vérifiée que si les tirages sont effectués *avec remise*. Si les tirages se font *sans remise*, chaque tirage modifie la composition de la population et donc réduit ou augmente la probabilité de succès aux essais suivants. La variable $W$ n'est alors plus de loi binomiale. Toutefois, lorsque la population est très grande, la dépendance entre les épreuves est très faible et la loi binomiale peut alors être utilisée comme approximation.

**Fonction de masse.** La fonction de masse $p(x)$ d'une variable aléatoire $X$ de loi $B(n,p)$ est donnée par la formule

$$p(x) = \binom{n}{x} p^x (1-p)^{n-x} \quad \text{pour } x = 0, 1, 2, \ldots, n.$$

Avant de justifier cette formule, nous donnons un exemple pour illustrer son application.

**EXEMPLE 3**    Un archer atteint la cible avec une probabilité de 60 %. Il tire 7 flèches. Tracer le diagramme à bâtons de la fonction de masse $p(x)$ où $X$ représente le nombre de coups au but.

$X$ est de loi $B(7; 0,6)$. Par la formule donnant $p(x)$ on obtient

$$p(0) = \frac{7!}{0!7!}(0,6)^0(0,4)^7 = \phantom{0}1 \times 0,001\,638\,4 = 0,001\,638\,4$$

$$p(1) = \frac{7!}{1!6!}(0,6)^1(0,4)^6 = \phantom{0}7 \times 0,002\,457\,6 = 0,017\,203\,2$$

$$p(2) = \frac{7!}{2!5!}(0,6)^2(0,4)^5 = 21 \times 0,003\,686\,4 = 0,077\,414\,4$$

$$p(3) = \frac{7!}{3!4!}(0,6)^3(0,4)^4 = 35 \times 0,005\,529\,6 = 0,193\,536\,0$$

$$p(4) = \frac{7!}{4!3!}(0,6)^4(0,4)^3 = 35 \times 0,008\,294\,4 = 0,290\,304\,0$$

$$p(5) = \frac{7!}{5!2!}(0,6)^5(0,4)^2 = 21 \times 0,012\,441\,6 = 0,261\,273\,6$$

$$p(6) = \frac{7!}{6!1!}(0,6)^6(0,4)^1 = \phantom{0}7 \times 0,018\,662\,4 = 0,130\,636\,8$$

$$p(7) = \frac{7!}{7!0!}(0,6)^7(0,4)^0 = \phantom{0}1 \times 0,027\,993\,6 = 0,027\,993\,6.$$

Cette fonction de masse est illustrée dans la figure 6.1.    □

**Justification de la formule.** Avant d'aborder le cas général où $n$ et $p$ prennent des valeurs quelconques, considérons en détail le cas particulier où $n = 4$ et $p = \frac{1}{2}$.

**EXEMPLE 4**    On suppose que, dans un certain magasin, un client sur trois paye au moyen d'une carte de crédit (et 66⅔ % des clients payent d'une autre façon : argent comptant, chèque, etc). Quatre clients sont en ligne à la caisse. Soit $X$ le nombre de clients qui, parmi eux, utiliseront une carte de crédit.

Cette variable $X$ est de loi $B(4, \frac{1}{3})$ car on peut aisément la visualiser comme étant le nombre de succès obtenus en 4 essais indépendants avec, à chaque fois, une chance sur 3 d'avoir un succès.

FIGURE 6.1     **Fonction de masse d'une variable $B(7 ; 0,6)$**

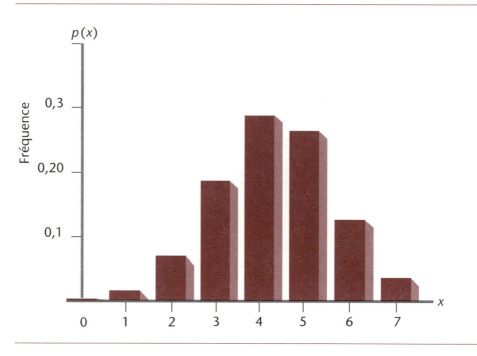

Les valeurs possibles pour $X$ sont évidemment les entiers $0, 1, 2, 3$ et $4$. Il reste à déterminer la probabilité de chacun de ces résultats. C'est ce que nous ferons en considérant au long tous les résultats expérimentaux possibles, c'est-à-dire, tous les éléments de l'espace échantillon.

Notant par les lettres S (succès : carte de crédit) ou E (échec : pas de carte de crédit) les résultats successifs obtenus à chacun des 4 essais ; on voit que les 16 éléments de l'espace échantillon correspondent aux 16 « mots » de 4 lettres qui peuvent être formés en utilisant uniquement les lettre S et E. Le tableau 6.1 donne la liste de ces 16 mots, la probabilité de chacun, ainsi que la valeur de $X$ (le nombre de S) qui lui est associée.

Dans le tableau 6.1, la probabilité d'un mot est calculée en multipliant les probabilités des résultats qui le composent. L'indépendance des essais justifie ces calculs.

Il est maintenant aisé de calculer la probabilité de chacune des valeurs possibles pour $X$ en effectuant la somme des probabilités de chacun des mots qui donnent cette valeur de $X$.

Par exemple, la valeur $X = 3$ est obtenue de quatre mots différents (SSSE, SSES, SESS et ESSS) et la probabilité de chacun de ces mots est de $^2/_{81}$. On obtient donc :

$$p(3) = P(X = 3) = 4 \times \frac{2}{81} = \frac{8}{81} = 0{,}098\,8.$$

TABLEAU 6.1    **Les 16 résultats possibles avec *n* = 4 et *p* = ⅓**

| Mot | Probabilité du mot | X |
|-----|--------------------|---|
| SSSS | $\frac{1}{3} \times \frac{1}{3} \times \frac{1}{3} \times \frac{1}{3} = \frac{1}{81}$ | 4 |
| SSSE | $\frac{1}{3} \times \frac{1}{3} \times \frac{1}{3} \times \frac{2}{3} = \frac{2}{81}$ | 3 |
| SSES | $\frac{1}{3} \times \frac{1}{3} \times \frac{2}{3} \times \frac{1}{3} = \frac{2}{81}$ | 3 |
| SSEE | $\frac{1}{3} \times \frac{1}{3} \times \frac{2}{3} \times \frac{2}{3} = \frac{4}{81}$ | 2 |
| SESS | $\frac{1}{3} \times \frac{2}{3} \times \frac{1}{3} \times \frac{1}{3} = \frac{2}{81}$ | 3 |
| SESE | $\frac{1}{3} \times \frac{2}{3} \times \frac{1}{3} \times \frac{2}{3} = \frac{4}{81}$ | 2 |
| SEES | $\frac{1}{3} \times \frac{2}{3} \times \frac{2}{3} \times \frac{1}{3} = \frac{4}{81}$ | 2 |
| SEEE | $\frac{1}{3} \times \frac{2}{3} \times \frac{2}{3} \times \frac{2}{3} = \frac{8}{81}$ | 1 |
| ESSS | $\frac{2}{3} \times \frac{1}{3} \times \frac{1}{3} \times \frac{1}{3} = \frac{2}{81}$ | 3 |
| ESSE | $\frac{2}{3} \times \frac{1}{3} \times \frac{1}{3} \times \frac{2}{3} = \frac{4}{81}$ | 2 |
| ESES | $\frac{2}{3} \times \frac{1}{3} \times \frac{2}{3} \times \frac{1}{3} = \frac{4}{81}$ | 2 |
| ESEE | $\frac{2}{3} \times \frac{1}{3} \times \frac{2}{3} \times \frac{2}{3} = \frac{8}{81}$ | 1 |
| EESS | $\frac{2}{3} \times \frac{2}{3} \times \frac{1}{3} \times \frac{1}{3} = \frac{4}{81}$ | 2 |
| EESE | $\frac{2}{3} \times \frac{2}{3} \times \frac{1}{3} \times \frac{2}{3} = \frac{8}{81}$ | 1 |
| EEES | $\frac{2}{3} \times \frac{2}{3} \times \frac{2}{3} \times \frac{1}{3} = \frac{8}{81}$ | 1 |
| EEEE | $\frac{2}{3} \times \frac{2}{3} \times \frac{2}{3} \times \frac{2}{3} = \frac{16}{81}$ | 0 |

De même, on trouve :

$$p(0) = \frac{16}{81}, \ p(1) = \frac{32}{81}, \ p(2) = \frac{24}{81}, \ p(3) = \frac{8}{81} \ \text{ et } \ p(4) = \frac{1}{81} \ .$$

La distribution de $X$ est illustrée par un diagramme à bâtons (figure 6.2).  ☐

Dans l'exemple qui vient d'être présenté, il a été possible de calculer les $p(x)$ en considérant individuellement chacun des $2^4 = 16$ cas possibles. Si l'on avait eu $n = 10$, le nombre de cas à considérer aurait été $2^{10} = 1\,024$. Avec $n = 20$, on en aurait eu plus d'un million ! On conviendra aisément qu'il est hors de question d'utiliser pareille méthode de calcul pour des valeurs de $n$ qui sont le moindrement élevées. Il serait commode de pouvoir employer une formule qui permette de calculer *directement* les $p(x)$ sans qu'on ait à remplir le tableau, souvent monstrueux, des $2^n$ cas possibles.

Considérons de nouveau le tableau 6.1. On constate que, pour des valeurs quelconques de $n$ et de $p$, chaque mot formé de $x$ lettres S et $(n-x)$ lettres E est obtenu avec une probabilité toujours égale à $p^x(1-p)^{n-x}$. Pour calculer $p(x)$, il suffira donc de savoir dénombrer le nombre de mots formés de $x$ lettres S et $(n-x)$ lettres E, c'est-à-dire le nombre de façons de choisir $x$ espaces

FIGURE 6.2    **Fonction de masse d'une variable *B*(4, ⅓)**

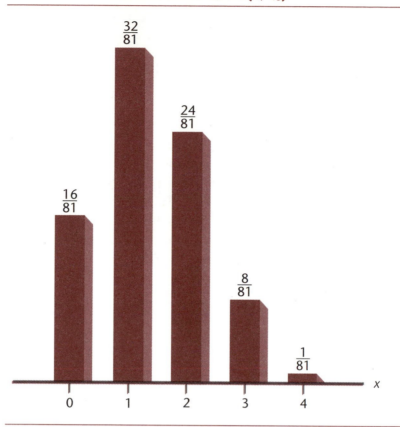

parmi $n$, les $x$ espaces choisis recevant les $x$ lettres S et les $(n-x)$ espaces qui restent recevant des E. Or, ce nombre de façons de choisir $x$ espaces parmi $n$ est précisément ce qui est évalué par le coefficient $\binom{n}{x}$ du binôme de Newton.

Si une variable $X$ est de loi $B(n,p)$, il y a, comme on vient de le voir, $\binom{n}{x}$ mots qui conduisent à $X = x$. Chacun de ces mots ayant une probabilité $p^x(1-p)^{n-x}$, on obtient donc :

$$p(x) = \binom{n}{x} p^x q^{n-x} \quad \text{pour } x = 0, 1, 2, \ldots, n$$

où, pour alléger les notations, on a posé $1 - p = q$. Il convient de rappeler que $p^0 = q^0 = 1$.

***EXEMPLE 5***    On lance 10 sous et on appelle $X$ le nombre de « faces » obtenues. Déterminer la fonction de masse $p(x)$.

Ici, $X$ est de loi $B(10, ½)$. On a donc, pour $x = 0, 1, 2, \ldots, 10$,

$$p(x) = \binom{10}{x} \left(\frac{1}{2}\right)^x \left(\frac{1}{2}\right)^{10-x} = \binom{10}{x} \left(\frac{1}{2}\right)^{10} = \binom{10}{x} \frac{1}{1\,024}.$$

Le tableau des coefficients du binôme de Newton donne donc :

$$p(0) = \frac{1}{1\,024}, \; p(1) = \frac{10}{1\,024}, \; p(2) = \frac{45}{1\,024},$$

$$p(3) = \frac{120}{1\,024}, \; p(4) = \frac{210}{1\,024}, \; p(5) = \frac{252}{1\,024}, \; p(6) = \frac{210}{1\,024},$$

$$p(7) = \frac{120}{1\,024}, \; p(8) = \frac{45}{1\,024}, \; p(9) = \frac{10}{1\,024}, \; p(10) = \frac{1}{1\,024}. \qquad \square$$

***EXEMPLE 6***   Dans une manufacture, on inspecte les lots d'articles produits en série en utilisant des méthodes d'échantillonnage. Dans chaque lot, dix articles sont choisis au hasard et le lot est rejeté si 2 articles ou plus sont défectueux. Si un lot contient exactement 5 % d'articles défectueux, quelle est la probabilité que le lot soit accepté ? Refusé ?

Dans cet exemple, $X$ est $B(10;\,0{,}05)$ et le lot est accepté si $X = 0$ ou 1.

La probabilité que le lot soit accepté est donc :

$$\begin{aligned}
P(\text{lot accepté}) &= p(0) + p(1) \\
&= \binom{10}{0}(0{,}05)^0(0{,}95)^{10} + \binom{10}{1}(0{,}05)^1(0{,}95)^9 \\
&= 0{,}598\,74 + 0{,}315\,12 = 0{,}913\,86.
\end{aligned}$$

La probabilité que le lot soit refusé est donnée par

$$\begin{aligned}
P(\text{lot refusé}) &= p(2) + p(3) + \ldots + p(10) \\
&= 1 - p(0) - p(1) \\
&= 1 - 0{,}913\,86 \\
&= 0{,}086\,14. \qquad \square
\end{aligned}$$

## Espérance mathématique et variance d'une variable binomiale.

Comme on l'a vu au chapitre 5, l'espérance mathématique d'une variable aléatoire s'obtient en calculant

$$\mu = \sum x_i p(x_i).$$

Appliquant cette formule aux résultats numériques obtenus dans l'exemple 3, où $X$ est $B(7;\,0{,}6)$, on obtient

$$\mu = (0 \times 0{,}001\,638\,4) + (1 \times 0{,}017\,203\,2) + \ldots + (7 \times 0{,}027\,993\,6) = 4{,}2.$$

Était-il nécessaire de calculer au long chacun des $p(x)$ pour connaître $\mu$ ? Heureusement, non. Le résultat $\mu = 4{,}2$ s'obtient directement du produit $n \times p = 7 \times 0{,}6 = 4{,}2$. On admettra facilement que si chaque essai a une probabilité $p$ de donner un succès, alors, en $n$ essais, on s'attend à obtenir environ $n \times p$ succès. C'est là la valeur attendue pour $X$, son *espérance mathématique*.

De même, il est possible de trouver une expression particulièrement simple pour la variance $\sigma^2$ d'une variable de loi binomiale. Rappelons qu'en général, la définition de la variance est

$$\sigma^2 = \sum (x_i - \mu)^2 p(x_i),$$

ce qui donne, pour la variable de l'exemple 3,

$$\sigma^2 = (0 - 4{,}2)^2 \times 0{,}001\,638\,4 + \ldots + (7 - 4{,}2)^2 \times 0{,}027\,993\,6 = 1{,}68$$

Le même résultat s'obtient avec la formule

$$\sigma^2 = npq = 7 \times 0{,}6 \times 0{,}4 = 1{,}68.$$

Nous avons donc les résultats généraux suivants :

Si $X$ est $B(n, p)$, alors

$$E(X) = \mu = np \text{ et } Var(X) = \sigma^2 = npq.$$

### Justification de la formule.

La formule pour la variance, $\sigma^2 = npq$ (où $q = 1 - p$), est plus malaisée à justifier que celle pour la moyenne. On peut, bien sûr, la démontrer algébriquement en développant l'expression

$$\sigma^2 = \sum_{x=0}^{n} (x - \mu)^2 p(x) = \sum_{x=0}^{n} (x - np)^2 \binom{n}{x} p^x q^{n-x}.$$

Une preuve plus simple peut cependant être obtenue en remarquant que le nombre $X$ de succès obtenus en $n$ essais peut s'exprimer sous la forme

$$X = X_1 + X_2 + \ldots + X_n$$

où $X_i$ vaut 0 ou 1 selon que le $i$-ième essai a donné un échec ou un succès. Puisque chacun de ces $X_i$ vaut 0 ou 1 avec des probabilités respectives de $q$ et $p$, on trouve aisément que

$$E(X_i) = (0 \times q) + (1 \times p) = p$$

et

$$\begin{aligned}
Var(X_i) &= (0 - p)^2 \times q + (1 - p)^2 \times p \\
&= p^2(1 - p) + p(1 - p)^2 \\
&= p(1 - p)(p + 1 - p) \\
&= p(1 - p) = pq.
\end{aligned}$$

Utilisant le fait, vu au chapitre 5, que l'espérance d'une somme de variables aléatoires est la somme des espérances de ces variables, on obtient

$$E(X) = E(X_1 + X_2 + \ldots + X_n) = E(X_1) + E(X_2) + \ldots + E(X_n)$$
$$= p + p + \ldots + p = np.$$

Étant donné que les essais sont indépendants, les variables $X_1, \ldots, X_n$ sont indépendantes, et puisque la variance d'une somme de variables indépendantes est la somme des variances de chacune des variables, on obtient

$$Var(X) = Var(X_1 + X_2 + \ldots + X_n) = Var(X_1) + Var(X_2) + \ldots + Var(X_n)$$
$$= pq + pq + \ldots + pq = npq.$$

**EXEMPLE 7**  On suppose que, dans la population d'une grande ville, 30 % des gens sont partisans d'une certaine option politique. Lors d'un sondage auprès de 1 000 personnes, $X$ personnes se déclarent en faveur de ce parti politique. Déterminer $E(X)$ et $Var(X)$.

Les épreuves ne sont pas strictement indépendantes, puisque les tirages ne se font pas généralement avec remise. Cependant, il s'agit d'une grande ville et d'un échantillon relativement petit. Donc, l'effet d'un tirage sur la population est négligeable, la variable $X$ ici considérée est à peu près de loi $B(1\,000; 0,3)$,

$$E(X) = \mu = np = 1\,000 \times 0,3 = 300,$$
$$Var(X) = \sigma^2 = npq = 1\,000 \times 0,3 \times 0,7 = 210$$

et l'écart-type $\sigma$ vaut $\sqrt{210} = 14,49$.

Serait-il surprenant d'obtenir $X \geq 350$? Bien sûr, puisque 350 se situe à plus de 3,4 écarts-types à droite de $\mu$, ce qui est vraiment exceptionnel.  □

## 6.3    Loi hypergéométrique

Supposons qu'on prélève un échantillon de taille $n$ d'une population de $N$ individus, dont une proportion $p$ possède une certaine propriété. Notons par $X$ le nombre d'individus, dans l'échantillon choisi, qui ont la propriété considérée. Alors $X$ est de loi $B(n, p)$, à condition que les tirages soient indépendants. Les tirages sont indépendants s'ils sont faits avec remise ; et ils sont *à peu près* indépendants s'ils sont faits sans remise mais dans une population beaucoup plus grande que l'échantillon.

Supposons, cependant, que la population *n'est pas incomparablement plus grande que l'échantillon*. La loi binomiale ne peut plus être appliquée. Une autre loi, appelée loi hypergéométrique, s'applique dans ce cas. Nous commençons par un exemple qui illustre un cas particulier de la loi hypergéométrique.

**EXEMPLE 8**   Une petite classe est composée de 5 filles et 3 garçons. On tire, au hasard, quatre étudiants et on note par $X$ le nombre de filles dans cet échantillon. Calculer $P(X = 2)$.

Nous pouvons résoudre ce problème en utilisant les techniques de dénombrement. Considérons l'ensemble $\Omega$ de tous les résultats possibles ; il est raisonnable de supposer que les résultats sont équiprobables. Par conséquent, la probabilité de l'événement $\{X = 2\}$, que nous noterons $A$, est calculée en divisant le nombre d'éléments dans $A$ par le nombre d'éléments dans $\Omega$. Puisque $\Omega$ est l'ensemble de tous les échantillons de taille 4 tirés d'une population de taille 8, il contient $\binom{8}{4} = 70$ éléments. L'événement $A$ est l'ensemble de tous les échantillons formés de 2 filles et 2 garçons. Le nombre de façons de choisir les deux filles est $\binom{5}{2} = 10$ ; pour chacun des 10 choix de deux filles, il y a $\binom{3}{2} = 3$ façons de choisir les 2 garçons. Il y a donc $10 \times 3 = 30$ façons de choisir 2 filles et 2 garçons. Donc $P(A) = {}^{30}/_{70} = {}^{3}/_{7}$.  □

Le cas général se résout de la même façon. Une population contient $N$ éléments, dont $N_1$ appartiennent à une certaine catégorie, disons la catégorie 1. Si l'on note par $N_2$ le nombre d'individus qui n'appartiennent pas à la catégorie 1, alors

$$N = N_1 + N_2 \,.$$

La proportion des individus qui appartiennent à la catégorie 1 est

$$p = \frac{N_1}{N} \,.$$

Si $X$ est le nombre d'individus qui appartiennent à la catégorie 1 dans un échantillon de taille $n$, alors on dit que **$X$ est de loi hypergéométrique ($X$ est $Hpg(n, N_1, N_2)$)**.

On voit aisément que :

$X \leq n$ \qquad car on ne tire que $n$ individus.

$X \leq N_1$ \qquad car seulement $N_1$ individus ont la propriété voulue.

$X \geq 0$ \qquad car $X$ ne peut être négatif.

$X \geq n - N_2$ \qquad car $n - X \leq N_2$ ; le nombre d'individus tirés n'ayant pas la propriété voulue ne peut être supérieur à $N_2$.

Par un raisonnement semblable à celui présenté dans l'exemple 8, on obtient :

si $X$ est $Hpg(n, N_1, N_2)$, alors

$$p(x) = \frac{\binom{N_1}{x}\binom{N_2}{n-x}}{\binom{N}{n}} \quad \text{pour } \max\{0, n - N_2\} \leq x \leq \min\{n, N_1\}.$$

**Remarque.**   *Il n'est pas nécessaire de vérifier les conditions* $\max\{0, n - N_2\} \leq x \leq \min\{n, N_1\}$, *car dès que* $x$ *sort de cet intervalle, la formule pour* $p(x)$ *prend automatiquement la valeur zéro. Par exemple, si* $N_1 = 5$ *et* $x = 6$, *le terme* $\binom{N_1}{x} = \binom{5}{6}$, *au numérateur de la formule, est égal à zéro, puisqu'il n'y a aucune façon de choisir 6 objets parmi 5.*

Un calcul algébrique un peu plus poussé permet de montrer que :

si $X$ est $Hpg(n, N_1, N_2)$, alors

$$E(X) = np \qquad Var(X) = npq\frac{N - n}{N - 1}$$

$$\text{où} \quad p = \frac{N_1}{N} \quad \text{et} \quad q = 1 - p = \frac{N_2}{N}.$$

**EXEMPLE 9**   Un bloc d'habitation, composé de 16 logements, est mis en vente. L'actuel propriétaire prétend que seulement 4 de ces logements ont un système électrique défectueux. Un client éventuel, voulant vérifier cette affirmation, fait inspecter 5 logements choisis au hasard. Dans 3 d'entre eux on trouve que le système électrique est à refaire. Le propriétaire a-t-il (vraisemblablement) menti ?

Si le propriétaire a dit vrai, le nombre $X$ de logements avec installations électriques défectueuses, parmi les 5 logements visités, devrait suivre une loi $Hpg(5, 4, 12)$.

La formule de la fonction de masse donne :

$$p(0) = \frac{792}{4\,368}, \quad p(1) = \frac{1\,980}{4\,368}, \quad p(2) = \frac{1\,320}{4\,368}, \quad p(3) = \frac{264}{4\,368}, \quad p(4) = \frac{12}{4\,368}$$

La valeur $X = 3$ expérimentalement obtenue est passablement grande. En fait, on trouve que $P(X \geq 3) = \frac{276}{4\,368} \simeq 0{,}063\,2$.

Il semble bien que le propriétaire ait menti car la probabilité est bien faible d'obtenir une aussi grande valeur de $X$.

On aurait pu se contenter de calculer simplement $\mu = np = 1{,}25$ et $\sigma^2 = npq(N - n)/(N - 1) = 0{,}687\,5 (\sigma = 0{,}829\,2)$. La valeur observée, $X = 3$, étant située à 2,11 fois l'écart-type à droite de $\mu$ peut être jugée significativement grande et conduire à la conclusion que le propriétaire a apparemment menti.   ◻

# 6.4   Loi géométrique

Aux sections 6.2 et 6.3, nous avons considéré des expériences constituées d'un nombre fixe d'essais, chaque essai pouvant donner un succès avec même probabilité $p$. La variable aléatoire $X$ est le *nombre de succès*. Ici, nous considérons une expérience constituée d'une série d'épreuves indépendantes, mais où c'est le *nombre d'épreuves* qui est aléatoire et non le nombre de succès. L'expérience consiste à répéter les essais *jusqu'à ce qu'un premier succès soit obtenu*.

Si l'on désigne par $X$ le nombre d'essais effectués pour obtenir ce premier succès, cette variable $X$ est dite de **loi géométrique** : $X$ **est Géom**($p$).

La fonction de masse d'une variable de loi géométrique est aisément développée. Si $x$ est un entier positif, l'événement $\{X = x\}$ se réalise si et seulement si les $x - 1$ premiers essais ont produit des échecs et le $x$-ième a produit un succès. En d'autres termes, $p(x)$ est la probabilité du résultat

$$\underbrace{\text{EEEE}\ldots\text{EE}}_{x-1 \text{ fois}}\text{S}$$

La probabilité d'un tel résultat est

$$\underbrace{q \times q \times q \times q \times \ldots q \times q}_{x-1 \text{ fois}} \times p = q^{x-1}p \, ,$$

où

$$q = 1 - p \, .$$

Nous avons donc le résultat suivant :

si $X$ est *Géom*($p$), alors

$$p(x) = pq^{x-1} \quad \text{pour } x = 1, 2, 3, \ldots$$

Il est possible dans le cas de la loi géométrique de déterminer une formule donnant la probabilité des événements $\{X > x\}$ et $\{X \leq x\}$. L'événement $\{X > x\}$ se produit si et seulement si les $x$ premiers essais ont conduit à des échecs. Par conséquent,

$$P(X > x) = q^x$$

et donc

$$P(X \leq x) = 1 - P(X > x) = 1 - q^x.$$

Il n'est pas aussi facile d'établir les formules pour l'espérance et la variance d'une variable de loi géométrique. Ainsi nous les donnons sans justification :

si $X$ est $Géom(p)$, alors

$$P(X > x) = q^x \quad \text{pour } x = 1, 2, 3, \dots$$

$$\mu = \frac{1}{p}, \quad \sigma^2 = \frac{q}{p^2}.$$

**EXEMPLE 10**     Une compagnie pétrolière effectue des forages. On suppose que chaque puits creusé a une chance sur 5 de donner du pétrole. Si l'on désigne par $X$ le nombre de puits qui doivent être creusés pour obtenir (enfin !) un « hit », tracer le diagramme à bâtons de $p(x)$ et calculer $P(X > 7)$. Déterminer aussi $E(X)$ et $Var(X)$. Dans cet exemple, $X$ est de loi $Géom(\frac{1}{5})$. Pour $x = 1, 2, 3, \dots$, on a donc $p(x) = \frac{1}{5} \times (\frac{4}{5})^{x-1}$.

$p(1) = 0{,}2, \quad p(2) = 0{,}16, \quad p(3) = 0{,}128, \quad p(4) = 0{,}102\,4,$

$$p(5) = 0{,}081\,92, \quad p(6) = 0{,}065\,536, \quad \dots$$

$$P(x > 7) = (0{,}8)^7 = 0{,}209\,715\,2.$$

Aussi, par les formules appropriées,

$$E(X) = \mu = \frac{1}{p} = 5, \; Var(X) = \sigma^2 = \frac{q}{p^2} = 20 \quad \text{et} \quad \sigma = \sqrt{20} = 4{,}472.$$

FIGURE 6.3     **Fonction de masse d'une loi $Géom(\frac{1}{5})$**

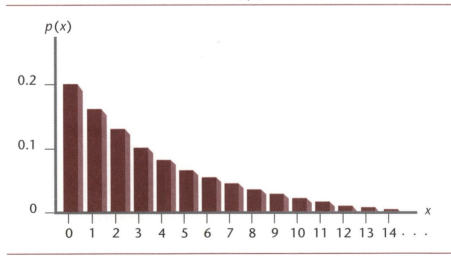

Chaque bâton a une hauteur égale à 80 % de celle du bâton qui le précède ; les hauteurs des bâtons forment donc une progression géométrique, d'où le nom donné à cette loi de probabilité.    □

**Remarque.** *Pour que le modèle géométrique puisse s'appliquer au dernier exemple, il faut que les lieux de forage soient suffisamment éloignés les uns des autres pour qu'on puisse raisonnablement supposer que les résultats des forages sont indépendants. Si on effectue tous les forages au même site, l'indépendance de leurs résultats est loin d'être assurée et la loi géométrique ne convient plus à la description du comportement de la variable $X$.*

## 6.5    Loi de Poisson

Il arrive fréquemment qu'on ait à considérer le nombre d'événements qui se produisent, non pas en un nombre fixe d'essais (ce qui relève de la loi binomiale) mais plutôt *durant un certain intervalle de temps*. Par exemple, le nombre d'appels téléphoniques reçus par un standardiste entre 10 heures et 11 heures ; ou encore le nombre de crevaisons subies par une flotte de taxis durant une certaine semaine ; ou le nombre de particules émises, en une seconde, par une substance radioactive. C'est alors la **loi de Poisson**, plutôt que la loi binomiale, qui s'applique.

Une variable aléatoire $X$ suit une **loi de Poisson avec moyenne $\lambda$** (lambda) si sa fonction de masse est

$$p(x) = \frac{e^{-\lambda}\lambda^x}{x!} \quad \text{pour} \quad x = 0, 1, 2, 3, \ldots$$

où $e$ est une constante mathématique fondamentale voisine de 2,718 28.

***EXEMPLE 11***    Une compagnie d'assurances reçoit, en moyenne, 4,2 réclamations par jour. Déterminer la probabilité que, durant une certaine journée, le nombre de réclamations reçues soit inférieur ou égal à 2.

*Solution :* Nous supposons que $X$, le nombre de réclamations reçues, suit une loi de Poisson avec moyenne $\lambda = 4,2$ ($X$ est Poisson(4,2)).

On trouve donc que

$$\begin{aligned}
P(X \leq 2) &= p(0) + p(1) + p(2) \\
&= e^{-4,2}\left(\frac{(4,2)^0}{0!} + \frac{(4,2)^1}{1!} + \frac{(4,2)^2}{2!}\right) \\
&= 0,210\,24.
\end{aligned}$$

La loi de Poisson ne s'applique pas uniquement au nombre d'événements dans un intervalle de temps. L'exemple suivant montre qu'il peut être question d'espace aussi bien que de temps.

**EXEMPLE 12**    Un dactylographe fait, en moyenne, 2 fautes de frappe par page de texte dactylographié. Il vient de taper un texte qui couvre 1,5 page. Quelle est la probabilité que le texte contienne moins de 2 fautes ?

Le nombre moyen de fautes attendu sur un texte de 1,5 page est $\lambda = 3$. Utilisant la loi de Poisson, on trouve

$$P(X < 2) = p(0) + p(1) = e^{-3}\left(\frac{3^0}{0!} + \frac{3^1}{1!}\right) = 0,199\ 15.$$    □

Pour connaître la distribution d'une variable aléatoire qui suit une loi de Poisson, il suffit de connaître sa moyenne $\mu = \lambda$. La variance $\sigma^2$ s'obtient aussi directement de $\lambda$.

Si $X$ est de loi Poisson($\lambda$), alors

$$E(X) = \lambda \ \text{ et } \ Var(X) = \lambda\,.$$

Dans les deux exemples précédents, le choix de la loi de Poisson a été fait de façon plutôt désinvolte. Les conditions dans lesquelles la loi de Poisson s'applique ne sont pas toujours évidentes. Pour mieux décrire ces conditions nous ferons d'abord un rapprochement avec la loi binomiale.

### Approximation de la loi binomiale par la loi de Poisson.

La loi de Poisson est souvent présentée comme un cas limite de la loi binomiale ; c'est le cas où $n$ augmente indéfiniment (tend vers l'infini) alors que $p$ diminue (tend vers 0) simultanément, de telle sorte que le produit $\lambda = np$ demeure fixe. Dans ces conditions, on peut démontrer que la loi binomiale tend vers la loi de Poisson. Cette notion de *convergence* d'une binomiale nous permettra plus bas de cerner les conditions qui permettent l'emploi de la loi de Poisson.

Toutefois, cette loi a une application plus immédiate : si $n$ est grand et $p$ petit, alors une variable de loi $B(n,p)$ est approximativement de loi de Poisson($\lambda$) où $\lambda = np$. Ceci nous permet de remplacer la formule

$$\binom{n}{x}p^x(1-p)^{n-x}$$

par

$$\frac{e^{-\lambda}\lambda^x}{x!}$$

avec $\lambda = np$ lorsqu'on calcule $P(X = x)$.

**EXEMPLE 13**     On suppose que 3 % des appareils fabriqués par une certaine compagnie sont défectueux. Appelons $X$ le nombre d'appareils défectueux dans un lot de 60 appareils choisis au hasard dans la production.

En toute rigueur, $X$ est de loi $B(60; 0,03)$ et, pour $x = 0, 1, \ldots, 60$, $p(x)$ s'obtient par la formule $p(x) = \binom{60}{x}(0,03)^x(0,97)^{60-x}$.

On obtient $p(0) = 0,160\,8$; $p(1) = 0,298\,4$; $p(2) = 0,272\,3$; $p(3) = 0,162\,8$; $p(4) = 0,071\,7$; $p(5) = 0,024\,9$; $p(6) = 0,007\,0$; $p(7) = 0,001\,7$; $p(8) = 0,000\,3$; $p(9) = 0,000\,1$; etc.

Puisque $p = 0,03$ est petit et $n = 60$ est assez grand, la loi de Poisson ($\lambda$) avec $\lambda = np = 1,8$ donnera, par la formule $p(x) = e^{-1,8}(1,8)^x/x!$, des probabilités très voisines des valeurs exactes obtenues de la loi binomiale. L'utilisation de la loi de Poisson (1,8) donne :

$p(0) = 0,165\,3$; $p(1) = 0,297\,5$; $p(2) = 0,267\,8$; $p(3) = 0,160\,7$; $p(4) = 0,072\,3$; $p(5) = 0,026\,0$; $p(6) = 0,007\,8$; $p(7) = 0,002\,0$; $p(8) = 0,000\,5$; $p(9) = 0,000\,1$; etc.     □

## Conditions d'applications de la loi de Poisson.

Une façon de justifier en pratique la supposition qu'une variable $X$ est de loi de Poisson consiste à montrer que $X$ peut être considérée comme une variable de loi binomiale avec $n$ très grand et $p$ très petit. Voyons ce que ceci implique dans un contexte particulier. Nous avons dit, par exemple, que le nombre $X$ d'appels reçus par un standardiste entre 10 heures et 11 heures est de loi Poisson. Pour interpréter $X$ comme une variable binomiale, découpons l'intervalle de 10 à 11 heures en un grand nombre de sous-intervalles, disons les 3 600 secondes de l'heure. Considérons ces 3 600 secondes comme 3 600 essais, chacun avec deux résultats possibles : il y a eu un appel (succès) et il n'y a pas eu d'appel (échec). Dans ce cas, le nombre d'appels $X$ est le nombre de succès en $n = 3\,600$ essais. Si les essais sont indépendants, et si la probabilité d'avoir plus d'un appel dans un sous-intervalle est négligeable, alors $X$ est à peu près de loi binomiale. Le nombre d'essais est grand et on aurait pu le choisir plus grand encore. Si l'on choisit des intervalles plus courts, chose qu'on peut faire à volonté, on augmente $n$ et diminue $p$ simultanément — ce sont précisément les conditions dans lesquelles la loi binomiale approche la loi de Poisson.

Ainsi donc, nous concluons que le nombre d'appels reçus dans une heure est une variable de loi de Poisson, à condition que les suppositions que nous avons faites soient raisonnables. Malheureusement nous ne savons pas toujours si elles le sont. Est-il légitime de supposer que les essais sont indépendants ? Et que chacun d'eux n'a que deux résultats possibles ? Le contexte peut rendre chacune de ces hypothèses plus ou moins plausible, mais rarement certaine. Lorsqu'il s'agit d'appels téléphoniques, on peut sûrement supposer que la probabilité de plus d'un appel dans un intervalle assez petit est négligeable. Cette supposition n'est toutefois pas raisonnable lorsque les événements peuvent survenir simultanément. Ainsi le nombre *d'accidents* dans une ville est peut-être de loi de Poisson, mais le nombre de *personnes impliquées* dans des accidents ne l'est pas : un même instant peut produire plusieurs victimes.

De même, l'hypothèse d'indépendance ne peut pas être faite à la légère. Les arrivées chez un marchand de journaux sont-elles indépendantes ? Parfois, mais on peut facilement imaginer des causes possibles de dépendance : une personne qui arrive peut être suivie de ses compagnons ; ou certaines arrivées peuvent en décourager d'autres si le marchand a des concurrents à côté ; ou encore on peut avoir des arrivées massives dues à l'arrêt d'un autobus ou la fermeture d'un bureau. Il y a aussi les cas où les événements apparaissent selon un rythme régularisé, comme, par exemple, les passages des autobus. Les passages des taxis, moins régularisés que ceux des autobus, se prêtent mieux à l'application de la loi de Poisson.

Nous avons supposé, dans les exemples ci-dessus que l'*intensité* du processus (le nombre moyen d'événements par unité de temps) demeure constante. Nous avons négligé les phénomènes du type « heure de pointe ». Il peut toutefois se présenter des problèmes où il serait incorrect de ne pas tenir compte des variations dans l'intensité du processus. Par exemple, le nombre moyen de véhicules qui, par minute, traversent un certain pont est sûrement plus élevé aux heures de pointe (8 heures et 17 heures) qu'au milieu de la nuit. Si l'intensité n'est pas constante, le calcul du nombre attendu d'événements dans un intervalle de temps donné peut se révéler assez délicat.

## Résumé

| Loi | Valeurs possibles | $p(x)$ | $\mu$ | $\sigma^2$ |
|---|---|---|---|---|
| $B(n,p)$ | $0, 1, 2, \ldots, n$ | $\binom{n}{x} p^x q^{n-x}$ | $np$ | $npq$ |
| $Hpg(n, N_1, N_2)$ | $0 \le x \le n$ $n - N_2 \le x \le N_1$ | $\dfrac{\binom{N_1}{x}\binom{N_2}{n-x}}{\binom{N}{n}}$ | $np$ | $npq\dfrac{N-n}{N-1}$ |
| $G\acute{e}om(p)$ | $1, 2, 3, \ldots$ | $pq^{x-1}$ | $\dfrac{1}{p}$ | $\dfrac{q}{p^2}$ |
| $Poisson(\lambda)$ | $0, 1, 2, 3, \ldots$ | $\dfrac{e^{-\lambda}\lambda^x}{x!}$ | $\lambda$ | $\lambda$ |

**Loi binomiale ($B(n,p)$)** : $X$ est le nombre de succès obtenus en $n$ essais indépendants où $p$ représente la probabilité d'un succès, à l'un quelconque des essais.

**Loi hypergéométrique ($Hpg(n, N_1, N_2)$)** : Une population est formée de $N_1$ individus de type I et $N_2$ individus de type II. $X$ est le nombre d'individus de type I obtenus dans un échantillon de taille $n$ (parmi tous les $N = N_1 + N_2$ individus).

**Loi géométrique ($Géom(p)$)** : $X$ est le nombre d'essais nécessaires à l'obtention d'un premier succès.

**Loi de Poisson (Poisson($\lambda$))** : $X$ est le nombre d'événements qui se produisent durant un certain intervalle de « temps ».

# Exercices

FACTORIELLE ET COMBINAISONS

1. Calculez

   **a)** $5!$   **b)** $7!$   **c)** $8!$   **d)** $10!$

2. Calculez

   **a)** $\binom{5}{2}$   **b)** $\binom{7}{3}$   **c)** $\binom{9}{4}$   **d)** $\binom{100}{98}$   **e)** $\binom{1\,000}{2}$

3. De combien de façons cinq personnes peuvent-elles s'asseoir sur une banquette d'autobus ?

4. Combien de « mots » de 6 lettres peut-on former en permutant les lettres A-B-C-D-E-F ?

5. De combien de façons peut-on choisir trois personnes parmi 8 ? Si les trois personnes doivent constituer un comité formé d'un président, un secrétaire et un trésorier, de combien de façons peuvent-elles êtres affectées à ces postes ?

6. De combien de façons peut-on choisir 3 nombres distincts parmi les nombres entiers 1, 2, ..., 49 ?

7. Un groupe de 11 personnes doit être séparé en deux groupes, le premier de 5 personnes, le second de 6. Combien y a-t-il de façons de former le premier groupe ? Le deuxième groupe ? Vous devriez constater dans cet exercice que $\binom{11}{5} = \binom{11}{6}$, et comprendre pourquoi en général, $\binom{n}{x} = \binom{n}{n-x}$

LOI BINOMIALE

8. On lance 5 pièces de monnaie et on observe le nombre $X$ de faces obtenues.

   **a)** Dressez la liste des 32 éléments de $\Omega$ et déterminez la valeur de $X$ associée à chacun de ces résultats.

   **b)** Représentez la fonction de masse $p(x)$ au moyen d'un diagramme à bâtons.

9. Soit $X$ une variable aléatoire $B(5, \frac{1}{3})$. Calculez

   a) $P(X = 2)$   b) $P(X \geq 3)$

10. a) On tire avec remise 4 personnes d'une population dont 20 % sont gauchers. Quelle est la probabilité qu'exactement 2 soient gauchers ?

    b) On lance un dé 5 fois. Quelle est la probabilité d'avoir 4 fois un nombre supérieur à 4 ?

    c) On tire avec remise 10 boulons d'une caisse qui contient 100 boulons dont 10 sont défectueux. Quelle est la probabilité que 9 des 10 boulons tirés soient défectueux ?

11. On lance une pièce de monnaie équilibrée 4 fois et $X$ représente le nombre de piles.

    a) Déterminez la fonction de masse de $X$.

    b) Calculez la probabilité d'avoir au moins 3 piles.

12. À cause d'un certain défaut génétique, une femme sait qu'à chacun de ses accouchements prochains la probabilité que son enfant soit sain n'est que $\frac{3}{4}$. Elle se demande quelle est la probabilité que sur 5 grossesses elle ait exactement 3 enfants sains.
    Calculez cette probabilité en suivant les étapes suivantes :

    a) Énumérez les éléments de l'espace échantillon sous forme de quintuplets du genre (S, M, M, S, M), où S signifie « sain » et M signifie « malade ».

    b) Les résultats énumérés dans l'espace échantillon sont-ils équiprobables ?

    c) Quelle est la probabilité du résultat (S, S, S, M, M) ?

    d) Cette probabilité est-elle la même pour tous les cas favorables à l'événement « 3 enfants sont sains » ?

    e) Combien y a-t-il de cas favorables à l'événement « 3 enfants sont sains » ?

    f) Quelle est la probabilité que 3 des 5 enfants soient sains ?

13. La probabilité qu'un radar détecte un avion ennemi est 0,9. Si cinq de ces radars sont disponibles, quelle est la probabilité :

    a) qu'exactement trois d'entre eux détectent l'avion ennemi ?

    b) qu'au moins un d'entre eux détecte l'avion ennemi ?

14. Pour une certaine marque de lampes de télévision, en moyenne 10 % brûlent durant la période de garantie. Un marchand a vendu 10 de ces lampes et $X$ représente le nombre de lampes qu'il devra remplacer durant la période de garantie.

    a) Calculez $E(X)$.

    b) Quelle est la probabilité qu'il doive remplacer plus de 2 lampes ?

LOI HYPER-
GÉOMÉTRIQUE

**15.** On tire 5 cartes d'un jeu ordinaire de 52 cartes. Soit $X$ le nombre de cartes de cœur parmi ces 5 cartes.

**a)** Déterminez $E(X)$ et $Var(X)$.

**b)** Calculez $P(X = 1)$.

**c)** Calculez $P(X \geq 2)$.

**16.** Vous avez besoin de 2 piles pour votre lampe de poche. Vous avez en réserve 10 piles parmi lesquelles 6 sont bonnes et 4 sont « usées ». Vous tirez 2 piles au hasard. Quelle est la probabilité qu'elles soient toutes les deux bonnes?

**17.** On partage un jeu de cartes en deux piles égales (26 cartes par pile). Soit $X$ le nombre de cartes rouges (cœur ou carreau) dans la première pile.

**a)** Déterminez $E(X)$ et $Var(X)$.

**b)** Est-il surprenant de trouver $X > 17$?

**18.** Une classe est composée de 3 filles et 5 garçons. Un jour, à cause d'une tempête de neige, seulement 4 étudiants sont venus. Soit $X$ le nombre de filles présentes au cours. Déterminez la fonction de masse $p(x)$.

LOI GÉOMÉTRIQUE **19.** Un couple décide d'avoir des enfants jusqu'à ce qu'il ait un garçon. Quelle est la probabilité qu'il ait 4 enfants? Quelle est la probabilité qu'il ait 4 enfants ou plus? Quelle est l'espérance mathématique du nombre d'enfants qu'il aura?

**20.** On lance un dé jusqu'à ce qu'apparaisse la face « 6 ». Quelle est la probabilité que le dé soit lancé exactement 8 fois? 8 fois ou plus?

**21.** Vous avez besoin de monnaie pour un billet d'un dollar. Si l'on suppose qu'une personne sur trois peut (et accepte de) vous changer votre billet, quelle est la probabilité que vous deviez solliciter plus de 4 personnes avant d'obtenir satisfaction?

**22.** Un joueur à la roulette mise toujours sur le noir, avec l'intention de s'arrêter au premier gain. Quelle est la probabilité qu'il doive jouer plus de 6 fois? (On suppose que la probabilité d'avoir noir à la roulette est $^{18}/_{38} = ^{9}/_{19}$.

LOI DE POISSON **23.** En moyenne, 300 voitures arrivent à un poste de péage en une heure. En supposant que la loi de Poisson s'applique, calculez la probabilité qu'il y ait au moins 4 arrivées en une minute.

**24.** Calculez $P(X = 2)$ si :

**a)** $X$ est $B(6, ^{1}/_{2})$

**b)** $X$ est $B(30, ^{1}/_{10})$

**c)** $X$ est $B(300, ^{1}/_{100})$

**d)** $X$ est $B(3\,000, ^{1}/_{1\,000})$

**e)** $X$ est Poisson(3).

25. Une standardiste reçoit en moyenne 144 appels entre 14 heures et 16 heures. En supposant que la loi de Poisson s'applique, calculez la probabilité que la standardiste reçoive 10 appels entre 14 h 00 et 14 h 10.

26. On suppose que, dans une certaine ville, il se produit en moyenne 1,5 décès par jour. Calculez la probabilité que, la semaine prochaine (7 jours) il y ait :

    a) exactement 8 décès ;

    b) exactement 10 décès ;

    c) exactement 2 jours sans décès ;

    d) au moins un décès chaque jour.

27. Le taux de naissance au Canada est d'environ 43 par heure. Quelle est la probabilité que durant les 5 prochaines minutes il y ait 3 naissances ou plus ? Quelle est la probabilité que 10 minutes s'écoulent sans aucune naissance ?

DIVERS

28. Un psychiatre croit que 75 % de toutes les personnes qui visitent un médecin ont des problèmes de nature psychosomatique. Afin de vérifier sa théorie, il choisit 25 patients au hasard et il considère $X$ le nombre de patients ayant des problèmes psychosomatiques.

    a) Si sa théorie est vraie, que vaut $E(X)$, $Var(X)$ ?

    b) Si seulement 10 des 25 patients interviewés ont des problèmes psychosomatiques, quelles conclusions tirez-vous au sujet de sa théorie ? Expliquez.

29. Au coin de la rue il passe en moyenne un taxi toutes les 3 minutes mais 40 % seulement de ces taxis sont inoccupés. J'ai besoin d'un taxi.

    a) Quelle est la probabilité que les trois premiers taxis qui passent soient occupés ?

    b) Quelle est la probabilité qu'aucun taxi libre n'arrive durant les 20 premières minutes ?

    c) Quelle est l'espérance du nombre de taxis occupés qui précéderont l'arrivée du premier taxi libre ?

30. Un lot de 120 oranges comporte 10 % de gâtées. On forme, au hasard, 10 sacs de 12 oranges chacun.

    a) Quelles sont l'espérance et la variance du nombre d'oranges gâtées dans un sac donné ?

    b) Quelle est la probabilité qu'un sac donné ne compte que des oranges saines ?

    c) Parmi les 10 sacs, combien devraient, en moyenne, ne compter que des oranges saines ?

31. En supposant l'équiprobabilité des sexes, déterminez le nombre d'enfants qu'un couple devrait avoir pour que la probabilité qu'au moins deux d'entre eux soient des garçons, soit supérieure ou égale à 0,9.

32. Un couple décide d'avoir des enfants jusqu'à ce qu'il ait au moins un enfant de chaque sexe.

    a) Quelle est la probabilité qu'il ait 4 enfants?

    b) Quelle est la probabilité qu'il ait 4 enfants ou plus?

    c) Quelles sont l'espérance et la variance du nombre d'enfants qu'il aura?

    *Remarque.    Après que la première naissance soit observée, ce problème se ramène essentiellement au problème 19 où, possiblement, le mot « garçon » doit être remplacé par le mot « fille ».*

33. Deux équipes de hockey s'affrontent dans une série « 4 dans 7 ». L'équipe A, plus forte, a 2 chances sur 3 de vaincre l'équipe B à chacune des parties. Quelle est la probabilité que l'équipe A gagne la série?

34. Deux équipes de hockey, de même force, s'affrontent dans une série « 4 dans 7 ». Soit $X$ le nombre de parties nécessaires à la détermination de l'équipe championne. Déterminez la fonction de masse $p(x)$, calculez $E(X)$ et $Var(X)$.

35. On suppose que, dans un certain pays, 50 % des gens sont contre la peine de mort, 30 % sont pour et 20 % sont sans opinion.

    a) Lors d'un petit sondage auprès de 10 personnes, calculez la probabilité d'obtenir au moins 5 réponses favorables à la peine de mort.

    b) Lors d'un sondage, plus ambitieux, auprès de 1 000 personnes, déterminez l'espérance mathématique, la variance et l'écart-type du nombre $X$ de réponses favorables à la peine de mort.

    c) Convient-il de retoucher les hypothèses initiales si, en $b$, on obtient $X = 250$? Si l'on obtient $X = 315$?

    d) Convient-il de retoucher les hypothèses initiales si, avec $n = 10$, on obtient $X = 4$? Si, avec $n = 1\,000$ on obtient $X = 400$?

36. Soit $a$ et $b$ deux entiers, $a \leq b$ et $X$ de loi $Géom(p)$. Montrez que
$P(X > b | X > a) = P(X > b - a)$.

37. Une partie éliminatoire de hockey oppose les équipes A et B. Durant la saison régulière (80 parties), l'équipe A a marqué 320 buts et en a accordé 288; l'équipe B a marqué 304 buts et en a subi 256.

    a) En supposant que les résultats de la saison régulière soient représentatifs des forces réelles de chaque équipe, à l'offensive comme à la défensive, combien de points chaque équipe devrait-elle marquer durant la partie?

    b) Quelle est la probabilité qu'aucun but ne soit marqué durant la première période?

    c) Quelle est la probabilité que l'équipe A marque exactement 2 buts en première période?

**d)** Quelle est la probabilité que 6 buts ou plus soient marqués durant la partie ?

**e)** Quelle est la probabilité que l'équipe B marque au moins un but à chacune des trois périodes ?

**38.** Afin d'estimer le nombre $k$ de truites qui se trouvent dans un certain lac on réalise l'expérience qui suit : on prélève 100 truites du lac puis, après les avoir marquées, on les remet à l'eau. Plus tard on repêche 200 truites du lac et on observe le nombre $X$ de truites marquées dans ce second prélèvement.

**a)** Si $X = 5$, quelle valeur de $k$ vous paraît la plus vraisemblable ?

**b)** Le résultat $X = 5$ vous paraît-il étonnant si, en réalité, $k = 5\,000$ ? $20\,000$ ? $1\,000$ ? Commentez.

**39.** On lance un dé jusqu'à ce que la face « 6 » soit obtenue pour la $10^e$ fois. Déterminez l'espérance mathématique et la variance du nombre de lancers requis.

*Suggestion :* Posez $X = X_1 + X_2 + \ldots + X_{10}$ où $X_1$ est le nombre de lancers nécessaires à l'obtention du premier « 6 », $X_2$ est le nombre de lancers supplémentaires nécessaires à l'obtention du deuxième « 6 », etc. Justifiez intuitivement l'indépendance des variables $X_1, X_2, \ldots, X_{10}$.

**\*40.** On lance un dé ordinaire jusqu'à ce que chacune des six faces soit apparue au moins une fois. Soit $X$ le nombre de lancers requis.

**a)** Posons $X = X_1 + X_2 + \ldots + X_6$ où $X_k$ est le nombre de lancers supplémentaires nécessaires à l'obtention de la $k$-ième nouvelle face. Expliquez intuitivement les raisons qui font que ces $X_k$ sont indépendants et que chaque $X_k$ est de loi $G\acute{e}om((7 - k)/6)$.

**b)** Déterminez $E(X)$ et $Var(X)$.

**41.** Déterminez l'espérance mathématique, la variance et l'écart-type de chacune des variables aléatoires suivantes :

**a)** Le nombre de « faces » obtenues en lançant 200 pièces de monnaie.

**b)** Le nombre de personnes nées un lundi dans un groupe de 20 personnes.

**c)** Le nombre de naissances durant une certaine heure dans un hôpital où, en moyenne, il se produit 12 naissances par jour.

**d)** Le nombre total de points obtenus en lançant 100 dés.

**e)** Le nombre de cartes de cœur parmi 13 cartes tirées d'un jeu de cartes ordinaire.

**f)** Le nombre de fois qu'il faut lancer deux dés afin d'obtenir un « 12 ».

**g)** Le nombre de fois qu'il faut lancer trois dés afin d'obtenir un « 18 ».

42. On lance un dé 4 500 fois et on observe le nombre $X$ de fois qu'apparaît le résultat « 6 ».

   a) Calculez $E(X)$, $Var(X)$ et $\sigma_X$.

   b) Convient-il de supposer que le dé est mal équilibré si l'on obtient $X = 722$? Si l'on obtient $X = 822$?

43. On a fait 24 muffins avec une pâte à laquelle on a ajouté 250 raisins secs. Quelle est la probabilité qu'un muffin tiré de cette production ne contienne pas plus de 4 raisins secs?

*44. Soit $X$ le nombre de femmes parmi quatre personnes assises à une table de restaurant. Pour savoir si $X$ est de loi binomiale, on observe la valeur de $X$ pour 70 tables. Voici la distribution observée de $X$ :

| Valeur de $X$ | 0 | 1 | 2 | 3 | 4 | TOTAL |
|---|---|---|---|---|---|---|
| Nombre de tables | 15 | 15 | 11 | 14 | 15 | 70 |

   Utilisez un test du khi-deux pour tester l'hypothèse que la variable aléatoire $X$ est de loi binomiale de paramètre $p = 0,45$ (Cette valeur de $p$ est la proportion habituelle (connue) de femmes parmi les clients de ce restaurant. Il faudra procéder à un groupement des classes pour avoir des effectifs théoriques d'au moins 5). Si vous trouvez que $X$ n'est pas de loi binomiale, pouvez-vous l'expliquer?

45. Dans une ville, le nombre d'accidents est en moyenne de 4 par jour. Donc, si $X$ représente le nombre d'accidents en un jour donné, l'espérance de $X$ est 4. Pour voir si $X$ est de loi de Poisson, on observe le nombre d'accidents par jour pendant 92 jours. Voici la distribution observée de $X$ :

| Valeur de $X$ | 0 | 1 | 2 | 3 | 4 | 5 | 6 | $\geq 7$ | TOTAL |
|---|---|---|---|---|---|---|---|---|---|
| Nombre de jours | 2 | 7 | 12 | 18 | 20 | 13 | 10 | 10 | 92 |

   Utilisez un test du khi-deux pour tester l'hypothèse que la variable aléatoire $X$ est de loi de Poisson de paramètre $\lambda = 4$. (Les effectifs théoriques sont déterminés par la fonction de masse d'une variable de loi de Poisson; il faudra procéder à un groupement des classes pour avoir des effectifs théoriques d'au moins 5).

46. Un célèbre magicien qui prétendait avoir des pouvoirs de perception extra-sensorielle a accepté de se livrer à une expérience dans laquelle il se proposait de deviner le résultat du lancer d'un dé. En 12 essais, il a réussi à deviner le résultat 10 fois. Vérifiez que la probabilité d'un nombre de succès supérieur ou égal à 10 est excessivement petite pour quelqu'un qui répond au hasard; et expliquez à quelle conclusion ce fait a tendance à mener.

47. Un certain test psychologique consiste à lire un paragraphe, et puis répondre à 20 questions portant sur le texte lu. Un choix de 5 réponses est donné pour chaque question. Un évaluateur, tentant de démontrer que le test ne mesure pas l'aptitude à la lecture, répond aux 20 questions sans avoir lu le texte. Il choisit la bonne réponse à 8 des questions. Calculez la probabilité d'avoir 8 succès ou plus, et discutez les implications sur la qualité du test.

48. Il existe des conjectures selon lesquelles certaines personnes sont capables, dans une certaine mesure, de surseoir à leur mort afin de pouvoir une dernière fois vivre un des bons moments de la vie. Définissant un anniversaire de naissance comme un de ces bons moments, des chercheurs ont prélevé les dates de naissance et de mort dans un échantillon de 500 décès. Ils ont constaté que sur ces 500 décès, 5 sont survenus le jour même de l'anniversaire du décédé. Ce nombre est supérieur à la normale, mais l'est-il assez pour confirmer les conjectures?

*49. Un laboratoire qui effectue sur une grande échelle des tests pour détecter un certain anticorps peut épargner de l'effort en faisant un seul test sur plusieurs spécimens à la fois. Lorsque l'anticorps n'est pas présent dans l'ensemble des spécimens, c'est parce qu'il n'est présent dans aucun. On déclare alors un résultat négatif pour tous les patients sans plus de tests. Si le résultat est positif, cependant, on analyse chaque spécimen séparément.

   a) si l'on utilise cette approche avec 10 spécimens d'une population dont une certaine proportion $p$ ont l'anticorps en question (sont «positifs»), quelle est l'espérance du nombre de tests qu'il faudra effectuer i) si $p = 0,10$, et ii) si $p = 0,25$.

   b) Pour quelles valeurs de $p$ l'approche décrite ici est-elle préférable à l'approche usuelle (tester les 10 spécimens séparément)?

   c) Si $n$ est le nombre de spécimens qu'on groupe, montrer que l'approche décrite ici est préférable à l'approche usuelle si et seulement si
   $$p < 1 - (1/n)^{1/n}.$$
   Calculez la valeur limite de $p$ pour $n = 5, 10, 30, 50, 100$, et expliquez intuitivement la décroissance de vos réponses.

50. On suppose que dans une certaine région, la proportion des gens qui sont en faveur du libre échange est $p = 40\%$. Lors d'un sondage auprès de 15 personnes, on trouve $X = 11$ personnes en faveur du libre échange.

   a) Déterminez l'écart absolu $|X - E(X)|$ entre la valeur observée de $X$ et son espérance.

   b) Calculez la probabilité d'un écart absolu supérieur ou égal à l'écart calculé en a).

   c) Étant donné la probabilité calculée en b), y a-t-il lieu de retoucher l'hypothèse que $p = 0,4$?

51. Une compagnie se fait accuser de discrimination pour avoir engagé 6 hommes et une femme pour 7 postes identiques alors que des 17 candidats qui s'étaient présentés, 9 étaient des femmes. Calculez la probabilité d'avoir si peu de femmes (c'est-à-dire, une ou moins) en supposant un choix au hasard. Qu'est-ce que ce calcul de probabilité peut apporter au débat?

52. Dans un village où ont été entreposés des déchets chimiques, on constate que 8 personnes ont été atteintes d'une certaine sorte de cancer dans une période de 5 ans. Étant donné que la population du village n'est que de 8 000, ce nombre semble excessif. Une commission, chargée de déterminer si les déchets chimiques ont contribué à hausser le taux, prélève des données sur les populations de plusieurs villages de taille et situation comparables. La commission découvre que durant la même période, il y a eu 588 cas dans un bassin de population de 2 350 000 habitants. Considérez ce taux comme un taux normal (et connu sans erreur) pour calculer la probabilité d'avoir 8 cas ou plus dans une population de 8 000. Expliquez ce que ce calcul peut contribuer à la question posée par la commission.

53. Si $X$ est de loi $B(10; 0,4)$, et si la cote $Z$ est définie comme d'habitude par $Z = (X - \mu)/\sigma$, où $\mu = E(X)$ et $\sigma^2 = Var(X)$, calculez a) $P(|Z| \geq 2)$, et b) $P(|Z| \geq 3)$. Comparez avec les bornes fournies par le théorème de Tchebychev.

54. Supposons que le nombre d'erreur typographiques dans un livre est une variable de loi de Poisson de paramètre $\lambda$. On tire une page au hasard, et on n'y trouve aucune erreur.

   a) Calculez $P(X = 0)$ en supposant que $\lambda = 5$. La valeur $\lambda = 5$ est-elle plausible?

   b) Calculez $P(X = 0)$ en supposant que $\lambda = 1$. La valeur $\lambda = 1$ est-elle plausible?

   c) Convenons d'appeler « plausible » toute valeur de $\lambda$ pour laquelle $P(X = 0) \geq 0,05$. Quel est l'ensemble des valeurs plausibles de $\lambda$?

55. Un défaut dans la fabrication de certaines plaques d'émail se produit normalement à un taux moyen de $\lambda = 1,2$ par plaque. Afin de s'assurer que le taux de défectuosité reste bas, on adopte une procédure de contrôle qui consiste à prélever une plaque dans chaque lot de production et de rejeter le lot si la plaque contient 3 défauts ou plus.

   a) Quelle est la probabilité de rejeter un lot acceptable (c'est-à-dire, un lot pour lequel $\lambda = 1,2$)?

   b) Quelle est la probabilité d'accepter un lot pour lequel $\lambda = 3$?

   c) Comment doit-on modifier la procédure si on veut que la probabilité de rejeter un lot acceptable ($\lambda = 1,2$) ne soit que de 5 %?

*56. Une population de comptes à recevoir est considérée inacceptable si la proportion $p$ de comptes erronés est supérieure à 5 %. Un comptable utilise la procédure de vérification suivante : il tire les comptes, l'un après l'autre, et les vérifie au fur et à mesure. Si au $x$-ième compte tiré il n'a encore trouvé aucun compte erroné, il déclare que la population est acceptable ; si le premier compte erroné arrive au x-ième tirage ou avant, il déclare que la population est inacceptable.

a) Si $x = 10$, quelle est la probabilité qu'il déclare acceptable une population dont la proportion de documents erronés est $p = 6$ %?

b) Quelle doit être la valeur de $x$ s'il veut que la probabilité de déclarer acceptable une population pour laquelle $p = 6$ % ne soit pas supérieure à 1 %?

# Quelques lois continues

# 7.1    Variables continues et fonction de densité

On sait déjà que le comportement aléatoire d'une variable discrète est complètement décrit par la donnée de l'ensemble de toutes les valeurs qu'elle peut prendre et de la fonction de masse $p(x)$ qui donne la probabilité de chacune de ces valeurs.

Il arrive toutefois fréquemment que la variable aléatoire considérée puisse, du moins en théorie, prendre des valeurs liées les unes aux autres de façon *continue*. Par exemple, le poids d'un œuf peut être 56 grammes, ou 56,01 grammes, ou 55,999 99 grammes. La probabilité qu'un œuf pèse *exactement* 56 grammes (ou tout autre poids précis donné à l'avance) est zéro. Chaque valeur particulière est « impossible »; seuls les intervalles contiennent suffisamment de points pour avoir une probabilité positive. Si l'on note $X$ le poids, en grammes, de l'œuf, on sait qu'il est impossible que $X$ soit exactement égal à 56 mais il se peut très bien qu'on obtienne $55 < X < 60$.

Un autre exemple de variable aléatoire continue est le temps d'attente (en minutes) avant que soit livrée la pizza qu'on vient de commander par téléphone. Il est impossible que ce temps d'attente soit *exactement* 25,000 0 minutes mais il est tout à fait possible que l'attente dure entre 24 et 26 minutes.

Le comportement d'une variable aléatoire $X$ continue sera décrit au moyen d'une fonction $f(x)$, appelée **fonction de densité**, telle que la probabilité que $X$ prenne une valeur entre deux bornes données $a$ et $b$ soit déterminée par la surface, entre $a$ et $b$, sous le graphique de $f(x)$.

Là où la fonction $f(x)$ est élevée, les valeurs de $x$ sont plus probables, plus fréquentes, que là où $f(x)$ est basse.

La fonction de densité doit posséder les deux propriétés suivantes :

a) $f(x) \geq 0$ **pour tout** $x$.

b) **La surface totale sous le graphique de** $f(x)$ **doit être égale à 1.**

La première de ces deux propriétés rend impossible l'obtention d'intervalles de probabilité négative. La seconde nous assure que

$$P(-\infty < X < \infty) = 1.$$

L'espérance mathématique et la variance d'une variable aléatoire continue s'obtiennent de sa fonction de densité par un traitement analogue à celui qui permettait de les obtenir, dans le cas discret, au moyen de la fonction de masse $p(x)$. Techniquement, il suffit de remplacer les sommes (discrètes) par des intégrales (continues). Le lecteur qui ne connaît pas le calcul intégral n'a pas à s'inquiéter : tout peut être fait en raisonnant directement sur les graphiques. Qu'il soit suffisant de faire remarquer que l'espérance mathématique $\mu$ correspond au « centre de gravité » du graphique de la fonction de densité, c'est-à-dire, au point où l'on devrait placer un pivot sous le graphique de $f(x)$,

FIGURE 7.1     **Fonction de densité**

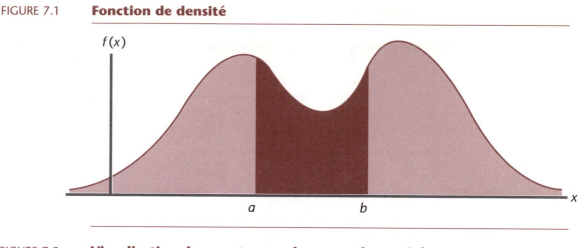

FIGURE 7.2     **Visualisation de $\mu$ en termes de centre de gravité**

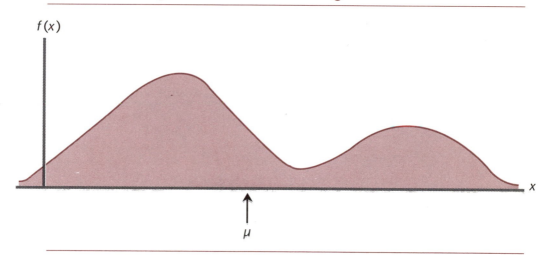

découpé dans du « carton » d'épaisseur uniforme, pour qu'il reste en équilibre horizontal.

Cette « visualisation » de l'espérance mathématique en termes de centre de gravité, aussi applicable au diagramme à bâtons (dans le cas discret) permet souvent d'éviter d'avoir recours aux techniques du calcul intégral.

***EXEMPLE 1***     Considérons une variable aléatoire continue dont la fonction de densité est

$$f(x) = \begin{cases} \frac{1}{2} & \text{si } 1 < x < 3 \\ 0 & \text{sinon} \end{cases}$$

Le graphique de cette fonction de densité apparaît à la figure 7.3.

On vérifie aisément que $f(x) \geq 0$ pour tout $x$ et que la surface totale sous le graphique se réduit à celle d'un rectangle de hauteur $\frac{1}{2}$ et de longueur 2. Cette

FIGURE 7.3    **Densité uniforme entre 1 et 3**

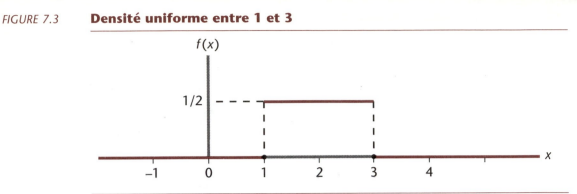

surface totale est donc 1. Enfin, par un simple argument de symétrie, on voit que $\mu = 2$, le point central du rectangle. Si l'on observait un très grand nombre de valeurs de $X$, on sent bien que les petites valeurs de $X$ (disons, entre 1 et 2) seraient exactement compensées par des valeurs aussi nombreuses dans la seconde moitié de l'intervalle. Plus le nombre d'observations sera grand, plus la moyenne des résultats obtenus aura tendance à s'approcher du point central $\mu = 2$.                                          ☐

**EXEMPLE 2**    Considérons une variable aléatoire $X$ dont la fonction de densité est :

$$f(x) = \begin{cases} 2x & \text{si } 0 < x < 1 \\ 0 & \text{sinon} \end{cases}$$

Déterminer $P(0{,}2 < X < 0{,}8)$.

La fonction de densité $f(x)$ apparaît à la figure 7.4.

FIGURE 7.4    **Calcul de $P(0{,}2 < X < 0{,}8)$**

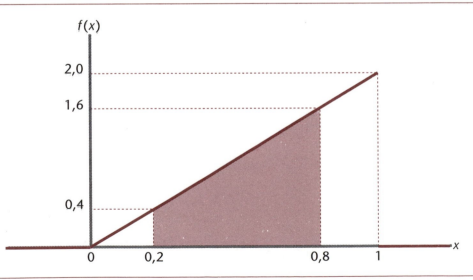

FIGURE 7.5    **Fonction de densité d'une variable de la loi uniforme sur (*a, b*)**

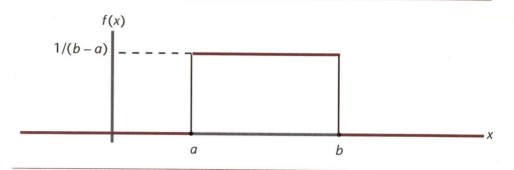

On vérifie aisément que la surface totale sous le graphique de $f(x)$ est bien égale à 1 puisque c'est la surface d'un triangle de base 1 et de hauteur 2.

La probabilité cherchée, $P(0,2 < X < 0,8)$ est donnée par la surface de la région ombrée dans la figure 7.4. Cette surface $S$ s'obtient aisément par simple toisé. Quand $x$ varie de 0,2 à 0,8, la densité $f(x) = 2x$ varie (en ligne droite) de 0,4 à 1,6. La surface cherchée est donc celle d'un trapèze de base 0,6 et de hauteur moyenne $(0,4 + 1,6)/2 = 1$.

On trouve donc   $P(0,2 < X < 0,8) = S = 0,6$.

On obtient aussi   $P(0 < X < 0,2) = \dfrac{0,2 \times 0,4}{2} = 0,04$

et   $P(0,8 < X < 1) = 0,2 \times \dfrac{1,6 + 2,0}{2} = 0,36$                    ☐

Remarquons que la probabilité qu'une variable aléatoire continue appartienne à un certain intervalle n'est aucunement influencée par la nature des inégalités qui limitent l'intervalle. Les points extrêmes de l'intervalle peuvent être exclus (inégalités strictes) ou inclus (inégalités non strictes), chaque point isolé étant de probabilité nulle. Ainsi, dans l'exemple 2, on a

$$P(0,2 < X < 0,8) = P(0,2 < X \leq 0,8) = P(0,2 \leq X < 0,8)$$
$$= P(0,2 \leq X \leq 0,8) = 0,6.$$

## 7.2    Loi uniforme

Une variable aléatoire $X$ est dite de **loi uniforme** sur l'intervalle $(a, b)$ si sa fonction de densité est :

$$f(x) = \begin{cases} 1/(b-a) & \text{si } a < x < b \\ 0 & \text{sinon} \end{cases}$$

La fonction de densité $f$ est illustrée à la figure 7.5.

La valeur $1/(b-a)$ a évidemment été obtenue du fait que le rectangle doit être de surface 1. Il s'agit bien sûr d'une généralisation immédiate de l'exemple 1 (page 195).

On utilise la notation « $X$ est $U(a,b)$ » pour indiquer que la variable aléatoire $X$ est de loi uniforme sur l'intervalle $(a,b)$. Il va de soi que si $X$ est $U(a,b)$ alors $\mu = (a+b)/2$, le point central de l'intervalle « accessible ». La formule donnant la variance $\sigma^2$, qui peut s'obtenir par les techniques du calcul intégral, n'est ici donnée que par souci de complétude.

Si $X$ est $U(a,b)$, alors sa moyenne et sa variance s'expriment en fonction de $a$ et $b$ :

$$\mu = \frac{a+b}{2}, \quad \sigma^2 = \frac{(b-a)^2}{12}.$$

Notons enfin que la loi uniforme n'est pas d'application très fréquente ; on la rencontre dans des situations comme celle de l'exemple suivant.

**EXEMPLE 3**    Quand on regarde une horloge, l'aiguille des secondes peut indiquer n'importe quelle direction. Si l'on suppose que le nombre $X$ indiqué par l'aiguille est (en théorie) observé avec une précision infinie, on a que $X$ est de loi $U(0,60)$.

On a alors que

$$\mu = E(X) = 30, \ \sigma^2 = Var(X) = 300, \ \sigma = \sqrt{300} \simeq 17{,}320\,51.$$

On peut aussi calculer que $P(0 < X < 30) = \frac{1}{2}$,

$$P(1{,}3 < X < 9{,}1) = \tfrac{1}{60}(9{,}1 - 1{,}3) = 7{,}8/60 = 0{,}13, \text{ etc.} \qquad \square$$

## 7.3    Loi exponentielle

Une variable aléatoire $X$ est dite de **loi exponentielle** avec moyenne $\theta > 0$ (lettre grecque *thêta*) si sa fonction de densité est :

$$f(x) = \begin{cases} \dfrac{1}{\theta}e^{-x/\theta} & \text{si } x > 0 \\[2mm] 0 & \text{sinon} \end{cases}$$

En notation abrégée, on écrira : « $X$ est $Exp(\theta)$ ».

Graphiquement, cette fonction de densité a l'allure illustrée par la figure 7.6.

La loi exponentielle se rencontre dans une foule de situations. En particulier, presque tous les phénomènes aléatoires du type « *temps d'attente avant que ne se produise un certain événement* » admettent la loi exponentielle comme modèle probabiliste.

La loi exponentielle est intimement liée à la loi de Poisson. En fait, si des événements se produisent selon un « processus » de Poisson, c'est-à-dire

FIGURE 7.6    **Fonction de densité d'une variable *Exp*($\theta$)**

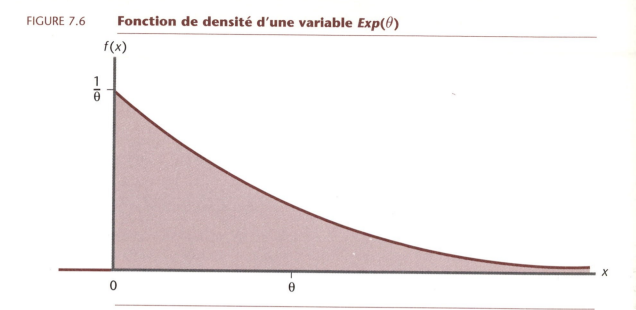

si le nombre d'événements qui se produit, durant un intervalle de temps de longueur $t$, suit une loi Poisson ($\lambda$) avec $\lambda = ct$, alors le temps d'attente entre deux événements consécutifs suivra une loi exponentielle avec $\theta = 1/c$. Intuitivement, on voit que s'il se produit en moyenne $c$ événements par heure, il y aura, en moyenne, $1/c$ heure entre les événements consécutifs.

**EXEMPLE 4**    Si, à la salle d'urgence d'un hôpital, il se produit en moyenne 20 arrivées à l'heure, on peut supposer que le nombre d'arrivées durant une période de $t$ heures suivra une loi Poisson ($20t$). Le temps d'attente entre deux arrivées consécutives suivra alors une loi $Exp(^1/_{20})$.    ☐

La moyenne et la variance d'une variable de loi exponentielle s'expriment très simplement en fonction du *paramètre $\theta$*, tout comme l'aire sous la courbe à droite d'une valeur donnée.

Si $X$ est de loi $Exp(\theta)$, alors

$$\mu = \theta, \qquad \sigma^2 = \theta^2$$

et $$P(X > x) = e^{-x/\theta} \quad \text{pour } x \geq 0 \,.$$

**EXEMPLE 5**    Dans une certaine machine, le fusible de sécurité saute, en moyenne, toutes les 40 heures d'utilisation. Quelle est la probabilité que la machine fonctionne plus de 70 heures sans que le fusible n'ait à être remplacé?

En supposant que le temps de fonctionnement $X$ (en heures) de la machine est de loi $Exp(40)$, on obtient

$$P(X > 70) = e^{-70/40} = e^{-1,75} = 0{,}173\,77\,.$$    ☐

# 7.4    Loi normale (ou loi de Laplace–Gauss)

Une variable aléatoire $X$ est dite de **loi normale** si sa fonction de densité est

$$f(x) = \frac{1}{\sigma\sqrt{2\pi}} e^{-(x-\mu)^2/2\sigma^2}$$

où les **paramètres** $\mu$ et $\sigma^2$ désignent respectivement l'espérance et la variance de $X$ et où $e$ et $\pi$ sont les constantes mathématiques bien connues, dont les valeurs approximatives sont

$$e \simeq 2{,}718\,281\,83, \quad \pi \simeq 3{,}141\,592\,65.$$

En notation abrégée, on écrit « $X$ est $N(\mu, \sigma^2)$ ». La densité $f(x)$ d'une variable aléatoire de loi $N(\mu, \sigma^2)$ a l'allure illustrée par la figure 7.7.

FIGURE 7.7    **Fonction de densité d'une variable $N(\mu, \sigma^2)$**

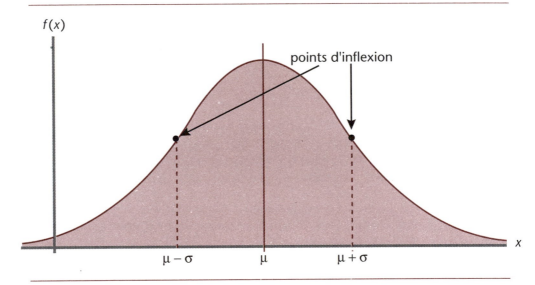

La fonction de densité d'une variable de loi $N(\mu, \sigma^2)$ est *symétrique de part et d'autre de la moyenne $\mu$*. L'écart-type $\sigma$ est plus malaisé à visualiser : il correspond à la distance entre l'axe de symétrie ($x = \mu$) et l'un ou l'autre des deux *points d'inflexion*, c'est-à-dire des deux points où la courbure change de sens.

Innombrables sont les exemples de variables normales ou pratiquement normales. Des mesures analogues prises sur des objets semblables ont en effet souvent tendance à se distribuer selon une courbe « en cloche » : les valeurs moyennes sont les plus fréquentes et, de part et d'autre de ces valeurs moyennes, les valeurs extrêmes sont, symétriquement, de plus en plus rares.

FIGURE 7.8     **Quelques exemples de lois normales**

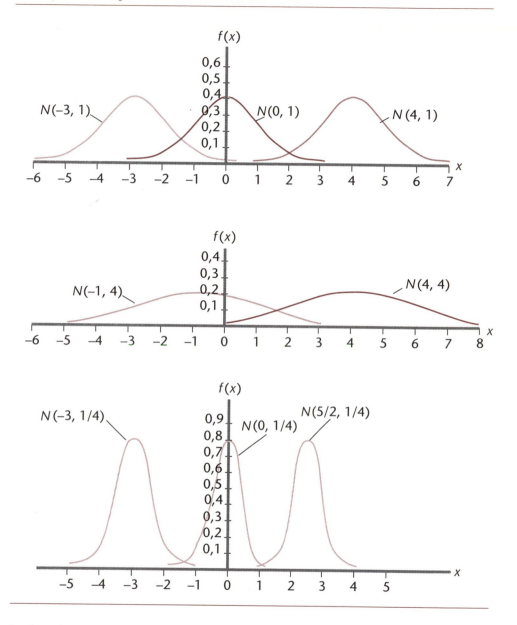

La loi normale permet alors d'obtenir, sinon une description exacte de la distribution, du moins une excellente approximation de celle-ci.

Si, par exemple, on achète une boîte de clous de même format et qu'on mesure avec précision la longueur de chaque clou, on obtiendra plusieurs mesures, vraisemblablement toutes voisines les unes des autres. L'histogramme des résultats obtenus sera semblable à celui présenté à la figure 7.9.

FIGURE 7.9    **Histogramme des longueurs de 160 clous**

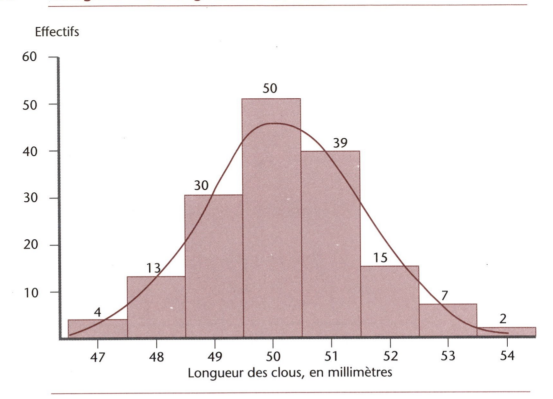

Comme l'indique l'histogramme de la figure 7.9, les valeurs anormalement grandes ou anormalement petites deviennent de plus en plus rares,
symétriquement, de part et d'autre de la « bosse » correspondant aux valeurs
moyennes. C'est un exemple comme tant d'autres d'un phénomène dont la
représentation graphique a indéniablement l'allure d'une normale.

**Lecture de la table de la loi $N(0, 1)$.**    À la fin de cet ouvrage (page
369), on trouve une table applicable au cas où $\mu = 0$ et $\sigma^2 = 1$. Si $Z$ est une
variable aléatoire de loi $N(0, 1)$, la table permet de trouver directement les
probabilités de la forme $P(Z > z)$ où $z \geq 0$.

Par exemple, $P(Z > 0{,}84) = 0{,}200\,5$. Ce résultat se trouve à l'intersection
de la rangée correspondant à $z = 0{,}8$ et de la colonne qui permet de raffiner
la seconde décimale à 0,04.

Tirant profit du fait que la densité de $Z$ est symétrique par rapport à zéro
et que la surface totale sous la courbe donne 1, la table de la loi $N(0, 1)$ est
suffisante pour solutionner tout problème de la forme $P(a < N(0, 1) < b)$.

FIGURE 7.10    **$P(-0{,}67 < N(0, 1) < 1{,}22) = 0{,}637\,4$**

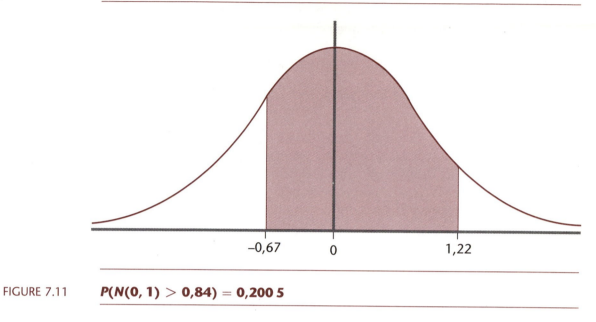

-0,67        0        1,22

FIGURE 7.11    **$P(N(0, 1) > 0{,}84) = 0{,}200\,5$**

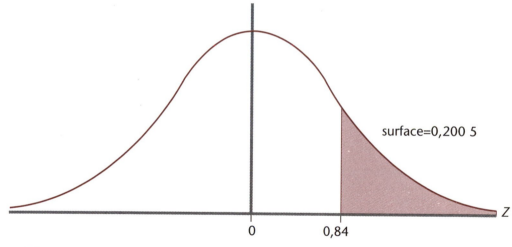

surface=0,200 5

0        0,84        Z

**EXEMPLE 6**    Calculer $P(-0{,}67 < Z < 1{,}22)$ si $Z$ est $N(0, 1)$.

*Solution*

$$P(-0{,}67 < Z < 1{,}22) = 1 - P(Z \geq 1{,}22) - P(Z \geq 0{,}67)$$
$$= 1 - 0{,}111\,2 - 0{,}251\,4$$
$$= 0{,}637\,4.$$

La densité d'une variable $N(0, 1)$ tend très rapidement vers zéro à gauche comme à droite. Afin d'illustrer la vitesse de cette convergence, qu'il soit suffisant d'indiquer que :

$$P(N(0, 1) > 4{,}75) = \frac{1}{1\,000\,000}$$

$$P(N(0, 1) > 6{,}00) = \frac{1}{1\,000\,000\,000}$$

**Calcul général avec $\mu$ et $\theta^2$ quelconques.** Évidemment, rares sont les cas où on a la chance d'avoir $\mu = 0$ et $\sigma^2 = 1$. Habituellement, les valeurs de $\mu$ et $\sigma^2$ sont quelconques et on doit transformer la variable $X$, de loi $N(\mu, \sigma^2)$, pour que la table soit utilisable. La transformation requise, heureusement, est simple.

Si $X$ est de loi $N(\mu, \sigma^2)$, alors

$$Z = \frac{X - \mu}{\sigma} \text{ est de loi } N(0, 1).$$

Cette propriété fondamentale de la loi normale peut être énoncée sous une autre forme, plus directement applicable :

$$P(a < N(\mu, \sigma^2) < b) = P\Big(\frac{a - \mu}{\sigma} < N(0, 1) < \frac{b - \mu}{\sigma}\Big).$$

***EXEMPLE 7***    Si l'on suppose que le poids, en grammes, d'un bébé à la naissance suit une loi $N(3\,300, 250\,000)$, déterminer la probabilité que le poids d'un certain bébé soit compris entre 3,0 kg et 4,0 kg.

*Solution :* Dans cet exemple, on cherche $P(3\,000 < X < 4\,000)$ où $X$ est de loi $N(\mu, \sigma^2)$ avec $\mu = 3\,300$ et $\sigma = 500$.

On trouve

$$\begin{aligned}
P(3\,000 < X < 4\,000) &= P(3\,000 < N(3\,300, 250\,000) < 4\,000) \\
&= P\Big(\frac{3\,000 - 3\,300}{500} < N(0, 1) < \frac{4\,000 - 3\,300}{500}\Big) \\
&= P(-0{,}60 < N(0, 1) < 1{,}40) \\
&= 1 - P(N(0, 1) > 0{,}60) - P(N(0, 1) > 1{,}40) \\
&= 1 - 0{,}274\,3 - 0{,}080\,8 \\
&= 0{,}644\,9.
\end{aligned}$$

Selon nos calculs, environ $64\,\tfrac{1}{2}\,\%$ des bébés pèsent donc entre 3 kg et 4 kg. □

## Somme et transformation linéaire de variables normales.

Nous venons de voir que si $X$ est normale, $Z$ l'est aussi. C'est là une des nombreuses applications d'une importante propriété de la loi normale, souvent résumée par la phrase « *toute combinaison linéaire de normales indépendantes est normale* », et dont l'énoncé mathématique comporte les deux parties suivantes :

a) Si $X$ est de loi normale $N(\mu, \sigma^2)$, alors $a + bX$ est normale, de loi $N(a + b\mu, b^2\sigma^2)$.

b) Si $X_1, \ldots, X_n$ sont des variables normales indépendantes, de lois respectives $N(\mu_1, \sigma_1^2), \ldots, N(\mu_n, \sigma_n^2)$, alors leur somme $X_1 + \ldots + X_n$ est normale, de loi

$$N(\mu_1 + \ldots + \mu_n, \sigma_1^2 + \ldots + \sigma_n^2).$$

On voit qu'en particulier, une somme ou une différence de deux variables normales indépendantes est normale.

$$X + Y \text{ est } N(\mu_X + \mu_Y, \sigma_X^2 + \sigma_Y^2),$$

et

$$X - Y \quad \text{est} \quad N(\mu_X - \mu_Y, \sigma_X^2 + \sigma_Y^2).$$

**EXEMPLE 8**

On suppose que le poids (en grammes) d'un œuf se distribue selon une loi $N(56, 20)$. Quelle est la probabilité que la somme des poids de 12 œufs dépasse 700 grammes ?

*Solution :*  Le poids total $X = X_1 + \ldots + X_{12}$ des 12 œufs est tel que $E(X) = E(X_1 + \ldots + X_{12}) = 12 \times 56 = 672$ et $Var(X) = Var(X_1 + \ldots + X_{12}) = 12 \times 20 = 240$. Aussi, $X$ étant une somme de variables normales est de loi normale. $X$ est de loi $N(672, 240)$.

On trouve donc

$$
\begin{aligned}
P(X > 700) &= P(N(672, 240) > 700) \\
&= P\left(N(0, 1) > \frac{700 - 672}{\sqrt{240}}\right) \\
&= P(N(0, 1) > 1{,}807) \\
&= 0{,}035\,3.
\end{aligned}
$$

$\square$

**Remarque.**  *La dernière valeur a été obtenue de la table de la loi $N(0, 1)$ en* **interpolant** *entre les valeurs trouvées pour $z = 1{,}80$ et pour $z = 1{,}81$.*

# 7.5    Théorème limite central

L'exemple 8 montre bien à quel point il est intéressant de pouvoir utiliser la normalité d'une somme de normales. Toutefois, la loi normale jouit d'une autre propriété, beaucoup plus puissante et spectaculaire, décrite dans ce qu'on appelle le **théorème limite central**. Ce théorème, déjà pressenti au XVIII$^e$ siècle, et auquel furent associés les noms de mathématiciens aussi connus que De Moivre, Gauss et Laplace, a été démontré dans toute sa généralité vers 1920 par Lindeberg et Levy. En voici l'énoncé, « en mots ».

***Théorème limite central.*** *Soit un grand nombre $n$ de variables indépendantes $X_1, X_2, \ldots, X_n$. Alors, sous certaines conditions, leur somme $X = X_1 + \ldots + X_n$ suit approximativement une loi normale, même si ces variables ne sont pas normales.*

Les conditions évoquées dans l'énoncé du théorème se ramènent essentiellement à l'exigence qu'aucune des variables ne soit indûment prépondérante sur les autres. En d'autres termes, ce théorème affirme que si l'on additionne un grand nombre de petites composantes indépendantes, leur somme est une variable $X$ *approximativement normale*.

C'est ainsi, sans doute, qu'on peut expliquer pourquoi un grand nombre de phénomènes naturels ont une distribution à peu près normale. On peut présumer, par exemple, que la *taille* des individus d'une espèce donnée est résultante d'un grand nombre de facteurs, hérédité, climat, alimentation, etc., qu'on peut considérer indépendants.

Nous admettons que ces conditions ne sont pas faciles à vérifier dans les situations où seule la somme $X$ est observée et non les termes $X_1, X_2, \ldots, X_n$. C'est pourquoi nous ne pouvons pas être sûrs a priori de la normalité d'une variable telle la taille; nous pouvons soupçonner que la taille suit une loi normale, mais nous sentons en général le besoin de faire confirmer ces soupçons par des données empiriques. Cependant, dans la plupart des applications du théorème limite central, les variables $X_1, \ldots, X_n$ dont $X$ est la somme ne sont pas des variables vaguement définies et à peine perçues. Ce sont, au contraire, des variables *observables* et, de plus, elles sont *de même loi*. Dans des cas comme ceux-ci il est préférable d'invoquer une autre version du théorème limite central dont les hypothèses sont plus faciles à vérifier. L'énoncé suit.

***Théorème limite central (variables de même loi).*** *Considérons un grand nombre $n$ de variables indépendantes $X_1, X_2, \ldots, X_n$ de même loi. Alors leur somme $X = X_1 + \ldots + X_n$ suit approximativement une loi normale, même si ces variables ne sont pas normales.*

Remarquez que nous ajoutons la condition que les variables $X_1, X_2, \ldots, X_n$ soient de même loi, mais nous éliminons l'allusion à d'autres conditions.

**Remarque.**   *Une condition essentielle au théorème limite central est que $n$ soit grand : l'approximation sera d'autant meilleure que $n$ sera grand. Malheureusement, on ne peut pas donner une valeur de $n$ à partir de laquelle l'approximation sera « bonne » ; d'abord parce que ceci exigerait qu'on trouve une définition non arbitraire de « bonne » ; ensuite parce que la qualité d'une approximation — quelle que soit la façon dont on la mesure — dépend fortement de la distribution des variables dont $X$ est la somme. Pour certains auteurs, une valeur de $n$ supérieure à 30 est suffisante, alors que pour d'autres, il faut que $n$ dépasse 100. Ces nombres ne sont que des conventions ; ils ne peuvent avoir de propriétés démontrables que dans des conditions trop précises pour être utiles. L'expérience montre, cependant, que si $X_1, \ldots, X_n$ suivent une loi qui n'est pas excessivement asymétrique, leur somme sera assez proche d'une normale même avec $n$ relativement petit, par exemple $n = 30$. Le lecteur pourra plus loin se faire une idée de la rapidité de la convergence vers une normale en examinant les quelques cas exposés dans les figures 7.14 et 7.15.*

**EXEMPLE 9**     Considérons la somme $X$ des points obtenus en lançant 100 dés. Les dés sont indépendants et les variables représentant les divers lancers sont de même loi. $X$ sera alors approximativement normale, même si les variables dont $X$ est la somme ont une distribution uniforme.     ☐

**EXEMPLE 10**     Supposons que le poids (en kg) des adultes se distribue avec une moyenne de 64 et un écart-type de 12. Dans un ascenseur, une plaque indique « Capacité maximale : 12 personnes ou 1 000 kg ». Si 14 personnes s'entassent dans l'ascenseur, quelle est la probabilité que leur poids total dépasse 1 000 kg ?

*Solution :*  Si $X$ est le poids total des personnes dans l'ascenseur, alors $X$ est approximativement normale, avec $\mu = 14 \times 64 = 896$ et $\sigma^2 = 14 \times 144 = 2\,016$. Alors

$$P(X > 1\,000) = P(N(896, 2\,016) > 1\,000)$$
$$= P(N(0, 1) > 2{,}32)$$
$$= 0{,}010\,2.$$     ☐

## Approximation de la loi binomiale par la loi normale.

La répétition d'une expérience de type binomial fournit un bel exemple d'application du théorème limite central. Dans ce cas, en effet, plusieurs composantes indépendantes, toutes de même loi, sont ajoutées, de sorte que leur somme est alors proche d'une normale. Rappelons que chacune de ces composantes représente un « succès » ou un « échec ».

**EXEMPLE 11**    On lance 16 sous. Calculer la probabilité que le nombre de faces obtenu soit compris entre 5 et 10, bornes comprises. On cherche $P(5 \leq X \leq 10)$ où $X$ est de loi $B(16, \frac{1}{2})$. La réponse exacte peut être obtenue en utilisant la fonction de masse d'une loi binomiale, avec $n = 16$ et $p = \frac{1}{2}$, et en calculant

$$P(5 \leq X \leq 10) = p(5) + p(6) + p(7) + p(8) + p(9) + p(10)$$

$$= \frac{56\,134}{65\,536} = 0{,}856\,54.$$

Le théorème limite central permet d'obtenir, en moins d'efforts, une excellente approximation pour la valeur cherchée. Il suffit d'*approximer la distribution de $X$ au moyen d'une loi normale* ajustée à $\mu = np = 8$ et $\sigma^2 = npq = 4$.

$X$ est approximativement de loi $N(8, 4)$ et il ne reste plus qu'à calculer $P(5 \leq X \leq 10)$.

Il convient cependant de retoucher légèrement les bornes 5 et 10 pour compenser le fait que la variable $X$ soit, en réalité, une variable discrète qui ne prend que des valeurs entières.

La figure 7.12 illustre l'ajustement de la loi $N(8, 4)$ à l'histogramme de la loi $B(16, \frac{1}{2})$. On voit aisément que la réponse cherchée, $p(5) + p(6) + \ldots + p(10)$ correspond à la surface, entre 4,5 et 10,5, sous le graphique en escalier du diagramme à bâtons. Cette surface est très voisine de celle, comprise entre les mêmes bornes, sous le graphique continu de la loi normale qui épouse le diagramme à bâtons.

On trouve enfin :

$$P(5 \leq X \leq 10) \simeq P(4{,}5 < N(8, 4) < 10{,}5)$$

$$= P\left(\frac{4{,}5 - 8}{2} < N(0, 1) < \frac{10{,}5 - 8}{2}\right)$$

$$= P(-1{,}75 < N(0, 1) < 1{,}25)$$

$$= 1 - \left(P(N(0, 1) > 1{,}75) - P(N(0, 1) > 1{,}25)\right)$$

$$= 1 - 0{,}040\,1 - 0{,}105\,6$$

$$= 0{,}854\,3.$$

On constate que cette réponse est très voisine de la valeur exacte 0,856 54 obtenue précédemment en utilisant directement la loi binomiale.

Si l'on avait négligé d'effectuer la « *correction pour la continuité* » (c'est-à-dire, si l'on avait conservé les bornes à 5 et à 10 plutôt que de les porter à 4,5 et 10,5), on n'aurait compté qu'à moitié la surface des bâtons extrêmes placés à 5 et à 10, ce qui aurait donné une réponse (0,774 5) trop petite et beaucoup moins précise. ☐

L'exemple précédent, et en particulier la figure 7.12, illustre bien l'importance de la correction pour la continuité. Lorsqu'on fait l'approximation

FIGURE 7.12    **Ajustement d'une loi $N(8, 4)$ à une loi $B(16, {}^1/_2)$**

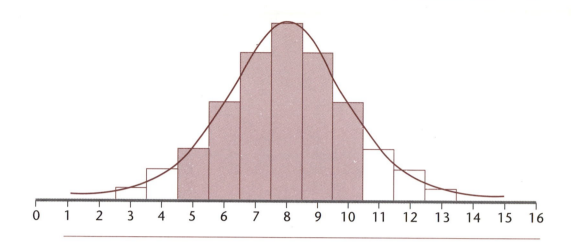

de la distribution d'une variable discrète par la loi normale, il convient, si nécessaire, de *retoucher les bornes et de les placer à mi-chemin entre l'événement étudié et son complément.*

Notons toutefois que si la variable approximée est elle-même *continue, aucune correction pour la continuité* n'est requise.

*Remarque.*    *Le théorème limite central, appliqué à l'approximation de $B(n,p)$ par $N(np, npq)$, nous apprend qu'elle est d'autant meilleure que $n$ est plus grand. La précision de l'approximation dépend donc de $n$, mais aussi de $p$. C'est ainsi qu'on dit souvent que la précision sera bonne si $npq > 5$. Bien que cette règle soit elle-même approximative (l'exemple 12 la contredit d'ailleurs jusqu'à un certain point, puisque l'approximation y est très bonne, alors que $npq$ y est égal à 4), la figure 7.13 montre bien comment, pour un $n$ donné, la tendance est plus près d'une normale si $p$ est plus près de ${}^1/_2$.*

À regarder de près le diagramme à bâtons de $B(16; 0,1)$ (figure 7.13) on peut sans doute se demander si une distribution de Poisson ne fournirait pas ici une meilleure approximation qu'une loi normale.

**Distribution d'une moyenne.**    On a très souvent, en statistique, à *estimer* la moyenne $\mu$ d'une population ; la moyenne échantillonnale $\bar{X}$ est alors utilisée. Comme nous le verrons en détail au chapitre 8, il est alors nécessaire de connaître la distribution de $\bar{X}$. Or, le théorème limite central permet de l'obtenir ; c'est le résultat suivant :

*Si $\bar{X}$ est la moyenne de $n$ observations indépendantes $X_1, \ldots, X_n$ où $E(X_i) = \mu$ et $Var(X_i) = \sigma^2$, alors, si $n$ est grand, $\bar{X}$ est approximativement de loi $N(\mu, \sigma^2/n)$.*

FIGURE 7.13    **Diagramme à bâtons de *B*(16 ; 0,6) et de *B*(16 ; 0,1)**

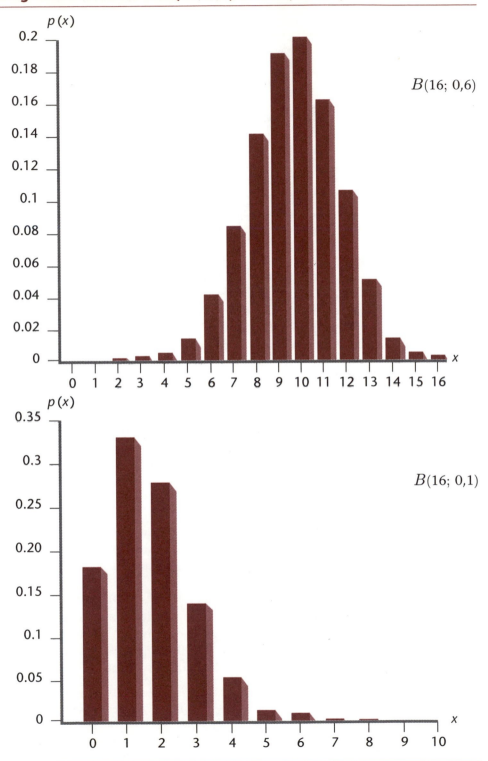

Au-delà de la normalité, conséquence du théorème limite central, ce résultat se révèle conforme à notre intuition : plus $n$ est grand, plus $\bar{X}$ aura tendance à être près de $\mu$ et plus la variance de $\bar{X}$ sera petite ; dans les échantillons de $n$ observations, les valeurs « petites » et les valeurs « grandes » auront tendance à s'« équilibrer », faisant apparaître des moyennes $\bar{X}$ peu dispersées.

***EXEMPLE 12***

Si l'on suppose que le poids, en grammes, des œufs suit une loi $N(56, 20)$, quelle est la probabilité que le poids moyen de 100 œufs choisis au hasard soit entre 55 et 57 grammes ?

Ici, $\bar{X}$ est de loi $N(56, {}^{20}\!/\!100)$.

On obtient donc que

$$
\begin{aligned}
P(55 < \bar{X} < 57) &= P(55 < N(56; 0{,}2) < 57) \\
&= P\left(\frac{55 - 56}{\sqrt{0{,}2}} < N(0,1) < \frac{57 - 56}{\sqrt{0{,}2}}\right) \\
&= P(-2{,}24 < N(0,1) < 2{,}24) \\
&= 0{,}975\,0.
\end{aligned}
$$

☐

***EXEMPLE 13***

Les figures 7.14 et 7.15 illustrent, pour différentes valeurs de $n$, la distribution de la moyenne $\bar{X} = (1/n)\Sigma X_i$. On voit clairement que, plus $n$ est grand, plus la distribution de $\bar{X}$ s'approche d'une distribution normale.

Dans la figure 7.14, les variables $X_i$ sont de loi $Exp(1)$.

$$
f(x) = \begin{cases} e^{-x} & \text{si } x > 0 \\ 0 & \text{si } x \leq 0 \end{cases}
$$

Dans la figure 7.15, les variables $X_i$ suivent une loi « triangulaire double » avec la fonction de densité :

$$
f(x) = \begin{cases} 1 - x & \text{si } 0 < x < 1 \\ x - 1 & \text{si } 1 < x < 2 \\ 0 & \text{sinon} \end{cases}
$$

☐

FIGURE 7.14    **Distribution de la moyenne $\bar{X}$ pour différentes valeurs de $n$**

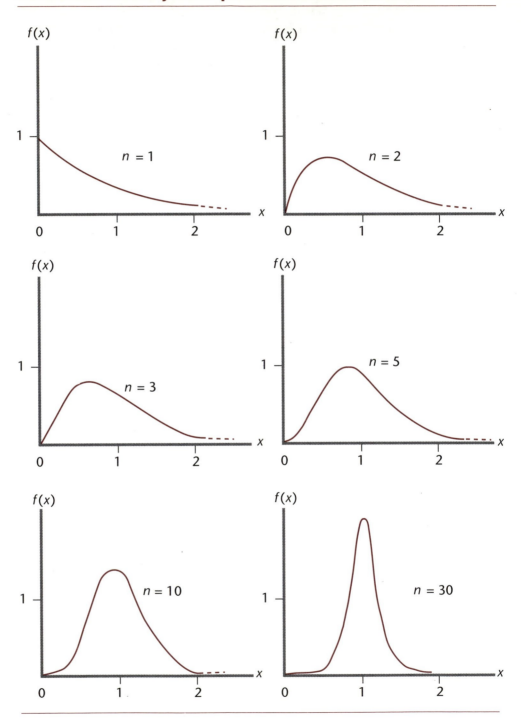

FIGURE 7.15    **Distribution de la moyenne $\bar{X}$ pour différentes valeurs de $n$**

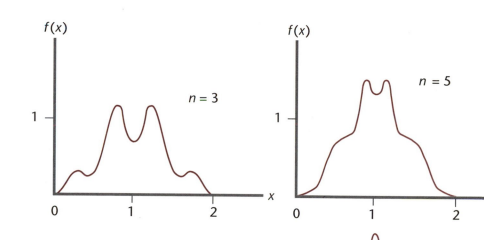

# Résumé

La probabilité qu'une variable aléatoire continue prenne valeur entre deux bornes $a$ et $b$ est donnée par la surface, entre $a$ et $b$, sous le graphique de la **fonction de densité** $f(x)$.

| Loi | $f(x)$ | $\mu$ | $\sigma^2$ |
|---|---|---|---|
| $U(a,b)$ | $\dfrac{1}{b-a}$ si $a < x < b$ | $\dfrac{a+b}{2}$ | $\dfrac{(b-a)^2}{12}$ |
| $Exp(\theta)$ | $\dfrac{1}{\theta}e^{-x/\theta}$ si $x > 0$ | $\theta$ | $\theta^2$ |
| $N(\mu, \sigma^2)$ | $\dfrac{1}{\sigma\sqrt{2\pi}}e^{-(x-\mu)^2/2\sigma^2}$ | $\mu$ | $\sigma^2$ |

$$P(a < N(\mu, \sigma^2) < b) = P\left(\frac{a - \mu}{\sigma} < N(0,1) < \frac{b - \mu}{\sigma}\right)$$

**Théorème limite central** : Si une variable aléatoire $X$ est la somme d'un grand nombre de petites composantes indépendantes, alors $X$ est approximativement de loi normale.

Si une variable discrète est approximée par la loi normale, il convient d'effectuer une **correction pour la continuité**, c'est-à-dire, de retoucher les bornes afin de les placer à mi-chemin entre l'événement étudié et son complément.

$\overline{X}$ **est approximativement de loi** $N(\mu, \sigma^2/n)$ où $\mu$ et $\sigma^2$ désignent l'espérance et la variance de chacun des $X_1, X_2, \ldots, X_n$.

# Exercices

VARIABLES
CONTINUES ET
FONCTION DE
DENSITÉ

1. Parmi les fonctions $f(x)$ suivantes, lesquelles peuvent servir de fonction de densité ?

a) $f(x) = 1$

b) $f(x) = \begin{cases} 1 & \text{si } 3 < x < 4 \\ 0 & \text{sinon} \end{cases}$

c) $f(x) = \begin{cases} 2x & \text{si } 0 < x < 1 \\ 0 & \text{sinon} \end{cases}$

d) $f(x) = \begin{cases} 1/2 & \text{si } 6 < x < 8 \\ 0 & \text{sinon} \end{cases}$

e) $f(x) = \begin{cases} 2/3 & \text{si } -1 < x < 0 \\ 1/6 & \text{si } 0 < x < 2 \\ 0 & \text{sinon} \end{cases}$

f) $f(x) = \begin{cases} \frac{3+2x}{4} & \text{si } 0 < x < 1 \\ 0 & \text{sinon} \end{cases}$

g) $f(x) = \begin{cases} x^2 - 1 & \text{si } 1/2 < x < 3/2 \\ 0 & \text{sinon} \end{cases}$

h) $f(x) = \begin{cases} 1/10 & \text{si } -2 < x < 10 \\ 0 & \text{sinon} \end{cases}$

2. Considérons une variable aléatoire continue dont la densité est

$$f(x) = \begin{cases} 1/2 & \text{si } 0 < x < 2 \\ 0 & \text{sinon} \end{cases}$$

Calculez les probabilités suivantes :

a) $P(X = 1)$

b) $P(0 < X < 1/2)$

c) $P(0 < X \leq 1/2)$

d) $P(1,4 < X < 3,2)$

e) $P(-2 < X < -1)$

f) $P(0,4 < X < 0,5)$

3. Soit $X$ une variable aléatoire dont la fonction de densité est :

$$f(x) = \begin{cases} x & \text{si } 0 < x < 1 \\ 1/2 & \text{si } 2 < x < 3 \\ 0 & \text{sinon} \end{cases}$$

Calculez :

a) $P(X < 1,5)$

b) $P(X < 0,9)$

c) $P(X > 2,2)$

d) $P(-2 < X < 2)$

e) $P(1/2 < X < 2/3)$

f) $P(6 < X < 9)$

g) $P(|X - 2| < 0,5)$

h) $P(|X - 1,5| < 0,9)$

**4.** Soit $X$ une variable aléatoire de loi $U(3, 8)$. Calculez :

**a)** $P(X > 4)$

**b)** $P(X < 4)$

**c)** $P(X \leq 4)$

**d)** $P(4 < X \leq 7)$

**e)** $P(4 \leq X < 9)$

**f)** $P(X > \mu)$

**g)** $P(\mu - \sigma < X < \mu + \sigma)$

**h)** $P(\mu - 2\sigma < X < \mu + 2\sigma)$

**i)** Comparez la probabilité calculée en h) avec la borne obtenue de l'inégalité de Tchebychev.

**5.** Soit $X$ une variable aléatoire de loi $Exp(2)$. Calculez :

**a)** $P(X > 2)$

**b)** $P(X \geq 2)$

**c)** $P(X > 5)$

**d)** $P(X > \frac{1}{5})$

**e)** $P(\frac{1}{5} < X < 5)$

**f)** $P(0 < X < 10)$

**g)** $P(-1 \leq X \leq 10)$

**h)** $P(0{,}34 < X < 4{,}75)$

**6.** Une certaine machine fonctionne en moyenne 10 jours avant de tomber en panne. En supposant que ce temps de fonctionnement suive une loi exponentielle, déterminez la probabilité que :

**a)** la machine tombe en panne dès le premier jour ;

**b)** la première panne survienne durant le quatrième jour ;

**c)** il n'y ait aucune panne durant les 30 premiers jours.

**7.** Arthur a besoin d'un taxi. Devant sa maison il passe, en moyenne, un taxi (libre) à toutes les 3 minutes (selon un processus de Poisson). Déterminez la probabilité que :

**a)** Arthur attende plus de 10 minutes avant d'avoir un taxi ;

**b)** Arthur trouve un taxi durant les 10 premières minutes ;

**c)** Arthur trouve un taxi durant les 30 premières secondes.

8. Le service d'urgence d'un hôpital reçoit, en moyenne, 30 patients par heure. Déterminez la probabilité que :

a) aucun patient n'arrive durant les 5 prochaines minutes ;

b) exactement 4 patients arrivent durant les 2 prochaines minutes.

*Remarque.   La partie b) se fait en utilisant la loi de Poisson.*

LA LOI NORMALE

9. Soit $X$ une variable aléatoire de loi $N(0,1)$. Calculez :

a) $P(X > 1)$

b) $P(-1 < X < 1)$

c) $P(-1,96 < X < 1,96)$

d) $P(0 < X < 2)$

e) $P(X > 3,09)$

f) $P(-1,28 < X < 1,28)$

g) $P(0,7 < X < 0,8)$

h) $P(-0,1 < X < 7,2)$

i) $P(|X| > 2,58)$

j) $P(|X - 2| < 0,1)$

10. Soit $X$ une variable aléatoire de loi $N(20, 25)$. Calculez :

a) $P(X > 15)$

b) $P(15 < X < 25)$

c) $P(16 < X < 26)$

d) $P(X > 30)$

e) $P(X < 30)$

f) $P(X < 20,4)$

g) $P(31,2 < X < 31,3)$

h) $P(-1 < X < 42)$

i) $P(|X - 20| < 9,8)$

j) $P(|X - 23| > 10)$

11. Soit $X$ une variable aléatoire de loi $N(0, 1)$. Déterminez $c$ tel que :

a) $P(X > c) = 0,1$

b) $P(X > c) = 0,01$

c) $P(-c < X < c) = 0,90$

d) $P(-c < X < c) = 99\,\%$

e) $P(X > c) = 0,99$

f) $P(X < c) = 0,10$

**g)** $P(|X| < c) = 99\%$

**h)** $P(-c < X < c) = 0{,}999$

**i)** $P(-c < X < c) = 0{,}1$

**j)** $P(-c < X < c) = 95\%$

12. Soit $X$ une variable aléatoire de loi $N(10, 16)$. Déterminez $c$ tel que :

**a)** $P(X > c) = 1\%$

**b)** $P(X < c) = 90\%$

**c)** $P(|X - 10| > c) = 5\%$

**d)** $P(|X - 10| < c) = 90\%$

13. On lance 100 sous et on obtient $X$ « faces ». Calculez les probabilités suivantes :

**a)** $P(50 \leq X \leq 60)$

**b)** $P(49 < X < 61)$

**c)** $P(X = 54)$

**d)** $P(X > 62)$

**e)** $P(60 < X \leq 65)$

**f)** $P(60{,}3 < X < 65{,}9)$

14. Dans un certain cours, une note finale de 80 % assure un A. Une note de 70 à 79 donne un B, une de 60 à 69 un C, une de 50 à 59 un D et une note inférieure à 50 mérite un E.

    Les notes des étudiants se conforment à une loi $N(68, 225)$. Quelles proportions des étudiants devraient avoir un A? un B? un C? un D? un E?

15. Si $X$ est une variable aléatoire normale, quelle est la probabilité qu'elle se situe :

**a)** à moins d'un écart-type de la moyenne?

**b)** à moins de deux écarts-types de la moyenne?

**c)** à moins de trois écarts-types de la moyenne?

**d)** Comparez la probabilité obtenue en b) et c) avec la borne fournie par l'inégalité de Tchebychev.

16. Les scores d'une population dans un test d'aptitudes sont distribués normalement avec moyenne $\mu = 60$ et écart-type $\sigma = 8$. Si votre score est de 76 :

**a)** Quelle est votre cote Z?

**b)** Quel pourcentage de la population a un score supérieur au vôtre?

**c)** Quel pourcentage de la population a un score entre 44 et 76?

**d)** Quel pourcentage de la population a un score inférieur à 40?

17. Soit $X$ et $Y$ deux variables aléatoires indépendantes, $X$ de loi $N(110, 25)$, $Y$ de loi $N(100, 35)$. Calculez

    a) $P(X + Y < 195)$

    b) $P(X - Y > 25)$

THÉORÈME LIMITE CENTRAL

18. Soit $X$ une variable de loi $B(300; 0,30)$. Calculez :

    a) $P(X \geq 106)$

    b) $P(X > 74)$

    c) $P(X \leq 98)$

    d) $P(82 < X \leq 106)$

    e) $P(98 \leq X \leq 114)$

    f) $P(74 \leq X < 82)$

19. Le poids des pêches dans un certain lot est de moyenne 127 grammes et d'écart-type 20 grammes. Quelle est la probabilité que le poids total de 16 pêches soit supérieur à 2 200 grammes ?

DIVERS

20. Soit $X$ une variable aléatoire avec fonction de densité :

$$f(x) = \begin{cases} cx & \text{si } 0 < x < 5 \\ 0 & \text{sinon} \end{cases}$$

    Quelle doit être la valeur de $c$ ?

21. Soit $X$ une variable aléatoire de loi $B(6, \frac{1}{3})$. Déterminez $P(X \geq 3)$, $P(1 \leq X \leq 3)$ et $P(X = 3)$ :

    a) au moyen de la formule exacte donnant la fonction de masse.

    b) au moyen de l'approximation normale.

    c) au moyen de l'approximation par la loi de Poisson.

22. Certains câbles d'acier peuvent supporter une tension moyenne de 2 120 kg (avec un écart-type de 100 kg) avant de briser. Pour soulever une lourde charge de 7 900 kg, on décide d'utiliser 4 câbles. Quelle est la probabilité que ce quadruple câble soulève la charge sans se briser ?

23. Un jeu de 52 cartes ordinaires contient 12 figures (les valets, les dames et les rois). On tire 13 cartes du jeu. Calculez la probabilité que cette « main » contienne exactement 4 figures :

    a) au moyen de la loi hypergéométrique.

    b) au moyen de la loi normale ajustée à $\mu$ et à $\sigma^2$.

24. Supposons que les poids des adultes, en kilogrammes, sont d'écart-type 12 kg. On prélève un échantillon de taille $n$ pour estimer la moyenne inconnue $\mu$ de la population par la moyenne échantillonnale $\bar{X}$. Quelle est la probabilité que l'écart entre $\bar{X}$ et $\mu$ soit supérieur à 5 kg si

   a) $n = 12$

   b) $n = 25$

   c) $n = 35$

   d) $n = 50$

25. Soit $X$ une variable aléatoire de loi $Exp(\theta)$. Quelle est la valeur de $\theta$ si $P(X > 5) = 0,2$?

26. Un cultivateur sème des graines de haricot par rangs de 100 graines. On suppose que 80 % des graines germeront.

   a) Quel est le nombre moyen de plants obtenus par rang?

   b) Quelle est la variance du nombre de plants obtenus dans un rang?

   c) Quelle est la probabilité qu'un certain rang contienne plus de 85 plants?

   d) Quelle est la probabilité qu'un certain rang contienne moins de 70 plants?

   e) Le cultivateur a semé 20 000 rangs de haricots. Combien de ces rangs devraient, normalement, contenir moins de 70 plants?

   f) Quelle est la probabilité que plus de 100 rangs contiennent moins de 70 plants?

27. Lorsqu'une machine est réglée pour mettre $\mu$ grammes de petits pois dans des boîtes de conserve, elle n'en met pas exactement $\mu$ grammes. Le poids réel du contenu varie selon une loi normale de moyenne $\mu$ et d'écart-type $\sigma$ grammes.

   a) Si $\mu = 300$ et $\sigma = 4$, quelle proportion des boîtes contiendront plus de 310 grammes de petits pois?

   b) Si $\sigma = 4$, à quelle valeur doit-on régler $\mu$ pour que 1 % seulement des boîtes contiennent moins de 300 grammes?

28. *Sondage :* On veut connaître la proportion $p$ des gens qui, dans la population générale, sont en faveur d'une certaine proposition. Dans un échantillon de $n$ personnes, on obtient $X$ réponses favorables à la proposition en question. Notons par $\hat{p} = X/n$ la proportion expérimentale de réponses favorables.

   a) Si $n = 100$ et $p = 0,5$, déterminez $P(\hat{p} > 0,6)$.

   b) Si $n = 100$ et $p = 0,4$, déterminez $P(\hat{p} > 0,5)$.

   c) Si $n = 100$ et $p = 0,4$, déterminez approximativement $c$ afin que
   $P(p - c < \hat{p} < p + c) \simeq 90\,\%$.

   d) Si $n = 1\,000$ et $p = 0,4$, déterminez approximativement $c$ afin que :
   $P(p - c < \hat{p} < p + c) \simeq 90\,\%$.

**e)** Si $p = 0,4$, déterminez $n$ afin que $P(|\hat{p} - p| < 0,03) \simeq 90\%$

**f)** Si $p = 0,2$, déterminez $n$ afin que $P(|\hat{p} - p| < 0,03) \simeq 90\%$

**g)** Si $p = 0,5$, déterminez $n$ afin que $P(|\hat{p} - p| < 0,03) \simeq 90\%$

**h)** Déterminez $n$ afin que $P(|\hat{p} - p| < 0,03) \geq 90\%$ pour toute valeur de $p$.

29. Un terrain est découpé en 10 lots identiques. Sans engrais, la production de céréales, en tonnes, pour chaque lot, suit une loi $N(6, 1)$. En utilisant un certain engrais, la production d'un lot sera de loi $N(6,3; 1)$. Parmi les 10 lots, 6 sont semés sans engrais et 4 reçoivent de l'engrais.

    **a)** Quelle est la probabilité que les lots sans engrais produisent, en moyennne, plus de 6,2 tonnes de céréales?

    **b)** Quelle est la probabilité que les lots avec engrais produisent, en moyenne, moins de 6,2 tonnes de céréales?

    **c)** Quelle est la probabilité que les 6 lots sans engrais produisent, en moyenne, plus de céréales que les 4 lots avec engrais?

30. On lance 20 pièces de 5 ¢ et 10 pièces de 10 ¢. Soit $X$ ¢ la *valeur* totale des pièces qui donnent face.

    **a)** Déterminez $E(X)$ et $Var(X)$.

    **b)** Utilisant l'approximation normale, calculez $P(X > 116)$.

31. Le nombre de litres de peinture nécessaire pour un certain travail suit une loi $N(1,1; 0,04)$. Est-il préférable d'acheter un format de 2 litres pour 11 \$ ou plutôt d'acheter un seul litre (pour 6 \$), quitte à devoir retourner en acheter un second si nécessaire?

32. Deux archers s'affrontent dans un concours de tir à l'arc. À chaque tir, Xavier a 50 % de chance d'atteindre la cible. Légèrement plus habile, Yvon atteint la cible avec une probabilité de 60 %. Chacun tire 20 flèches et le vainqueur sera, évidemment, celui qui aura plus de coups au but. Utilisant l'approximation normale, calculez :

    **a)** la probabilité que Xavier ait plus de 13 coups au but.

    **b)** la probabilité que Xavier gagne le tournoi.

    **c)** la probabilité que Yvon gagne le tournoi.

    **d)** la probabilité d'un match nul.

33. On lance 12 dés et on obtient, en tout, $X$ points.

    **a)** Calculez $E(X)$ et $Var(X)$.

    **b)** Calculez, au moyen de l'approximation normale, $P(30 < X < 50)$.

34. Combien de fois doit-on lancer un dé si l'on veut que la moyenne des points obtenus ait 9 chances sur 10 de se trouver entre 3,0 et 4,0?

35. Xavier et Yvonne jouent à « pile ou face ». Xavier lance 10 pièces et Yvonne en lance 12. Le gagnant est celui qui obtient le plus de faces.

    a) Quelle est la probabilité que Xavier gagne ?

    b) Quelle est la probabilité que Yvonne gagne ?

    c) Quelle est la probabilité d'un match nul ?

36. Le diamètre intérieur (en millimètres) d'un cylindre est une variable de loi $N(10; (0,001)^2)$. Le diamètre d'un piston est de loi $N(9,995; (0,002)^2)$. Quelle est la probabilité qu'un cylindre et un piston s'accordent s'il ne faut pas qu'il y ait plus de 0,01 mm d'écart entre eux ?

37. Supposez que la durée en heures d'une ampoule est de loi exponentielle avec $\theta = 1\,000$.

    a) Utilisez le théorème limite central pour calculer la probabilité que la durée moyenne de 300 ampoules soit inférieure à 1 100 heures.

    b) Calculez approximativement la probabilité que 130 ampoules ou plus dans un échantillon de 300 aient une durée de plus de 1 000 heures.

38. Soit $X$ une variable de loi exponentielle. Montrez que $P(X > 3 \mid X \geq 2) = P(X > 1)$. Plus généralement, si $a < b$, montrez que $P(X > b \mid X \geq a) = P(X > b - a)$. Interprétez.

39. Un marchand assume la garantie d'un an qui accompagne la vente d'une certaine pièce électronique, ayant reçu du fabricant l'assurance que la durée de vie de ces pièces est de 2 ans en moyenne. Après quelque temps, il constate que sur 100 pièces vendues, il a dû en remplacer 40, un nombre qui lui semble excessif et lui fait douter de l'affirmation du fabricant. Supposez que le fabricant dit vrai et que la durée de vie est de loi exponentielle.

    a) Déterminez l'espérance du nombre de pièces qui doivent être remplacées.

    b) Calculez la probabilité d'avoir 40 pièces ou plus à remplacer. Vous semble-t-il encore vraisemblable que la durée moyenne de vie soit de 2 ans ?

40. Le contenu moyen $\mu$ des boîtes de sauce aux tomates produites dans une usine peut varier d'un lot à l'autre mais nous admettrons que l'écart-type reste fixe à environ 4 ml.

    a) Si, pour un lot donné, $\mu = 200$ ml, quelle est la probabilité que la moyenne d'un échantillon de 10 boîtes soit inférieure à 198 ml ?

    b) Ne connaissant pas la valeur de $\mu$, on contrôle un lot de production en prélevant un échantillon de taille 10. Quelle est la probabilité que la moyenne de l'échantillon s'écarte de $\mu$ de plus de 1 ml ?

    c) Supposons qu'on trouve trop forte la probabilité obtenue en b) : on souhaiterait que la probabilité d'un écart de plus de 1 ml ne soit que de 1 %. Quelle est la taille de l'échantillon qu'on devrait prélever ?

**d)** La moyenne $\mu$ doit être de 200 ml. Afin de s'en assurer, un inspecteur décide de prélever un échantillon de 10 boîtes et de suivre la règle suivante : si le poids moyen de 10 boîtes est inférieur à 198 ml, il rejette le lot (déclare que $\mu < 200$); sinon il l'accepte. Quelle est la probabilité qu'il rejette un lot pour lequel $\mu = 200$?

**e)** Comment doit-on modifier la règle en d) si l'on veut que la probabilité de rejeter un bon lot ($\mu = 200$) ne soit pas supérieure à 1 %?

**41.** Déterminez la probabilité qu'une variable de loi exponentielle se situe à plus de 2 écarts-types de sa moyenne. Comparez cette probabilité avec la borne donnée par l'inégalité de Tchebychev.

**42.** Le poids du contenu des boîtes de conserves dans une certaine usine est de moyenne $\mu = 300$ g et d'écart-type $\sigma = 4$ g. Soit $\overline{X}$ le poids moyen d'un échantillon de 8 boîtes. Calculez

**a)** la probabilité que $\overline{X}$ soit supérieure à 302,83 g?

**b)** la probabilité que l'écart entre $\overline{X}$ et $\mu$ (en valeur absolue) soit supérieur à 3 g?

**43.** Au numéro précédent, quelle est la taille minimale de l'échantillon qu'on devrait prélever pour que la probabilité d'un écart entre $\overline{X}$ et $\mu$ de plus de 1 g soit inférieure à 0,05?

**44.** Une succursale de banque reçoit régulièrement des dépôts sous la forme de rouleaux de 40 pièces de 25 ¢. Pour s'assurer que ces rouleaux contiennent bien 40 pièces, on décide de mesurer la longueur des rouleaux déposés et de rejeter ceux qui seraient trop courts. Afin de fixer un seuil de rejet on mesure l'épaisseur d'un très grand nombre de pièces de 25 ¢. On trouve que l'épaisseur moyenne d'une pièce est de 1,625 mm avec un écart-type de 0,16 mm.

**a)** Supposons qu'on fixe le seuil à 64 mm; on rejette un rouleau si sa longueur est inférieure à 64 mm.

   **i)** Quelle est la probabilité de rejeter un rouleau qui contient 40 pièces?

   **ii)** Quelle est la probabilité d'accepter un rouleau qui ne contient que 39 pièces?

**b)** Supposons qu'on trouve la probabilité en ii) ci-dessus trop grande; on souhaite plutôt que la probabilité d'accepter un rouleau qui ne contient que 39 pièces soit d'au plus 5 %. Comment doit-on modifier le seuil de rejet?

**c)** Avec le seuil de rejet choisi en b), quelle est la probabilité de rejeter un rouleau de 40 pièces? Discutez les avantages et les inconvénients des deux seuils.

# Estimation

# 8.1    Estimation ponctuelle

Si l'on veut connaître la proportion réelle des gens qui, dans une ville, une province ou un pays entier ont une certaine caractéristique donnée, il est habituellement hors de question d'interroger un à un tous les individus composant la population : ce serait trop long, trop coûteux. On se contente alors d'analyser une partie seulement de la population : un *échantillon*. Si l'échantillon est convenablement choisi, il devrait refléter assez fidèlement les qualités de la population entière ; la proportion des gens qui, dans l'échantillon, possèdent la caractéristique donnée (**proportion expérimentale**) devrait être voisine de la proportion réelle pour la population entière (**proportion théorique**).

Plus précisément, si l'on note *p la proportion réelle (inconnue) qu'on veut estimer*, si l'on note $n$ la *taille* de l'échantillon (c'est-à-dire : le nombre d'individus considérés) et si l'on note $X$ le *nombre d'individus* qui, dans l'échantillon, possèdent la caractéristique qui nous intéresse, on a, en supposant la population pratiquement infinie, que $X$ est de loi $B(n, p)$.

La proportion expérimentale de « succès » sera notée $\hat{p}$ pour bien la distinguer de la **proportion réelle** $p$ :

$$\hat{p} = \frac{X}{n} \ .$$

$\hat{p}$ **est un estimateur de** $p$, c'est-à-dire une quantité, issue des résultats expérimentaux, qui a la propriété d'approximer, numériquement, la valeur du **paramètre** inconnu $p$.

**EXEMPLE 1**    Deux sondages différents, portant sur la même caractéristique, sont effectués. Dans le premier sondage, avec un petit échantillon de taille $n = 5$, on a obtenu $X = 3$ (et $\hat{p} = X/n = 60\,\%$). Le second sondage, avec un échantillon plus grand, de taille $n = 1\,000$, a donné $X = 600$ (et $\hat{p} = 60\,\%$). Ces deux sondages donnent-ils la même information ? Non, assurément ! Il va de soi que, même si les deux estimateurs ont pris la même valeur $\hat{p} = 60\,\%$, le second résultat est beaucoup plus précis, beaucoup plus fiable que le premier. D'avoir obtenu $X = 3$ avec $n = 5$ n'exclut absolument pas la possibilité que la valeur réelle de $p$ soit, par exemple, $40\,\%$ alors que les résultats du grand sondage, avec $n = 1\,000$, permettent de rejeter catégoriquement cette possibilité.    ⬚

La précision d'un estimateur dépend visiblement de la taille de l'échantillon utilisé. Nous y reviendrons dans la prochaine section. Pour l'instant, nous ne considérons que l'**estimation ponctuelle**, c'est-à-dire, la détermination d'un estimateur convenable pour un paramètre inconnu.

Un bon estimateur doit posséder deux qualités naturelles :

a) L'estimateur doit être **sans biais** (ou non biaisé). Un estimateur est sans biais si son espérance mathématique est égale à la valeur du paramètre à estimer ; ainsi, il n'aura tendance ni à surestimer ni à sous-estimer systématiquement la valeur du paramètre inconnu. On dit d'un estimateur sans biais qu'il est **bien centré**.

b) L'estimateur doit avoir une **variance** aussi **petite** que possible, afin d'être aussi précis que possible.

Dans l'exemple 1, la fréquence expérimentale $\hat{p} = X/n$ a servi d'estimateur pour le paramètre $p$ d'une loi binomiale. On vérifie aisément que $\hat{p}$ est un estimateur sans biais pour $p$. En effet,

$$E(\hat{p}) = E\left(\frac{1}{n}X\right) = \frac{1}{n}E(X) = \frac{1}{n}np = p.$$

La variance de l'estimateur $\hat{p}$ est

$$Var(\hat{p}) = Var\left(\frac{1}{n}X\right) = \frac{1}{n^2}Var(X) = \frac{npq}{n^2} = \frac{pq}{n}.$$

On remarque que plus $n$ est grand, plus la variance de $\hat{p}$, $pq/n$, est petite et, par conséquent, plus l'estimation sera précise, conformément à ce que l'intuition nous a déjà permis d'affirmer.

Un autre paramètre relativement facile à estimer est la *moyenne* (théorique) $\mu$ d'une loi normale. L'estimateur naturel de $\mu$ est la moyenne expérimentale $\bar{X}$ obtenue d'un échantillon $X_1$, $X_2$, ..., $X_n$ de taille $n$. On montre aisément que $\bar{X}$ est sans biais pour $\mu$. En effet,

$$E(\bar{X}) = E\left(\frac{1}{n}\Sigma X_i\right)$$
$$= \frac{1}{n}E(\Sigma X_i) = \frac{1}{n}\Sigma E(X_i) = \frac{1}{n}(\mu + \mu + \ldots + \mu) = \frac{n\mu}{n} = \mu.$$

De même, comme on a déjà vu au chapitre 7,

$$Var(\bar{X}) = Var\left(\frac{1}{n}\Sigma X_i\right)$$
$$= \frac{1}{n^2}Var(\Sigma X_i) = \frac{1}{n^2}(\sigma^2 + \sigma^2 + \ldots + \sigma^2) = \frac{1}{n^2}n\sigma^2 = \frac{\sigma^2}{n}.$$

Plus $n$ est grand, plus la variance de $\bar{X}$, $\sigma^2/n$, est petite, ce qui est en accord avec notre intuition : plus nombreuses sont les observations, meilleures sont les chances que $\bar{X}$ soit près du $\mu$.

**EXEMPLE 2**    On suppose que l'âge $X$, en mois, d'un bébé lors de l'apparition de ses premières dents suit une loi $N(\mu, 2)$ où $\mu$ est inconnu. Ayant observé 8 bébés, on a obtenu les âges suivants :

$$7,3 \quad 5,7 \quad 6,4 \quad 6,7 \quad 8,2 \quad 6,0 \quad 5,8 \quad 8,3.$$

La moyenne de ces 8 observations est $\overline{X} = 6,8$ et, puisque la variance de chaque observation est de 2, la variance de $\overline{X}$ est $\sigma^2/n = 2/8 = 1/4$. L'écart-type de $\overline{X}$ est donc de 0,5. Si l'on avait disposé de 1 000 observations plutôt que de seulement 8, l'écart-type de $\overline{X}$ aurait été de $\sqrt{2/1\,000} = 0,045$ et l'estimation de $\mu$ par $\overline{X}$ aurait été beaucoup plus fiable et plus précise.                        ☐

*Mise en garde.   Dans les applications concrètes, il faut évidemment prendre soin que l'échantillon utilisé ne soit pas choisi de telle sorte que l'estimation en soit grossièrement affectée. Par exemple, si l'on veut connaître la proportion des gens qui ont le téléphone, il est hors de question de choisir l'échantillon au hasard dans ...le bottin téléphonique.*

## 8.2   Estimation par intervalle de confiance

Il peut s'avérer intéressant de savoir que $\hat{p} = 0,60$ ou que $\overline{X} = 6,8$ mais, sans aucune indication sur leur degré de précision, de telles estimations, purement ponctuelles, ne fournissent qu'une information partielle concernant les valeurs réelles des paramètres $p$ et $\mu$. Le fait d'avoir obtenu $\hat{p} = 0,60$ nous incite à supposer que la véritable valeur de $p$ est *vraisemblablement voisine* de 0,60. Est-on pratiquement certain que le véritable $p$ se situe entre 0,59 et 0,61 ou, au contraire, y a-t-il de fortes chances qu'il ne se trouve même pas entre 0,40 et 0,80 ?

L'estimation d'un paramètre inconnu n'est vraiment satisfaisante que si elle est présentée de telle façon qu'elle fournisse aussi une indication concernant son degré de précision. Rappelons qu'un estimateur (comme $\hat{p}$ ou $\overline{X}$) est une variable aléatoire et que plus la taille ($n$) de l'échantillon est grande, plus cet estimateur aura de chances de se trouver près de la valeur réelle du paramètre qu'il a pour but d'estimer. Si $n$ est suffisamment grand, on sera pratiquement certain que *l'erreur d'estimation* (la distance entre $\hat{p}$ et $p$ ou entre $\overline{X}$ et $\mu$) sera plus petite qu'un certain écart donné et que, par conséquent, la véritable valeur du paramètre qu'on veut estimer sera à l'intérieur d'un certain *intervalle* s'étendant de part et d'autre de la valeur prise par l'estimateur. Il reste à préciser, à quantifier ce qu'on entend par « être presque certain » ; il reste aussi à savoir déterminer les bornes de cet **intervalle de confiance** dans lequel on s'attend d'avoir « capturé » la véritable valeur du paramètre à estimer.

En pratique, on convient à l'avance de courir un certain risque, noté $\alpha$ (lettre grecque alpha). Cette quantité $\alpha$ (habituellement, on choisit $\alpha = 1\%$, $5\%$ ou $10\%$) représente la probabilité que l'intervalle qu'on obtiendra *ne contienne pas* la véritable valeur du paramètre qu'on cherche à estimer. La quantité $1 - \alpha$ est appelée le *niveau de confiance* de l'intervalle et indique la probabilité que le paramètre inconnu soit réellement à l'intérieur de l'intervalle qu'on obtiendra.

Les bornes de l'intervalle de confiance seront deux quantités $Y_1$ et $Y_2$, calculées à partir des résultats expérimentaux (aléatoires) dont on dispose. En notant par $\theta$ le paramètre à estimer, on veut avoir

$$P(Y_1 < \theta < Y_2) = 1 - \alpha.$$

Le couple $(Y_1, Y_2)$ est un intervalle de confiance de niveau $1 - \alpha$ pour le paramètre $\theta$. Si, par exemple, on a convenu de fixer le risque $\alpha$ à $5\%$, l'intervalle de confiance aura 95 chances sur 100 de contenir la véritable valeur du paramètre $\theta$.

## 8.3  Estimation d'une proportion

Dans la première section de ce chapitre on a vu que la fréquence expérimentale $\hat{p} = X/n$ est un excellent estimateur (en fait, le meilleur) de la probabilité théorique $p$ d'une loi binomiale. On a vu aussi que $\hat{p}$ est sans biais pour $p$ et que sa variance est

$$\sigma_{\hat{p}}^2 = \frac{pq}{n}\,.$$

Si $n$ est grand on aura, par le théorème limite central, que $\hat{p}$ est approximativement de loi $N(p, \sigma_{\hat{p}}^2)$, c'est-à-dire,

$$\frac{\hat{p} - p}{\sigma_{\hat{p}}} \quad \text{est} \quad N(0, 1).$$

Ayant convenu d'un risque $\alpha$ donné, on peut trouver, dans la table de la loi $N(0,1)$, un nombre $c_\alpha$ tel que

$$P\left(-c_\alpha < \frac{\hat{p} - p}{\sigma_{\hat{p}}} < c_\alpha\right) \simeq 1 - \alpha.$$

Utilisant ce $c_\alpha$, on aura que

$$P(p - c_\alpha \sigma_{\hat{p}} < \hat{p} < p + c_\alpha \sigma_{\hat{p}}) \simeq 1 - \alpha.$$

Pour obtenir un intervalle de confiance pour le paramètre $p$, il faut reformuler cette expression de telle façon que ce soit le paramètre $p$ (plutôt que son estimateur $\hat{p}$) qui soit isolé entre les deux inégalités.

On obtient :
$$P(\hat{p} - c_\alpha \sigma_{\hat{p}} < p < \hat{p} + c_\alpha \sigma_{\hat{p}}) \simeq 1 - \alpha.$$

L'intervalle $(\hat{p} \pm c_\alpha \sigma_{\hat{p}})$ a donc une probabilité (approximative) $1 - \alpha$ de contenir la véritable valeur de $p$. Il ne s'agit toutefois pas encore de l'intervalle de confiance désiré et ceci pour la simple raison que, tel qu'exprimé, il est *incalculable*. En effet, le terme $\sigma_{\hat{p}} = \sqrt{pq/n}$ est fonction de la probabilité théorique $p$ dont la valeur exacte est toujours inconnue.

Cette difficulté est heureusement facile à lever. Il suffit *d'estimer* à son tour la variance théorique $\sigma_{\hat{p}}^2 = pq/n$ par la valeur prise par son estimateur naturel

$$\hat{\sigma}_{\hat{p}}^2 = \frac{\hat{p}\hat{q}}{n}.$$

On peut montrer rigoureusement que cette substitution est licite. En remplaçant l'écart-type théorique $\sigma_{\hat{p}}$ par son estimateur $\hat{\sigma}_{\hat{p}}$, on obtient enfin l'intervalle de confiance

$$(\hat{p} \pm c_\alpha \hat{\sigma}_{\hat{p}}) = (\hat{p} \pm c_\alpha \sqrt{\hat{p}\hat{q}/n})$$

qui est, approximativement, de niveau $1 - \alpha$ pour le paramètre $p$.

**EXEMPLE 3**    Lors d'un sondage auprès de 500 personnnes et portant sur leurs opinions politiques, 180 personnes se sont déclarées favorables au parti A. Estimer la proportion théorique $p$ des gens favorables au parti A au moyen d'un intervalle de confiance de niveau 90 %.

*Solution :*  On a $\hat{p} = X/n = 180/500 = 0{,}360$.

Aussi, pour avoir $\alpha = 10$ %, on doit prendre $c_\alpha = 1{,}645$.

Il ne reste plus qu'à employer la formule

$$\left( \hat{p} \pm c_\alpha \sqrt{\frac{\hat{p}\hat{q}}{n}} \right) = \left( 0{,}360 \pm 1{,}645 \sqrt{\frac{0{,}36 \times 0{,}64}{500}} \right)$$
$$= (0{,}360 \pm 0{,}035) = (0{,}325;\ 0{,}395). \qquad \square$$

*Remarque.*    *À cause d'un conflit de notation avec l'emploi de la virgule décimale il convient, quand il y a risque d'ambiguïté dans la présentation numérique d'un couple, de remplacer la virgule centrale par un point-virgule.*

*Remarque.*    *C'est un **abus de langage** de prétendre qu'un intervalle de confiance numériquement déterminé a une probabilité de $1 - \alpha$ de contenir le paramètre inconnu. Dans l'exemple 3, il serait abusif de conclure qu'il y a 9 chances sur 10 que la valeur du paramètre $p$ soit comprise entre 0,325 et 0,395. Ce n'est pas le paramètre qui est aléatoire, ce sont plutôt les bornes de l'intervalle de confiance. Une fois calculées, ces bornes ne sont plus des variables aléatoires. Il n'y a plus* *de hasard! Prétendre que le paramètre $p$ a 9 chances sur 10 d'être situé entre tel et tel nombres donnés est une formulation fautive qui laisse entendre que $p$ est une variable aléatoire, ce qu'il n'est pas. Rendu légitime par l'usage, on tolère habituellement cet abus de langage.*

**Remarque.**    *La formule que nous utilisons ne donne que des intervalles de confiance **symétriques**, c'est-à-dire, qui partagent le risque $\alpha$ en deux moitié égales. Le véritable $p$ a donc une probabilité $\alpha/2$ de se trouver à droite de l'intervalle (erreur de sous-estimation) et une probabilité $\alpha/2$ de se trouver à gauche de l'intervalle (erreur de surestimation). Il peut arriver qu'on préfère partager le risque total $\alpha$ de façon non symétrique. Nous ne traiterons pas de ce cas ici et chaque fois qu'on parlera d'un intervalle de confiance, celui-ci sera implicitement supposé symétrique.*

**Remarque.**    *Lorsqu'on estime un paramètre au moyen d'un intervalle de confiance, deux qualités espérées, **précision** et **sécurité**, sont en opposition. On ne peut améliorer l'une sans diminuer l'autre. Si l'on exige beaucoup de sécurité (risque $\alpha$ très petit), on obtiendra un intervalle de confiance plus large que si l'on se contente d'une sécurité plus raisonnable. Si l'on veut beaucoup de précision (intervalle étroit), il faudra « payer » cette précision par un risque d'erreur plus considérable. La seule façon d'obtenir à la fois une bonne précision et une grande sécurité est de ne pas lésiner sur la valeur de $n$, ce qui n'est pas toujours économique.*

**EXEMPLE 4**    Avec $n = 100$, on a obtenu $\hat{p} = 0{,}21$. Calculer les intervalles de confiance de niveau 50 %, 10 %, 5 %, 1 % et 0,1 % pour $p$.

*Solution :*  Les cinq valeurs de $\alpha$ donnent des $c_\alpha$ qui valent, respectivement, 0,674, 1,645, 1,960, 2,576 et 3,291.

Les cinq intervalles de confiance sont présentés dans le tableau 8.1.

*TABLEAU 8.1*

| $\alpha$ | $c_\alpha$ | Intervalle de confiance | Longueur |
|---------|---------|------------------------|----------|
| 50 % | 0,674 | (0,18 ; 0,24) | 0,06 |
| 10 % | 1,645 | (0,14 ; 0,28) | 0,14 |
| 5 % | 1,960 | (0,13 ; 0,29) | 0,16 |
| 1 % | 2,576 | (0,11 ; 0,31) | 0,20 |
| 0,1 % | 3,291 | (0,08 ; 0,34) | 0,26 |

Lequel de ces cinq intervalles de confiance est le meilleur ? Assurément, un risque de 50 % est beaucoup trop fort et le premier intervalle n'est pas très satisfaisant. De même, un niveau de confiance de 99,9 % paraît exagéré et rend l'intervalle de 30 % plus large que celui obtenu avec $\alpha = 1$ %. En général, on choisit $\alpha$ entre 1 % et 10 %, selon le contexte et l'importance relative de nos besoins en précision et en sécurité.    ⬜

**EXEMPLE 5**    Si l'on sait déjà que la valeur du paramètre $p$ est voisine de 0,15 %, combien d'observations doit-on effectuer pour que l'intervalle de confiance de niveau 95 % pour $p$ soit de rayon (ou demi-longueur) approximatif 0,05 ? 0,02 ? 0,01 ?

*Solution :*  Puisque $\alpha/2 = 2\frac{1}{2}$ %, on doit prendre $c_\alpha = 1,960$. Le rayon de l'intervalle de confiance sera donc $1,960\sqrt{\hat{p}\hat{q}/n}$. On ne sait pas à l'avance quelle sera la valeur de $\hat{p}$ mais on peut s'attendre à ce qu'il prenne une valeur voisine de $p$ qu'on a supposé voisin de 0,15. Le rayon $r$ de l'intervalle de confiance devrait donc être, approximativement,

$$r \simeq 1,960\sqrt{0,15 \times 0,85/n} = 0,700/\sqrt{n}.$$

Exprimant $n$ en fonction de $r$, on obtient $n \simeq 0,490/r^2$ et, en donnant successivement à $r$ les valeurs 0,05, 0,02 et 0,01 on obtient, pour $n$, les valeurs 196, 1 225 et 4 900.    ☐

**Remarque.**    *Dans l'exemple 5 on voit que, pour un niveau de confiance donné, le nombre d'observations requises est inversement proportionnel au **carré** de la précision désirée. Pour avoir une estimation dix fois plus précise, il faut cent fois plus d'observations. Ce phénomène se manifeste dans presque tous les problèmes d'estimation, pas seulement dans le cas du paramètre $p$ d'une loi binomiale.*

L'exemple 5 présente une situation passablement idéalisée : on y suppose qu'on connaît à l'avance la valeur (approximative) de $p$. Quand, dans la pratique, on veut déterminer le nombre d'observations requises pour que l'intervalle de confiance soit de la longueur désirée, on n'a pas toujours la chance de posséder une telle information préalable. Le mieux qu'on puisse faire est de se fier à son jugement, de se référer à des situations analogues déjà rencontrées. On peut aussi procéder à un pré-sondage de petite taille qui aura pour seule fonction de fournir une estimation grossière de $p$ grâce à laquelle il sera possible de déterminer la taille $n$ qu'il faudra prendre pour le sondage principal. On peut aussi adopter une attitude conservatrice et choisir une valeur de $n$ qui nous assurera que, *quelle que soit la valeur de $n$*, l'intervalle de confiance sera d'un rayon *au plus égal* à la précision désirée.

**EXEMPLE 6**    Combien d'observations doit-on effectuer afin que, *quelle que soit la valeur de $p$*, l'intervalle de confiance de niveau 95 % pour $p$ soit de rayon au plus 0,05 ? 0,03 ? 0,02 ? 0,01 ?

*Solution :*  Le rayon de l'intervalle de confiance de niveau 95 % est

$$1,960\sqrt{\hat{p}\hat{q}/n}\,.$$

Or, la valeur maximale possible pour $\hat{p}\hat{q}$ est ¼ (quand $\hat{p} = \hat{q} = \frac{1}{2}$). Quelle que soit la valeur de $\hat{p}$, le rayon maximum de l'intervalle de confiance égale $r_{max} = 1{,}960/\sqrt{4n} = 0{,}98/\sqrt{n}$. Pour avoir $r < r_{max}$, il faut prendre $n \geq (0{,}98/r_{max})^2$. En donnant successivement à $r_{max}$ les valeurs 0,05, 0,03, 0,02 et 0,01, on obtient $n \geq 385$, $n \geq 1\,068$, $n \geq 2\,401$ et $n \geq 9\,604$. ☐

**Remarque.** *Quand paraissent dans les journaux les résultats d'un sondage portant sur la popularité des différents partis politiques, il est souvent précisé que l'erreur d'estimation est d'au plus 3 %, 19 fois sur 20. Ce niveau de précision est en accord avec le fait que de tels sondages portent habituellement sur des échantillons de taille légèrement supérieure à 1 000. Pour les principaux partis (ceux dont la popularité est de l'ordre de 30 % ou 50 %) cette erreur «maximale» de 3 % est correctement évaluée. Pour les partis marginaux, dont la popularité est de l'ordre de quelques points à peine, l'erreur vraisemblable est considérablement inférieure au 3 % déclaré.*

## 8.4    Estimation d'une moyenne

**Cas général.**  Soit $X_1, X_2, \ldots, X_n$ un échantillon de loi quelconque non spécifiée, pour laquelle la moyenne $\mu$ et la variance $\sigma^2$ sont inconnues. On veut estimer la moyenne théorique $\mu$ au moyen d'un intervalle de confiance de niveau $1 - \alpha$ donné.

On sait déjà que, quelle que soit la loi de $X$, l'estimateur ponctuel $\hat{\mu} = \bar{X}$ est toujours sans biais pour $\mu$. On sait aussi que sa variance est $\sigma_{\bar{X}}^2 = \sigma^2/n$ et le théorème limite central permet d'établir que, si $n$ est grand,

$$\bar{X} \text{ est approximativement de loi } N(\mu, \sigma_{\bar{X}}^2)\,.$$

Ayant convenu d'un risque $\alpha$ donné, on a donc

$$P(\mu - c_\alpha \sigma_{\bar{X}} < \bar{X} < \mu + c_\alpha \sigma_{\bar{X}}) \simeq 1 - \alpha$$

où le terme $c_\alpha$ est obtenu de la table de la loi $N(0{,}1)$. Isolant le paramètre $\mu$ au centre des deux inégalités, on obtient

$$P(\bar{X} - c_\alpha \sigma_{\bar{X}} < \mu < \bar{X} + c_\alpha \sigma_{\bar{X}}) \simeq 1 - \alpha.$$

L'intervalle $(\bar{X} \pm c_\alpha \sigma_{\bar{X}}) = (\bar{X} \pm \frac{c_\alpha \sigma}{\sqrt{n}})$ a donc une probabilité voisine de $1 - \alpha$ de contenir la véritable valeur de $\mu$. Il ne s'agit cependant pas encore de l'intervalle de confiance désiré puisque, tel qu'exprimé, il est incalculable : la valeur de l'écart-type $\sigma_{\bar{X}} = \sigma/\sqrt{n}$ est inconnue et devra donc être estimée.

Si la moyenne théorique $\mu$ était connue, la variance $\sigma^2 = E((X - \mu)^2)$ pourrait être estimée par

$$\frac{1}{n} \sum_{i=1}^{n} (X_i - \mu)^2\,.$$

Puisque la valeur exacte de $\mu$ est inconnue, il faudra, dans le calcul, la remplacer par la moyenne échantillonnale $\bar{X}$. La variance $\sigma^2$ peut donc être estimé par

$$\frac{1}{n}\sum_{i=1}^{n}(X_i - \bar{X})^2.$$

Cet estimateur naturel a cependant un défaut : il est biaisé et a tendance à sous-estimer la valeur véritable de $\sigma^2$. On peut montrer (nous ne le ferons pas) que l'espérance de cet estimateur est $\frac{n-1}{n}\sigma^2$ plutôt que le $\sigma^2$ désiré. Ce biais systématique est heureusement facile à corriger : il suffit de diviser $\Sigma(X_i - \bar{X})^2$ par $n-1$ plutôt que par $n$. On obtient alors, pour $\sigma^2$, l'estimateur sans biais

$$\hat{\sigma}^2 = \frac{1}{n-1}\sum_{i=1}^{n}(X_i - \bar{X})^2.$$

L'estimateur $\hat{\sigma}^2$ peut s'exprimer sous plusieurs formes algébriquement équivalentes parmi lesquelles les plus commodes sont

$$\hat{\sigma}^2 = \frac{\Sigma X_i^2 - n\bar{X}^2}{n-1} = \frac{n}{n-1}\left(\overline{X^2} - \bar{X}^2\right).$$

Revenons à l'estimation de $\mu$.

On a déjà établi que l'intervalle $(\bar{X} \pm c_\alpha \sigma_{\bar{X}}) = (\bar{X} \pm c_\alpha \sigma/\sqrt{n})$ a une probabilité $1 - \alpha$ (approximativement) de contenir la véritable valeur de $\mu$. En y remplaçant l'écart-type théorique (inconnu) $\sigma$ par sa valeur estimée $\hat{\sigma}$ (ou, ce qui revient au même, en remplaçant $\sigma_{\bar{X}} = \sigma/\sqrt{n}$ par $\hat{\sigma}_{\bar{X}} = \hat{\sigma}/\sqrt{n}$) on obtient l'intervalle de confiance

$$(\bar{X} \pm c_\alpha \hat{\sigma}_{\bar{X}}) = (\bar{X} \pm c_\alpha \hat{\sigma}/\sqrt{n})$$

qui est de niveau (approximatif) $1 - \alpha$ pour $\mu$.

***EXEMPLE 7***    En vue d'estimer le nombre moyen de passagers par véhicule automobile (conducteur inclus) circulant sur une certaine autoroute, un observateur, installé à un poste de péage, a recueilli les données présentées dans le tableau suivant :

*TABLEAU 8.2*

| Nombre de passagers | 1 | 2 | 3 | 4 | 5 | 6 | TOTAL |
|---|---|---|---|---|---|---|---|
| Effectif | 230 | 248 | 117 | 76 | 14 | 3 | 688 |

Estimer la moyenne théorique $\mu$ au moyen d'un intervalle de confiance de niveau 95 %.

*Solution :*  Le nombre total d'observations est 688. Les effectifs donnés conduisent à $\Sigma X_i = 1\,469$ et $\Sigma X_i^2 = 3\,949$, ce qui mène à $\bar{X} = 2{,}135$, $\hat{\sigma}^2 = 1{,}183$ et $\hat{\sigma} = 1{,}088$.

Pour avoir $\alpha = 5\,\%$, il faut prendre $c_\alpha = 1{,}960$ et l'intervalle de confiance pour $\mu$ est

$$(\bar{X} + c_\alpha \hat{\sigma}/\sqrt{n}) = (2{,}135 \pm 1{,}960 \times 1{,}088/26{,}23) = (2{,}135 \pm 0{,}081)$$
$$= (2{,}054;\ 2{,}216).$$

## Cas où les observations sont de loi normale.

Pour estimer, par intervalle de confiance, la moyenne théorique $\mu$ d'une loi quelconque non spécifiée, nous venons d'utiliser le fait que, pour $n$ grand,

$$\frac{\bar{X} - \mu}{\sigma_{\bar{X}}} \quad \text{et} \quad \frac{\bar{X} - \mu}{\hat{\sigma}_{\bar{X}}} \quad \text{sont pratiquement de loi } N(0,1).$$

Si l'échantillon $X_1, X_2, \ldots, X_n$ est formé de variables qui sont déjà de loi normale, on peut faire beaucoup mieux : on peut obtenir, pour $\mu$, un intervalle de confiance *exact* plutôt qu'approximatif, même pour des valeurs de $n$ qui sont petites.

Dans le cas où les variables $X_1, X_2, \ldots, X_n$ sont de loi normale, on sait que leur moyenne $\bar{X}$ est aussi de loi normale et que

$$\frac{\bar{X} - \mu}{\sigma_{\bar{X}}} \quad \text{est } exactement \text{ de loi } N(0,1).$$

En remplaçant, au dénominateur, l'écart-type théorique $\sigma$ (inconnu) par l'écart-type échantillonnal $\hat{\sigma}$, on obtient une nouvelle variable,

$$\frac{\bar{X} - \mu}{\hat{\sigma}_{\bar{X}}} \quad \text{qui } n'est\ pas\ rigoureusement \text{ de loi normale.}$$

Il s'agit d'une nouvelle loi, la **loi de Student**, et c'est dans une table conçue pour cette loi que sera trouvée la valeur de $c_\alpha$ telle que

$$P\left(-c_\alpha < \frac{\bar{X} - \mu}{\hat{\sigma}_{\bar{X}}} < c_\alpha\right) = 1 - \alpha.$$

Comme c'était le cas pour la loi $\chi_\nu^2$, la loi de Student, **notée** $t_\nu$, est paramétrisée par un nombre de degrés de liberté $\nu$. Ici, $\nu = n - 1$. La loi $t_\nu$ ressemble beaucoup à la loi $N(0,1)$. En fait, quand $\nu$ est grand, ces deux lois s'avèrent pratiquement identiques.

Le risque $\alpha$ étant convenu, le nombre $c_\alpha$ tel que $P(t_\nu > c_\alpha) = \alpha/2$ sera trouvé dans la table de la page 363 à l'intersection de la ligne correspondant à $\nu$ et de la colonne correspondant à $\alpha/2$. Ce nombre $c_\alpha$ ayant été obtenu de la table de la loi de Student, on a alors

$$P(-c_\alpha\hat{\sigma}_{\bar{X}} < \bar{X} - \mu < c_\alpha\hat{\sigma}_{\bar{X}}) = 1 - \alpha.$$

Isolant $\mu$ au centre des inégalités, on obtient

$$P(\bar{X} - c_\alpha\hat{\sigma}_{\bar{X}} < \mu < \bar{X} + c_\alpha\hat{\sigma}_{\bar{X}}) = 1 - \alpha.$$

L'intervalle de confiance de niveau $1 - \alpha$ pour $\mu$ est donc

$$\left(\bar{X} \pm c_\alpha\hat{\sigma}_{\bar{X}}\right) = \left(\bar{X} \pm \frac{c_\alpha\hat{\sigma}}{\sqrt{n}}\right).$$

Remarquons que cette formule est rigoureusement identique à celle qui s'applique dans le cas d'une loi non spécifiée. La seule différence est la *source* du $c_\alpha$ qui provient de la table de la loi de Student (avec $\nu = n-1$) plutôt que de celle de la loi $N(0, 1)$.

Précisons que quand la loi de l'échantillon n'est pas spécifiée, on préfère tout de même prendre $c_\alpha$ dans la table de la loi de Student plutôt que dans celle de la loi $N(0, 1)$. Si $n$ est très grand (comme à l'exemple 7), les deux tables donneront pratiquement le même $c_\alpha$ et le choix de la table importe peu. Si $n$ est plus modeste, il vaut mieux utiliser le $c_\alpha$ (légèrement plus grand, plus sécuritaire) fourni par la loi de Student. Mieux vaut utiliser la solution qui sera plus précise si les $X_i$ sont vaguement de loi normale que celle qui est approximative dans tous les cas.

***EXEMPLE 8***    On veut connaître le temps moyen que dure une face de disque microsillon. Ayant chronométré 5 disques (10 faces), on a obtenu les résultats suivants (en minutes) :

$$17,5 \quad 22,4 \quad 18,6 \quad 24,3 \quad 19,5$$
$$21,6 \quad 15,9 \quad 20,4 \quad 18,7 \quad 20,3.$$

Supposant que ces variables sont de loi normale, calculer l'intervalle de confiance de niveau 90 % pour $\mu$.

*Solution :*    Les données expérimentales donnent $\Sigma X_i = 199{,}2$ et $\Sigma X_i^2 = 4\,022{,}02$. On trouve donc $\bar{X} = 19{,}92$ et $\hat{\sigma}^2 = (\Sigma X_i^2 - n\bar{X}^2)/(n-1) = 5{,}995\,1$.

Avec $\alpha = 10\,\%$ et $\nu = n - 1 = 9$, la table de la loi de Student donne $c_\alpha = 1{,}833$. L'intervalle de confiance pour $\mu$ est donc

$$\left(\bar{X} \pm \frac{c_\alpha\hat{\sigma}}{\sqrt{n}}\right) = \left(19{,}92 \pm \frac{1{,}833\sqrt{5{,}995\,1}}{\sqrt{10}}\right) = (19{,}92 \pm 1{,}42)$$

$$= (18{,}50;\ 21{,}34).$$

Avec l'abus de langage habituel, il y a donc 95 chances sur 100 que la véritable valeur de $\mu$ se trouve entre 18,50 et 21,34.    $\square$

# 8.5   Estimation d'un paramètre $\theta$ quelconque

Dans les sections 8.3 et 8.4 nous avons traité de l'estimation, par intervalle de confiance, d'une probabilité théorique ($p$) ainsi que d'une moyenne théorique ($\mu$). Dans chacun de ces cas nous avons obtenu, essentiellement, des intervalles de confiance de la forme

$$\left(\hat{\theta} \pm c_\alpha \hat{\sigma}_{\hat{\theta}}\right)$$

où $\hat{\theta}$ était l'estimateur *naturel* pour le paramètre $\theta$ qu'on voulait estimer, où $c_\alpha$ était obtenu de la table de la loi $N(0,1)$ en fonction du niveau $1 - \alpha$ désiré et où $\hat{\sigma}_{\hat{\theta}}^2$ était un estimateur de $\sigma_{\hat{\theta}}^2 = Var(\hat{\theta})$.

Dans la grande majorité des cas, l'estimation d'un paramètre $\theta$ pour une loi quelconque se fait de la même façon. Il suffit de trouver un estimateur convenable $\hat{\theta}$ dont la variance $\sigma_{\hat{\theta}}^2$ peut être estimée. Très souvent, $\sigma_{\hat{\theta}}^2$ peut s'exprimer en fonction de $\theta$ et l'estimateur $\hat{\sigma}_{\hat{\theta}}^2$ s'obtient alors en remplaçant simplement $\theta$ par $\hat{\theta}$ dans la formule qui exprime $\sigma_{\hat{\theta}}^2$ en fonction de $\theta$.

C'est précisément ce qui a été fait lors de l'estimation du paramètre $p$ d'une loi binomiale. On a utilisé l'estimateur $\hat{p} = X/n$ dont la variance $\sigma_{\hat{p}}^2 = pq/n$ a pu être estimée par $\hat{\sigma}_{\hat{p}}^2 = \hat{p}\hat{q}/n$.

Si, pour $n$ grand, l'estimateur $\hat{\theta}$ *se comporte normalement* (ce sera le cas, par exemple, s'il est fonction de la *somme* des $X_i$), la formule générale $\left(\hat{\theta} \pm c_\alpha \hat{\sigma}_{\hat{\theta}}\right)$ fournira l'intervalle de confiance désiré.

***EXEMPLE 9***     Soit $X_1, X_2, \ldots, X_n$ un échantillon de loi $Exp(\theta)$. Déterminer la formule donnant l'intervalle de confiance pour $\theta$.

*Solution :* Puisque $E(X_i) = \theta$, l'estimateur naturel à utiliser est $\hat{\theta} = \bar{X}$, qui est sans biais pour $\theta$. Puisque $Var(X_i) = \theta^2$, la variance de $\bar{X}$ est $\sigma_{\bar{X}}^2 = \theta^2/n$, qui peut être estimée par $\hat{\sigma}_{\bar{X}}^2 = \hat{\theta}^2/n = \bar{X}^2/n$. On obtient donc, pour $\theta$, l'intervalle de confiance $(\hat{\theta} \pm c_\alpha \hat{\sigma}_{\hat{\theta}}) = (\bar{X} \pm c_\alpha \bar{X}/\sqrt{n})$.     □

***EXEMPLE 10***     Soit $X_1, X_2, \ldots, X_n$ un échantillon de loi Poisson $(\lambda)$. Déterminer la formule donnant l'intervalle de confiance pour $\lambda$.

*Solution :* Puisque $E(X_i) = \lambda$, l'estimateur naturel à utiliser est $\hat{\lambda} = \bar{X}$, qui est sans biais pour $\lambda$. Puisque $Var(X_i) = \lambda$, la variance de $\bar{X}$ est $\sigma_{\bar{X}}^2 = \lambda/n$, qui peut être estimée par $\hat{\sigma}_{\bar{X}}^2 = \hat{\lambda}/n = \bar{X}/n$. On obtient donc, pour $\lambda$, l'intervalle de confiance $(\hat{\lambda} \pm c_\alpha \hat{\sigma}_{\hat{\lambda}}) = (\bar{X} \pm c_\alpha \sqrt{\bar{X}/n})$.     □

# Résumé

Qualités d'un bon **estimateur ponctuel** :

**a)** Être **sans biais** pour le paramètre considéré.

**b)** Avoir une **petite variance**.

**Intervalle de confiance** : Couple de variables $(Y_1, Y_2)$, obtenues de l'échantillon, tel que $P(Y_1 < \text{paramètre} < Y_2) = 1 - \alpha$.

| Loi | Paramètre estimé | Intervalle de confiance | Source du $c_\alpha$ |
|---|---|---|---|
| Binomiale (n grand) | $p$ | $\left(\hat{p} \pm c_\alpha \sqrt{\frac{\hat{p}\hat{q}}{n}}\right)$ | Loi $N(0,1)$ |
| Loi non spécifiée (n grand) | $\mu$ | $\left(\bar{X} \pm \frac{c_\alpha \hat{\sigma}}{\sqrt{n}}\right)$ | Loi $t_\nu$ de Student avec $\nu = n-1$ |
| Loi normale (solution exacte) | $\mu$ | $\left(\bar{X} \pm \frac{c_\alpha \hat{\sigma}}{\sqrt{n}}\right)$ | Loi $t_\nu$ de Student avec $\nu = n-1$ |
| Loi quelconque (n grand) | $\theta$ | $\left(\hat{\theta} \pm c_\alpha \hat{\sigma}_{\hat{\theta}}\right)$ | Loi $N(0,1)$ |

$$\hat{\sigma}^2 = \frac{\Sigma(X_i - \bar{X})^2}{n-1} = \frac{\Sigma X_i^2 - n\bar{X}^2}{n-1} = \frac{n}{n-1}\left(\overline{X^2} - \bar{X}^2\right).$$

# Exercices

ESTIMATION
PONCTUELLE

1. Soit $X_1, X_2, \ldots, X_n$ un échantillon de loi $Exp(\theta)$. Montrez que la moyenne $\bar{X}$ est un estimateur sans biais pour $\theta$ et que sa variance est $\theta^2/n$.

2. Soit $X_1, X_2, \ldots, X_n$ un échantillon de loi Poisson($\lambda$). Montrez que la moyenne $\bar{X}$ est un estimateur sans biais pour $\lambda$ et que sa variance est $\lambda/n$.

3. Considérons un échantillon $X_1, X_2$, de taille $n = 2$.

   **a)** Montrez que chacun des trois estimateurs suivants est sans biais pour $\theta = \mu_X$.
   $$\hat{\theta}_1 = X_1, \quad \hat{\theta}_2 = (X_1 + X_2)/2, \quad \hat{\theta}_3 = 5X_1 - 4X_2.$$

   **b)** Déterminez la variance de chacun de ces trois estimateurs (en fonction de $\sigma_X^2$). Quel est le plus précis pour estimer $\mu_X$ ?

4. Si, pour estimer un certain paramètre $\theta$, on utilise un estimateur $\hat{\theta}$ qui est de loi $N(\theta, 1/100)$, quelle est la probabilité que l'intervalle $(\hat{\theta} \pm 0,2)$ contienne la véritable valeur de $\theta$ ?

5. On veut connaître la proportion d'oranges gâtées dans un lot d'oranges. Un échantillon de 300 oranges contenait 18 fruits gâtés. Estimez $p$ au moyen d'un intervalle de confiance de niveau 90 %.

6. Lors d'un sondage auprès de 1 000 personnes et portant sur leurs opinions politiques, 410 personnes se sont déclarées en faveur du parti A, 342 personnes ont favorisé le parti B, 78 personnes ont préféré le parti C et les autres (170) se sont déclarées indécises. Calculez un intervalle de confiance de niveau 95 % pour chacune des quatre proportions.

7. Durant la saison 1988 le joueur de baseball Tim Raines, qui joue pour les Expos de Montréal, a frappé 116 coups sûrs en 429 présences au bâton, ce qui lui a donné une moyenne de 0,270. Estimez sa moyenne véritable (théorique) au moyen d'un intervalle de confiance de niveau 95 %.

8. Un volume traitant du jeu d'échecs contient 360 parties de grands maîtres. Parmi ces parties, 172 ont étés gagnées par les blancs, 103 par les noirs et 85 parties ont été nulles. Estimez, par des intervalles de confiance de niveau 90 %, les trois probabilités considérées.

9. On sait qu'une probabilité $p$ est plus difficile à estimer quand elle est près de $1/2$ car cette valeur de $p$ maximise $pq$ qui vaut alors $1/4$. Pour $\alpha = 1$ %, 5 % et 10 %, déterminez le nombre $n$ d'observations qui assure que la distance entre $\hat{p}$ et $p$ sera inférieure à 0,10, 0,05, 0,02, 0,01 avec une probabilité au moins égale à $1 - \alpha$. Il y a $3 \times 4 = 12$ cas à considérer. Trois de ces cas ont été traités dans l'exemple 6. Présentez les 12 résultats dans un tableau.

10. Un archer a tiré 20 flèches vers une cible. Selon la précision du tir, chaque flèche donne plus ou moins de points. En ses 20 lancers, l'archer a obtenu une seule fois 5 points, 3 fois 3 points, 7 fois 2 points, 7 fois 1 point, et a raté 2 fois la cible (aucun point). Estimez, par un intervalle de confiance de niveau 90 %, la moyenne théorique $\mu$ de points qu'il obtient à chaque tir.

11. Un éleveur de lapins veut connaître le nombre moyen $\mu$ de lapereaux qui sont produits par portée. Au cours des quelques derniers mois, 240 lapines ont mis bas, donnant, en moyenne 6,13 lapereaux, avec un écart-type de 1,31. Estimez $\mu$ au moyen d'un intervalle de confiance de niveau 95 %.

12. Un fabricant de pneus d'automobile veut connaître la qualité de sa production. Dix pneus ont été soumis à des épreuves de résistance à l'usure. Les résultats (en milliers de kilomètres parcourus) sont

$$95, 108, 86, 92, 94, 101, 79, 89, 91 \text{ et } 96.$$

Calculez un intervalle de confiance de niveau 90 % pour la durée moyenne d'un pneu.

13. Un organisme de protection du consommateur étudie la qualité de différentes marques de piles de lampe de poche. Plusieurs piles ont été soumises à une même épreuve où l'on mesurait leur temps de service.

12 piles de marque A ont duré en moyenne 3,42 heures, avec un écart-type de 0,39.

8 piles de marque B ont duré en moyenne 4,16 heures, avec un écart-type de 0,82.

2 piles de marque C ont duré en moyenne 4,02 heures, avec un écart-type de 1,04.

30 piles de marque D ont duré en moyenne 2,95 heures, avec un écart-type de 0,53.

Calculez un intervalle de confiance de niveau 90 % pour chaque moyenne.

ESTIMATION D'UN PARAMÈTRE $\theta$ QUELCONQUE

14. Dans le service d'obstétrique d'un certain hôpital, on a enregistré 472 naissances durant les 100 derniers jours. En supposant que le nombre de naissances par jour suit une loi Poisson($\lambda$), estimez $\lambda$ au moyen d'un intervalle de confiance de niveau 95 % (estimez $\lambda$ par $\hat{\lambda} = \bar{X}$).

*15. Soit $X$ une variable aléatoire de loi $B(n, p)$ où $p$ est connu. On veut estimer le nombre d'essais $n$. L'estimateur naturel est $\hat{n} = X/p$, qui est sans biais.

a) Déterminez la formule donnant l'intervalle de confiance pour $n$.

b) En $n$ lancements d'un dé, la face « 6 » a été obtenue 25 fois. Estimez $n$ au moyen d'un intervalle de confiance de niveau 90 %.

*16. Une assemblée de 300 personnes vote pour se désigner un président. Deux candidats, A et B, sont en lice. Après dépouillement partiel de 200 bulletins de vote (parmi 300), on constate que A a reçu 106 votes et B en a eu 94. Estimez, au moyen d'un intervalle de confiance de niveau 90 % le nombre total de votes qui iront au candidat A. (*Suggestion* : utilisez l'approximation normale pour la loi hypergéométrique).

DIVERS

*17. Soit $X_1, X_2, \ldots, X_n$ un échantillon de loi $U(0, \theta)$. On pose $\hat{\theta} = 2\bar{X}$. Cet estimateur est-il sans biais pour $\theta$? Quelle en est la variance? Cet estimateur n'est pas le meilleur (voir problème 22).

*18. Soit $X_1, X_2, \ldots, X_n$ un échantillon de loi $G\acute{e}om(p)$. Déterminez un estimateur convenable pour $p$.
*Suggestion :* Déterminez d'abord un bon estimateur pour $1/p$.

19. Soit $X$ une variable aléatoire de loi uniforme $U(0, \theta)$. Montrez que $\left(\frac{2X}{2-\alpha}, \frac{2X}{\alpha}\right)$ est un intervalle de confiance de niveau $1 - \alpha$ pour $\theta$.

20. Soit $X_1, X_2, \ldots, X_n$ un échantillon de loi $N(\mu, 4)$. Quel est le niveau de l'intervalle de confiance $(\bar{X} - 1, \bar{X} + 1)$, pour $\mu$, si $n = 4$? si $n = 16$? si $n = 36$?

*21. Soient $\hat{\theta}_1$ et $\hat{\theta}_2$ deux estimateurs, chacun sans biais, pour un même paramètre $\theta$.

    a) Montrez que, pour toute valeur de $c$, l'estimateur combiné $\hat{\theta} = c\hat{\theta}_1 + (1-c)\hat{\theta}_2$ est aussi un estimateur sans biais pour $\theta$.

    b) Si $\hat{\theta}_1$ et $\hat{\theta}_2$ sont indépendants (par exemple, proviennent d'échantillons différents), exprimez $\sigma_{\hat{\theta}}^2$ en fonction de $\sigma_{\hat{\theta}_1}^2$, $\sigma_{\hat{\theta}_2}^2$ et $c$.

*Remarque.* *On peut montrer que c'est en prenant* $c = \sigma_{\hat{\theta}_2 x}^2 / (\sigma_{\hat{\theta}_1}^2 + \sigma_{\hat{\theta}_2}^2)$, *que* $\sigma_{\hat{\theta}}^2$ *est minimisée.*

*22. Soit $X_1, X_2, \ldots, X_n$ un échantillon aléatoire de loi uniforme $U(0, \theta)$. Posons $Y = \max\{X_1, X_2, \ldots, X_n\}$.

    a) Utilisant le fait que $E(Y) = \frac{n}{n+1}\theta$, de quelle façon peut-on utiliser $Y$ pour définir un estimateur $\hat{\theta}$ qui soit sans biais pour $\theta$?

    b) Utilisant le fait que $Var(Y) = \frac{n\theta^2}{(n+1)^2(n+2)}$, quelle est la variance de l'estimateur $\hat{\theta}$ obtenu en a)? Cet estimateur est-il meilleur que celui présenté au problème 17?

23. $n$ dés ont été lancés et ont donné, en tout, 117 points. Estimez $n$ au moyen d'un intervalle de confiance de niveau 90 %.

24. En employant les données de la section 1.4, page 14, déterminez un intervalle de confiance pour la probabilité qu'un enfant naisse en pleine lune.

25. On prélève un échantillon de 20 paquets de petits pois de format 400 g et on en pèse le contenu. Voici les résultats :

$$402 \quad 398 \quad 398 \quad 397 \quad 401$$
$$394 \quad 399 \quad 397 \quad 399 \quad 396$$
$$401 \quad 398 \quad 400 \quad 399 \quad 402$$
$$398 \quad 397 \quad 394 \quad 401 \quad 398.$$

    Supposons que vous travaillez pour une association de consommateurs et que vous soupçonnez le fabricant d'avoir volontairement réduit le contenu des paquets. Sachant que le fabricant produit 100 000 paquets par année, et que 1 kg de petits pois lui coûte en moyenne 30 ¢, estimez le montant d'argent épargné annuellement avec ses pratiques frauduleuses. Entourez votre estimation d'un intervalle de confiance de niveau 95 %.

26. L'une des tâches d'une usine consiste à peindre des grands panneaux de 6 m² de surface. On a toujours employé une peinture qui coûte actuellement 4 $ le litre. Son pouvoir couvrant est bien connu, car au cours des années on a peint 10 000 panneaux et on sait qu'il a fallu employer 7 500 litres de peinture pour le faire. Il est question maintenant d'adopter une nouvelle peinture, dont le

prix est de 4,50 $ le litre, mais dont le pouvoir couvrant est possiblement supérieur.

Avec la nouvelle peinture, on peint 10 panneaux, et on mesure avec soin la quantité de peinture employée pour chacun. Voici les résultats, en litres :

$$0,65 \quad 0,62 \quad 0,58 \quad 0,54 \quad 0,56$$
$$0,52 \quad 0,53 \quad 0,59 \quad 0,63 \quad 0,61.$$

a) Déterminez un intervalle de confiance pour la quantité moyenne de nouvelle peinture requise pour peindre un panneau (prendre $\alpha = 5\%$).

b) Déterminez un intervalle de confiance pour l'épargne moyenne par panneau qui résulterait de l'emploi de la nouvelle peinture (prendre $\alpha = 5\%$).

c) Déterminez un intervalle de confiance pour le montant de l'épargne annuelle si on peint 2 000 panneaux par année (prendre $\alpha = 5\%$).

27. Dans un échantillon de 300 hommes, on a trouvé 90 fumeurs. Dans un autre échantillon, formé de 100 femmes, on a trouvé 20 fumeuses.

a) Estimez, par des intervalles de confiance de niveau 95 % chacune des proportions $p_h$ et $p_f$ de fumeurs chez les hommes et chez les femmes.

b) Utilisant le fait que les hommes forment 49,3 % de la population (et les femmes 50,7 %), estimez la proportion $p$ de fumeurs dans la population. Déterminez $\sigma_{\hat{p}}$, $\hat{\sigma}_{\hat{p}}$ et déterminez un intervalle de confiance de niveau 95 % pour $p$.

*28. Pour chacun de 15 couples mariés choisis au hasard on a observé l'âge de l'époux ($X$) et l'âge de l'épouse ($Y$). On a obtenu les données du tableau suivant :

TABLEAU 8.3

| X (époux) | Y (épouse) | X (époux) | Y (épouse) | X (époux) | Y (épouse) |
|---|---|---|---|---|---|
| 37 | 32 | 39 | 28 | 61 | 55 |
| 65 | 64 | 25 | 22 | 43 | 42 |
| 23 | 23 | 40 | 43 | 52 | 47 |
| 36 | 37 | 45 | 39 | 34 | 33 |
| 54 | 51 | 31 | 30 | 48 | 51 |

On veut estimer la différence moyenne $\theta = \mu_X - \mu_Y$ entre l'âge d'un époux et celui de son épouse (par un intervalle de confiance de niveau 90 %).

a) Posez $W = X - Y$ et calculez les 15 valeurs de $W_i$. Estimez $\theta$ par $\hat{\theta} = \overline{W}$ et $\sigma_{\hat{\theta}}^2$ par $\hat{\sigma}_{\overline{W}}^2$. Quel intervalle de confiance obtenez-vous ?

b) Un statisticien amateur estime $\theta$ par $\hat{\theta} = \overline{X} - \overline{Y}$ et $\hat{\sigma}_{\hat{\theta}}^2$ par $\hat{\sigma}_{\overline{X}}^2 + \hat{\sigma}_{\overline{Y}}^2$. Comparez l'écart-type $\hat{\sigma}_{\hat{\theta}}$ qu'il utilise avec celui obtenu en a). Quelle erreur a-t-il commise ?

# Tests d'hypothèses

**Introduction.**    Nous avons déjà traité, dans les premiers chapitres, de certains **tests d'hypothèse** : les tests basés sur le calcul de $\chi^2$ ou sur celui du coefficient de corrélation $r$. Chaque fois, une hypothèse (appelée hypothèse nulle et notée $H_0$) était émise et on se permettait de la rejeter si les résultats échantillonnaux s'écartaient trop de ce que l'hypothèse permettait de prévoir.

Nous allons maintenant étudier les tests d'hypothèse de façon plus systématique, sans manquer l'occasion d'en mettre en lumière les mécanismes méthodologiques. Il n'est peut-être pas inutile en effet de rappeler que toute démarche scientifique (et cela s'entend aussi bien des sciences physiques que des sciences humaines) procède selon le même schéma : énoncé d'une *hypothèse*, collecte de données expérimentales qui constituent l'*échantillon*, *acceptation ou rejet* de l'hypothèse à partir de la *comparaison* entre les données de l'échantillon et les résultats prédits par l'hypothèse. Tirée de considérations et de calculs probabilistes, la conclusion est assortie d'une marge d'erreur, dont on fixe le seuil au départ.

Ce chapitre est donc au cœur de ce manuel, comme la matière qu'il traite est au cœur de la statistique. Hors son importance dans toute démarche expérimentale, il est aussi l'occasion d'utiliser à fond les techniques mathématiques développées dans les chapitres précédents et (nous l'espérons) d'en mieux apprécier le contenu et la portée. Nous développons maintenant l'exemple d'une situation qui va nous permettre d'illustrer les idées et de faire la synthèse des techniques propres aux *tests d'hypothèse*.

Nous allons donc supposer qu'une conserverie met sur le marché des boîtes de petits pois, dont l'étiquette indique que le contenu pèse 400 g. Soucieux de l'image de la compagnie — et de sa marge de profit — le directeur de la mise en marché se propose de vérifier si le poids réel est bien tel que prétendu. Il procèdera alors selon les grandes étapes suivantes :

1) *Énoncer clairement une hypothèse à tester*. Bien entendu, son hypothèse ici est que le poids moyen $\mu$ de toute sa production (la *population*) est de 400 g. $H_0 : \mu = 400$ g. En général, les tests simples usuels sont de ce type : ils proposent une hypothèse qui attribue une valeur déterminée au paramètre étudié.

$$H_0 : \theta = \theta_0 .$$

2) *Se donner un risque d'erreur* ($\alpha$). Au delà d'un certain contenu intuitif, ce nombre $\alpha$ a d'abord un sens mathématique, de nature probabiliste, que nous précisons plus loin.

3) *Tirer un échantillon* de la population en général et, ici, de la production totale. Comme nous le verrons au chapitre 10, il y a diverses façons de le faire ; dans tous les cas, un échantillon devra être un reflet fidèle de la population.

4) *Calculer un estimateur* du paramètre. Ici, il s'agira du poids moyen $\overline{X}$ des boîtes dans l'échantillon, estimateur de $\mu$. En général, on notera $\hat{\theta}$ cet estimateur pour le paramètre $\theta$ étudié.

5) *Étudier l'écart entre $\theta_0$ et $\hat{\theta}$*. Si cet écart est *petit*, l'hypothèse $H_0$ sera acceptée (ou non rejetée); si cet écart est *grand*, l'hypothèse sera rejetée.

   La délimitation précise des mots « petit » et « grand » dépend du risque $\alpha$ et est évaluée par un calcul de probabilité. De façon globale, un intervalle est formé autour de $\theta_0$ et l'on convient que les valeurs de $\hat{\theta}$ à l'intérieur de cet intervalle sont « proches » de $\theta_0$ (région d'*acceptation* de l'hypothèse); les valeurs de $\hat{\theta}$ hors de cet intervalle mènent au *rejet* de l'hypothèse.

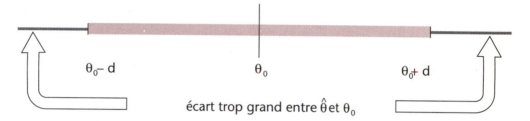

$$\theta_0 - d \qquad\qquad \theta_0 \qquad\qquad \theta_0 + d$$

écart trop grand entre $\hat{\theta}$ et $\theta_0$

6) *Tirer une conclusion.* On aura donc *rejeté* $H_0$ ou été dans l'impossibilité de le faire; dans ce dernier cas, on affirme, en général, avoir *accepté* $H_0$. Selon le cas, deux types d'erreur sont possibles : on peut *rejeter $H_0$ même si elle est vraie* (risque $\alpha$), ou encore on peut *accepter $H_0$, alors qu'elle est fausse.* Ce second type d'erreur est plus malaisé à évaluer, puisqu'il dépend du « degré de fausseté » de $H_0$. Ces deux risques d'erreur sont, en général, opposés : plus on prend $\alpha$ petit et plus l'on court de risques d'accepter une hypothèse nulle fausse; inversement, si l'on prend $\alpha$ trop grand, on risque de rejeter une hypothèse nulle vraie.

Pour en terminer avec les petits pois, on voit donc que selon la valeur observée de $\overline{X}$, celui qui mène l'expérience

- ou bien rejettera $H_0$ et conclura que les boîtes sont trop lourdes ou trop légères; peut-être fera-t-il recalibrer la chaîne de production (ou réécrire les étiquettes...). Dans tous les cas, s'il se trompe il occasionnera à la compagnie des frais inutiles; c'est cette erreur qui a probabilité $\alpha$;

- ou bien ne rejettera pas $H_0$ et conclura que le poids marqué est vraisemblablement correct. Il risque alors de continuer à inonder le marché de boîtes trop lourdes (pertes importantes) ou trop légères, abusant de la bonne foi des consommateurs. La probabilité de ce type d'erreur n'est pas contrôlée.

## 9.1    Test d'hypothèse sur une proportion

***EXEMPLE 1***    En 10 000 naissances, on a observé 4 852 filles (et 5 148 garçons). L'hypothèse d'équiprobabilité ($p = \frac{1}{2}$) est-elle vraisemblable ?

*Solution :*    L'hypothèse nulle, si elle est vraie, est telle que le nombre $X$ de filles doit être de loi $B(10\,000, \frac{1}{2})$, c'est-à-dire de loi approximativement $N(5\,000, 2\,500)$. La valeur observée, $X = 4\,852$, est à près de 3 écarts-types à gauche de $\mu$, valeur statistiquement incompatible avec l'hypothèse nulle qui est rejetée.

Le même test aurait pu être obtenu en calculant la valeur de $\hat{p}$. Sous l'hypothèse nulle, $\hat{p}$ devrait être de loi $N(\frac{1}{2}, pq/n) = N(\frac{1}{2}, \frac{1}{40\,000})$.

Encore une fois, la valeur de $\hat{p} = 0,485\,2$ se trouve à près de 3 écarts-types à gauche de $\mu = \frac{1}{2}$. L'hypothèse nulle est à rejeter.

On aurait pu aussi utiliser le test du khi-deux, vu au chapitre 1. L'hypothèse, encore, aurait été rejetée.    ☐

Présentée dans un cadre plus général et plus formel, la situation est la suivante : on observe une variable $X$ de loi $B(n, p)$ où $n$ est connu et $p$ est inconnu. On émet l'hypothèse nulle $H_0$ : $p = p_0$ où $p_0$ est un nombre donné. On convient à l'avance d'un risque $\alpha$. On sait déjà que, si $H_0$ est vraie, $\hat{p} = X/n$ sera approximativement de loi $N(p_0, p_0 q_0/n)$ où $q_0 = 1 - p_0$. Autrement dit, si $H_0$ est vraie, on aura que :

$$Z = \frac{\sqrt{n}(\hat{p} - p_0)}{\sqrt{p_0 q_0}} \quad \text{sera approximativement de loi } N(0, 1).$$

L'hypothèse nulle sera rejetée si $Z$ est trop grand ou trop petit, c'est-à-dire si $Z$ est hors de l'intervalle $(-c_\alpha, c_\alpha)$ où $c_\alpha$ est tel que $P(-c_\alpha < N(0, 1) < c_\alpha) = 1 - \alpha$.

$$H_0 \text{ est rejetée si } |Z| > c_\alpha \,;$$
$$H_0 \text{ est acceptée si } |Z| \leq c_\alpha \,.$$

Cette procédure peut être aussi présentée sous la forme :

$$H_0 \text{ est rejetée si } |\hat{p} - p_0| > \frac{c_\alpha \sqrt{p_0 q_0}}{\sqrt{n}} \,;$$

$$H_0 \text{ est acceptée si } |\hat{p} - p_0| \leq \frac{c_\alpha \sqrt{p_0 q_0}}{\sqrt{n}} \,.$$

**EXEMPLE 2**    On émet l'hypothèse que 25 % des gens, dans la population, sont gauchers. Tester cette hypothèse avec un risque $\alpha = 10\%$ en utilisant le fait qu'un échantillon de 120 personnes a donné 18 gauchers.

*Solution :* On a ici $p_0 = 0{,}25$, $\hat{p} = {}^{18}/_{120} = 0{,}15$.

Aussi, puisque $\alpha = 10\%$, on prend $c_\alpha = 1{,}645$. On obtient donc que $c_\alpha \sqrt{p_0 q_0}/\sqrt{n} = 0{,}065$.

Puisque $|\hat{p} - p_0| = |0{,}15 - 0{,}25| = 0{,}10 > 0{,}065$, on doit rejeter l'hypothèse nulle. En conclusion, la proportion véritable de gauchers n'est pas 25 % ; elle est vraisemblablement plus petite.    ☐

**Remarque.** *L'hypothèse nulle $H_0$ : $p = p_0$ peut aussi être testée au moyen de $\chi^2 = \Sigma(O - T)^2/T$. Dans l'exemple 2, on a $O_1 = 18$, $O_2 = 120 - 18 = 102$, $T_1 = 120 p_0 = 30$, $T_2 = 120 q_0 = 90$ et on trouve $\chi^2 = 6{,}4$. On peut montrer que $\chi^2$ est algébriquement équivalent au carré de $Z = (\hat{p} - p_0)/\sqrt{p_0 q_0/n}$ et observer que le point critique pour $\chi^2$, 2,706, est exactement le carré du point critique utilisé pour $Z$, soit 1,645. Les deux tests sont donc rigoureusement équivalents.*

**Remarque.** *En utilisant les données de l'exemple 2 on obtient, pour $p$, l'intervalle de confiance $\left(\hat{p} \pm c_\alpha \sqrt{\hat{p}\hat{q}/n}\right) = (0{,}096;\ 0{,}204)$. La valeur $p_0 = 0{,}25$, proposée par l'hypothèse nulle, n'est pas dans l'intervalle de confiance : l'hypothèse nulle est donc rejetée. Il convient d'observer que, dans le calcul de l'intervalle de confiance, l'écart-type de $\hat{p}$, $\sigma_{\hat{p}} = \sqrt{pq/n}$, a été approximé par $\hat{\sigma}_{\hat{p}} = \sqrt{\hat{p}\hat{q}/n}$ alors que, pour le test, on utilise plutôt la valeur $\sqrt{p_0 q_0/n}$. Il peut donc arriver que, dans certains cas où la décision est serrée, les deux méthodes ne mènent pas rigoureusement à la même conclusion.*

# 9.2    Test sur l'égalité de deux proportions

Lorsqu'on considère deux populations différentes, le problème souvent se pose de savoir si ces deux populations admettent une même distribution commune. C'est en comparant deux échantillons, issus de chacune de ces populations, qu'on pourra accepter ou non l'*hypothèse selon laquelle les distributions sont identiques.*

Si aucune supposition n'est faite concernant la forme des distributions comparées, le test d'indépendance basé sur le calcul de $\chi^2$, vu au chapitre 3, permet d'atteindre une conclusion. Si, comme c'est souvent le cas, on sait à quel genre de loi on a affaire (loi binomiale, par exemple) il vaut mieux tirer profit de cette information et utiliser un test dans lequel on compare directement les estimateurs des paramètres qu'on obtient de chacun des échantillons.

**EXEMPLE 3**   Dans son édition du 30 mars 1987, la revue TIME rapportait les résultats d'une étude effectuée par des chercheurs de l'Université du Maryland et de l'Université de Pennsylvanie et qui portait sur le taux de mortalité de 92 patients atteints de troubles cardiaques sérieux. 53 de ces patients possédaient un animal familier (chien, chat, poissons rouges,...); 3 de ces patients ont survécu moins d'un an. Parmi les 39 patients qui ne possédaient pas d'animal familier, 11 sont décédés durant la même période d'un an. Les probabilités de décès sont-elles égales pour les deux groupes? Les résultats expérimentaux donnent $\hat{p} = 3/53 = 0,057$ pour ceux qui possèdent un animal et $\hat{p} = 11/39 = 0,282$ pour ceux qui n'en ont pas. Compte tenu des tailles des deux échantillons, l'écart est-il significatif? Nous y reviendrons plus loin, quand nous aurons développé un test qui permettra de répondre à cette question.☐

Considérons deux variables aléatoires $X$ et $Y$, chacune de loi binomiale, $X$ est $B(n_X, p_X)$ et $Y$ est $B(n_Y, p_Y)$. On veut tester l'hypothèse

$$H_0 : \; p_X = p_Y.$$

On sait déjà que $p_X$ et $p_Y$ peuvent être estimés par les fréquences échantillonnales $\hat{p}_X = X/n_X$ et $\hat{p}_Y = Y/n_Y$. C'est en comparant $\hat{p}_X$ et $\hat{p}_Y$ qu'on pourra détecter si les paramètres $p_X$ et $p_Y$ sont égaux ou non. L'hypothèse selon laquelle ils sont égaux sera rejetée si la distance entre $\hat{p}_X$ et $\hat{p}_Y$ est significativement grande.

On sait déjà que, si les tailles $n_X$ et $n_Y$ des deux échantillons sont grandes, alors

$\hat{p}_X$ est approximativement de loi $N(p_X, \sigma_{\hat{p}_X}^2)$ où $\sigma_{\hat{p}_X}^2 = \frac{p_X q_X}{n_X}$

et

$\hat{p}_Y$ est approximativement de loi $N(p_Y, \sigma_{\hat{p}_Y}^2)$ où $\sigma_{\hat{p}_Y}^2 = \frac{p_Y q_Y}{n_Y}$.

Puisqu'ils sont issus de deux échantillons différents, les estimateurs $\hat{p}_X$ et $\hat{p}_Y$ sont indépendants et on obtient que :

$\hat{p}_X - \hat{p}_Y$ est approximativement de loi $N(p_X - p_Y, \sigma_{\hat{p}_X}^2 + \sigma_{\hat{p}_Y}^2)$,

ce qui entraîne que

$$\frac{\hat{p}_X - \hat{p}_Y - (p_X - p_Y)}{\sqrt{\sigma_{\hat{p}_X}^2 + \sigma_{\hat{p}_Y}^2}} \text{ est approximativement de loi } N(0,1).$$

Les variances $\sigma_{\hat{p}_X}^2$ et $\sigma_{\hat{p}_Y}^2$, qui paraissent au dénominateur, peuvent être estimées par $\hat{\sigma}_{\hat{p}_X}^2 = \hat{p}_X \hat{q}_X / n_X$ et $\hat{\sigma}_{\hat{p}_Y}^2 = \hat{p}_Y \hat{q}_Y / n_Y$ et on obtient, si $n_X$ et $n_Y$ sont grands,

$$\frac{\hat{p}_X - \hat{p}_Y - (p_X - p_Y)}{\sqrt{\hat{\sigma}_{\hat{p}_X}^2 + \hat{\sigma}_{\hat{p}_Y}^2}} \text{ est approximativement de loi } N(0,1).$$

Si l'hypothèse $H_0 :\ p_X = p_Y$ est vraie, le terme $(p_X - p_Y)$, qui paraît au numérateur de l'expression précédente, prend valeur zéro. Il s'ensuit donc que, si $H_0$ est vraie, la variable

$$Z = \frac{\hat{p}_X - \hat{p}_Y}{\sqrt{\hat{\sigma}_{\hat{p}_X}^2 + \hat{\sigma}_{\hat{p}_Y}^2}} = \frac{\hat{p}_X - \hat{p}_Y}{\sqrt{\dfrac{\hat{p}_X \hat{q}_X}{n_X} + \dfrac{\hat{p}_Y \hat{q}_Y}{n_Y}}} \text{ est approximativement de loi } N(0,1).$$

On obtient donc un test de risque $\alpha$ en convenant de rejeter l'hypothèse $H_0 :\ p_X = p_Y$ si $|Z| > c_\alpha$, où $c_\alpha$ est choisi tel que $P(-c_\alpha < N(0,1) < c_\alpha) = 1 - \alpha$.

**EXEMPLE 4**  Reprenons l'exemple 3 où on l'avait laissé. Parmi les $n_X = 53$ patients qui possèdent un animal familier, 3 sont décédés, ce qui donne $\hat{p}_X = 0{,}057$. Parmi les $n_Y = 39$ patients qui ne possèdent pas d'animal familier, 11 sont décédés et on a $\hat{p}_Y = 0{,}282$. On trouve donc que

$$Z = \frac{\hat{p}_X - \hat{p}_Y}{\sqrt{\dfrac{\hat{p}_X \hat{q}_X}{n_X} + \dfrac{\hat{p}_Y \hat{q}_Y}{n_Y}}} = \frac{0{,}057 - 0{,}282}{\sqrt{0{,}001\,01 + 0{,}005\,19}} = -2{,}86.$$

Même en prenant $\alpha = 1\,\%$ (et $c_\alpha = 2{,}576$) on a $|Z| > c_\alpha$, ce qui conduit au rejet de $H_0 :\ p_X = p_Y$. Le taux de mortalité est significativement plus faible chez les patients qui possèdent un animal familier. L'interprétation de cette conclusion ne relève plus des mathématiques...  ◻

### Cas où les données sont appariées.

Il arrive parfois que les données soient prélevées de telle sorte qu'on puisse tester l'hypothèse $H_0 :\ p_X = p_Y$ d'une autre façon, souvent encore plus efficace. Ce sera le cas, par exemple, si les données sont **appariées**, c'est-à-dire, si c'est *le même échantillon* qui a servi à estimer chacune des deux proportions $p_X$ et $p_Y$.

**EXEMPLE 5**  Supposons qu'on veuille tester si la proportion $p_X$ des foyers qui possèdent un four à micro-ondes est égale à la proportion $p_Y$ des foyers qui possèdent un magnétoscope. Lors d'un sondage portant sur 773 foyers, on a obtenu $\hat{p}_X = {}^{502}\!/_{773} = 0{,}649$ et $\hat{p}_Y = {}^{478}\!/_{773} = 0{,}618$. Pour tester $H_0 :\ p_X = p_Y$, il serait incorrect d'utiliser le test précédent qui n'est valide que si les estimateurs $\hat{p}_X$ et $\hat{p}_Y$ sont *indépendants*, ce qui n'est pas ici le cas car c'est le *même* échantillon de foyers qui a servi à estimer $p_X$ et $p_Y$. Intuitivement, les familles « riches » ont beaucoup de chances de posséder les deux appareils alors que les familles « pauvres » ont beaucoup de chances de n'en posséder aucun. Pour un foyer tiré au hasard, les deux variables qualitatives « posséder un four à micro-ondes » et « posséder un magnétoscope » sont visiblement *dépendantes*.

La probabilité $p_X$ qu'un foyer possède un four à micro-ondes est la somme de deux composantes :

$p_X = P$(posséder les deux appareils) + $P$(four et pas de magnétoscope).

De même, on a

$p_Y = P$(posséder les deux appareils) + $P$(magnétoscope et pas de four).

L'hypothèse nulle $H_0$ : $p_X = p_Y$ peut donc être reformulée d'une autre façon :

$H_0$ : $P$(four et pas de magnétoscope) = $P$(magnétoscope et pas de four).

Pour tester $H_0$, nous ne considérons donc que le *sous-échantillon* formé des foyers *qui possèdent un des appareils et ne possèdent pas l'autre* et nous allons tester si, parmi ces foyers particuliers, la probabilité $p$ qu'il soit du type « four et pas de magnétoscope » est égale à ½. L'hypothèse nulle $H_0$ : $p_X = p_Y$ est devenue $H_0$ : $p = \frac{1}{2}$ et l'échantillon a été réduit aux seuls foyers qui ne possèdent qu'un des deux appareils.

Le tableau suivant indique la distribution conjointe des deux variables, pour les 773 foyers formant l'échantillon :

|  | Pas de four M.-O. | Four M.-O. | TOTAL |
|---|---|---|---|
| Pas de magnétoscope | 231 | 64 | 295 |
| Magnétoscope | 40 | 438 | 478 |
| TOTAL | 271 | 502 | 773 |

Parmi les 773 foyers qui forment l'échantillon complet, on en trouve $64 + 40 = 104$ qui ne possèdent *qu'un seul* des deux appareils. Dans ce sous-échantillon de taille $n = 104$, une proportion $\hat{p} = {}^{64}/_{104} = 0{,}615$ sont du type « four et pas de magnétoscope ». Pour tester l'hypothèse $H_0$ : $p = p_0 = $½, il suffit de comparer $Z = \sqrt{n}(\hat{p} - p_0)/\sqrt{p_0 q_0}$ avec le point critique $c_\alpha$ qui, si on prend $\alpha = 5\,\%$, vaut 1,960. On obtient

$$Z = \sqrt{104}(0{,}615 - 0{,}5) \Big/ \sqrt{1/4} = 2{,}35.$$

Puisque $|Z| > c_\alpha$, l'hypothèse nulle est rejetée et on conclut que plus de foyers possèdent un four à micro-ondes qu'un magnétoscope. Remarquons que si l'on avait (*erronément*) fait comme si $\hat{p}_X$ et $\hat{p}_Y$ étaient indépendants, on aurait obtenu

$$Z = (\hat{p}_X - \hat{p}_Y) \Big/ \sqrt{\hat{p}_X \hat{q}_X/n_X + \hat{p}_Y \hat{q}_Y/n_Y} = 1{,}27$$

et l'hypothèse nulle n'aurait pas été rejetée.    □

# 9.3 Test d'hypothèse sur une moyenne

Considérons un échantillon $X_1, X_2, \ldots, X_n$ formé de variables (de loi non spécifiée) dont la moyenne théorique $\mu$ et la variance théorique $\sigma^2$ sont inconnues. On veut tester l'hypothèse nulle :

$$H_0 : \ \mu = \mu_0$$

où $\mu_0$ est un certain nombre donné.

L'estimateur naturel pour $\mu$ est $\hat{\mu} = \bar{X}$ et, comme on a vu au chapitre 8, pour $n$ suffisamment grand,

$$\frac{\bar{X} - \mu}{\hat{\sigma}_{\bar{X}}} = \frac{\bar{X} - \mu}{\hat{\sigma}/\sqrt{n}} \quad \text{est pratiquement de loi } N(0,1).$$

où $\hat{\sigma}^2 = \frac{1}{n-1}\Sigma(X_i - \bar{X})^2$ est l'estimateur de $\sigma^2$.

Nous savons aussi que, si les observations $X_1, X_2, \ldots, X_n$ sont de loi normale,

$$\frac{\bar{X} - \mu}{\hat{\sigma}_{\bar{X}}} = \frac{\bar{X} - \mu}{\hat{\sigma}/\sqrt{n}} \quad \text{est } \textit{exactement} \text{ de loi } t_\nu \text{ (Student, avec } \nu = n-1).$$

Même si les variables $X_1, X_2, \ldots, X_n$ ne sont pas rigoureusement de loi normale, il est préférable d'utiliser quand même la loi de Student (plutôt que la loi normale) car elle conduit à des résultats plus près des valeurs exactes. C'est ce que nous ferons dans toute la suite en traitant le cas d'un échantillon de loi non spécifiée comme s'il s'agissait d'un échantillon de loi normale et en laissant sous-entendu que si l'échantillon est vraiment de loi normale, les résultats seront exacts, même pour les petites valeurs de $n$.

Si l'hypothèse $H_0 : \ \mu = \mu_0$ est vraie, on peut donc considérer que, si $n$ est assez grand, la variable

$$T = \frac{\bar{X} - \mu_0}{\hat{\sigma}_{\bar{X}}} = \frac{\bar{X} - \mu_0}{\hat{\sigma}/\sqrt{n}} \quad \text{est pratiquement de loi } t_\nu \text{ avec } \nu = n-1.$$

L'hypothèse nulle sera rejetée si $T$ est trop grand ou trop petit, c'est-à-dire si $T$ est hors de l'intervalle $(-c_\alpha, c_\alpha)$ où $c_\alpha$ est tel que $P(-c_\alpha < t_{n-1} < c_\alpha) = 1 - \alpha$.

$$H_0 \text{ est rejetée si } |T| > c_\alpha.$$
$$H_0 \text{ est acceptée si } |T| \leq c_\alpha.$$

Cette procédure peut aussi être présentée sous la forme :

$$H_0 \text{ est rejetée si } |\bar{X} - \mu_0| > \frac{c_\alpha \hat{\sigma}}{\sqrt{n}} \, ;$$

$$H_0 \text{ est acceptée si } |\bar{X} - \mu_0| \leq \frac{c_\alpha \hat{\sigma}}{\sqrt{n}} \, .$$

**EXEMPLE 6**    Des expériences passées ont permis de déterminer que le temps moyen de sommeil des gens est de 7,7 heures. Une compagnie pharmaceutique, voulant tester la valeur d'un nouveau somnifère, a effectué des expériences. Un échantillon de taille 10, où le somnifère a été utilisé, a donné les résultats :

$$7,8 \quad 8,3 \quad 7,2 \quad 9,1 \quad 8,4 \quad 6,8 \quad 7,3 \quad 7,7 \quad 8,9 \quad 9,2$$

Tester, avec $\alpha = 5\,\%$, l'hypothèse selon laquelle le nouveau somnifère n'a aucun effet sur la durée moyenne du sommeil, c'est-à-dire $H_0 : \mu = \mu_0 = 7,7$.

*Solution :* $n = 10$, $\Sigma X_i = 80,7$ et $\Sigma X_i^2 = 657,61$, ce qui donne $\bar{X} = 8,07$ et $\hat{\sigma} = 0,840\,7$. De ces valeurs on obtient

$$T = \frac{\sqrt{n}(\bar{X} - \mu_0)}{\hat{\sigma}} = \frac{\sqrt{10}\,(8,07 - 7,7)}{0,840\,7} = 1,392.$$

Puisque $\nu = n - 1 = 9$ et $\alpha = 5\,\%$, on obtient, de la table de la loi de Student, $c_\alpha = 2,262$.

Puisque $|T| < c_\alpha$, l'hypothèse nulle n'est pas rejetée. Rien ne prouve que le somnifère modifie la durée du sommeil.    □

## 9.4    Test sur l'égalité de deux moyennes

Un des problèmes statistiques les plus fréquemment rencontrés est celui de pouvoir tester l'hypothèse selon laquelle, pour deux populations différentes, une certaine variable prend, en moyenne, la même valeur. On dispose de deux échantillons, $X_1, X_2, \ldots, X_{n_X}$ et $Y_1, Y_2, \ldots, Y_{n_Y}$, provenant de chacune des deux populations, et l'hypothèse nulle qu'on veut tester est $H_0 : \mu_X = \mu_Y$.

**EXEMPLE 7**    On veut savoir si deux espèces de poules, l'espèce A et l'espèce B, pondent des œufs de même calibre. Le poids moyen de 50 œufs provenant de poules de l'espèce A, est de 52,4 grammes, celui de 80 œufs provenant de l'espèce B est de 54,3 grammes. L'écart de 1,9 grammes observé entre ces deux moyennes est-il suffisamment grand pour qu'on puisse rejeter l'hypothèse selon laquelle les poids moyens *théoriques* $\mu_X$ et $\mu_Y$ sont égaux ? Tel que posé, ce problème n'a pas de solution car il y manque une information cruciale : la dispersion des observations. L'écart de 1,9 observé entre $\bar{X}$ et $\bar{Y}$ sera jugé grand (ou petit) selon que, dans les échantillons, les observations sont fortement concentrées (ou largement dispersées). Nous y reviendrons plus loin, après avoir développé les formules pertinentes.    □

Considérons deux échantillons indépendants $X_1, X_2, \ldots, X_{n_X}$ et $Y_1, Y_2, \ldots, Y_{n_Y}$, de lois non spécifiées, et pour lesquelles les moyennes et variances théoriques $\mu_X, \mu_Y, \sigma_X^2$ et $\sigma_Y^2$ sont inconnues. On veut tester l'hypothèse nulle

$$H_0 : \ \mu_X = \mu_Y.$$

On sait que si les tailles $n_X$ et $n_Y$ des échantillons sont grandes, les moyennes expérimentales $\bar{X}$ et $\bar{Y}$ sont approximativement de lois $N(\mu_X; \sigma_Y^2/n_X)$ et $N(\mu_Y, \sigma_Y^2/n_Y)$, respectivement. $\bar{X}$ et $\bar{Y}$ étant indépendants, on obtient que

$$\bar{X} - \bar{Y} \text{ est approximativement de loi } N\left(\mu_X - \mu_Y, \frac{\sigma_X^2}{n_X} + \frac{\sigma_Y^2}{n_Y}\right)$$

d'où il vient que

$$\frac{\bar{X} - \bar{Y} - (\mu_X - \mu_Y)}{\sqrt{\dfrac{\sigma_X^2}{n_X} + \dfrac{\sigma_Y^2}{n_Y}}} \text{ est approximativement de loi } N(0, 1).$$

Si l'hypothèse $H_0 : \ \mu_X = \mu_Y$ est vraie, le terme $(\mu_X - \mu_Y)$ qui paraît au numérateur de l'expression précédente disparaît et on obtient que

$$\frac{\bar{X} - \bar{Y}}{\sqrt{\dfrac{\sigma_X^2}{n_X} + \dfrac{\sigma_Y^2}{n_Y}}} \text{ est approximativement de loi } N(0, 1).$$

Si $n_X$ et $n_Y$ sont grands, les variances inconnues $\sigma_X^2$ et $\sigma_Y^2$ qui paraissent au dénominateur peuvent être remplacées par leurs valeurs estimées $\hat{\sigma}_X^2$ et $\hat{\sigma}_Y^2$. On obtient donc que, si $H_0$ est vraie,

$$Z = \frac{\bar{X} - \bar{Y}}{\sqrt{\dfrac{\hat{\sigma}_X^2}{n_X} + \dfrac{\hat{\sigma}_Y^2}{n_Y}}} \text{ est approximativement de loi } N(0, 1).$$

L'hypothèse nulle sera rejetée si $Z$ prend une valeur trop grande ou trop petite, c'est-à-dire, si $Z$ est hors de l'intervalle $(-c_\alpha, c_\alpha)$ où $c_\alpha$ est tel que $P(-c_\alpha < N(0, 1) < c_\alpha) = 1 - \alpha$.

$$H_0 \text{ est rejetée si } |Z| > c_\alpha.$$
$$H_0 \text{ est acceptée si } |Z| \leq c_\alpha.$$

Cette procédure peut aussi être présentée sous la forme :

$$H_0 \text{ est rejetée si } |\bar{X} - \bar{Y}| > c_\alpha \sqrt{\frac{\hat{\sigma}_X^2}{n_X} + \frac{\hat{\sigma}_Y^2}{n_Y}} \; ;$$

$$H_0 \text{ est acceptée si } |\bar{X} - \bar{Y}| \leq c_\alpha \sqrt{\frac{\hat{\sigma}_X^2}{n_X} + \frac{\hat{\sigma}_Y^2}{n_Y}} \; .$$

**EXEMPLE 8**   Reprenons l'exemple 7 dans lequel on voulait savoir si deux espèces de poules pondaient des œufs de poids moyen identiques. Avec $n_X = 50$ et $n_Y = 80$, on avait obtenu $\bar{X} = 52{,}4$ et $\bar{Y} = 54{,}3$.

a) À quelle conclusion arrive-t-on si $\hat{\sigma}_X = 2{,}7$ et $\hat{\sigma}_Y = 4{,}5$? (prendre $\alpha = 5\,\%$).

b) À quelle conclusion arrive-t-on si $\hat{\sigma}_X = 10{,}6$ et $\hat{\sigma}_Y = 7{,}4$? (prendre encore $\alpha = 5\,\%$).

*Solution :*   Avec $\alpha = 5\,\%$, on prend $c_\alpha = 1{,}960$. L'hypothèse nulle est $H_0 : \mu_X = \mu_Y$.

a) On trouve
$$Z = (\bar{X} - \bar{Y}) \,/\, \sqrt{\hat{\sigma}_{\bar{X}}^2/n_X + \hat{\sigma}_{\bar{Y}}^2/n_Y} = -1{,}9 \,/\, \sqrt{0{,}145\,8 + 0{,}253\,1} = -3{,}01.$$
Puisque $|Z| > c_\alpha$, l'hypothèse nulle est rejetée. Les poules de l'espèce B pondent des œufs significativement plus lourds que celles de l'espèce A.

b) On trouve maintenant $Z = -1{,}9/\sqrt{2{,}247\,2 + 0{,}684\,5} = -1{,}11$. Puisque $|Z| < c_\alpha$, l'hypothèse nulle est acceptée. La différence entre $\bar{X}$ et $\bar{Y}$ est aisément expliquée par le hasard.   $\square$

## Cas où les variances sont supposées égales.

Il arrive fréquemment qu'il soit naturel de supposer que les variances inconnues $\sigma_X^2$ et $\sigma_Y^2$ sont *égales*. Ce sera le cas, par exemple, si l'on veut tester l'efficacité d'un engrais agricole, d'un médicament, d'un traitement particulier. On peut alors supposer que l'engrais ou le médicament n'agit que sur la *moyenne* de la variable mesurée, ne fait que *déplacer* la courbe des données sans en affecter la dispersion.

Quand les variances $\sigma_X^2$ et $\sigma_Y^2$ sont égales, on n'a plus à les distinguer ; chacune est égale au même $\sigma^2$. Alors, $\bar{X} - \bar{Y}$ est approximativement de loi $N(\mu_X - \mu_Y, \sigma^2(\frac{1}{n_X} + \frac{1}{n_Y}))$. Si $H_0 : \mu_X = \mu_Y$ est vraie,

$$\frac{\bar{X} - \bar{Y}}{\sigma\sqrt{\dfrac{1}{n_X} + \dfrac{1}{n_Y}}} \qquad \text{est approximativement de loi } N(0, 1).$$

La variance commune $\sigma^2$ peut être estimée au moyen d'une moyenne pondérée des deux estimateurs $\hat{\sigma}_X^2$ et $\hat{\sigma}_Y^2$. On pose

$$\hat{\sigma}^2 = \frac{(n_X - 1)\hat{\sigma}_X^2 + (n_Y - 1)\hat{\sigma}_Y^2}{n_X + n_Y - 2}$$

$$= \frac{\Sigma(X_i - \bar{X})^2 + \Sigma(Y_i - \bar{Y})^2}{n_X + n_Y - 2}$$

$$= \frac{\Sigma X_i^2 - n_X \bar{X}^2 + \Sigma Y_i^2 - n_Y \bar{Y}^2}{n_X + n_Y - 2}.$$

On peut montrer que cet estimateur est sans biais pour $\sigma^2$. On peut aussi montrer que si les observations $X_i$ et $Y_i$ sont de *loi normale* (et si $H_0$ est vraie),

$$T = \frac{\bar{X} - \bar{Y}}{\hat{\sigma}\sqrt{\dfrac{1}{n_x} + \dfrac{1}{n_Y}}} \quad \text{est } \textit{exactement} \text{ de loi } t_\nu$$

où
$$\nu = n_X + n_Y - 2.$$

D'autres formes équivalentes pour $T$ sont :

$$T = \frac{\bar{X} - \bar{Y}}{\hat{\sigma}}\sqrt{\frac{n_X n_Y}{n_X + n_Y}},$$

$$T = (\bar{X} - \bar{Y})\sqrt{\frac{(n_X + n_Y - 2)n_X n_Y}{(n_X + n_Y)((n_X - 1)\hat{\sigma}_X^2 + (n_Y - 1)\hat{\sigma}_Y^2)}}.$$

L'hypothèse nulle sera rejetée si $T$ prend une valeur trop grande ou trop petite, c'est-à-dire, si $T$ est hors de l'intervalle $(-c_\alpha, c_\alpha)$ où $c_\alpha$ est tel que

$$P(-c_\alpha < t_{n_X + n_Y - 2} < c_\alpha) = 1 - \alpha.$$

Si les observations sont de loi normale, le $c_\alpha$ obtenu de la table de la loi de Student (avec $\nu = n_X + n_Y - 2$) conduit à un test rigoureusement exact. Si les observations ne sont pas de loi normale, on préfère prendre quand même le $c_\alpha$ dans la table de la loi de Student plutôt que dans celle de la loi normale afin de limiter les approximations au minimum.

***EXEMPLE 9***    Un jardinier amateur veut savoir si l'engrais qu'il utilise pour ses plants de tomates est vraiment efficace. Pour ce faire, il a privé d'engrais 2 de ses plants de tomates, choisis au hasard en début de saison, et n'a donné de l'engrais qu'aux 6 autres plants. Au moment de la cueillette, il a pesé la production de chaque plant.

Les plants sans engrais ont fourni respectivement 12,3 et 13,6 kg de tomates. Pour les plants traités à l'engrais, les résultats, en kilogrammes, ont été : 14,1, 12,8, 15,1, 13,7, 13,4 et 15,4.

En supposant que l'engrais n'agit que sur $\mu$ sans affecter $\sigma$, tester, avec $\alpha = 10\,\%$, l'hypothèse selon laquelle l'engrais n'a aucun effet.

*Solution :* Notant par $X$ les productions des plants sans engrais et par $Y$ celles des plants traités à l'engrais, on trouve :

$$n_X = 2, \ \overline{X} = 12{,}95, \ \hat{\sigma}_X^2 = 0{,}845, \ n_Y = 6, \ \overline{Y} = 14{,}08, \ \hat{\sigma}_Y^2 = 1{,}006$$

d'où on obtient que $\hat{\sigma}^2 = 0{,}979$ et $T = -1{,}40$.

Avec $\alpha = 10\,\%$ et $\nu = n_X + n_Y - 2 = 6$, la table de la loi de Student donne $c_\alpha = 1{,}943$.

Enfin, puisque $|T| < c_\alpha$, l'hypothèse $H_0 : \ \mu_X = \mu_Y$ ne peut être rejetée. L'écart observé entre $\overline{X}$ et $\overline{Y}$ n'est pas significatif.    □

**Remarque.** *Quand les variables sont normales, l'emploi de la loi de Student pour la détermination de $c_\alpha$ permet d'obtenir un test exact (c'est-à-dire : dont le risque réel est exactement le risque $\alpha$ désiré) seulement dans le cas où les variances inconnues sont supposées égales. Si l'on ne fait pas cette supposition, l'obtention d'un test exact est beaucoup plus difficile et on doit se contenter d'appliquer le test approximatif développé au début de la présente section. Soulignons que, pour plus de sécurité, on préfère parfois ne pas utiliser la loi normale mais tirer plutôt le $c_\alpha$ de la loi de Student où le nombre de degrés de liberté sera le plus petit des deux nombres $n_X - 1$ et $n_Y - 1$.*

**Cas où les données sont appariées.** Il est souvent avantageux — par exemple, quand on veut savoir si un certain traitement a un effet réel ou non — d'utiliser les *mêmes* unités statistiques (les mêmes individus) pour mesurer sur chacun à la fois $X$ et $Y$, la valeur *avec traitement* et la valeur *sans traitement*.

Les deux échantillons sont alors nécessairement de même taille ($n_X = n_Y = n$) et l'hypothèse selon laquelle le traitement est sans effet est $H_0 : \mu_X = \mu_Y$.

Dans un tel contexte expérimental, chacun des échantillons $X_1, X_2, \ldots, X_n$ et $Y_1, Y_2, \ldots, Y_n$ est bien formé de variables *indépendantes entre elles* mais, d'un échantillon à l'autre, la condition d'indépendance n'est plus satisfaite. La mesure $X_i$ et la mesure $Y_i$ provenant toutes deux du *même* individu, tout porte à croire qu'elles seront relativement voisines l'une de l'autre. Pour tester $H_0 : \ \mu_X = \mu_Y$, il est donc hors de question d'utiliser les tests qui viennent d'être développés, qui ne sont valides que si les deux échantillons sont indépendants l'un de l'autre. Quand les données sont appariées, le test qu'il convient d'appliquer est, en fait, plus simple que celui qui suppose l'indépendance : il suffit de calculer, pour chaque individu, l'*effet du traitement*

$$W_i = X_i - Y_i \,.$$

L'hypothèse nulle $H_0 : \ \mu_X = \mu_Y$ devient alors

$$H_0 : \ \mu_W = 0$$

et le test sur l'égalité de deux moyennes est remplacé par un test paramétrique portant sur *une seule* moyenne, celle de $W$. Pour tester $H_0 : \mu_W = 0$, il suffit donc d'appliquer les techniques développées à la section 9.3, c'est-à-dire, calculer

$$T = \frac{\overline{W} - \mu_0}{\hat{\sigma}_W / \sqrt{n}} = \frac{\sqrt{n}\overline{W}}{\hat{\sigma}_W}$$

où $\hat{\sigma}_W^2 = \left(\Sigma W_i^2 - n\overline{W}^2\right)/(n-1)$, puis

$$\text{rejeter } H_0 \text{ si } |T| > c_\alpha$$

$$\text{ou accepter } H_0 \text{ si } |T| \leq c_\alpha$$

où $c_\alpha$ est tel que $P(-c_\alpha < t_{n-1} < c_\alpha) = 1 - \alpha$.

**EXEMPLE 10**    Dix individus ont été pesés avant et après avoir cessé de fumer durant une période d'un mois. Les données recueillies sont celles du tableau suivant :

| i | 1 | 2 | 3 | 4 | 5 | 6 | 7 | 8 | 9 | 10 |
|---|---|---|---|---|---|---|---|---|---|----|
| Poids avant (Y kg) | 78 | 70 | 90 | 81 | 55 | 68 | 76 | 60 | 73 | 74 |
| Poids après (X kg) | 78 | 69 | 92 | 83 | 55 | 72 | 74 | 63 | 74 | 76 |

Tester, avec $\alpha = 10\,\%$, l'hypothèse selon laquelle le fait de cesser de fumer n'a aucun effet sur le poids.

*Solution*    Les *gains de poids* $W_i = X_i - Y_i$, pour chacun des 10 individus, sont

$$0 \quad -1 \quad 2 \quad 2 \quad 0 \quad 4 \quad -2 \quad 3 \quad 1 \quad 2$$

On trouve $\Sigma W_i = 11$, $\Sigma W_i^2 = 43$, $\overline{W} = 1,1$, $\hat{\sigma}_W^2 = 3,433$, $\hat{\sigma}_W = 1,853$, ce qui donne $T = \sqrt{n}\overline{W}/\hat{\sigma}_W = 1,877$.

Avec $\nu = n - 1 = 9$ et $\alpha = 10\,\%$, la table de la loi de Student donne $c_\alpha = 1,833$. Puisque $|T| > c_\alpha$, l'hypothèse nulle est rejetée (de justesse !). Le fait de cesser de fumer semble avoir un effet réel sur le poids. Remarquons que si l'on avait (*erronément*) traité les deux échantillons initiaux comme s'ils étaient indépendants, on aurait grossièrement surestimé la variance de $\overline{W} = \overline{X} - \overline{Y}$ en calculant $\hat{\sigma}_X^2/n_X + \hat{\sigma}_Y^2/n_Y = (103,82/10) + (101,39/10) = 20,521$, valeur près de 6 fois trop grande et qui aurait conduit à une acceptation fautive de $H_0$.    $\square$

## 9.5    Test d'hypothèse sur un paramètre $\theta$ quelconque

Ici encore, les concepts déjà développés dans le chapitre 8 dans un contexte d'estimation se transposent directement dans le présent contexte de test d'hypothèse.

On dispose d'un échantillon $X_1, X_2, \ldots, X_n$, de loi spécifiée (Poisson, géométrique, etc.; on a déjà traité le cas binomial) dont la distribution précise dépend d'un certain paramètre que nous notons $\theta$. Dans le cas binomial, $\theta$ tient lieu de $p$; dans le cas d'une loi de Poisson, $\theta$ représente $\lambda$. On suppose que seul $\theta$ est inconnu et on veut tester

$$H_0 : \ \theta = \theta_0 \quad \text{où } \theta_0 \text{ est un nombre donné.}$$

On dispose d'un estimateur convenable $\hat{\theta}$ dont on sait exprimer la variance $\sigma_{\hat{\theta}}^2$ en fonction de $\theta$ (et de $n$). On suppose aussi, que, pour $n$ grand, $\hat{\theta}$ est approximativement de loi $N(\theta, \sigma_{\hat{\theta}}^2)$; cette supposition est habituellement satisfaite si $\hat{\theta}$ est défini en fonction, par exemple, de la somme des $X_i$. On a alors que

$$\frac{\hat{\theta} - \theta}{\sigma_{\hat{\theta}}} \quad \text{est approximativement de loi } N(0,1).$$

Si l'hypothèse nulle est vraie, $\theta = \theta_0$ et on a que

$$Z = \frac{\hat{\theta} - \theta_0}{\sigma_{\hat{\theta}}} \quad \text{est approximativement de loi } N(0,1),$$

où $\sigma_{\hat{\theta}}$ est connue puisqu'on sait exprimer $\sigma_{\hat{\theta}}^2$ en fonction de $\theta$ et qu'on connaît la valeur de $\theta$, égale à $\theta_0$ (si l'hypothèse nulle est vraie).

Il ne reste plus qu'à

$$\text{rejeter } H_0 \text{ si } |Z| > c_\alpha$$

$$\text{ou accepter } H_0 \text{ si } |Z| \le c_\alpha$$

où $c_\alpha$ est tel que $P(-c_\alpha < N(0,1) < c_\alpha) = 1 - \alpha$.

C'est précisément ce qui a été fait dans le cas du paramètre $p$ de la loi binomiale et qu'on peut faire maintenant pour plusieurs autres lois.

**EXEMPLE 11**    Dans une certaine ville, il se produit, en moyenne 2,3 vols par effraction par jour. Depuis 50 jours une campagne d'information sur les moyens de prévention est en cours. Durant cette période, il s'est produit 91 vols. Peut-on conclure que la campagne a eu un effet réel?

*Solution :*  Le nombre $X$ d'événements (vols) qui se produisent durant une certaine période de temps devrait suivre une loi de Poisson. Si l'on note par $X_1, X_2, \ldots, X_n$ les nombres de vols qui ont eu lieu chaque jour, chacun de ces $X_i$ devrait suivre une loi Poisson($\lambda$) où, si l'hypothèse nulle est vraie, $\lambda = \lambda_0 = 2{,}3$.

L'estimateur naturel de $\lambda$ est $\hat{\lambda} = \bar{X}$ et $\sigma_{\hat{\lambda}}^2 = \sigma_{X_i}^2 / n = \lambda/n$. Si $H_0$ est vraie,

$$Z = \frac{\hat{\lambda} - \lambda_0}{\sqrt{\lambda_0/n}} \quad \text{devrait être de loi } N(0,1).$$

Il ne reste plus qu'à voir si $|Z| > c_\alpha$, puis décider, selon le cas, de rejeter ou d'accepter l'hypothèse nulle.

Dans notre exemple, $n = 50$, $\lambda_0 = 2{,}3$ et $\Sigma X_i = 91$, ce qui donne $\hat{\lambda} = \bar{X} = 91/50 = 1{,}82$ et $Z = (1{,}82 - 2{,}3) / \sqrt{2{,}3/50} = -2{,}24$. Avec $\alpha = 5\%$, on a $c_\alpha = 1{,}96$ et l'hypothèse nulle est rejetée. La campagne d'information a un effet réel. $\qquad\qquad\qquad\qquad\qquad\qquad\qquad\qquad\qquad\qquad\qquad$ $\square$

**Test sur l'égalité de $\theta_X$ et $\theta_Y$.**   Encore une fois, la loi est spécifiée et on compare deux populations pour savoir si, chez chacune, le paramètre $\theta$ a la même valeur. On dispose de deux échantillons indépendants $X_1, X_2, \ldots,$ $X_{n_X}$ et $Y_1, Y_2, \ldots, Y_{n_Y}$, qui fournissent les estimateurs $\hat{\theta}_X$ et $\hat{\theta}_Y$. On suppose que ces deux estimateurs sont approximativement de lois

$$N\left(\theta_X, \sigma_{\hat{\theta}_X}^2\right) \quad \text{et} \quad N\left(\theta_Y, \sigma_{\hat{\theta}_Y}^2\right)$$

et que, par conséquent,

$$\frac{\hat{\theta}_X - \hat{\theta}_Y - (\theta_X - \theta_Y)}{\sqrt{\sigma_{\hat{\theta}_X}^2 + \sigma_{\hat{\theta}_Y}^2}} \quad \text{est approximativement de loi } N(0,1).$$

On suppose aussi que

$$\frac{\hat{\theta}_X - \hat{\theta}_Y - (\theta_X - \theta_Y)}{\sqrt{\hat{\sigma}_{\hat{\theta}_X}^2 + \hat{\sigma}_{\hat{\theta}_Y}^2}} \quad \text{est approximativement de loi } N(0,1),$$

où $\hat{\sigma}_{\hat{\theta}_X}^2$ est l'estimateur de $\sigma_{\hat{\theta}_X}^2$ obtenu en remplaçant $\theta_X$ par $\hat{\theta}_X$ dans la formule qui exprime $Var(\hat{\theta}_X)$ en fonction de $\theta_X$ et de $n_X$ (et $\hat{\sigma}_{\hat{\theta}_Y}^2$ est obtenu de façon analogue).

Si l'hypothèse nulle $H_0 : \theta_X = \theta_Y$ est vraie, le terme $\theta_X - \theta_Y$ disparaît et on obtient que

$$\frac{\hat{\theta}_X - \hat{\theta}_Y}{\sqrt{\hat{\sigma}_{\hat{\theta}_X}^2 + \hat{\sigma}_{\hat{\theta}_Y}^2}} \quad \text{est approximativement de loi } N(0,1).$$

Il ne reste qu'à

$$\text{rejeter } H_0 \text{ si } |Z| > c_\alpha$$

$$\text{ou accepter } H_0 \text{ si } |Z| \leq c_\alpha.$$

**EXEMPLE 12**     On suppose que la durée de vie (en heures) d'une certaine pièce de machinerie se distribue selon une loi exponentielle, que 10 pièces de marque A, mises à l'épreuve, ont duré, *en moyenne*, 8,4 heures et que 15 pièces de marque B ont duré, en moyenne, 12,3 heures. L'hypothèse selon laquelle les deux marques sont de même qualité doit-elle être rejetée ? Prendre $\alpha = 5\,\%$.

*Solution :*  On sait que l'espérance et la variance d'une variable de loi $Exp(\theta)$ sont, respectivement, $\theta$ et $\theta^2$. L'estimateur $\hat{\theta}_X = \bar{X}$ est donc sans biais pour $\theta_X$ et sa variance,

$$\sigma^2_{\hat{\theta}_X} = \frac{Var(X_i)}{n_X} = \frac{\theta^2_X}{n_X}$$

est estimée par

$$\hat{\sigma}^2_{\hat{\theta}_X} = \frac{\hat{\theta}^2_X}{n_X} = \frac{\bar{X}^2}{n_X}\,.$$

On fait de même pour $\hat{\theta}_Y = \bar{Y}$ et on obtient que, si $H_0 :\ \theta_X = \theta_Y$ est vraie,

$$Z = \frac{\bar{X} - \bar{Y}}{\sqrt{\dfrac{\bar{X}^2}{n_X} + \dfrac{\bar{Y}^2}{n_Y}}} \quad \text{est approximativement de loi } N(0,1).$$

Ici, $n_X = 10$, $\bar{X} = 8,4$, $n_Y = 15$ et $\bar{Y} = 12,3$. On obtient donc que

$$Z = (8,4 - 12,3) \,/\, \sqrt{70,56/10 + 151,29/15} = -0,94.$$

Cette valeur étant à l'intérieur de l'intervalle $(-c_\alpha, c_\alpha)$ où $c_\alpha = 1,960$, l'hypothèse nulle ne peut être rejetée. Les résultats expérimentaux ne permettent pas d'affirmer qu'une marque est meilleure que l'autre.     □

## Résumé

**Test d'hypothèse.** L'hypothèse nulle est rejetée si les résultats expérimentaux s'écartent trop de ce que le hasard devrait permettre. Le risque $\alpha$ est la probabilité de rejeter $H_0$ quand elle est vraie.

| Loi de la population $\hat{p}$ | Hypothèse $H_0$ | Variable utilisée | Condition de rejet de $H_0$ | Source du $c_\alpha$ |
|---|---|---|---|---|
| Binomiale | $p = p_0$ | $Z = \dfrac{\sqrt{n}\,(\hat{p} - p_0)}{\sqrt{p_0 q_0}}$ | $\lvert Z \rvert > c_\alpha$ | Loi $N(0,1)$ |
| Normale (ou non spécifiée) | $\mu = \mu_0$ | $T = \dfrac{\sqrt{n}(\bar{X} - \mu_0)}{\hat{\sigma}}^{*}$ | $\lvert T \rvert > c_\alpha$ | Loi de Student avec $\nu = n-1$ |
| Quelconque | $\theta = \theta_0$ | $Z = \dfrac{\hat{\theta} - \theta_0}{\sigma_{\hat{\theta}}}^{**}$ | $\lvert Z \rvert > c_\alpha$ | Loi $N(0,1)$ |

$$* \; \hat{\sigma}^2 = \frac{1}{n-1}\Sigma(X_i - \bar{X})^2 = \frac{n}{n-1}(\overline{X^2} - \bar{X}^2).$$

** $\sigma_{\hat{\theta}}^2$ est obtenu en remplaçant $\theta$ par $\theta_0$ dans la formule qui donne $Var(\hat{\theta})$.

**Test sur l'égalité de deux paramètres**

| Loi de la population | Hypothèse $H_0$ | Variable utilisée | Condition de rejet de $H_0$ | Source du $c_\alpha$ |
|---|---|---|---|---|
| Binomiale | $p_X = p_Y$ | $Z = \dfrac{\hat{p}_X - \hat{p}_Y}{\sqrt{\dfrac{\hat{p}_X \hat{q}_X}{n_X} + \dfrac{\hat{p}_Y \hat{q}_Y}{n_Y}}}$ | $\lvert Z \rvert > c_\alpha$ | Loi $N(0,1)$ |
| Normale (ou non spécifiée) $\sigma_X = \sigma_Y$ | $\mu_X = \mu_Y$ | $T = \dfrac{\bar{X} - \bar{Y}}{\hat{\sigma}}\sqrt{\dfrac{n_X n_Y}{n_X + n_Y}}^{*}$ | $\lvert T \rvert > c_\alpha$ | Loi de Student avec $\nu = n_X + n_Y - 2$ |
| Normale (ou non spécifiée) | $\mu_X = \mu_Y$ | $Z = \dfrac{\bar{X} - \bar{Y}}{\sqrt{\dfrac{\hat{\sigma}_X^2}{n_X} + \dfrac{\hat{\sigma}_Y^2}{n_Y}}}$ | $\lvert Z \rvert > c_\alpha$ | Loi $N(0,1)$ ou loi de Student où $\nu$ est le plus petit de $n_X - 1$ et $n_y - 1$ |
| Loi quelconque | $\theta_X = \theta_Y$ | $Z = \dfrac{\hat{\theta}_X - \hat{\theta}_Y}{\sqrt{\hat{\sigma}_{\hat{\theta}_X}^2 + \hat{\sigma}_{\hat{\sigma}_Y}^2}}^{**}$ | $\lvert Z \rvert > c_\alpha$ | Lo $N(0,1)$ |

$$* \; \hat{\sigma}^2 = \frac{(n_X - 1)\hat{\sigma}_X^2 + (n_X - 1)\hat{\sigma}_Y^2}{n_X + n_Y - 2}.$$

** $\hat{\sigma}_{\hat{\theta}_X}^2$ est obtenu en remplaçant $\theta_X$ par $\hat{\theta}_X$ dans la formule qui donne $Var(\hat{\theta}_X)$; de même pour $Y$.

**Cas où les données sont appariées.** $H_0$ : $p_X = p_Y$. On ne considère que le sous-échantillon pour lequel les deux variables prennent des valeurs différentes l'une de l'autre. L'hypothèse nulle se réduit alors à $H_0$ : $p = \frac{1}{2}$ où $\hat{p}$ est la proportion de cas $(0,1)$ parmi l'ensemble des cas $(0, 1)$ et $(1, 0)$ retenus dans le sous-échantillon.

$H_0$ : $\mu_X = \mu_Y$. On pose $W_i = X_i - Y_i$ et l'hypothèse nulle se réduit à $H_0$ : $\mu_W = 0$.

# Exercices

TEST
D'HYPOTHÈSE SUR
UNE PROPORTION

1. Un politicologue prétend que, lors des élections, 95 % des époux votent pour le même parti que leur femme. Un sondage effectué auprès de 540 couples a révélé que dans 42 cas, l'époux et l'épouse n'avaient pas voté pour le même parti. Testez, avec $\alpha = 5$ %, l'hypothèse émise par le politicologue.

2. Deux joueurs de ping-pong, André et Bernard, ont joué 30 parties. André en a gagné 18 et Bernard en a gagné 12. Testez, avec $\alpha = 10$ %, l'hypothèse selon laquelle André et Bernard sont de même force au ping-pong.

3. On veut tester l'hypothèse qu'un sou est bien équilibré (c'est-à-dire, que la probabilité d'avoir « face » est égale à celle d'avoir « pile »). On prend $\alpha = 10$ %.

   a) Si, en réalité, la probabilité d'avoir « face » est 0,52 et si on lance le sou 1 000 fois, quelle est la probabilité que l'hypothèse nulle soit rejetée ?

   b) Si la probabilité d'avoir « face » est 0,52, combien de fois le sou doit-il être lancé pour que la probabilité que l'hypothèse nulle soit rejetée soit de 0,90 ?

TEST SUR
L'ÉGALITÉ DE
DEUX
PROPORTIONS

4. Une étude des décisions rendues par des jurys dans des cas de vols par effraction où l'accusé était de race noire a révélé les faits suivants : parmi les 28 cas où les victimes étaient de race noire, l'accusé a été trouvé coupable dans 12 cas ; parmi les 36 cas où les victimes étaient de race blanche, l'accusé a été trouvé coupable dans 23 cas. Peut-on conclure que les jurys ont une plus forte tendance à déclarer coupables ceux qui sont accusés d'avoir commis des vols contre des Blancs ? (Utilisez $\alpha = 10$ %).

5. Dans une classe, 98 étudiants sont nés au Canada et 47 ailleurs. On constate que 20 des étudiants nés au Canada et 7 de ceux qui sont nés ailleurs portent des lunettes. La différence entre les deux groupes est-elle significative ? (Utilisez $\alpha = 0,05$).

6. Pour comparer deux procédés de fabrication, on prélève un échantillon de 300 pièces produites par le procédé A et 400 pièces produites par le procédé B. On trouve que 10 pièces du procédé A et 15 pièces du procédé B sont défectueuses. La différence entre les deux procédés est-elle significative ?

7. Pour évaluer l'efficacité d'un somnifère, on fait l'expérience suivante avec 100 sujets. On répartit les sujets au hasard en deux groupes égaux. Le premier groupe, appelé « groupe expérimental », reçoit le somnifère un soir au coucher. Le deuxième groupe, appelé « groupe témoin », reçoit un placebo. Le lendemain on pose la question suivante : « Avez-vous mieux dormi que d'habitude ? » Dans le groupe expérimental, 30 personnes disent oui, alors que dans le groupe témoin seulement 25 personnes disent oui. Peut-on affirmer que le somnifère a un effet ? (Utilisez $\alpha = 0,20$).

8. Dans le cadre d'une étude portant sur la sécurité routière et la visibilité nocturne des couleurs, on a conçu une expérience dans laquelle deux objets de même dimension, l'un rouge et l'autre jaune, étaient présentés à des gens qui devaient déclarer s'ils parvenaient ou non à les percevoir. 218 personnes ont participé à l'expérience ; 138 d'entre elles ont vu les deux objets, 25 n'ont vu que l'objet jaune, 11 n'ont vu que l'objet rouge, et les 44 autres personnes n'ont vu aucun des deux objets. Testez l'hypothèse selon laquelle la probabilité de perception est la même pour les deux couleurs. (Utilisez $\alpha = 5\,\%$).

**TEST D'HYPOTHÈSE SUR UNE MOYENNE**

9. Une revue prétend que ses lecteurs ont un revenu annuel moyen de 45 000 $. Pour vérifier cette affirmation, on prélève un échantillon de 20 lecteurs et on note leurs revenus annuels. Voici les données, en milliers de dollars :

42,1  43,5  41,8  47,2  46,1

39,2  32,3  28,2  49,1  52,2

61,5  31,2  34,3  21,1  31,5

46,2  48,9  31,2  22,7  28,2.

Est-il vraisemblable que le revenu moyen des lecteurs soit de 45 000 $ ? (Utilisez $\alpha = 0,05$).

10. Pour tester l'hypothèse que la moyenne $\mu$ d'une population est égale à 95, on prélève un échantillon de taille 9.

a) Testez l'hypothèse que $\mu = 95$ si les données sont :

94,  95,  96,  98,  100,  102,  104,  105,  106.

b) Testez l'hypothèse que $\mu = 95$ si les données sont :

60,  70,  80,  90,  100,  110,  120,  130,  140.

c) Remarquez que la moyenne $\overline{X}$ est égale à 100 pour les deux échantillons. Donc, en un sens les deux échantillons sont aussi éloignés l'un que l'autre de la moyenne de 95 stipulée par l'hypothèse nulle. Donnez la raison intuitive pour laquelle on rejette l'hypothèse dans un cas et pas dans l'autre.

**TEST SUR L'ÉGALITÉ DE DEUX MOYENNES**

11. Un analyste au service du personnel d'une compagnie se demande quels sont les traits de personnalité qui font qu'un vendeur est un bon vendeur. En particulier, il veut savoir si le fait d'être extraverti est un atout. Il choisit 20

vendeurs connus dans la compagnie comme excellents; et 32 vendeurs plutôt médiocres. Il leur fait passer un test d'extraversion. Voici les scores qu'il a obtenus (les extravertis ont des scores élevés):

*Bons vendeurs*: 12, 17, 20, 19, 11, 9, 7, 4, 12, 15, 13, 18, 20, 16, 15, 16, 18, 13, 11, 10.

*Vendeurs médiocres*: 12, 7, 9, 13, 15, 17, 12, 11, 13, 10, 9, 8, 7, 15, 13, 6, 5, 5, 13, 15, 17, 19, 18, 20, 19, 17, 13, 16, 8, 6, 7, 8.

Testez au niveau $\alpha = 5\%$ l'hypothèse que les bons vendeurs ne sont ni plus ni moins extravertis que les vendeurs médiocres.

12. Lors d'une étude sur le «concept de soi» des adolescents nigériens, Jegede (1982) a administré le *Piers–Harris Self-Concept Scale* à 1 380 élèves de niveau secondaire à Ibadan.

   a) Le score moyen a été 58,19 avec un écart-type de 10,06. Dans une étude antérieure faite auprès de 1 183 adolescents américains on avait trouvé une moyenne de 51,84 avec un écart-type de 13,87. La différence entre les Américains et les Nigériens est-elle significative?

   b) L'échantillon de Jegede était composé de 552 filles et 828 garçons. Les filles avaient une moyenne de 56,82 avec un écart-type de 9,96; et les garçons une moyenne de 59,11 avec un écart-type de 10,01. La différence entre les garçons et les filles est-elle significative?

13. Peterson (1976) a relevé les résultats au test ACT (*American College Testing Program*) d'un groupe de 305 étudiants de classe défavorisée et de 2 182 étudiants de classe favorisée. Parmi les défavorisés, la moyenne était de 1,68 avec un écart-type de 1,088 alors que parmi les favorisés la moyenne était de 2,07 avec un écart-type de 1,015. La différence entre les deux groupes est-elle significative?

14. Les données suivantes* portent sur des diplômés d'université de 1974–1975, interrogés en 1978. On leur a demandé, entre autres, quelle était la durée de leur dernière période de chômage. Parmi les 3 445 diplômés anglophones la durée moyenne était de 14,2 semaines avec un écart-type de 13,3, alors que parmi les 12 571 diplômés francophones la durée moyenne était de 18,5 semaines avec un écart-type de 15,3. La différence entre francophones et anglophones est-elle significative?

15. On émet l'hypothèse que, dans un couple, l'époux est en moyenne plus âgé de deux ans que son épouse. Un sondage effectué auprès de 100 couples a donné une différence moyenne de 2,68 ans avec un écart-type de 3,8 ans. L'hypothèse nulle est-elle rejetée par le test avec $\alpha = 10\%$, avec $\alpha = 5\%$?

---

* Service général des communications, *Relance à l'université*, Direction politique et plans, MEQ, 1979.

16. Une nouvelle convention collective prévoit, pour la première fois, des congés de maladie *remboursables*. On s'attend à ce que cela réduise le taux d'absentéisme. Pour voir si c'est bien vrai, on prélève des données sur le taux d'absentéisme (nombre d'absents par jour par 1 000 employés) dans les 11 usines de la compagnie pendant deux périodes de 6 mois, l'une *avant* et l'autre *après* l'entrée en vigueur de la nouvelle convention. Voici les données :

| Usine | 1 | 2 | 3 | 4 | 5 | 6 | 7 | 8 | 9 | 10 | 11 |
|---|---|---|---|---|---|---|---|---|---|---|---|
| Avant | 25 | 28 | 29 | 26 | 28 | 27 | 22 | 25 | 27 | 28 | 29 |
| Après | 21 | 23 | 22 | 21 | 26 | 29 | 21 | 22 | 23 | 22 | 25 |

Testez à 5 % l'hypothèse selon laquelle la nouvelle convention collective n'a pas eu d'effet sur le taux d'absentéisme.

17. Pour connaître l'efficacité d'un certain régime amaigrissant, on le fait suivre à 6 sujets. On prend leurs poids *avant* et *après* le régime. Voici les résultats :

| Sujet | 1 | 2 | 3 | 4 | 5 | 6 |
|---|---|---|---|---|---|---|
| Avant | 64 | 54 | 73 | 59 | 64 | 68 |
| Après | 61 | 54 | 71 | 58 | 61 | 66 |

Le régime a-t-il un effet ? Fixez $\alpha = 5\%$.

**TEST D'HYPOTHÈSE SUR UN PARAMÈTRE $\theta$ QUELCONQUE**

18. On suppose que la durée de vie d'une certaine pièce de machinerie suit une loi exponentielle. Le fabricant des pièces prétend qu'elles durent en moyenne 10 heures. Ayant mis 12 pièces à l'épreuve, on a observé que ces pièces ont duré, en moyenne, 7,4 heures. Testez, avec $\alpha = 10\%$, l'hypothèse selon laquelle le fabricant n'a pas menti.

19. Une compagnie d'assurances reçoit, en moyenne, 30,6 réclamations par semaine.

   a) La semaine dernière la compagnie a reçu 38 réclamations. Cette observation s'écarte-t-elle significativement de la moyenne générale ?

   b) Le mois dernier (4 semaines) la compagnie a reçu 148 réclamations, ce qui donne une moyenne de 37 réclamations par semaine. Cette observation s'écarte-t-elle significativement de la moyenne générale ?

20. Durant une certaine période de temps, 35 crimes ont été commis dans la ville A et 21 dans la ville B. Sachant que les populations de ces villes sont 58 000 pour A et 22 000 pour B, testez l'hypothèse selon laquelle le taux de criminalité (par 1 000 habitants) est le même pour ces deux villes. Prenez $\alpha = 5\%$.

21. Supposons qu'en général, la probabilité d'avoir un garçon est de 0,515. On prélève un échantillon de 125 naissances parmi les membres d'une secte religieuse dont les mœurs sexuelles seraient susceptibles d'influencer le sexe du bébé. On trouve que 68 des 125 nouveaux-nés sont des garçons. Peut-on conclure que la probabilité d'avoir un garçon chez les gens de cette secte est différente de 0,515 ?

22. Supposons que le revenu moyen des familles canadiennes est de 30 000 $. On prélève un échantillon de 250 familles dont le chef est une femme. On trouve que leur revenu moyen est de 17 610 $ avec un écart-type de 8 540 $. Peut-on conclure que les familles dont le chef est une femme ont un revenu moyen inférieur à celui de l'ensemble des familles canadiennes ?

23. Supposons que le revenu médian des familles canadiennes est de 28 890 $. On prélève un échantillon de 250 familles dont le chef est une femme. On trouve que 24 d'entre elles ont un revenu supérieur à 28 890 $. Testez l'hypothèse selon laquelle le revenu médian des familles dont le chef est une femme est égal à 28 890 $.

24. La fabrication d'un certain article coûte 20 ¢ la pièce et 10 % de ces pièces sont défectueuses. On essaye un nouveau procédé de fabrication qui coûte 21 ¢ la pièce mais qui pourrait avoir un taux de défectuosité plus faible. Sur 500 pièces fabriquées par le nouveau procédé, on trouve 13 pièces défectueuses. Testez l'hypothèse selon laquelle le nouveau procédé n'est ni plus avantageux ni moins avantageux que l'ancien.

25. Deux archers, Xavier et Yvon, s'exercent au tir à l'arc. En 100 lancers, Xavier a atteint la cible 58 fois. Yvon, lui, a atteint la cible 99 fois en 150 tirs. Avec $\alpha = 10 \%$, doit-on rejeter l'hypothèse selon laquelle les deux archers sont de même force ?

26. On veut savoir si, dans deux quartiers différents d'une ville, les logements ont en moyenne le même nombre de pièces habitables. Dans le quartier A, 80 logements choisis au hasard ont donné $\overline{X} = 4,32$ et $\hat{\sigma}_X = 1,07$. Dans le quartier B, un échantillon de 50 logements a donné $\overline{Y} = 3,92$ et $\hat{\sigma}_Y = 0,95$. Avec $\alpha = 5 \%$, testez l'hypothèse $H_0 : \mu_X = \mu_Y$.

27. Considérons l'ensemble des maisons de Montréal habitées par leur propriétaire ; et supposons que, pour les fins d'une enquête, on divise cet ensemble en blocs de 10 maisons chacun. On prélève au hasard un échantillon de 100 blocs, on interroge tous les propriétaires choisis, et on note pour chaque bloc la valeur de la variable

$X$ : nombre de propriétaires qui emploient les services d'un jardinier.

On obtient la distribution suivante :

| X | 0 | 1 | 2 | 3 | 4 | 5 | 6 | 7 | 8 | TOTAL |
|---|---|---|---|---|---|---|---|---|---|---|
| Effectif | 25 | 10 | 12 | 9 | 8 | 16 | 10 | 7 | 3 | 100 |

Nous voulons tester l'hypothèse selon laquelle 34,5 % des propriétaires utilisent les services d'un jardinier. Une autre formulation de cette même hypothèse est la suivante : le nombre moyen de propriétaires, dans un bloc, qui utilisent les services d'un jardinier est de 3,45. Testez cette hypothèse à 5 % :

a) En considérant qu'on a prélevé un échantillon de 1 000 maisons dans une population de maisons.

b) En considérant qu'on a prélevé un échantillon de 100 blocs dans une population de blocs.

28. Une usine fabrique des vis qu'elle met dans des boîtes de 100. Soit $X$ le nombre de vis défectueuses dans une boîte. Supposons qu'une longue expérience du procédé de fabrication a permis de dresser la fonction de masse suivante :

| X | 0 | 1 | 2 | 3 | 4 | 5 | 6 | TOTAL |
|---|---|---|---|---|---|---|---|---|
| p | 0,13 | 0,27 | 0,27 | 0,18 | 0,09 | 0,04 | 0,02 | 1,00 |

Un nouveau procédé est considéré, et pour le tester on l'emploie à la fabrication de 100 boîtes de vis. On obtient la distribution suivante :

| X | 0 | 1 | 2 | 3 | 4 | 5 | 6 | TOTAL |
|---|---|---|---|---|---|---|---|---|
| Effectif | 30 | 21 | 13 | 15 | 12 | 5 | 4 | 100 |

Le patron de l'usine demande à trois statisticiens de tester l'hypothèse nulle selon laquelle « le nouveau procédé est pareil à l'ancien ». Le statisticien A fait un test du khi-deux. Le statisticien B fait un test basé sur la proportion $\hat{p}$ de vis défectueuses parmi les 10 000 de l'échantillon. Le statisticien C, enfin, fait un test basé sur le nombre moyen $\bar{X}$ de vis défectueuses par boîte.

Effectuez les trois tests et commentez.

29. Dans une étude sur la relation entre certains traits de personnalité et des facteurs astrologiques, Sakofske, Kelly et McKerracher (1982) ont fait compléter le *Eysenck Personality Questionnaire* à 241 étudiants néo-zélandais. L'hypothèse, avancée antérieurement par des astrologues, que ces chercheurs se proposaient de vérifier est que les personnes nées sous un signe positif (Bélier, Balance, Gémeaux, Lion, Verseau, Sagittaire) sont moins introverties que les personnes nées sous un signe négatif (Cancer, Capricorne, Poisson, Scorpion, Taureau, Vierge). Sur l'échelle introversion–extraversion du test, les extravertis ont un score élevé.

a) Parmi les sujets, 117 étaient nés sous un signe positif; ceux-ci ont obtenu un score moyen de 13,28 avec un écart-type de 4,51. Les autres 124 sujets étaient nés sous un signe négatif; ceux-ci ont eu un score moyen de 14,28 avec un écart-type de 4,41. La différence ente les deux groupes est-elle significative?

b) L'échantillon était composé d'hommes et de femmes. Voici les données pour chaque groupe :

| Signe du zodiaque | Hommes | | | Femmes | | |
|---|---|---|---|---|---|---|
| | $\dot{X}$ | $\hat{\sigma}_X$ | $n_X$ | $\bar{Y}$ | $\hat{\sigma}_Y$ | $n_Y$ |
| Positif | 13,50 | 4,38 | 38 | 13,17 | 4,57 | 79 |
| Négatif | 15,52 | 4,21 | 38 | 13,73 | 4,39 | 86 |

Comparez les deux groupes pour les hommes et les femmes séparément.

30. Dans une étude sur différents traits de personnalité, Sadowski et Wenzel (1982) ont fait passer un test appelé le *Buss–Durkee Hostility–Aggression Inventory* à 157 sujets, dont 61 hommes et 96 femmes. Un score élevé au test dénote un haut degré d'hostilité ou d'agression.

a) Sur l'échelle d'hostilité, les hommes ont eu une moyenne de 6,90 avec un écart-type de 3,70; et les femmes ont eu une moyenne de 7,45 avec un écart-type de 4,30. La différence entre hommes et femmes est-elle significative?

b) Sur l'échelle d'agression, les hommes ont eu une moyenne de 26,59 avec un écart-type de 7,20 et les femmes ont eu une moyenne de 25,81 avec un écart-type de 6,52. La différence entre hommes et femmes est-elle significative?

31. Dans une étude sur la sexualité des jeunes en Australie, Hong (1983) a fait remplir un questionnaire à 560 étudiants d'université. Le questionnaire rempli permet de calculer un score qui indique dans quelle mesure l'attitude du répondant est permissive :

Voici les résultats :

| Vont à l'église | $\overline{X}$ | $\hat{\sigma}$ | $n$ |
|---|---|---|---|
| Régulièrement | 3,31 | 1,54 | 128 |
| De temps en temps | 4,73 | 1,10 | 230 |
| Jamais | 5,24 | 0,79 | 202 |

Comparez les groupes deux à deux et dites s'il y a des différences significatives. (Il existe des techniques qui permettent de comparer simultanément les moyennes de plus de deux groupes. Mais ces techniques dépassent le niveau de ce livre. C'est pourquoi on vous propose de comparer les groupes deux à deux.)

32. Pour comparer l'aptitude en mathématiques des Orientaux à celle des Américains de race blanche, Tsang (1984) a prélevé les données suivantes sur les résultats obtenus au *Scholastic Aptitude Test* (SAT) par 10 097 Orientaux et 502 990 Américains de race blanche.

| Score au SAT | Orientaux | Blancs |
|---|---|---|
| 700–800 | 601 | 22 564 |
| 600–690 | 2 001 | 86 521 |
| 500–590 | 3 190 | 158 049 |
| 400–490 | 2 788 | 151 466 |
| 300–390 | 1 309 | 74 498 |
| 200–290 | 208 | 9 892 |
| TOTAL | 10 097 | 502 990 |

a) Testez l'hypothèse selon laquelle la moyenne des Orientaux est égale à la moyenne des Blancs.

b) On aurait pu envisager la solution suivante au problème posé en a) : la moyenne pour les Blancs est de 505,762 et l'écart-type est de 113,011. On pourrait alors songer à tester l'hypothèse selon laquelle la moyenne des Orientaux est $\mu = 505,762$, en utilisant soit l'écart-type $\sigma = 113,011$, soit l'écart-type $\hat{\sigma}$ calculé à partir de l'échantillon d'Orientaux. Effectuez ces deux tests et discutez de leur validité.

c) Les résultats en a) et b) sont très semblables. Donnez une explication intuitive de ce fait.

33. Une usine fabrique des vis qu'elle met dans des boîtes de 100. Soit $X$ le nombre de vis défectueuses dans une boîte. Pour comparer deux procédés de fabrication, A et B, on les emploie à la fabrication de 100 boîtes chacun. Voici la distribution de $X$ pour chacun des deux procédés :

| $X$ | 0 | 1 | 2 | 3 | 4 | 5 | 6 | TOTAL |
|---|---|---|---|---|---|---|---|---|
| Effectif procédé A | 13 | 27 | 27 | 18 | 9 | 4 | 2 | 100 |
| Effectif procédé B | 30 | 21 | 13 | 15 | 12 | 5 | 4 | 100 |

Le patron de l'usine demande à trois statisticiens de tester l'hypothèse nulle selon laquelle « les deux procédés sont pareils ». Le statisticien X fait un test du khi-deux sur le tableau ci-dessus. Le statisticien Y fait un test basé sur les proportions de vis défectueuses dans chaque échantillon de 10 000 vis. Le statisticien Z enfin, fait un test basé sur les nombres moyens de vis défectueuses par boîte dans les deux échantillons.

Effectuez les trois tests et commentez. Sont-ils tous les trois valides?

34. Xavier a lancé $n_X$ dés et obtenu un *total* de 77 points. Yvon a lancé $n_Y$ dés et a obtenu un *total* de 114 points. Testez l'hypothèse selon laquelle ils ont lancé le même nombre de dés. (Utilisez $\alpha = 5\,\%$).

35. Deux groupes de 11 enfants de troisième année du cycle primaire ont complété le test psychologique IAR (*Intelligence Achievement Responsibility*) avant et après une période de $4\frac{1}{2}$ mois d'expérimentation avec l'un ou l'autre de deux langages informatiques: LOGO et Delta Drawing. Contrairement au LOGO, le langage Delta Drawing n'attache pas une grande importance à la décomposition d'un problème complexe ou à l'apprentissage par la correction des erreurs. Le test IAR mesure la tendance du sujet à se croire maître de ses apprentissages et de son succès intellectuel. Les chercheurs (Barbara Burns et Alison Hagerman) ont voulu montrer que l'exercice du langage LOGO augmente cette tendance. Les résultats obtenus sont présentés dans le tableau à la page 277.

Effectuez chacun des tests suivants en prenant $\alpha = 10\,\%$ et en supposant l'égalité des variances.

a) Testez l'hypothèse selon laquelle les deux groupes étaient, au départ, équivalents.

b) Testez l'hypothèse selon laquelle les deux groupes étaient, après expérimentation, équivalents.

c) Testez l'hypothèse selon laquelle l'augmentation au score IAR est la même pour les deux groupes.

d) Pour chacun des groupes, testez l'hypothèse selon laquelle l'exercice du langage informatique ne modifie pas le score IAR.

e) Pour chacun des groupes, testez l'hypothèse selon laquelle l'augmentation au score IAR est la même pour les garçons et pour les filles.

36. Un cardiologue du Johns Hopkins Medical Institution a rapporté les données suivantes au congrès de l'American Heart Association à Dallas en 1986. Il avait observé 103 patients qui avaient eu une attaque du cœur et se rétablissaient sans complications. Trente des 103 patients avaient vécu des épisodes «d'ischémie silencieuse», un arrêt intermittent du débit sanguin au cœur. Une année plus tard, 9 de ceux-ci mouraient d'un arrêt cardiaque. Parmi les 73 qui n'avaient pas connu d'épisode d'ischémie silencieuse, 8 seulement mouraient d'un arrêt du cœur. Peut-on conclure que ceux qui souffrent de

|  | groupe LOGO | | |  | groupe Delta Drawing | | |
|---|---|---|---|---|---|---|---|
| Sexe | Score IAR | | | Sexe | Score IAR | | |
|  | Avant | Après | |  | Avant | Après | |
| F | 16 | 29 | | F | 15 | 21 | |
| F | 20 | 24 | | M | 18 | 22 | |
| M | 21 | 23 | | F | 21 | 21 | |
| M | 22 | 21 | | F | 21 | 19 | |
| M | 22 | 26 | | F | 22 | 20 | |
| F | 23 | 30 | | F | 22 | 20 | |
| F | 24 | 26 | | F | 23 | 23 | |
| F | 24 | 23 | | F | 23 | 30 | |
| F | 25 | 32 | | M | 26 | 21 | |
| M | 27 | 34 | | M | 27 | 25 | |
| M | 28 | 29 | | M | 30 | 27 | |

SOURCE : Journal of Educational Computing Research (1989), Vol 5(2), pp 199–212)

ces ischémies silencieuses ont une plus forte probabilité de mourir d'un arrêt cardiaque? (Source : TIME, December 1, 1986)

37. Au congrès de l'American Heart Association à Dallas en 1986, des chercheurs ont présenté les données suivantes sur 98 femmes âgées dont 51 avaient été victimes d'une attaque du cœur; les 47 autres non. Les femmes étaient toutes âgées de plus de 50 ans. On a constaté que parmi les 51 femmes qui avaient eu une attaque, 12 n'avaient jamais eu d'enfants, alors que parmi les 47 autres, 2 seulement n'avaient jamais eu d'enfants. (Source : TIME, December 1, 1986). Considérons un tirage dans la population d'où sont issues ces patientes (des femmes de plus de 50 ans), et définissons les événements A et B comme suit :

A : la personne choisie a une crise cardiaque;

B : la personne choisie n'a pas eu d'enfants.

a) Estimez à partir des données les probabilités $P(B \mid A)$ et $P(B \mid A^c)$.

b) Testez l'hypothèse que $P(B \mid A) = P(B \mid A^c)$.

c) Des données de ce genre sont généralement prélevées dans le but de tester l'hypothèse que le fait d'avoir eu ou pas des enfants n'influence pas l'état de santé cardiaque. Or, cette hypothèse se traduit plutôt par $P(A \mid B) = P(A \mid B^c)$ et non par $P(B \mid A) = P(B \mid A^c)$. Montrez qu'en fait ces deux égalités sont équivalentes. Une façon de le faire est de montrer que les deux sont équivalentes à $p_1 p_4 = p_2 p_3$ où $p_1, p_2, p_3$ et $p_4$ sont les probabilités des 4 intersections indiquées dans le tableau suivant :

| | $B$ | $B^c$ | TOTAL |
|---|---|---|---|
| $A$ | $p_1$ | $p_2$ | $p_1 + p_2$ |
| $B$ | $p_3$ | $p_4$ | $p_3 + p_4$ |
| TOTAL | $p_1 + p_3$ | $p_2 + p_4$ | 1 |

38. Un groupe de 22 000 médecins se sont répartis au hasard en deux groupes de même taille. Le groupe expérimental a consommé 325 mg d'aspirine chaque deux jours, le groupe témoin a pris un placebo. Dans le groupe expérimental, 104 ont eu une crise cardiaque; dans le groupe témoin, 189 ont eu une attaque cardiaque. Que peut-on conclure? (Adapté de TIME, February 6, 1988)

39. Le SIDA se transmet-il plus facilement d'un homme infecté à son épouse que d'une femme infectée à son époux? Un article dans le *Journal of the American Medical Association* a rapporté les résultats d'une étude basée sur un groupe de 55 femmes et 25 hommes infectés par le virus. En plus de deux ans, deux des femmes avaient transmis le virus à leur mari; alors que 10 des 25 hommes avaient transmis le virus à leur femme. Montrez que la différence est significative. (Source : TIME, March 21, 1988).

*Les problèmes qui suivent sont de nature différente de ceux qui précèdent. Plus théoriques, ils ont pour but d'illustrer certains aspects des tests d'hypothèses qui n'ont pas été discutés dans le texte.*

40. Supposons qu'on sache par expérience que 60 % des rats infectés d'un certain virus finissent par en mourir. Un chercheur a l'intention d'injecter le virus à un groupe de 20 rats afin de tester l'efficacité d'un certain médicament. Sa conjecture est que le médicament pourrait réduire le taux de décès à 55 % — donc un écart de 5 %.

    a) Si l'écart est effectivement de 5 %, quelle est la probabilité qu'il conclue que le médicament est efficace?

    b) Quelle est la probabilité de conclure que le médicament est efficace si l'écart est *inférieur* à 5 %? (il suffit de faire le calcul pour quelques valeurs entre 5 % et 0 % et de donner une explication intuitive des résultats).

    c) Pensez-vous que l'expérience vaut la peine d'être tentée, compte tenu des probabilités calculées en a) et b)?

41. Un test d'estime de soi donne normalement un score moyen de 40 avec un écart-type (connu) de 16. Une psychologue voudrait vérifier une certaine conjecture, soit que les acteurs de théâtre ont un score moyen $\mu$ supérieur à la moyenne. Elle a l'espoir de convaincre au plus 8 acteurs de passer le test et vous demande si, avec un échantillon aussi petit, l'expérience vaut la peine d'être tentée. Elle estime que l'écart $\delta = \mu - 40$ entre le score moyen des acteurs et celui de la population générale, n'est pas supérieur à 2.

a) Si effectivement $\delta = 2$, quelle est la probabilité de conclure, avec un test à 5 %, que $\mu > 40$?

b) Quelle doit être la valeur de $\delta$ pour que, avec un échantillon de taille 8, la probabilité de conclure que $\mu > 40$ soit de 50 %? (Autre façon d'exprimer la question : quel écart peut-on déceler avec une probabilité de 50 %?)

c) Quelle devrait être la taille de l'échantillon pour que la probabilité de déceler un écart de $\delta = 2$ soit d'au moins 50 %?

42. Pour étudier l'effet de l'alcool sur les réflexes, on fait passer à 14 sujets un test de dextérité avant et après qu'ils aient consommé 100 ml de vin. Les scores avant et après sont donnés dans le tableau suivant (ce sont des temps de réaction ; donc, un score élevé signifie un ralentissement dans les réflexes) :

| Sujet | 1 | 2 | 3 | 4 | 5 | 6 | 7 | 8 | 9 | 10 | 11 | 12 | 13 | 14 |
|---|---|---|---|---|---|---|---|---|---|---|---|---|---|---|
| Avant($X$) | 57 | 54 | 62 | 64 | 71 | 65 | 70 | 73 | 68 | 70 | 77 | 74 | 80 | 83 |
| Après($Y$) | 55 | 60 | 68 | 69 | 70 | 73 | 74 | 74 | 75 | 76 | 76 | 78 | 81 | 90 |

a) Testez l'hypothèse que l'alcool n'a pas d'effet en utilisant le test basé sur la loi de Student.

b) Une autre façon de tester essentiellement la même hypothèse consiste à noter seulement la *direction* du changement, c'est-à-dire s'il y a eu baisse ou augmentation du score. Soit $U$ le nombre de changements positifs (augmentation du score) et $n$ le nombre de changements (qui peut être différent du nombre de sujets si certains sujets n'ont pas changé). Alors $U$ est de loi binomiale de paramètre $n$ et $p$.

   i) Exprimez l'hypothèse que l'alcool n'a pas d'effet en fonction de $p$.

   ii) Effectuez un test de cette hypothèse en utilisant comme seule observation la valeur de $U$ (et non les scores eux-mêmes).

c) Les conclusions en a) et en b) sont les mêmes. Mais supposons que le huitième sujet ait obtenu les scores 75 et 74 au lieu de 73 et 74.

   i) Testez encore l'hypothèse de deux manières ;

   ii) expliquez les contradictions dans les conclusions (représentez les différences par des points sur une droite ; la raison pour laquelle on rejette avec un test et pas avec l'autre devrait devenir apparente).

43. On utilise généralement le test basé sur les différences $W_i = X_i - Y_i$ lorsque $X_i$ et $Y_i$ sont dépendantes. Mais on l'utilise aussi lorsque $X_i$ et $Y_i$ sont appariées sans être dépendantes. Supposons, par exemple, qu'une psychologue tente de démontrer qu'il est possible de faire croître le score d'une personne à un test de rapidité de lecture en lui faisant faire certains exercices. Une approche possible est la suivante. On choisit les sujets de telle sorte qu'on puisse former

des paires de sujets semblables. On les accouple selon un critère pertinent comme, disons, l'intelligence. Le modèle est le suivant. Pour le $i$-ième couple, on observe $X_i$ et $Y_i$, de moyennes $\mu_{iX}$ et $\mu_{iY}$, respectivement. Ces moyennes peuvent varier d'un couple à l'autre. La différence $W_i = X_i - Y_i$ est de moyenne $\delta_i = \mu_{iX} - \mu_{iY}$ et de variance $\sigma^2$. L'hypothèse nulle est que $\delta_i = 0$ pour $i = 1, \ldots, n$. Lorsque $H_0$ est vraie, alors les $W_i$ sont toutes de moyenne nulle et de même variance $\sigma^2$. Supposons donc qu'on ait choisi 14 paires de sujets, chaque paire correspondant à un quotient intellectuel donné. Un membre de chaque paire est affecté au hasard au groupe expérimental (qui fait des exercices), l'autre au groupe témoin (qui n'en fait pas). Supposons qu'on obtienne les résultats suivants :

| Paire | 1 | 2 | 3 | 4 | 5 | 6 | 7 | 8 | 9 | 10 | 11 | 12 | 13 | 14 |
|---|---|---|---|---|---|---|---|---|---|---|---|---|---|---|
| Témoin | 14 | 14 | 18 | 21 | 23 | 24 | 25 | 25 | 29 | 32 | 32 | 32 | 43 | 45 |
| Expérimental | 17 | 19 | 17 | 23 | 25 | 23 | 27 | 29 | 26 | 35 | 34 | 38 | 45 | 44 |

a) Testez l'hypothèse que les exercices n'ont pas d'effet.

b) Testez la même hypothèse en supposant cette fois-ci que les données n'avaient pas été accouplées.

c) Comparez l'estimation de l'écart-type de $\overline{W} = \overline{X} - \overline{Y}$ dans les deux modèles. La différence explique-t-elle les conclusions contraditoires tirées en a) et b)?

**44.** Il existe d'autres tests pour la différence entre deux groupes. Considérons les données de l'exercice 35, disons les scores *après* l'expérimentation. Testez l'hypothèse qu'il n'y a pas de différence entre les deux groupes en suivant les étapes décrites ci-dessous.

a) Rangez les données des deux groupes en ordre croissant, puis repérez la médiane des 22 données.

b) Dressez un tableau $2 \times 2$ contenant les données suivantes :

| Nombre d'éléments du premier groupe au-dessus de la médiane | Nombre d'éléments du deuxième groupe au-dessus de la médiane |
|---|---|
| Nombre d'éléments du premier groupe au-dessous de la médiane | Nombre d'éléments du deuxième groupe au-dessous de la médiane |

c) Expliquez en quel sens un test du khi-deux d'indépendance constitue un test de l'hypothèse selon laquelle il n'y a pas de différence entre les groupes LOGO et le groupe Delta Drawing.

**d)** Le test effectué en c) ne contredit pas la conclusion énoncée au numéro 35. Pouvez-vous imaginer des données (quelques modifications de celles-ci, par exemple) où il y aurait contradiction entre les deux conclusions?

*Mise en garde. Le test qui est proposé ici exige des effectifs généralement supérieurs à ceux qui ont servi à cet exercice.*

**45.** Lors d'un projet d'étude des problèmes de racisme dans une force policière, on prélève un échantillon de 32 policiers, dont 16 ont 11 ans de scolarité ou moins et 16 ont plus de 11 ans de scolarité. Chacun des deux groupes est divisé en deux sous-groupes de 8. L'un des deux sous-groupes suit un cours de sensibilisation aux groupes ethniques, l'autre pas. Le tableau suivant donne les résultats à un test d'hostilité aux groupes ethniques.

| | Niveau de scolarité | |
|---|---|---|
| | ≤ 11 ans | > 11 ans |
| N'ont pas suivi le cours de sensibilisation | 60  58  56  54 <br> 52  50  48  46 <br> $\sum x = 424, \sum x^2 = 22\,640$ | 36  36  33  32 <br> 30  29  26  26 <br> $\sum x = 248, \sum x^2 = 7\,798$ |
| Ont suivi le cours de sensibilisation | 50  48  46  44 <br> 42  40  38  36 <br> $\sum x = 344, \sum x^2 = 14\,960$ | 30  28  26  24 <br> 22  20  28  26 <br> $\sum x = 204, \sum x^2 = 5\,280$ |

**a)** Montrez que le cours de sensibilisation a eu un effet pour les policiers ayant 11 ans de scolarité ou moins.

**b)** Montrez que le cours de sensibilisation a eu un effet pour les policiers ayant plus de 11 ans de scolarité.

**c)** Montrez que si l'on ne fait pas cas du niveau de scolarité, on ne trouve pas de différence significative entre ceux qui ont suivi et ceux qui n'ont pas suivi le cours de sensibilisation.

**46.** Supposons que la durée (en milliers d'heures) des pièces électroniques d'un certain type est de loi exponentielle de paramètre $\theta$. Pour tester l'hypothèse $H_0 : \theta = 10$, on tire une pièce au hasard et on observe sa durée $X$. Considérez les deux tests suivants :

TEST 1 : on rejette $H_0$ si $X < 0{,}5$.

TEST 2 : on rejette $H_0$ si $X < 0{,}2$.

Le but de ce problème est d'étudier les avantages et désavantages relatifs de ces deux tests.

**a)** Déterminez la probabilité de rejeter $H_0$ si $H_0$ est vraie : i) lorsqu'on utilise le test 1, ii) lorsqu'on utilise le test 2.

Lequel des deux tests paraît meilleur avec ce critère?

b) Vérifiez les probabilités dans le tableau suivant :

| Valeur | Probabilité de rejeter $H_0$ | |
| de $\theta$ | Test 1 | Test 2 |
| --- | --- | --- |
| 9 | 0,054 0 | 0,022 0 |
| 5 | 0,095 2 | 0,039 2 |
| 0,5 | 0,632 1 | 0,329 7 |
| 0,1 | 0,993 3 | 0,864 7 |
| 0,05 | 0,999 95 | 0,981 7 |

Lequel des deux tests semble meilleur à la lumière de ces calculs?

c) Supposons qu'on décide qu'on rejettera $H_0$ si $X \leq a$. Quelle doit être la valeur de $a$ si l'on veut que la probabilité $\alpha$ de rejeter $H_0$ à tort soit

   i) 5 %?   ii) 1 %?   iii) 0,5 %?

47. Supposons que le nombre de fautes typographiques dans une page est de loi de Poisson. Considérez deux procédures pour tester l'hypothèse $H_0$ que le nombre moyen $\theta$ d'erreurs par page dans un livre est 1.

*Procédure 1 :* on tire une page au hasard; on rejette $H_0$ si le nombre d'erreurs $X$ est supérieur ou égal à 4.

*Procédure 2 :* on tire deux pages au hasard; on rejette $H_0$ si le nombre total d'erreurs $Y$ dans les deux pages est supérieur ou égal à 6.

a) Déterminez la probabilité de rejeter $H_0$ si $H_0$ est vraie : i) lorsqu'on utilise la procédure 1, ii) lorsqu'on utilise la procédure 2.

   Lequel des deux tests paraît meilleur avec ce critère?

b) Vérifiez les probabilités dans le tableau suivant :

| Valeur | Probabilité de rejeter $H_0$ | |
| de $\theta$ | Procédure 1 | Procédure 2 |
| --- | --- | --- |
| 1,0 | 0,019 0 | 0,016 6 |
| 1,2 | 0,033 8 | 0,035 7 |
| 1,3 | 0,043 1 | 0,049 0 |
| 1,4 | 0,053 7 | 0,065 1 |

Lequel des deux tests semble meilleur à la lumière de ces calculs?

c) Supposons qu'on décide qu'on rejettera $H_0$ si $X \geq a$. Quelle doit être la valeur de $a$ si l'on veut que la probabilité $\alpha$ de rejeter $H_0$ à tort soit inférieure ou égale à 1 %?

# Techniques de sondages

**Introduction.**    Nous avons jusqu'ici présenté un seul mode d'échantillonnage : l'*échantillonnage aléatoire simple*, dans lequel on effectue $n$ tirages *indépendants*, chaque fois dans la population entière. Cette description convient à certains types de sondages et à un grand nombre d'expériences scientifiques. Lorsqu'on pèse $n$ rats soumis à un certain traitement, les $n$ poids peuvent être considérés comme les résultats de $n$ tirages d'une même population. La population est infinie puisqu'elle représente l'ensemble de tous les poids qu'on pourrait théoriquement observer. Il est donc raisonnable de prendre pour modèle $n$ variables aléatoires $X_1, X_2, \ldots, X_n$, indépendantes et de même loi.

Certains sondages, auprès de grandes populations, obéissent à peu près à ce modèle. Ce sont les sondages dont le procédé simule le tirage aléatoire de boules dans une urne : d'une liste complète des éléments de la population, on tire successivement $n$ éléments, en donnant à chaque fois une probabilité de sélection égale pour tous les éléments. Une municipalité peut échantillonner les logements de la ville de cette façon, puisqu'elle dispose généralement d'une liste des logements. L'administration d'une compagnie peut utiliser cette approche pour choisir un échantillon d'employés.

**Remarque.**    *Un sondage téléphonique est parfois considéré comme un échantillon aléatoire simple, bien qu'il soit abusif de le considérer comme un échantillon de ménages : certains ménages ont plus d'un numéro de téléphone et donc plus de chance que les autres d'être choisis ; alors que d'autres ménages, sans téléphone, n'ont aucune chance d'être choisis. Il s'agit donc d'un échantillon aléatoire simple de la population de* numéros de téléphone. *Dans les sondages informels, comme ceux que peuvent mener certains journalistes, on ne tient pas compte de ce problème, ce qui est équivalent à supposer que, dans la très grande majorité des cas, un ménage a exactement un numéro de téléphone. Les sondages plus sophistiqués font généralement des ajustements pour compenser le fait que les ménages avec plusieurs téléphones ont plus de chance d'être représentés — mais ils ne peuvent toujours pas inclure dans un sondage téléphonique les ménages sans téléphone.*

Pour plusieurs raisons, des raisons de commodité, d'économie, ou de précision, on pratique souvent un mode de sondage plus complexe que l'échantillonnage simple décrit plus haut. Un sondage d'opinion auprès de la population canadienne est un exemple typique. Il ne serait pas aisé de dresser une liste de tous les adultes canadiens. On commence normalement par *stratifier* la population, c'est-à-dire la répartir en sous-populations. Une répartition selon la province est un début naturel, mais on ne s'arrête pas là. On voudra également séparer les régions urbaines des régions rurales, ainsi que les très grandes agglomérations des plus petites. On décidera sans doute que les quelques grandes villes devront toutes être représentées, mais pas tous les villages. Dans les villages on choisira des logements, alors que dans les villes on commencera peut-être par faire un choix de quartiers, puis de rues, puis de logements. Ce qui résulte d'une telle procédure est un échantillon dont les propriétés sont très différentes de celles d'un échantillon aléatoire simple.

À part l'échantillonnage aléatoire simple, les procédures les plus courantes sont l'échantillonnage stratifié, l'échantillonnage systématique, et l'échantil-lonnage en grappes. Dans ce chapitre, nous présenterons l'échantillonnage stratifié ; les deux autres techniques ne seront que brièvement décrites. Une caractéristique commune à toutes ces techniques, connues sous le nom de *techniques de sondage*, c'est qu'elles présupposent une population *finie* dont on peut énumérer les éléments. Cette seule différence entraîne des changements à la théorie développée dans les chapitres précédents, même dans le cas de l'échantillonnage simple. Nous commençons par discuter ces changements.

# 10.1    Échantillonnage d'une population finie

Aux chapitres 8 et 9, nous nous sommes limités aux modèles qui supposent une population *infinie*. Ces modèles s'appliquent dans l'une ou l'autre des conditions suivantes :

1) La population est réellement infinie. Lorsqu'on estime le poids moyen d'un bébé à la naissance, par exemple, la population, idéalisée, est l'ensemble théoriquement infini de tous les bébés possibles.

2) La population est finie, mais les tirages se font *avec* remise. Ce mode d'échantillonnage, dans lequel un même élément de la population peut se retrouver plus d'une fois dans l'échantillon, est pratiqué dans certaines circonstances particulières mais il n'est pas très courant. Un exemple est mentionné dans la section 10.6 sur l'échantillonnage en grappes.

3) La population est si grande comparée à l'échantillon qu'on peut, à toutes fins pratiques, la considérer infinie, même si les tirages se font sans remise. Un sondage sur les opinions des Canadiens, par exemple, est généralement constitué d'un échantillon d'au plus quelques milliers ; la population est de plusieurs millions.

Le troisième cas ci-dessus est le plus fréquent, et c'est la grande taille de la population qui motive le recours à l'échantillonnage. Il existe toutefois des cas où la population est petite, assez petite pour que les tirages ne soient plus indépendants, même approximativement. Typiquement, c'est le cas où l'échantillonnage s'impose non pas par la grande taille de la population mais par le coût élevé des observations. Supposons, par exemple, qu'une municipalité se propose d'étudier la qualité du sol dans ses parcs. Si les analyses chimiques sont longues et coûteuses, on trouvera trop onéreux d'obtenir les données sur *tous* les parcs, même si le nombre de parcs n'est pas énorme. On se contentera donc d'un échantillon, lequel, bien sûr, sera tiré sans remise.

Nous verrons que les propriétés des estimateurs se trouvent modifiées par le fait que les observations ne sont pas indépendantes. Heureusement, la modification est relativement mineure et n'affecte que la *variance* de l'estimateur.

**Notation.**   Les éléments de la population sont des nombres que nous dénoterons par
$$v_1, v_2, \ldots, v_N$$
où $N$ désigne la taille de la population. La taille de l'échantillon sera notée $n$, comme d'habitude. La moyenne $\mu$ et la variance $\sigma^2$ de la population sont définies de la même façon qu'au chapitre 2, soit

$$\mu = \overline{v} = \frac{1}{N} \sum_{i=1}^{N} v_i \, ; \quad \sigma^2 = \frac{1}{N} \sum_{i=1}^{N} (v_i - \mu)^2 \, .$$

**Estimateur de la moyenne.**   La moyenne arithmétique $\overline{X}$ est encore l'estimateur ponctuel de $\mu$, et elle est sans biais dans ce contexte également, c'est-à-dire, $E(\overline{X}) = \mu$. Nous devrons estimer l'écart-type de $\overline{X}$ afin de construire un intervalle de confiance pour $\mu$. On estime l'écart-type de $\overline{X}$ par

$$\hat{\sigma}_{\overline{X}} = \frac{\hat{\sigma}}{\sqrt{n}} \sqrt{1 - \frac{n}{N}} = \frac{\hat{\sigma}}{\sqrt{n}} \sqrt{1 - f} \, ,$$

où $\hat{\sigma}^2$ est la variance échantillonnale définie par

$$\hat{\sigma}^2 = \frac{\sum_{i=1}^{n} (X_i - \overline{X})^2}{n - 1}$$

et $f = n/N$ est appelée **fraction (ou taux) d'échantillonnage**.

*Remarque.*   *Rappelons que lorsque la population est infinie, la variance de $\overline{X}$ est estimée par $\hat{\sigma}^2/n$. Ce qui change, donc, c'est le facteur $1 - f$, appelé* facteur de correction :

$$\textit{Facteur de correction} = 1 - f = 1 - \frac{n}{N}$$

*qui est inférieur à un et donc a pour effet de diminuer l'écart-type de $\overline{X}$. Le taux d'échantillonnage $f$ est la quantité déterminante. Si $f$ est petit, c'est-à-dire, si l'échantillon est petit par rapport à la population, le facteur de correction est proche de 1, et la variance ne diminue que de peu. Inversement, si $f$ est grand, le facteur de correction est beaucoup plus petit que 1 et la variance est réduite considérablement.*

**Formule de calcul.** On a déjà fait remarquer que la somme des carrés, $\Sigma(X_i - \bar{X})^2$, au numérateur de $\hat{\sigma}^2$, est équivalente à la différence $\Sigma X_i^2 - n\bar{X}^2$, ce qui donne la formule suivante pour le calcul de $\hat{\sigma}^2$.

$$\hat{\sigma}^2 = \frac{\sum_{i=1}^n X_i^2 - n\bar{X}^2}{n-1}.$$

**Intervalle de confiance pour la moyenne.** Nous avons donné au chapitre 8 la formule suivante pour un intervalle de confiance :

$$\bar{X} - c_\alpha \hat{\sigma}_{\bar{X}} \leq \mu \leq \bar{X} + c_\alpha \hat{\sigma}_{\bar{X}},$$

où $c_\alpha$ est trouvée dans la table de la loi de normale ou de la loi de Student. Lorsque la population est finie, la formule demeure la même dans sa forme extérieure. Mais il y a deux changements :

1) Une théorie exacte pour des petits échantillons et une population normale, basée sur la loi de Student, n'existe pas. Donc, la formule ne peut être utilisée que lorsque l'échantillon est grand, et la valeur de $c_\alpha$ vient généralement de la table de la loi normale.

2) L'estimateur $\hat{\sigma}_{\bar{X}}$ de l'écart-type, qui est $\hat{\sigma}/\sqrt{n}$ pour une population infinie, est modifiée par le facteur $\sqrt{1-f}$.

La formule complète pour un intervalle de confiance est donc

$$\bar{X} - c_\alpha \frac{\hat{\sigma}}{\sqrt{n}}\sqrt{1 - \frac{n}{N}} \leq \mu \leq \bar{X} + c_\alpha \frac{\hat{\sigma}}{\sqrt{n}}\sqrt{1 - \frac{n}{N}}.$$

*Remarque. Rappelons les conditions dans lesquelles les intervalles de confiance ont été développés au chapitre 8. Nous avons proposé deux procédures. L'une est basée sur la supposition que la population est normale; l'autre s'appuie sur le théorème limite central. Les deux procédures sont invalidées par le fait que la population n'est pas infinie : la première parce que la notion de normalité se définit mal dans le cas des populations finies; et la deuxième parce que le théorème limite central exige que les variables soient indépendantes, hypothèse qui n'est pas vérifiée lorsque les tirages se font sans remise. Il est vrai qu'on peut donner une définition intuitive de la normalité d'une population finie : la population est normale si l'histogramme des valeurs $v_1, \ldots, v_N$ a la forme symétrique d'une fonction de densité normale. Dans la mesure où cet histogramme prend la forme d'une loi normale, la distribution de la variable $\bar{X}$ aura effectivement tendance à être normale. Cet énoncé plutôt vague devra remplacer le théorème énoncé rigoureusement au chapitre 7 : si la population est normale, $\bar{X}$ est normale. Quant au théorème limite central, il en existe une version pour les populations finies qui permet de conclure à la normalité de $\bar{X}$. Nous ne l'énonçons pas ici, mais notons qu'il faut non seulement que $n$ soit grand, mais que $N-n$ le soit aussi. Ainsi la moyenne d'un échantillon de taille 1 000 est normale si la population est de taille 1 000 000, mais pas si la population est de taille 1 010.*

**EXEMPLE 1**   D'une population de $N = 8\,427$ comptes à recevoir, on prélève un échantillon de taille $n = 30$ afin d'estimer la valeur moyenne d'un compte. Voici les résultats, en dollars :

| | | | | | |
|---|---|---|---|---|---|
| 240,82 | 232,50 | 740,81 | 860,32 | 224,10 | 7,15 |
| 324,11 | 240,12 | 10,02 | 190,08 | 182,75 | 160,20 |
| 148,22 | 41,10 | 119,25 | 113,85 | 108,30 | 107,10 |
| 101,19 | 9,15 | 99,21 | 93,12 | 88,13 | 80,15 |
| 78,13 | 72,15 | 67,13 | 65,14 | 132,19 | 32,17. |

Estimer la moyenne de la population et l'écart-type de l'estimateur et déterminer un intervalle de confiance à 95 % pour $\mu$.

Nous avons
$$\Sigma X_i = 4\,968,66, \quad \Sigma X_i^2 = 1\,864\,906,49.$$

L'estimateur de la moyenne est
$$\bar{X} = 4\,968,66/30 = 165,62 \text{ \$}.$$

L'écart-type $\hat{\sigma}$ de l'échantillon, et l'écart-type $\hat{\sigma}_{\bar{X}}$ de l'estimateur sont

$$\hat{\sigma} = \sqrt{\frac{\Sigma X_i^2 - n\bar{X}^2}{n-1}} = \sqrt{\frac{1\,864\,906,49 - 30(4\,968,66/30)^2}{30-1}} = \sqrt{35\,930,59}$$
$$= 189,55$$
$$\hat{\sigma}_{\bar{X}} = \frac{\hat{\sigma}}{\sqrt{n}}\sqrt{1 - \frac{n}{N}} = \frac{\sqrt{35\,930,59}}{\sqrt{30}}\sqrt{1 - \frac{30}{8\,427}} = 34,61\sqrt{1 - 0,00356} = 34,55.$$

Le facteur de correction n'est pas important ici : s'il avait été omis, l'écart-type aurait été estimé à $\hat{\sigma}_{\bar{X}} = 34,61$, assez proche de la valeur 34,55 calculée plus haut. L'intervalle de confiance est donné par

$$\bar{X} - c_\alpha\hat{\sigma}_{\bar{X}} \leq \mu \leq \bar{X} + c_\alpha\hat{\sigma}_{\bar{X}}.$$

$\bar{X} = 165,62$, $\hat{\sigma}_{\bar{X}} = 34,55$, et à 95 %, $c_\alpha = 1,96$. Donc, l'intervalle est

$$165,62 - 1,96(34,55) \leq \mu \leq 165,62 + 1,96(34,55),$$
$$97,90 \leq \mu \leq 233,34.$$

L'intervalle, très large, montre que, étant donné la dispersion importante de la population ($\hat{\sigma} = 189,55$), l'échantillon n'est pas assez grand pour donner une meilleure précision.

Évidemment, ces résultats sont approximatifs, puisque la normalité de la population est très douteuse et l'échantillon n'est pas très grand. ☐

**Estimation d'un total.**    Nous avons, dans le cas fini, un paramètre qui n'est pas définissable dans une population infinie. C'est le *total* des données de la population, que nous noterons $\tau$. Puisque $\tau = N\mu$, le problème n'est pas nouveau. $\tau$ est estimé par $\hat{\tau} = N\bar{X}$, et l'intervalle de confiance pour $\tau$ est calculé en multipliant par $N$ les limites de l'intervalle de confiance pour $\mu$.

***EXEMPLE 2***    Dans l'exemple 1, on estime la valeur totale des comptes à recevoir par $\hat{\tau} = N\bar{X} = 8\,427(165,62) = 1\,395\,679,74$ \$. Un intervalle de confiance est donné par $8\,427(97,90) \leq \tau \leq 8\,427(233,34)$, soit $825\,003 \leq \tau \leq 1\,966\,356$. ☐

## 10.2 Échantillonnage stratifié — estimation d'une moyenne

Il arrive qu'une population soit naturellement divisée en sous-populations : la population d'un pays est répartie en régions géographiques ; les clients d'une compagnie sont des particuliers, des détaillants, ou des grossistes ; les étudiants d'une université appartiennent à l'une ou l'autre des facultés ; les employés d'une compagnie relèvent de différents services ou succursales. Si l'on veut échantillonner cette population pour estimer quelque paramètre, il est parfois commode de prélever un échantillon dans chacune des sous-populations pour les réunir ensuite. Les sous-populations sont alors appelées des **strates**, et le mode d'échantillonnage est appelé **échantillonnage stratifié**. Précisons la notation et la procédure. La population est formée de $K$ strates, et

$N_1, N_2, \ldots, N_K$ dénotent les tailles des strates ;

$\mu_1, \mu_2, \ldots, \mu_K$ dénotent leurs moyennes ; et

$\sigma_1^2, \sigma_2^2, \ldots, \sigma_K^2$ dénotent leurs variances.

Nous considérons le cas où dans chaque strate on prélève un *échantillon aléatoire simple* (tirages successifs, sans remise). Nous avons donc $K$ échantillons, et

$n_1, n_2, \ldots, n_K$ dénotent les tailles des échantillons ;

$\bar{X}_1, \bar{X}_2, \ldots, \bar{X}_K$ dénotent leurs moyennes ; et

$\hat{\sigma}_1^2, \hat{\sigma}_2^2, \ldots, \hat{\sigma}_K^2$ dénotent leurs variances.

La situation est schématisée dans la figure 10.1. Puisque les échantillons sont prélevés séparément, les moyennes $\bar{X}_1, \bar{X}_2, \ldots, \bar{X}_K$ sont des variables indépendantes qui estiment, respectivement, les paramètres $\mu_1, \mu_2, \ldots, \mu_K$. Pour chacune des strates, les paramètres, les estimateurs et leurs propriétés

FIGURE 10.1    **Illustration d'un échantillon stratifié**

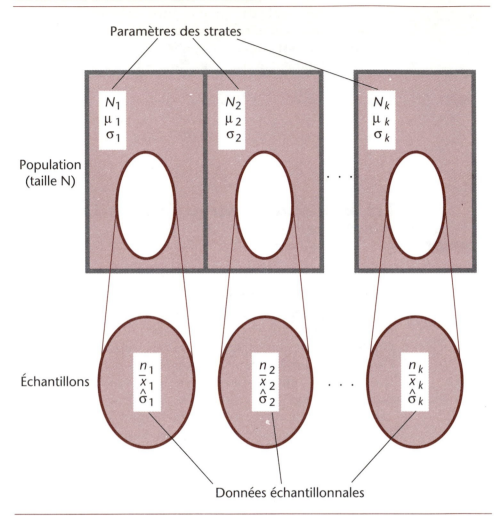

sont exactement ceux présentés dans la section 10.1. Pour $i = 1, 2, \ldots, K$, l'estimateur de $\mu_i$ est $\bar{X}_i$ et l'écart-type de $\bar{X}_i$ est estimé par

$$\hat{\sigma}_{\bar{X}_i} = \frac{\hat{\sigma}_i}{\sqrt{n_i}}\sqrt{1 - \frac{n_i}{N_i}} = \frac{\hat{\sigma}_i}{\sqrt{n_i}}\sqrt{1 - f_i},$$

où $f_i = n_i/N_i$. Donc, rien de nouveau en ce qui concerne l'estimation des paramètres des strates. Rappelons toutefois que la population cible est la réunion des strates, et que les paramètres que l'on veut estimer sont ceux de la population entière. Il faudra donc réunir les données des $K$ échantillons de façon à obtenir un estimateur de la moyenne de la population. La moyenne $\mu$

de la population peut être exprimée en fonction des moyennes $\mu_i$ des strates :

$$\mu = \frac{N_1\mu_1 + N_2\mu_2 + \ldots + N_K\mu_K}{N} = \frac{N_1}{N}\mu_1 + \frac{N_2}{N}\mu_2 + \ldots + \frac{N_K}{N}\mu_K \, .$$

Les proportions $N_1/N, N_2/N, \ldots, N_K/N$ sont les tailles relatives des $K$ strates. Nous les noterons $W_1, W_2, \ldots, W_K$. Nous pouvons exprimer $\mu$ en fonction des $W_i = N_i/N$ :

$$\mu = W_1\mu_1 + W_2\mu_2 + \ldots + W_K\mu_K = \sum_{i=1}^{K} W_i\mu_i \, .$$

Pour estimer $\mu$, il suffit de remplacer chaque $\mu_i$ dans l'expression ci-dessus par son estimateur $\bar{X}_i$. On a alors l'estimateur $\hat{\mu}$ défini par

$$\hat{\mu} = W_1\bar{X}_1 + W_2\bar{X}_2 + \ldots + W_K\bar{X}_K = \sum_{i=1}^{K} W_i\bar{X}_i \, .$$

L'écart-type de $\hat{\mu}$ est estimé par

$$\hat{\sigma}_{\hat{\mu}} = \sqrt{\sum_{i=1}^{K} W_i^2\hat{\sigma}_{\bar{X}_i}^2} = \sqrt{\sum_{i=1}^{K} W_i^2\frac{\hat{\sigma}_i^2}{n_i}\left(1 - \frac{n_i}{N_i}\right)} \, .$$

**EXEMPLE 3**   Pour estimer la superficie moyenne des maisons et appartements d'une ville, on commence par classer les habitations en trois strates :

*Strate 1 :* Nouvelles maisons construites sur l'ancien terrain de golf;

*Strate 2 :* Vieilles maisons;

*Strate 3 :* Appartements, duplex et autres.

On prélève un échantillon de chacune des strates. Les tailles des strates et des échantillons sont

$$N_1 = 80 \quad N_2 = 200 \quad N_3 = 500$$
$$n_1 = 10 \quad n_2 = 20 \quad n_3 = 30.$$

Voici les superficies des maisons ou appartements dans les trois échantillons (en mètres carrés) ainsi que quelques calculs :

*Strate 1*

466   428   506   394   458   408   373   429   397   367.

$$\Sigma X_i = 4\,226, \ \bar{X}_1 = 422,6, \ \Sigma X_i^2 = 1\,803\,308,$$
$$\hat{\sigma}_1^2 = (1/9)(1\,803\,308 - 10(422,6)^2) = 1\,933,378.$$

*Strate 2*

| 301 | 319 | 232 | 228 | 268 | 201 | 233 | 220 | 261 | 203 |
|-----|-----|-----|-----|-----|-----|-----|-----|-----|-----|
| 261 | 370 | 214 | 242 | 296 | 234 | 280 | 270 | 259 | 195 |

$$\Sigma X_i = 5\,087, \ \bar{X}_2 = 254{,}35, \ \Sigma X_i^2 = 1\,330\,573,$$

$$\hat{\sigma}_2^2 = (1/19)(1\,330\,573 - 20(254{,}35)^2) = 1\,931{,}292.$$

*Strate 3*

| 234 | 178 | 197 | 160 | 156 | 141 | 171 | 194 | 203 | 160 |
|-----|-----|-----|-----|-----|-----|-----|-----|-----|-----|
| 224 | 186 | 150 | 182 | 174 | 205 | 190 | 171 | 183 | 155 |
| 180 | 173 | 212 | 149 | 160 | 139 | 149 | 180 | 182 | 167 |

$$\Sigma X_i = 5\,305, \ \bar{X}_3 = 176{,}83, \ \Sigma X_i^2 = 954\,313,$$

$$\hat{\sigma}_3^2 = (1/29)(954\,313 - 30(176{,}83)^2) = 559{,}040.$$

La taille de la population est $N = 80 + 200 + 500 = 780$; les tailles relatives des strates sont $W_1 = N_i/N = 80/780 = 8/78 \simeq 0{,}1026$, $W_2 = N_2/N = 20/78 \simeq 0{,}2564$, $W_3 = N_3/N = 50/78 \simeq 0{,}6410$. La moyenne de la population est estimée par

$$\hat{\mu} = \left(\frac{8}{78}\right)422{,}6 + \left(\frac{20}{78}\right)254{,}35 + \left(\frac{50}{78}\right)176{,}83 = 221{,}91.$$

La variance de $\hat{\mu}$ est estimée par

$$\hat{\sigma}_{\hat{\mu}}^2 = \left(\frac{8}{78}\right)^2 \frac{1\,933{,}378}{10}\left(1 - \frac{10}{80}\right) + \left(\frac{20}{78}\right)^2 \frac{1\,931{,}292}{20}\left(1 - \frac{20}{200}\right)$$

$$+ \left(\frac{50}{78}\right)^2 \frac{559{,}040}{30}\left(1 - \frac{30}{500}\right)$$

$$= 1{,}780 + 5{,}714 + 7{,}198 = 14{,}692.$$

Donc, l'écart-type estimé de $\hat{\mu}$ est $\sqrt{14{,}692} = 3{,}833$, et un intervalle de confiance approximatif à 95 % pour $\mu$ est $\hat{\mu} \pm 1{,}96\hat{\sigma}_{\hat{\mu}} = 221{,}91 \pm 1{,}96(3{,}833)$, soit

$$214{,}4 \leq \mu \leq 229{,}4. \qquad \Box$$

*Remarque.* *Plusieurs chercheurs effectuent des analyses à partir des données publiées dans des documents officiels. Souvent ils supposent que les données sont issues d'un échantillon aléatoire simple alors qu'elles peuvent avoir été obtenues par un échantillon stratifié. C'est une erreur dont les conséquences ne sont pas négligeables. Supposons, dans l'exemple 3, qu'on considère les $n = 60$ données comme si elles constituaient un échantillon aléatoire simple d'une population de taille $N = 780$. On aurait alors estimé la moyenne par $\bar{X}$, un estimateur qui n'est pas sans biais dans une situation comme celle-ci où certaines strates sont proportionnellement mieux représentées que d'autres. Nous aurions obtenu, en effet, $\bar{X} = 243{,}633$, au lieu de $221{,}91$. Cette surestimation est attribuable au nombre* *proportionnellement grand d'unités appartenant aux deux premières strates. L'écart-type de $\overline{X}$ aurait également été mal estimé : nous l'aurions estimé par la formule $[\hat{\sigma}/\sqrt{n}]\sqrt{1-f} = 11{,}720$, et notre intervalle de confiance aurait été*

$$220{,}7 \leq \mu \leq 266{,}6.$$

*Cet intervalle est beaucoup plus long que l'intervalle obtenu correctement plus haut. Il se trouve que l'erreur n'est pas grave dans la mesure où elle donne une vision plutôt pessimiste : l'estimation est de fait plus précise que ne laisse croire l'intervalle. Dans certains cas, une procédure erronée peut donner lieu à des résultats indûment optimistes, ce qui est plus grave.*

## 10.3    Allocation des observations

Supposons que la valeur de $n$ est fixée à partir de considérations économiques. Comment doit-on répartir cet effectif total entre les strates ? Dans l'exemple 3, l'échantillon total est de taille $n = 60$, réparti ainsi : $n_1 = 10$, $n_2 = 20$, et $n_3 = 30$. Les même 60 observations auraient pu être allouées différemment. Quelles sont les conséquences des différentes allocations ? Les conséquences sont en fait importantes, car la variance de l'estimateur en dépend. D'ailleurs, la stratification n'est pas toujours imposée par la nature : on y recourt souvent volontairement, précisément dans le but de réduire la variance de l'estimateur.

***EXEMPLE 4***    Utilisons les estimations $\hat{\sigma}_1^2 = 1\,933{,}378$, $\hat{\sigma}_2^2 = 1\,931{,}292$, et $\hat{\sigma}_3^2 = 559{,}040$ obtenues des données de l'exemple 3 pour estimer l'écart-type de $\hat{\mu}$ pour différentes allocations $n_1$, $n_2$, $n_3$. Pour une allocation donnée des 60 observations, l'écart-type de $\hat{\mu}$ est estimé par

$$\sqrt{\left(\frac{8}{78}\right)^2 \frac{\hat{\sigma}^2}{n_1}\left(1 - \frac{n_1}{80}\right) + \left(\frac{20}{78}\right)^2 \frac{\hat{\sigma}_2^2}{n_2}\left(1 - \frac{n_2}{200}\right) + \left(\frac{50}{78}\right)^2 \frac{\hat{\sigma}_3^2}{n_3}\left(1 - \frac{n_3}{500}\right)}.$$

Voici l'écart-type de $\hat{\mu}$ qui résulte de quelques allocations possibles :

| Allocation $(n_1, n_2, n_3)$ | Écart-type de $\hat{\mu}$ |
| --- | --- |
| (9, 22, 29) | 3,82 |
| (6, 15, 39) | 4,05 |
| (20, 20, 20) | 4,18 |
| (30, 10, 20) | 4,85 |
| (50, 5, 5) | 8,39 |

Nous voyons que l'allocation a un effet important sur l'écart-type. Deux types d'allocation sont utilisés couramment : l'allocation proportionnelle et l'allocation optimale.

### Allocation proportionnelle.

Une allocation naturelle est *l'allocation proportionnelle*, qui répartit l'échantillon de la même façon que la population : les $n_i$ sont proportionnels aux $N_i$ (ou aux $W_i$, ce qui revient au même). Nous avons approximativement les égalités suivantes :

$$n_i = nW_i \,.$$

Dans l'exemple 3, l'allocation proportionnelle donne $n_1 = 60(^8/_{78}) \simeq 6$, $n_2 = 60(^{20}/_{78}) \simeq 15$, $n_3 = 60(^{50}/_{78}) \simeq 39$. Nous voyons aux calculs de l'exemple 4 que l'allocation proportionnelle n'est pas la meilleure : elle donne un écart-type de 4,05, alors que pour l'allocation $(9, 22, 29)$, l'écart-type est de 3,82.

Si l'allocation proportionnelle n'est pas la meilleure, peut-on néanmoins dire qu'elle est relativement bonne? En particulier, un échantillon stratifié avec allocation proportionnelle est-il préférable à un échantillon non stratifié? La réponse est oui, à condition que les moyennes des strates soient assez différentes les unes des autres. Cette condition est vérifiée dans la plupart des cas car c'est précisément lorsque les strates sont très différentes qu'il est naturel de stratifier.

### Allocation optimale.

Nous avons vu que même si l'allocation proportionnelle est généralement bonne, il y en a de meilleures. Est-il possible de trouver la meilleure de toutes? Plus précisément, étant donné un nombre total $n$ d'observations, y a-t-il moyen de les répartir entre les strates de façon à minimiser la variance de $\hat{\mu}$? Il y a effectivement une allocation unique pour laquelle la variance (et donc l'écart-type) de $\hat{\mu}$ est minimale; elle est appelée **allocation optimale**. Puisque cette allocation dépend des variances des strates, nous supposons ces variances connues pour le moment. On peut démontrer que l'allocation optimale est donnée par

$$\text{les } n_i \text{ proportionnels aux quantités } W_i\sqrt{\frac{N_i}{N_i - 1}}\,\sigma_i \simeq W_i\sigma_i$$

où l'égalité approximative est vraie dans la mesure où les $N_i$ sont grands.

***EXEMPLE 5***    Considérons une population répartie en 4 strates dont les paramètres sont les suivants.

| $i$ | 1 | 2 | 3 | 4 |
|---|---|---|---|---|
| $N_i$ | 100 | 200 | 300 | 400 |
| $\sigma_i$ | 365 | 38 | 14 | 5 |

Déterminons l'allocation optimale d'un échantillon de taille 50. Les valeurs de $W_i\sigma_i$ sont

$$(0,1)(365), \quad (0,2)(38), \quad (0,3)(14), \quad (0,4)(5),$$

soit $\qquad\qquad\qquad\qquad$ 36,5   7,6   4,2   2,0.

La somme de ces nombres est 50,3, et l'allocation optimale est donnée par

$$n_1 = \frac{36,5}{50,3}50 \simeq 36; \quad n_2 = \frac{7,6}{50,3}50 \simeq 8; \quad n_3 = \frac{4,2}{50,3}50 \simeq 4; \quad n_4 = \frac{2,0}{50,3}50 \simeq 2.$$

Pour un échantillon de taille 50, l'écart-type de $\hat{\mu}$ est plus petit avec cette allocation qu'avec toute autre. $\qquad\qquad\qquad\qquad\qquad\qquad\qquad$ ☐

Nous pouvons aisément déterminer une formule précise pour les $n_i$ : dire que les $n_i$ sont proportionnels aux $W_i\sigma_i$, c'est dire que pour une certaine constante $a$, $n_i = aW_i\sigma_i$; puisque $\Sigma n_i = n$, alors $\Sigma aW_i\sigma_i = n \Rightarrow a\Sigma W_i\sigma_i = n \Rightarrow a = n/\Sigma W_i\sigma_i$. Nous avons donc la formule suivante pour $n_i$ :

$$n_i \simeq \frac{W_i\sigma_i}{\sum_{j=1}^{k} W_j\sigma_j}n\,.$$

**Paramètres inconnus.** Pour déterminer l'allocation proportionnelle, il suffit de connaître les $W_i$. Pour déterminer l'allocation optimale, par contre, il faut aussi connaître les $\sigma_i$. Or, les $\sigma_i$ sont des paramètres de la population et sont donc inconnus. Il n'y a pas de solution générale à ce problème : en pratique on tente, d'une façon ou d'une autre, d'obtenir une estimation des $\sigma_i$ : soit par un échantillonnage conçu à cette fin, soit en se basant sur des données semblables prises dans d'autres populations.

**Strates recensées.** Il peut arriver que la formule pour l'allocation optimale donne pour certaines strates une valeur de $n_i$ supérieure à $N_i$. Dans ce cas, on prélève toutes les unités des strates en question, et on utilise l'allocation optimale pour les autres strates.

**EXEMPLE 6**     Considérons une population de taille $N = 130$ répartie en trois strates d'effectifs 15, 40 et 75, respectivement, et d'écarts-types 28 313, 2 032 et 276, respectivement. Quelle est la répartition optimale d'un échantillon de taille 25 ?

Les valeurs de $W_i\sigma_i$ sont $\qquad$ 3 267   625   159

et leur somme est 4 051. Donc, l'échantillon doit être réparti selon les proportions $3\,267/4\,051 = 0,81$, $625/4\,051 = 0,15$ et $159/4\,051 = 0,04$. L'allocation est donc

$$n_1 = (0,81)(25) \simeq 20, \quad n_2 = (0,15)(25) \simeq 4 \quad \text{et} \quad n_3 = (0,04)(25) \simeq 1.$$

Il est impossible de prélever un échantillon de taille 20 dans la première strate, qui ne contient que 15 éléments. On en prélèvera donc 15, la strate au complet ; et on répartira ensuite les 10 observations qui restent entre les deux dernières strates. Les 10 observations seront réparties proportionnellement aux nombres 625 et 159, dont la somme est 784. Les tailles des deux derniers échantillons sont donc $n_2 = (625/784)(10) \simeq 8$, $n_3 = (159/784)(10) \simeq 2$. La moyenne est estimée comme d'habitude par $\hat{\mu} = W_1 \bar{X}_1 + W_2 \bar{X}_2 + W_3 \bar{X}_3$ mais puisque $W_1 \bar{X}_1 = W_1 \mu_1$, le premier terme est fixe et sa variance est nulle. La formule usuelle pour l'estimateur de la variance s'applique quand même ; on verra que le premier terme est automatiquement nul à cause du facteur de correction $1 - n_1/N_1 = 1 - N_1/N_1 = 0$. ☐

## 10.4    Estimation d'une proportion

Un échantillonnage par stratification peut être employé profitablement pour estimer une *proportion* $p$. La théorie ne change pas, car une proportion est une moyenne : c'est la moyenne d'une variable *dichotomique*, c'est-à-dire, une variable qui ne prend que les valeurs 0 et 1. Par exemple, si $p$ est la proportion de fumeurs dans une population de $N$ personnes, alors $p = (1/N)\Sigma v_j$, où $v_j$ est égal à 1 si la $j$-ième personne est fumeuse et $v_j = 0$ sinon. Donc, $p$ est identique à ce que nous avons noté $\mu$ dans les sections précédentes. Les proportions des strates seront dénotées par $p_i$ (au lieu de $\mu_i$), et les proportions échantillonnales par $\hat{p}_i$ (au lieu de $\bar{X}_i$). La moyenne pondérée que nous avons notée $\bar{X}$ sera ici notée $\hat{p}$ :

$$\hat{p} = W_1 \hat{p}_1 + W_2 \hat{p}_2 + \ldots + W_K \hat{p}_K = \sum_{i=1}^{K} W_i \hat{p}_i \,.$$

La nature dichotomique de la variable permet de donner des expressions plus simples pour les variances. On peut montrer que pour une variable dichotomique la variance échantillonnale de la strate $i$ devient

$$\hat{\sigma}_i^2 = \frac{n_i}{n_i - 1} \hat{p}_i (1 - \hat{p}_i) = \frac{n_i}{n_i - 1} \hat{p}_i \hat{q}_i \simeq \hat{p}_i \hat{q}_i \,,$$

la dernière égalité approximative n'étant vraie que si les $n_i$ sont grands. Il n'y a pas d'autre changement de notation : les formules pour les estimateurs des écarts-types des $\hat{p}_i$ et de $\hat{p}$ sont identiques à celles pour les $\bar{X}_i$ et pour $\bar{X}$ :

$$\hat{\sigma}_{\hat{p}_i} = \frac{\hat{\sigma}_i}{\sqrt{n_i}} \sqrt{1 - \frac{n_i}{N_i}} = \frac{\hat{\sigma}_i}{\sqrt{n_i}} \sqrt{1 - f_i}$$

pour $\hat{p}_i$, et

$$\hat{\sigma}_{\hat{p}} = \sqrt{\sum_{i=1}^{K} W_i^2 \hat{\sigma}_{\hat{p}_i}^2} = \sqrt{\sum_{i=1}^{K} W_i^2 \frac{\hat{\sigma}_i^2}{n_i}\left(1 - \frac{n_i}{N_i}\right)} = \sqrt{\sum_{i=1}^{K} W_i^2 \frac{\hat{p}_i \hat{q}_i}{n_i - 1}\left(1 - \frac{n_i}{N_i}\right)}$$

pour $\hat{p}$.

Le paramètre $\tau$ défini dans la section 10.1 devient ici $\tau = Np$ et représente un *effectif* : si $p$ est la proportion de fumeurs dans une population, $\tau$ est le *nombre* de fumeurs dans la population.

**EXEMPLE 7**

Pour estimer la proportion d'employés en faveur d'un plan de soins dentaires, on prélève un échantillon aléatoire simple dans chacune des 4 divisions de la compagnie. Les effectifs des 4 divisions sont 4 523, 3 456, 1 300, 1 124, et les tailles des échantillons sont 22, 17, 6 et 5, respectivement. Le nombre de personnes favorables est 10, 5, 3, et 3.

a) Les $W_i$ sont $4\,523/10\,403 = 0,434\,8$; $3\,456/10\,403 = 0,332\,2$; $1\,300/10\,403 = 0,125\,0$; $1\,124/10\,403 = 0,108\,0$.

Les $\hat{p}_i$ sont $10/22 = 0,454\,5$; $5/17 = 0,294\,1$; $3/6 = 0,5$; $3/5 = 0,6$.

Donc $\hat{p} = (0,434\,8)(0,454\,5) + (0,332\,2)(0,294\,1) + (0,125\,0)(0,5)$
$+ (0,108\,0)(0,6) = 0,422\,6$.

On estime que 42,26 % des employés de la compagnie sont en faveur du plan. Donc, on estime que le *nombre* d'employés en faveur du plan est $\hat{\tau} = 10\,403 \times 0,422\,6 = 4\,396$.

b) la variance de $\hat{p}$ est

$$\left(\frac{4\,523}{10\,403}\right)^2 \frac{\left(\frac{10}{22}\right)\left(\frac{12}{22}\right)}{21}\left(1 - \frac{22}{4\,523}\right) + \left(\frac{3\,456}{10\,403}\right)^2 \frac{\left(\frac{5}{17}\right)\left(\frac{12}{17}\right)}{16}\left(1 - \frac{17}{3\,456}\right)$$

$$+ \left(\frac{1\,300}{10\,403}\right)^2 \frac{(0,5)(0,5)}{5}\left(1 - \frac{6}{1\,300}\right) + \left(\frac{1\,124}{10\,403}\right)^2 \frac{(0,6)(0,4)}{4}\left(1 - \frac{5}{1\,124}\right)$$

$$= 0,005\,12.$$

L'écart-type de $\hat{p}$ est donc $\sqrt{0,005\,12} = 0,071\,6$.

c) Un intervalle de confiance approximatif à 95 % pour $p$ est donné par $\hat{p} \pm 1,96\hat{\sigma}_{\hat{p}}$ où $\hat{p} = 0,422\,6$ et $\hat{\sigma}_{\hat{p}} = 0,071\,6$, soit

$$0,282\,3 \le p \le 0,562\,9.$$

Avec 95 % de confiance, on peut affirmer qu'il y a entre 28,2 % et 56,3 % d'employés en faveur du plan.

d) Nous pouvons déterminer un intervalle de confiance approximatif pour $\tau$ en multipliant les deux bornes par $N = 10\,403$. Nous obtenons :

$$2\,937 \le \tau \le 5\,856.$$

Nous pouvons affirmer avec à peu près 95 % de confiance que le nombre d'employés en faveur du plan se situe entre 2 937 et 5 856.                    □

**Allocation optimale.** L'allocation optimale est, bien sûr, toujours la même, soit approximativement

les $n_i$ proportionnels aux $W_i\sigma_i$

où $\sigma_i^2 = p_i(1 - p_i)$.

Il peut arriver, en l'absence d'information sur les $p_i$, qu'on les suppose égaux. Dans ce cas, l'allocation optimale est une allocation proportionnelle. En pratique, la supposition que les $p_i$ sont égaux ne sera pas vérifiée. Cependant, la formule ci-dessus montre que l'allocation optimale dépend des produits $p_i(1-p_i)$ et non des $p_i$ eux-mêmes. Or, en général les valeurs du produit $p_i(1-p_i)$ ne varient pas beaucoup, à moins que les $p_i$ s'éloignent beaucoup de ½. Donc, à moins que les valeurs des $p_i$ soient extrêmes, l'allocation optimale n'est pas tellement différente de l'allocation proportionnelle.

**EXEMPLE 8**    Les 3 strates d'une population contiennent respectivement 175, 375, et 450 unités. Nous considérons la répartition optimale d'un échantillon de taille 100 sous deux hypothèses : (i) $p_1 = 0{,}4$, $p_2 = 0{,}5$, $p_3 = 0{,}6$, et (ii) $p_1 = 0{,}05$, $p_2 = 0{,}15$, $p_3 = 0{,}25$. Les valeurs de $W_i$ sont 0,175, 0,375, 0,450.

Sous l'hypothèse (i) les valeurs de $W_i\sigma_i = W_i\sqrt{p_i(1 - p_i)}$ sont 0,085 7, 0,187 5, 0,220 5, leur somme est 0,493 7, et l'échantillon doit être réparti selon les proportions 0,085 7/0,493 7, 0,187 5/0,493 7, 0,220 5/0,493 7, ce qui donne environ $n_i = 17$, 38 et 45. Sous l'hypothèse (ii) les $n_i$ sont 10, 37, 53. On voit bien que la première répartition, le cas où les $p_i$ sont proches de 0,5, est essentiellement la répartition proportionnelle.    ☐

## 10.5    Échantillonnage systématique

L'**échantillonnage systématique** est un mode d'échantillonnage motivé surtout par des questions de commodité. Supposons que les patients d'une clinique médicale sont représentés dans un fichier alphabétique. On peut toujours indexer chaque fiche par un numéro qui la situe dans le fichier, et ensuite faire un tirage aléatoire des numéros. Une façon plus naturelle de procéder consiste à tirer les fiches à des intervalles réguliers. Par exemple, si l'on veut tirer $n = 50$ fiches d'une population qui en contient $N = 10\,000$, on les tirera à des intervalles de 200 fiches. Plus précisément, la première est choisie au hasard parmi les 200 premières du fichier. Après elle, les 49 autres suivent à des intervalles de 200. Si, par exemple, la première fiche est celle du rang 123, les fiches suivantes sont de rangs 323, 523, 723, 923, ..., 9 523, 9 723, 9 923.

Ce mode d'échantillonnage a beaucoup d'attrait, indépendamment des questions de commodité. On sent qu'un échantillon tiré de cette façon a

| | Échantillon | | | | | | | | | |
| Strate | 1 | 2 | 3 | 4 | 5 | 6 | 7 | 8 | 9 | 10 |
|---|---|---|---|---|---|---|---|---|---|---|
| 1 | 1 | 2 | 3 | 4 | 5 | 6 | 7 | 8 | 9 | 10 |
| 2 | 11 | 12 | 13 | 14 | 15 | 16 | 17 | 18 | 19 | 20 |
| 3 | 21 | 22 | 23 | 24 | 25 | 26 | 27 | 28 | 29 | 30 |
| 4 | 31 | 32 | 33 | 34 | 35 | 36 | 37 | 38 | 39 | 40 |
| 5 | 41 | 42 | 43 | 44 | 45 | 46 | 47 | 48 | 49 | 50 |

plus de chance de couvrir la population entière. Ceci est particulièrement vrai des expériences agricoles : en tirant une plante à chaque 10 rangées, disons, on s'assure que le champ entier soit représenté. Cet objectif, de couvrir toutes les parties d'une population, est parfois ce qu'on vise lorsqu'on stratifie. Il y a d'ailleurs un certain lien entre l'échantillonnage systématique et l'échantillonnage stratifié : supposons qu'on tire un échantillon systématique de taille $n = 5$ d'une population de 50 éléments, numérotés de 1 à 50 dans le tableau ci-dessus.

On prendra donc comme point de départ un nombre au hasard entre 1 et 10, après quoi on tirera chaque 10-ième élément. Ainsi, si le nombre choisi est 4, l'échantillon sera formé des éléments 4, 14, 24, 34 et 44 : la quatrième colonne. Chacune des 10 colonnes est donc un des dix échantillons possibles. Si on considère les lignes comme des strates, l'échantillon comprend un élément de chaque strate et donc il s'agit en un sens d'un échantillon stratifié. Mais contrairement à un échantillon stratifié, le tirage systématique restreint l'échantillon à une même colonne. Cette restriction peut rendre l'échantillon systématique moins efficace ou plus efficace que l'échantillon stratifié.

On peut démontrer mathématiquement que la moyenne arithmétique $\overline{X}$ des données de l'échantillon est un estimateur sans biais de la moyenne $\mu$ de la population. Donc l'estimateur est identique à celui utilisé dans un échantillon aléatoire simple. Malheureusement, *il n'existe pas d'estimateur de la variance de* $\overline{X}$ *ou de* $\hat{p}$, et donc aucune possibilité de déterminer des intervalles de confiance. L'échantillonnage systématique dépend de l'ordre dans lequel les éléments de la population sont disposés et l'effet de l'ordre peut être soit d'augmenter, soit de diminuer la précision de l'estimateur. D'une part, les échantillons systématiques peuvent améliorer la précision de l'estimateur grâce au fait qu'ils couvrent toutes les parties de la population. D'autre part, il est possible d'imaginer des données ayant une structure cyclique qui rend les estimations très peu précises.

**Remarque.**    *Certains analystes estiment l'écart-type de* $\overline{X}$ *ou de* $\hat{p}$ *comme si l'échantillon avait été tiré de façon purement aléatoire. Une façon de justifier cette approche est la suivante : la position des unités dans la population est elle-même aléatoire, dans le sens qu'elles auraient pu, sous l'effet du seul hasard, avoir été disposées autrement. Si l'on suppose que toutes les façons d'ordonner la population* *étaient a priori équiprobables, alors l'échantillon systématique est effectivement un échantillon aléatoire simple, prélevé en deux étapes : d'abord, les données de la population sont disposées dans un ordre aléatoire; ensuite un échantillon systématique est tiré. Mais la première étape est effectuée par la nature, pas par le statisticien; c'est ce fait curieux qui affaiblit l'argument : comment sait-on si les permutations des éléments de la population sont vraiment équiprobables, si on ne les effectue pas soi-même?*

## 10.6    Échantillonnage en grappes

Supposons qu'on veuille échantillonner les élèves des écoles primaires d'une province pour tester leur connaissance des mathématiques. Un échantillonnage stratifié, avec les écoles comme strates, exigerait qu'on prélève un échantillon dans *chacune* des écoles, ce qui peut être malcommode et coûteux, surtout lorsque les écoles sont dispersées sur un grand territoire. Un échantillon aléatoire simple d'élèves est impossible sans une liste exhaustive *des élèves*, chose qu'on n'a pas toujours. Une liste d'*écoles* est facilement disponible, et peut être exploitée pour faire ce qu'on appelle un **échantillonnage en grappes** : on commence par faire un choix aléatoire d'*écoles*, qu'on appelle alors des **grappes** ou **unités primaires**; et puis on choisit, à l'intérieur de chaque école, un échantillon d'*élèves*, qu'on appelle alors **unités secondaires** ou **sous-unités**. La situation est schématisée dans la figure 10.2.

L'économie que permet de réaliser cette approche est claire. Un échantillon aléatoire simple, une fois choisi, est une liste de $n$ élèves qu'on doit aller chercher dans les écoles où ils se trouvent. Ceci peut obliger à de nombreux voyages coûteux. L'échantillonnage en grappes permet de mieux rentabiliser ces voyages; on peut tester *plusieurs* élèves dans chaque école à peu de frais supplémentaires.

En général, on recourt à l'échantillonnage en grappes pour des raisons d'économie et de commodité et non pour des raisons de précision dans l'estimation. Contrairement à l'échantillonnage par strates, qui peut être choisi uniquement pour son efficacité statistique, l'échantillonnage en grappes n'est pas en général efficace. Précisons cette affirmation : pour un *même nombre n d'unités secondaires* (d'élèves), l'échantillonnage en grappes donne des variances plus grandes que l'échantillonnage aléatoire simple. Puisqu'il est plus économique, on peut au même coût obtenir un plus grand nombre d'unités secondaires; et donc en définitive atteindre un degré de précision supérieur à celui que peut fournir un échantillon aléatoire simple de même coût.

FIGURE 10.2     **Schéma d'un échantillonnage en grappes**

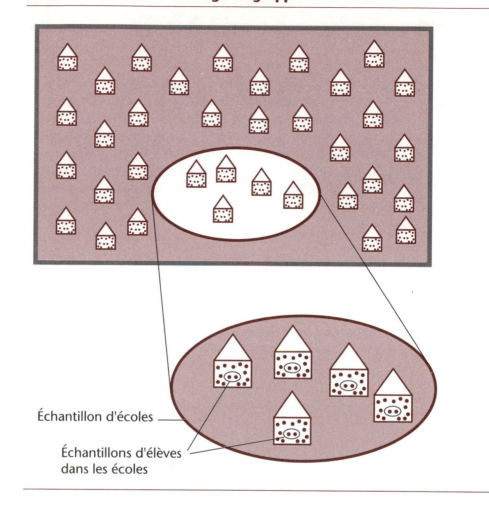

Échantillon d'écoles

Échantillons d'élèves
dans les écoles

L'échantillonnage en grappes est complexe car il existe plusieurs façons de prélever les grappes, aucune nécessairement supérieure aux autres. Il est naturel au premier stade de prélever un échantillon aléatoire simple de grappes dans la population de grappes. Cette approche attache toutefois la même importance à toutes les grappes, les plus petites comme les plus grandes. Cela n'est pas le meilleur moyen d'améliorer la précision.

Une autre façon de prélever les grappes consiste à les tirer successivement, *avec* remise, et avec probabilités proportionnelles aux tailles des grappes : les plus grandes grappes ont les plus fortes chances d'être tirées. C'est une façon de donner plus d'importance aux plus grandes grappes.

Plusieurs choix peuvent être exercés au deuxième stade aussi. On peut facilement imaginer de multiples combinaisons des différents modes d'échantillonnage. Les grappes sont elles-mêmes stratifiées, si l'on commence par séparer les écoles en régions, ou en appartenance linguistique, ou selon d'autres catégories (privées, publiques, par exemple). Le tirage à l'intérieur d'une grappe peut être exhaustif (*tous* les élèves de l'école); ou aléatoire simple; ou encore en grappes (les classes sont elles-mêmes des grappes à l'intérieur des grappes).

L'estimation des paramètres et de leur variance dépend de manière cruciale du mode d'échantillonnage; et se complique à mesure que se complique le plan d'échantillonnage. On ne peut pas analyser des données sans tenir compte des moyens utilisés pour les obtenir. Plusieurs erreurs d'estimation sont commises en traitant des données provenant d'un plan d'échantillonnage complexe comme si elles avaient été obtenues par échantillonnage aléatoire simple. Alors rien n'est plus garanti : les estimateurs usuels peuvent être biaisés, les variances peuvent être surestimées ou sous-estimées.

## Résumé

1. Soit $\bar{X}$ la moyenne d'un échantillon aléatoire simple tiré sans remise d'une population de taille $N$ de variance $\sigma^2$. L'estimateur $\bar{X}$ est sans biais et son écart-type est estimé par

$$\hat{\sigma}_{\bar{X}} = \frac{\hat{\sigma}}{\sqrt{n}} \sqrt{1 - \frac{n}{N}}$$

où $\hat{\sigma}^2$ est la variance échantillonnale définie par

$$\hat{\sigma}^2 = \frac{\sum_{i=1}^n (X_i - \bar{X})^2}{n-1}.$$

Lorsque les données sont dichotomiques (certaines valent 1, les autres 0), la moyenne $\mu$ est la proportion de « 1 », notée $p$; l'estimateur $\bar{X}$ de $p$ est noté $\hat{p}$ et $\hat{\sigma}^2$ prend la forme plus simple :

$$\hat{\sigma}^2 = \frac{n}{n-1}\hat{p}(1-\hat{p}) = \frac{n}{n-1}\hat{p}\hat{q} \simeq \hat{p}\hat{q}.$$

2. Un intervalle de confiance approximatif pour $\mu$ (ou pour $p$) est donné par

$$\bar{X} - c_\alpha \frac{\hat{\sigma}}{\sqrt{n}} \sqrt{1 - \frac{n}{N}} \leq \mu \leq \bar{X} + c_\alpha \frac{\hat{\sigma}}{\sqrt{n}} \sqrt{1 - \frac{n}{N}}$$

où $c_\alpha$ est obtenu d'une table de la loi normale.

3. La moyenne

$$\mu = W_1\mu_1 + W_2\mu_2 + \ldots + W_K\mu_K = \sum_{i=1}^K W_i\mu_i$$

d'une population stratifiée est estimé par

$$\hat{\mu} = W_1 \bar{X}_1 + W_2 \bar{X}_2 + \ldots + W_K \bar{X}_K = \sum_{i=1}^{K} W_i \bar{X}_i \,.$$

Pour des données dichotomiques, $\mu$ est noté $p$ :

$$p = W_1 p_1 + W_2 p_2 + \ldots + W_K p_K = \sum_{i=1}^{K} W_i p_i$$

et son estimateur est

$$\hat{p} = W_1 \hat{p}_1 + W_2 \hat{p}_2 + \ldots + W_K \hat{p}_K = \sum_{i=1}^{K} W_i \hat{p}_i \,.$$

4. L'écart-type de cet estimateur est estimé par

$$\sqrt{\sum_{i=1}^{K} W_i^2 \frac{\hat{\sigma}_i^2}{n_i} \left(1 - \frac{n_i}{N_i}\right)}$$

où $\hat{\sigma}_i^2$ est la variance du $i$-ième échantillon, donnée par $[n_i/(n_i - 1)]\hat{p}_i \hat{q}_i$ lorsque les données sont dichotomiques.

5. L'**allocation proportionnelle** est la répartition de l'effectif total proportion-nellement aux tailles des strates

$$n_i = n W_i \,.$$

6. L'**allocation optimale** est celle qui, pour un effectif total $n$, minimise la variance de $\hat{\mu}$. L'allocation proportionnelle est donnée par

les $n_i$ proportionnels aux quantités $W_i \sqrt{\dfrac{N_i}{N_i - 1}} \sigma_i \simeq W_i \sigma_i \,.$

Donc,
$$n_i \simeq \frac{W_i \sigma_i}{\sum_{j=1}^{K} W_j \sigma_j} n \,.$$

7. L'échantillonnage **systématique** suppose une population de taille $N$ dont les unités sont rangées dans un ordre déterminé. Pour prélever un échantillon de taille $n$, un point de départ est tiré au hasard, après quoi on tire chaque $k$-ième unité, où $1/k$ est la fraction d'échantillonnage.

8. Lorsque les unités d'une population (les unités **secondaires**) sont groupées en « grappes » (les unités **primaires**), une façon de les échantillonner est de tirer d'abord les **grappes** ; et ensuite de prélever une partie ou toutes les unités secondaires contenues dans les grappes.

## Exercices

1. Considérez la petite population de taille $N = 6$ dont les unités sont les suivantes :

$$\{1, 3, 5, 7, 8, 9\}.$$

a) Calculez $\mu$ et $\sigma^2$.

b) Dressez la liste des 15 échantillons de taille $n = 2$ qu'on peut prélever de cette population et calculez $\bar{X}$ et $\hat{\sigma}^2$ pour chacun des échantillons.

c) Présentez sous forme de tableau la fonction de masse de $\bar{X}$.

d) Vérifiez en utilisant la fonction de masse en c) que $\bar{X}$ est un estimateur sans biais pour $\mu$.

e) Calculez la variance de $\bar{X}$ en utilisant la fonction de masse en c).

f) Calculez $E(\hat{\sigma}^2)$ et vérifiez que $\hat{\sigma}^2_{\bar{X}} = (\hat{\sigma}^2/n)(1 - n/N)$, avec $n = 2$ et $N = 6$, est un estimateur sans biais pour la variance de $\bar{X}$.

2. D'une population de $N$ personnes on tire sans remise un échantillon de taille 25 afin d'estimer le revenu moyen $\mu$ de la population. On trouve $\bar{X} = 32$ et $\hat{\sigma} = 12$, en milliers de dollars. Vérifiez les données du tableau suivant, qui présente la demi-largeur d'un intervalle de confiance à 95 % pour $\mu$ pour quelques valeurs de $N$. Faites un commentaire général sur l'effet d'un accroissement de $N$ sur la précision d'un estimateur.

| $N$ | Demi-largeur de l'intervalle |
|---|---|
| 30 | 1,920 4 |
| 40 | 2,880 6 |
| 50 | 3,326 2 |
| 150 | 4,294 1 |
| 500 | 4,584 9 |
| 10 000 | 4,698 1 |
| 1 000 000 | 4,703 9 |
| $\infty$ | 4,704 0 |

3. D'une population formée de 3 strates de 1 670, 610 et 915 unités, on prélève un échantillon stratifié. On obtient les résultats suivants :

*Échantillon de la strate 1 :*
    2, 3, 4, 2, 3, 4, 3, 2, 6, 5, 3, 4, 2, 5, 6, 2, 3, 5, 4, 2, 3, 8.
    $n_1 = 22$,   $\Sigma X_i = 81$   $\Sigma X_i^2 = 353$

*Échantillon de la strate 2 :*
    68, 98, 87, 56, 34, 33, 44, 28.
    $n_2 = 8$,   $\Sigma X_i = 448$   $\Sigma X_i^2 = 29\,898$

*Échantillon de la strate 3 :*

    687, 675, 237, 99, 123, 456, 231, 324, 543, 654, 345, 234.

    $n_3 = 12, \quad \Sigma X_i = 4\,608 \quad \Sigma X_i^2 = 2\,271\,312$

a) Estimez la moyenne $\mu$ de la population.

b) Estimez le total $\tau$ de la population.

c) Estimez l'écart-type de $\hat{\mu}$.

d) Estimez l'écart-type de $\hat{\tau}$.

e) Déterminez un intervalle de confiance à 95 % pour $\mu$.

f) Déterminez un intervalle de confiance à 95 % pour $\tau$.

g) Utilisez les données de l'échantillon pour estimer l'allocation optimale d'un échantillon de taille 42. (Vous supposerez ici que $\hat{\sigma}_i$ est un estimateur adéquat de $\sigma_i$).

h) Estimez ce qu'aurait été l'écart-type de $\hat{\mu}$ si l'allocation optimale avait été utilisée.

4. Déterminez l'allocation optimale d'un échantillon de taille 100 pour estimer la moyenne d'une population dont les 3 strates contiennent 30, 300, et 2 000 unités, et les écarts-types sont 150, 38, et 14.

5. Une population est formée de 5 strates comprenant 235, 432, 1 590, 2 300, et 4 321 unités. Les écarts-types $\hat{\sigma}$ sont 60, 36, 14, 12, et 10.

a) Déterminez l'allocation optimale d'un échantillon de taille 180.

b) Comparez l'écart-type de $\hat{\mu}$ pour l'allocation proportionnelle et l'allocation optimale.

6. Les étudiants d'une université sont répartis en 4 facultés ayant 1 230, 3 000, 2 500, et 8 000 étudiants, respectivement. On prélève un échantillon de 25, 61, 51, et 163 étudiants dans les 4 strates pour estimer la proportion $p$ d'étudiants qui ont déjà utilisé la coopérative étudiante. On trouve que les nombres d'étudiants qui l'ont déjà utilisée dans les 4 échantillons sont 20, 43, 46, et 81, respectivement.

a) Estimez la proportion $p$ d'étudiants dans la population qui ont déjà utilisé la coop, ainsi que l'écart-type de l'estimateur.

b) Déterminez un intervalle de confiance à 95 % pour $p$.

c) Estimez le nombre $\tau$ d'étudiants dans la population qui ont déjà utilisé la coopérative.

d) Déterminez un intervalle de confiance à 95 % pour $\tau$.

e) Utilisez l'estimation de $p$ obtenue en a) pour estimer l'écart-type d'un estimateur basé sur un échantillon aléatoire simple de taille 300.

f) Utilisez les résultats de ce sondage pour déterminer l'allocation optimale d'un éventuel deuxième sondage basé sur un échantillon de taille 300.

Estimez la variance d'un estimateur $\hat{p}$ basé sur un échantillon de taille 300 réparti de façon optimale.

g) Quelle devrait être la taille de ce prochain échantillon si l'on veut que la demi-largeur d'un intervalle de confiance à 95 % soit de 0,04 ? (Ne tenez pas compte des facteurs de correction dans vos calculs).

7. Une population de 4 850 comptes est répartie selon le type de client : clients industriels, grossistes et détaillants. Les effectifs des strates dont $N_1 = 50$, $N_2 = 800$ et $N_3 = 4\,000$, respectivement. Dans un échantillon stratifié de taille 85 on obtient les montants suivants :

*Strate 1 : Clients industriels*

| | | | | |
|---|---|---|---|---|
| 50 212 | 30 215 | 12 564 | 36 598 | 37 222 |
| 36 527 | 96 532 | 95 684 | 69 854 | 68 594 |

$\bar{X}_1 = 53\,400,20$,   $\hat{\sigma}_1 = 28\,272,321$

*Strate 2 : Grossistes*

| | | | | |
|---|---|---|---|---|
| 3 652 | 6 598 | 6 537 | 5 656 | 6 644 |
| 6 563 | 6 521 | 6 549 | 6 598 | 6 537 |
| 3 268 | 8 854 | 6 582 | 8 457 | 6 584 |
| 9 658 | 6 532 | 9 564 | 9 856 | 6 598 |
| 9 723 | 6 549 | 2 147 | 3 345 | 5 465 |

$\bar{X}_2 = 6\,601,48$,   $\hat{\sigma}_2 = 2\,035,57$

*Strate 3 : Détaillants*

| | | | | | | | | | |
|---|---|---|---|---|---|---|---|---|---|
| 325 | 695 | 658 | 423 | 214 | 659 | 854 | 632 | 632 | 654 |
| 985 | 658 | 745 | 698 | 365 | 256 | 985 | 654 | 965 | 965 |
| 985 | 658 | 321 | 123 | 365 | 965 | 965 | 856 | 452 | 325 |
| 445 | 323 | 765 | 139 | 239 | 432 | 871 | 347 | 138 | 325 |
| 762 | 769 | 126 | 247 | 246 | 235 | 345 | 345 | 345 | 298 |

$\bar{X}_3 = 535,58$,   $\hat{\sigma}_3 = 275,6568$

a) Estimez le montant moyen des comptes.

b) Estimez le montant total des comptes de la population.

c) Déterminez un intervalle de confiance à 95 % pour la valeur totale des comptes dans la population.

d) Estimez l'allocation optimale en utilisant les données de l'échantillon.

e) Estimez l'écart-type de $\hat{\mu}$ basé sur un échantillon de taille 85 avec allocation optimale.

8. Considérez une population de 60 logements, de laquelle on prélève un échantillon systématique de taille 6 dans le but d'estimer le nombre moyen de personnes par logement. Les données pour la population entière sont présentées, ligne par ligne, dans le tableau suivant :

| | | | | | | | | | |
|---|---|---|---|---|---|---|---|---|---|
| 5 | 1 | 4 | 3 | 4 | 3 | 4 | 4 | 3 | 3 |
| 3 | 3 | 3 | 2 | 3 | 4 | 3 | 2 | 4 | 4 |
| 2 | 4 | 6 | 4 | 2 | 2 | 2 | 3 | 3 | 2 |
| 4 | 2 | 1 | 3 | 5 | 6 | 1 | 1 | 6 | 4 |
| 6 | 8 | 2 | 2 | 7 | 7 | 6 | 3 | 6 | 6 |
| 7 | 3 | 2 | 1 | 3 | 2 | 5 | 5 | 5 | 2 |
| $\Sigma x$  27 | 21 | 18 | 15 | 24 | 24 | 21 | 18 | 27 | 21 |
| $\Sigma x^2$  139 | 103 | 70 | 43 | 112 | 118 | 91 | 64 | 131 | 85 |

a) Déterminez l'ensemble des 10 valeurs possibles de $\bar{X}$, la moyenne d'un échantillon systématique de taille 6.

b) Déterminez $E(\bar{X})$, et donc vérifiez que $\bar{X}$ est un estimateur sans biais.

c) Déterminez $Var(\bar{X})$.

9. Afin de prédire le volume de transport (en millions de tonnes kilométriques) qu'elle assurera l'an prochain, une compagnie de camionnage décide d'interroger 500 de ses expéditeurs réguliers. Les données des années précédentes permettent de classer les clients en quatre strates, selon leur importance. Les effectifs des strates et leurs variances sont :

$$N_i : 50 \quad 100 \quad 1\,000 \quad 3\,000$$
$$\hat{\sigma}_i : 38,0 \quad 11,0 \quad 5,0 \quad 2,5.$$

Déterminez la meilleure façon de répartir les 500 observations, et estimez la variance de $\hat{\mu}$ avec l'allocation optimale.

10. Dans la bibliothèque d'une petite municipalité, les usagers sont fichés individuellement, mais les fiches correspondant à une même famille sont contigües et classées dans l'ordre suivant : mère, père, autres adultes s'il y a lieu, puis les enfants par ordre d'âge. On tire un échantillon de taille 5 du fichier suivant (qui doit se lire ligne par ligne). La signification des symboles est la suivante :

F : adulte de sexe féminin

M : adulte de sexe masculin

f : enfant de sexe féminin

m : enfant de sexe masculin

| | | | | | | | | | | | | | | | | | |
|---|---|---|---|---|---|---|---|---|---|---|---|---|---|---|---|---|---|
| F | M | f | f | f | F | M | f | m | F | M | F | M | F | m | m | m |
| F | M | F | M | F | M | f | m | f | F | M | f | m | F | M | M | f |
| f | F | f | f | F | M | m | f | m | F | M | f | f | m | F | M | m |
| m | F | M | m | f | F | M | f | f | m | F | M | F | M | F | M | F |
| M | f | m | f | F | m | f | F | M | F | m | f | F | M | m | m | F |

Pour chacun des estimateurs suivants, déterminez la fonction de masse, l'espérance et l'écart-type. Vérifiez que les estimateurs sont sans biais.

a) La proportion d'enfants dans l'échantillon.

b) La proportion de personnes de sexe féminin dans l'échantillon.

c) La proportion d'adultes de sexe féminin.

d) Comparez chacun des écarts-types calculés ci-dessus avec l'écart-type correspondant à un échantillon aléatoire simple de taille 5.

11. Calculez l'écart-type des trois estimateurs traités à l'exercice précédent en supposant que la même population a été disposée de la façon suivante :

| F | M | m | f | F | M | f | f | F | M | F | f | F | M | m | f | F |
| F | M | m | f | F | M | m | f | F | M | m | f | F | M | m | f | F |
| F | M | m | m | F | M | m | f | F | M | m | f | F | M | m | f | M |
| F | M | m | f | F | M | m | f | F | M | m | f | F | M | m | f | F |
| F | M | f | f | F | M | m | f | F | M | m | f | F | M | m | f | F |

12. D'une population de 30 personnes on prélève un échantillon de taille 6 pour estimer la proportion $p$ de fumeurs. Soit $\hat{p}$ la proportion de fumeurs dans l'échantillon. Supposons que 12 personnes dans la population sont des fumeurs.

a) Présentez sous forme de tableau la fonction de masse de $\hat{p}$ (suggestion : utilisez la loi hypergéométrique).

b) Vérifiez à l'aide de ce tableau que $\hat{p}$ est un estimateur sans biais de $p$.

c) Calculez $\sigma_{\hat{p}}^2$ en utilisant le même tableau.

d) Déterminez la fonction de masse de $\hat{\sigma}_{\hat{p}}^2 = \left(\hat{p}(1-\hat{p})/(n-1)\right)\left(1 - n/N\right)$ et montrez que $\hat{\sigma}_{\hat{p}}^2$ est un estimateur sans biais de $\sigma_{\hat{p}}^2$.

# Séries chronologiques

**Introduction.** On appelle *série chronologique* (ou série temporelle) une suite d'observations $x_1, x_2, \ldots, x_T$ correspondant à des mesures successives effectuées sur un même phénomène. Le nombre $T$ indique la longueur de la série et tient essentiellement le même rôle que la taille $n$ d'un échantillon ordinaire. La mesure prise au temps $t$ est notée $x_t$.

Les températures enregistrées à chaque heure à une certaine station météorologique constituent un bon exemple de série chronologique. Ces données ne peuvent être traitées comme un échantillon simple car elles ne sont pas indépendantes : les observations successives sont fortement corrélées et l'ordre dans lequel elles se présentent doit être tenu en compte.

Le nombre d'automobiles vendues par un certain détaillant, au cours de chacune des 100 dernières semaines, est un autre exemple. Comment peut-on utiliser ces données pour prédire convenablement combien d'automobiles seront vendues durant les quelques prochaines semaines ? Le volume général des ventes est-il en progression ? Y a-t-il un phénomène saisonnier suffisamment important pour qu'on doive en tenir compte ?

Le monde socio-économique regorge de telles séries : qu'on songe, par exemple, aux variations du coût de la vie, des taux d'inflation ou de chômage qui font constamment la manchette au moindre soubresaut...

Dans les trois premières sections de ce chapitre nous adoptons une approche purement descriptive dans laquelle le hasard ne jouera pas grand rôle. Nous y verrons comment lisser le graphique d'une série chronologique pour le débarrasser de fluctuations locales sans signification (qui peuvent être assimilées à des variations accidentelles ou à des erreurs de mesure), pour en dégager une courbe plus douce qui décrit beaucoup mieux l'allure générale du phénomène. Nous verrons aussi comment transformer une série chronologique, comment la combiner avec une autre pour mieux faire ressortir tel ou tel autre aspect de sa structure. Nous aborderons enfin certains problèmes de prédiction, d'extrapolation.

Dans les deux dernières sections, nous introduisons quelques modèles plus articulés où les lois du hasard sont mises à profit pour aller un peu plus loin qu'une simple description.

# 11.1    Techniques de lissage

Lorsqu'une série chronologique est illustrée sous forme graphique, elle présente souvent un comportement général relativement doux sur lequel est superposé un comportement local plutôt cahoteux qu'il serait souhaitable d'aplanir. On voudrait pouvoir promener sur le graphique un « fer à repasser stochastique » qui en effacerait toutes les aspérités accidentelles et ne laisserait subsister que les amples fluctuations générales qui, seules, sont significatives. Un exemple servira à illustrer cette situation.

**EXEMPLE 1**    Entre 7 h 00 et 9 h 00, 25 autobus sont arrivés successivement en bout de ligne. Le tableau qui suit donne le nombre de passagers que transportait chacun de ces autobus.

*TABLEAU 11.1*    **Heure d'arrivée de 25 autobus et nombre X de passagers.**

| $t$ | Heure d'arrivée | $X_t$ | $t$ | Heure d'arrivée | $X_t$ |
|---|---|---|---|---|---|
| 1 | 7 h 00 | 15 | 14 | 8 h 05 | 43 |
| 2 | 7 h 05 | 22 | 15 | 8 h 10 | 57 |
| 3 | 7 h 10 | 14 | 16 | 8 h 15 | 40 |
| 4 | 7 h 15 | 25 | 17 | 8 h 20 | 49 |
| 5 | 7 h 20 | 30 | 18 | 8 h 25 | 54 |
| 6 | 7 h 25 | 22 | 19 | 8 h 30 | 27 |
| 7 | 7 h 30 | 37 | 20 | 8 h 35 | 46 |
| 8 | 7 h 35 | 32 | 21 | 8 h 40 | 43 |
| 9 | 7 h 40 | 47 | 22 | 8 h 45 | 34 |
| 10 | 7 h 45 | 38 | 23 | 8 h 50 | 23 |
| 11 | 7 h 50 | 34 | 24 | 8 h 55 | 37 |
| 12 | 7 h 55 | 51 | 25 | 9 h 00 | 24 |
| 13 | 8 h 00 | 32 | | | |

Cette série chronologique de longueur $T = 25$ est illustrée par le graphique dans la figure 11.1.

Malgré un comportement local en « dents de scie », on peut déjà observer que, grosso modo, les données ont d'abord tendance à croître puis, après un certain temps, elles se mettent à décroître. C'est cette tendance douce que nous souhaitons isoler, extraire des brusques irrégularités locales.    ⬚

On pourrait, bien sûr, faire passer « à l'œil » une courbe douce parmi les points du graphique mais ce procédé intuitif et artisanal est peu satisfaisant. Mieux vaut *calculer* ces nouvelles valeurs par lesquelles passera la courbe lisse, épurée de ses dents de scie.

**Moyenne mobile.**    Une façon simple et naturelle de procéder au lissage d'une série chronologique trop cahoteuse consiste à remplacer chaque observation $x_t$ de la série par une nouvelle valeur, notée $\overline{x}_t$, qui est la moyenne de plusieurs observations voisines. Nous savons que la moyenne de plusieurs observations est beaucoup plus stable qu'une observation individuelle. Cette nouvelle série $\overline{x}_1, \overline{x}_2, \ldots, \overline{x}_T$ porte le nom de *moyenne mobile*.

FIGURE 11.1    **Nombre de passagers dans 25 autobus successifs.**

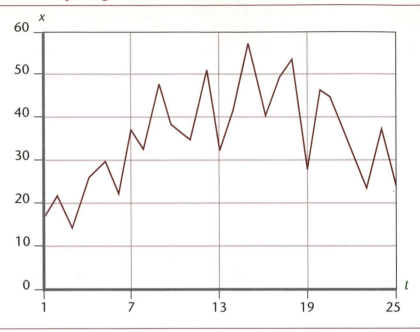

Par exemple, on peut définir $\overline{x}_t$ comme étant la moyenne des 3 observations consécutives $x_{t-1}$, $x_t$ et $x_{t+1}$. Pour un lissage encore plus vigoureux, on calculera la moyenne d'un nombre encore plus grand d'observations consécutives. On aura alors $\overline{x}_t = \frac{1}{5}(x_{t-2} + x_{t-1} + x_t + x_{t+1} + x_{t+2})$ ou encore $\overline{x}_t = \frac{1}{7}(x_{t-3} + x_{t-2} + x_{t-1} + x_t + x_{t+1} + x_{t+2} + x_{t+3})$ selon qu'on convient d'utiliser une moyenne mobile portant sur 5 ou sur 7 observations consécutives.

En général, on convient donc d'un certain rayon $r$ (par exemple, on peut prendre $r = 2$ ou $r = 3$) puis on remplace chaque $x_t$ par la moyenne $\overline{x}_t$ des $2r + 1$ observations consécutives $x_{t-r}$ à $x_{t+r}$. On peut se représenter le rayon $r$ comme étant la demi-largeur d'une « fenêtre » imaginaire qui se promène tout le long de la série et qui, lorsqu'elle est centrée en $t$, ne laisse voir que les observations $x_{t-r}$ à $x_{t+r}$ qui participeront au calcul de $\overline{x}_t$. Plus la fenêtre est large, plus nombreuses seront les observations utilisées dans le calcul de $\overline{x}_t$ et plus vigoureux sera le lissage des dents de scie. Il faut toutefois éviter de prendre une fenêtre trop large (un $r$ trop grand) qui nous ferait tenir compte d'observations très éloignées (dans le temps) de l'observation centrale $x_t$ et pour lesquelles la courbe douce peut fort bien être beaucoup plus haute ou beaucoup plus basse que ce qu'elle vaut au centre de la fenêtre.

Deux objectifs sont en conflit : stabilité et sensibilité. Plus la fenêtre est large, plus grand est le risque d'effacer, en même temps que les accidents locaux qu'on souhaite éliminer, des variations réelles et significatives de la courbe douce qu'on cherche à isoler.

Au tout début de la série, de même qu'à sa toute fin, on ne dispose pas de toutes les informations requises ; la fenêtre déborde en partie sur des valeurs inexistantes ou non observées correspondant à des valeurs de $t$ inférieures à 1 ou supérieures à $T$. On conviendra alors de définir $\overline{x}_t$ comme étant la moyenne d'un moins grand nombre d'observations, c'est-à-dire uniquement de celles qui paraissent dans la fenêtre.

**EXEMPLE 2**    Appliquée aux 25 données du tableau 11.1, une moyenne mobile de rayon $r = 2$ fournit la série lissée suivante :

$$\overline{x}_1 = (15 + 22 + 14)/3 = 17{,}0$$
$$\overline{x}_2 = (15 + 22 + 14 + 25)/4 = 19{,}0$$
$$\overline{x}_3 = (15 + 22 + 14 + 25 + 30)/5 = 21{,}2$$
$$\overline{x}_4 = (22 + 14 + 25 + 30 + 22)/5 = 22{,}6$$
$$\vdots$$
$$\overline{x}_{22} = (46 + 43 + 34 + 23 + 37)/5 = 36{,}6$$
$$\overline{x}_{23} = (43 + 34 + 23 + 37 + 24)/5 = 32{,}2$$
$$\overline{x}_{24} = (34 + 23 + 37 + 24)/4 = 29{,}5$$
$$\overline{x}_{25} = (23 + 37 + 24)/3 = 28{,}0.$$

Sauf les deux premières et les deux dernières, chaque valeur $\overline{x}_t$ de la série lissée est la moyenne de $2r + 1 = 5$ termes consécutifs de la série originale : $x_{t-2}$, $x_{t-1}$, $x_t$, $x_{t+1}$, $x_{t+2}$. Pour $t = 1$ ou 2, de même que pour $t = 24$ ou 25, la moyenne n'a porté que sur les 3 ou 4 termes qui étaient *visibles* dans la fenêtre mobile.

La figure 11.2, présentée plus loin, illustre le lissage obtenu.    ☐

En général, il vaut mieux définir $\overline{x}_t$ comme étant une moyenne *pondérée* des $2r+1$ valeurs apparaissant dans la fenêtre, et qui accorde plus de poids aux observations situées au centre qu'à celles qui sont près des bords. En procédant ainsi, chaque nouvelle observation qui entre dans la fenêtre (ou qui en sort) le fait d'une façon moins brutale et n'influence que graduellement la valeur de la moyenne mobile.

En plus de convenir d'un rayon $r$, on choisira donc aussi des poids $c_{-r}$, ..., $c_{-1}$, $c_0$, $c_1$, ..., $c_r$ qui fourniront la pondération désirée. Par symétrie, on conviendra de prendre $c_{-r} = c_r$, $c_{-r+1} = c_{r-1}$, ..., $c_{-1} = c_1$. En choisissant ces $c_i$ de telle sorte qu'ils décroissent régulièrement de $c_0$ à $c_r$, on obtiendra la moyenne pondérée souhaitée qui accorde plus de poids aux observations centrales qu'à celles situées en bordure de la fenêtre. Il ne reste plus qu'à calculer, pour chaque valeur de $t$,

$$\overline{x}_t = \left( \sum_{i=-r}^{r} c_i x_{t+i} \right) \Big/ \left( \sum_{i=-r}^{r} c_i \right).$$

La formule qui précède n'est évidemment applicable que pour des valeurs de $t$ situées suffisamment loin du début ou de la fin de la série. Pour les toutes premières valeurs de $t$ (pour $t \leq r$) de même que pour les dernières (pour $t > T - r$), cette formule réclame les valeurs d'observations inaccessibles qui précèdent $x_1$ ou qui suivent $x_T$. Ces observations n'étant pas disponibles, on ne peut en tenir compte et, dans le calcul de $\overline{x}_t$, on écartera, tant au numérateur qu'au dénominateur, les valeurs de $i$ pour lesquelles l'indice $t + i$ est inférieur à 1 ou supérieur à $T$.

Si tous les poids $c_{-r}, c_{-r+1}, \ldots, c_{-1}, c_0, \ldots, c_{r-1}, c_r$ sont égaux, on obtient une moyenne ordinaire. En prenant des $c_i$ qui croissent de $c_{-r}$ à $c_0$ puis qui décroissent symétriquement de $c_0$ à $c_r$, on obtient un lissage plus doux. On peut prendre, par exemple, des poids $c_i$ en progression triangulaire, avec $c_{-r} = c_r = 1$, $c_{-r+1} = c_{r-1} = 2$, $\ldots$, $c_{-1} = c_1 = r$, $c_0 = r + 1$. Avec $r = 4$, on aurait alors $c_{-4} = c_4 = 1$, $c_{-3} = c_3 = 2$, $c_{-2} = c_2 = 3$, $c_{-1} = c_1 = 4$ et $c_0 = 5$.

Mieux encore, on peut choisir les $c_i$ en utilisant les coefficients du binôme de Newton dont la table paraît à la page 361. On prend alors

$$c_i = \binom{2r}{r + i} \quad \text{pour } i \text{ allant de } -r \text{ à } +r.$$

Par exemple, si $r = 2$, les $c_i$ valent respectivement 1, 4, 6, 4 et 1.

**EXEMPLE 3**    Appliquée aux 25 données du tableau 11.1, une moyenne mobile de rayon $r = 2$, avec poids binomiaux (1, 4, 6, 4 et 1) fournit la série lissée suivante :

$\overline{x}_1 = (15 \times 6 + 22 \times 4 + 14 \times 1)/(6 + 4 + 1) = 17,5$

$\overline{x}_2 = (15 \times 4 + 22 \times 6 + 14 \times 4 + 25 \times 1)/(4 + 6 + 4 + 1) = 18,2$

$\overline{x}_3 = (15 \times 1 + 22 \times 4 + 14 \times 6 + 25 \times 4 + 30 \times 1)/(1 + 4 + 6 + 4 + 1) = 19,8$

$\overline{x}_5 = (22 \times 1 + 14 \times 4 + 25 \times 6 + 30 \times 4 + 22 \times 1)/(1 + 4 + 6 + 4 + 1) = 23,1$

$\vdots$

$\overline{x}_{22} = (46 \times 1 + 43 \times 4 + 34 \times 6 + 23 \times 4 + 37 \times 1)/(1 + 4 + 6 + 4 + 1) = 34,4$

$\overline{x}_{23} = (43 \times 1 + 34 \times 4 + 23 \times 6 + 37 \times 4 + 24 \times 1)/(1 + 4 + 6 + 4 + 1) = 30,6$

$\overline{x}_{24} = (34 \times 1 + 23 \times 4 + 37 \times 6 + 24 \times 4)/(1 + 4 + 6 + 4) = 29,6$

$\overline{x}_{25} = (23 \times 1 + 37 \times 4 + 24 \times 6)/(1 + 4 + 6) = 28,6.$    ☐

Poursuivis pour la série entière, les calculs développés dans les exemples 2 et 3 mènent aux valeurs lissées présentées dans le tableau 11.2.

On constate (voir figures 11.2 et 11.3) que le second lissage, celui qui utilise des poids binomiaux, est plus lisse, plus doux que le premier.

TABLEAU 11.2    **Moyenne mobile simple et moyenne mobile avec poids binomiaux (toutes deux avec $r = 2$) lissant les données du tableau 11.1**

| $t$ | $x_t$ | $\overline{x}_t$ (poids égaux) | $\overline{x}_t$ (poids binomiaux) |
|---|---|---|---|
| 1 | 15 | 17,0 | 17,5 |
| 2 | 22 | 19,0 | 18,2 |
| 3 | 14 | 21,2 | 19,8 |
| 4 | 25 | 22,6 | 23,1 |
| 5 | 30 | 25,6 | 26,2 |
| 6 | 22 | 29,2 | 28,6 |
| 7 | 37 | 33,6 | 32,2 |
| 8 | 32 | 35,2 | 36,8 |
| 9 | 47 | 37,6 | 39,6 |
| 10 | 38 | 40,4 | 39,7 |
| 11 | 34 | 40,4 | 39,9 |
| 12 | 51 | 39,6 | 40,7 |
| 13 | 32 | 43,4 | 41,2 |
| 14 | 43 | 44,6 | 44,1 |
| 15 | 57 | 44,2 | 47,2 |
| 16 | 40 | 48,6 | 47,6 |
| 17 | 49 | 45,4 | 47,1 |
| 18 | 54 | 43,2 | 44,6 |
| 19 | 27 | 43,8 | 40,9 |
| 20 | 46 | 40,8 | 40,3 |
| 21 | 43 | 34,6 | 39,3 |
| 22 | 34 | 36,6 | 34,4 |
| 23 | 23 | 32,2 | 30,6 |
| 24 | 37 | 29,5 | 29,6 |
| 25 | 24 | 28,0 | 28,6 |

**Lissage exponentiel.**    Une autre technique de lissage est fréquemment employée lorsque les données sont observées une à une et qu'on a besoin, dès l'observation de $x_t$, de pouvoir calculer la valeur $\overline{x}_t$ de la série lissée et de fournir immédiatement une estimation $\hat{x}_{t+1}$ pour la prochaine valeur qui n'a pas encore été observée.

On ne peut évidemment pas utiliser les valeurs $x_{t+1}$, $x_{t+2}$, ..., qui ne sont pas encore disponibles. Seules les valeurs de $x_t$, $x_{t-1}$, $x_{t-2}$, ..., sont utilisables dans l'expression de $\overline{x}_t$. En fait, nous définirons $\overline{x}_t$ en fonction de $x_t$ (la dernière valeur observée) et de $\overline{x}_{t-1}$ (la valeur lissée au temps précédent). Nous poserons

$$\overline{x}_t = \theta x_t + (1 - \theta)\overline{x}_{t-1}$$

FIGURE 11.2    **Moyenne mobile simple (avec *r* = 2) lissant la série illustrée à la figure 11.1**

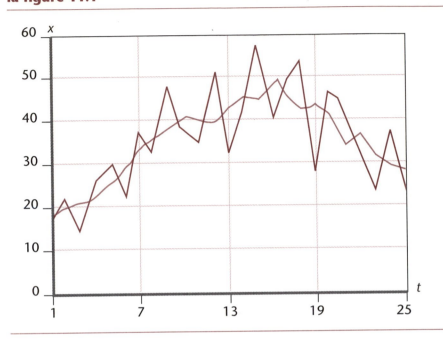

FIGURE 11.3    **Moyenne mobile avec poids binomiaux (*r* = 2, poids 1, 4, 6, 4, 1) lissant la série illustrée à la figure 11.1**

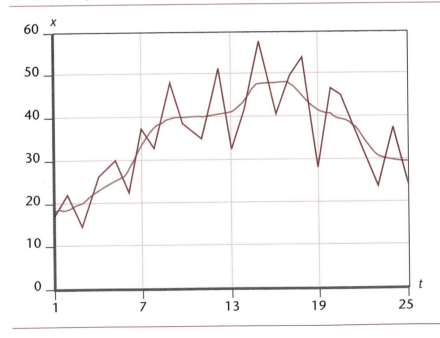

où le paramètre $\theta$, choisi entre 0 et 1, mesure l'importance de la contribution de la dernière observation $x_t$ dans le calcul de la valeur lissée $\overline{x}_t$. Si $\theta$ est choisi près de 1, $\overline{x}_t$ sera pratiquement égal à $x_t$ et le lissage sera minime. Au contraire, si $\theta$ est choisi près de 0, $\overline{x}_t$ sera pratiquement égal à $\overline{x}_{t-1}$ et la dernière observation $x_t$ n'influencera que très peu la valeur du nouveau $\overline{x}_t$. Encore une fois, il y a conflit entre les vœux opposés de stabilité et de sensibilité. Si on a l'impression que la courbe « idéale » (celle qu'on cherche à déterminer en calculant les $\overline{x}_t$) ne varie que très lentement, on peut se permettre un lissage vigoureux (avec $\theta$ petit). Si, au contraire, cette courbe idéale est susceptible de brusques soubresauts, mieux vaut augmenter la sensibilité du lissage en prenant un $\theta$ plus grand. La quantité $1 - \theta$ mesure l'*inertie* de la suite des $\overline{x}_t$, leur résistance aux changements apportés par les $x_t$ successifs.

Remarquons que chaque nouvelle valeur lissée $\overline{x}_t$, qui a été obtenue en fonction de $x_t$ et de $\overline{x}_{t-1}$, peut aussi être exprimée en fonction des dernières observations $x_t$, $x_{t-1}$, $x_{t-2}$, etc. En effet, puisque $\overline{x}_{t-1}$ est lui-même de la forme $\theta x_{t-1} + (1 - \theta)\overline{x}_{t-2}$ où $\overline{x}_{t-2}$ peut, à son tour, être remplacé par $\theta x_{t-2} + (1 - \theta)\overline{x}_{t-3}$, etc., on obtient successivement

$$\overline{x}_t = \theta x_t + (1 - \theta)\overline{x}_{t-1}$$
$$= \theta x_t + (1 - \theta)\big(\theta x_{t-1} + (1 - \theta)\overline{x}_{t-2}\big)$$
$$= \theta x_t + \theta(1 - \theta)x_{t-1} + (1 - \theta)^2\overline{x}_{t-2}$$
$$= \theta x_t + \theta(1 - \theta)x_{t-1} + (1 - \theta)^2\big(\theta x_{t-2} + (1 - \theta)\overline{x}_{t-3}\big)$$
$$\vdots$$
$$= \theta x_t + \theta(1 - \theta)x_{t-1} + \theta(1 - \theta)^2 x_{t-2} + \theta(1 - \theta)^3 x_{t-3} + \ldots$$

Chaque nouvelle valeur lissée $\overline{x}_t$ est donc une moyenne pondérée de toutes les observations précédentes ($x_t$, $x_{t-1}$, $x_{t-2}$, etc.). Les poids utilisés décroissent de façon exponentielle, d'où le nom de cette technique de lissage : *lissage exponentiel*. Si $\theta$ est près de 1, le terme $1 - \theta$ sera petit et la contribution des vieilles observations sera négligeable.

En début de lissage, une difficulté se présente : quelle valeur doit-on donner à $\overline{x}_1$ ? On ne peut utiliser la formule $\overline{x}_1 = \theta x_1 + (1 - \theta)\overline{x}_0$ puisqu'on ne dispose d'aucune valeur pour $\overline{x}_0$. En pratique, nous ferons comme si les valeurs non observées (ou imaginaires) $x_0$, $x_{-1}$, $x_{-2}$, etc. étaient toutes égales à la première observation $x_1$. Cette convention nous donne une valeur raisonnable pour $\overline{x}_0$ ; nous prendrons donc $\overline{x}_0 = x_1$, ce qui donne aussi $\overline{x}_1 = x_1$. Remarquons que le choix d'une valeur ou d'une autre pour $\overline{x}_1$ a peu de conséquences : à moins que $\theta$ soit vraiment très petit, la valeur initiale adoptée en début de lissage est bien vite effacée, noyée dans les observations qui suivent et son effet décroît exponentiellement au fur et à mesure que s'accumulent les observations nouvelles.

La suite des valeurs lissées successives nous permet enfin d'effectuer une *prédiction* concernant la prochaine observation $x_{t+1}$ ou, plus précisément, concernant la prochaine valeur lissée $\overline{x}_{t+1}$. La façon la plus naturelle de procéder est de supposer que, durant le prochain intervalle de temps (de $t$ à $t+1$), la courbe douce continuera à monter ou à descendre de la même façon que ce qu'elle a fait durant le dernier intervalle de temps (de $t-1$ à $t$). On posera donc

$$\hat{x}_{t+1} = \overline{x}_t + (\overline{x}_t - \overline{x}_{t-1})$$
$$= 2\overline{x}_t - \overline{x}_{t-1}\,.$$

**Remarque.** *Cette formule, exprimée en fonction de $\overline{x}_t$ et de $\overline{x}_{t-1}$ peut aussi être exprimée en fonction de $\overline{x}_t$ et de $x_t$. En effet, puisque $\overline{x}_t = \theta x_t + (1-\theta)\overline{x}_{t-1}$, on a $\overline{x}_{t-1} = (\overline{x}_t - \theta x_t)/(1-\theta)$. Substituant cette expression dans la formule originale on obtient, après quelques manipulations algébriques,*

$$\hat{x}_{t+1} = \overline{x}_t + (x_t - \overline{x}_t)\theta/(1-\theta).$$

*Cette nouvelle formulation de $\hat{x}_{t+1}$ permet de voir que la prévision $\hat{x}_{t+1}$ sera supérieure (ou inférieure) à la dernière valeur lissée ($\overline{x}_t$) en proportion de l'écart $x_t - \overline{x}_t$ entre la dernière observation et la valeur lissée correspondante, le facteur de proportionnalité étant $\theta/(1-\theta)$.*

**EXEMPLE 4**    Durant ses 20 premières années d'existence (de 1969 à 1988) l'équipe de baseball «Les Expos de Montréal» a obtenu les résultats (proportions de victoires) qui paraissent à la troisième colonne du tableau 11.3. Les deux autres colonnes du même tableau donnent les valeurs obtenues en appliquant à cette série un lissage exponentiel où le paramètre $\theta$ est fixé à $\frac{1}{2}$ ou à $\frac{1}{3}$.

Avec $\theta = \frac{1}{2}$, par exemple, on obtient

$$\overline{x}_1 = x_1 = 0{,}321$$
$$\overline{x}_2 = \theta x_2 + (1-\theta)\overline{x}_1 = \tfrac{1}{2} \times 0{,}451 + \tfrac{1}{2} \times 0{,}321 = 0{,}386$$
$$\overline{x}_3 = \theta x_3 + (1-\theta)\overline{x}_2 = \tfrac{1}{2} \times 0{,}441 + \tfrac{1}{2} \times 0{,}386 = 0{,}414$$

etc.

Le tableau 11.3 donne aussi, pour chacun de ces deux lissages, la «prédiction» $\hat{x}_{21}$ obtenue en appliquant la formule $2\overline{x}_{20} - \overline{x}_{19}$. Les figures 11.4 et 11.5 illustrent ces résultats d'une façon graphique.    ☐

On observe que le second lissage est plus doux que le premier. Par contre, il a plus d'inertie et prend plus de temps à s'ajuster aux changements qui surviennent dans la série originale.

**Remarque.** *En 1989 les «Expos» ont obtenu une moyenne de 0,500, ce qui est en excellent accord avec les prédictions fournies par ces deux lissages exponentiels.*

FIGURE 11.4    **Proportions de victoires obtenues par les « Expos » de 1969 à 1988. Lissage exponentiel avec $\theta = \frac{1}{2}$ et prédiction pour 1989.**

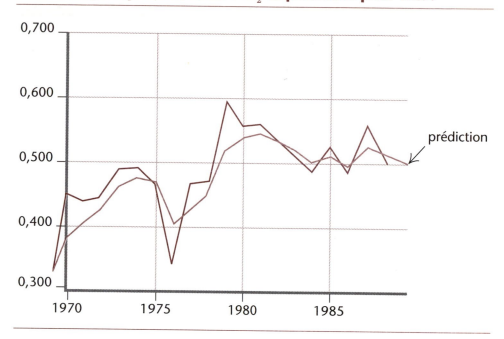

FIGURE 11.5    **Proportions de victoires obtenues par les « Expos » de 1969 à 1988. Lissage exponentiel avec $\theta = \frac{1}{3}$ et prédiction pour 1989.**

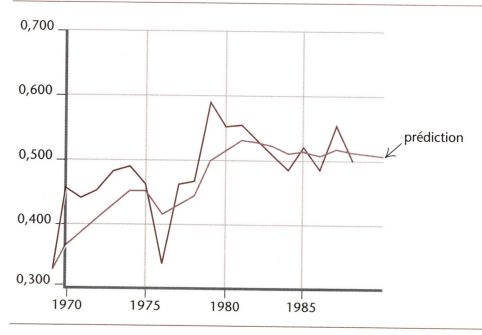

TABLEAU 11.3    **Proportions de victoires obtenues par les « Expos » de 1969 à 1988. Deux lissages exponentiels et prédictions pour 1989.**

| Année | $t$ | $x_t$ | Lissage exponentiel avec $\theta = \frac{1}{2}$ | Lissage exponentiel avec $\theta = \frac{1}{3}$ |
|---|---|---|---|---|
| 1969 | 1 | 0,321 | 0,321 | 0,321 |
| 1970 | 2 | 0,451 | 0,386 | 0,364 |
| 1971 | 3 | 0,441 | 0,414 | 0,390 |
| 1972 | 4 | 0,449 | 0,431 | 0,410 |
| 1973 | 5 | 0,488 | 0,460 | 0,436 |
| 1974 | 6 | 0,491 | 0,475 | 0,454 |
| 1975 | 7 | 0,463 | 0,469 | 0,457 |
| 1976 | 8 | 0,340 | 0,405 | 0,418 |
| 1977 | 9 | 0,463 | 0,434 | 0,433 |
| 1978 | 10 | 0,469 | 0,451 | 0,445 |
| 1979 | 11 | 0,594 | 0,523 | 0,495 |
| 1980 | 12 | 0,556 | 0,539 | 0,515 |
| 1981 | 13 | 0,556 | 0,548 | 0,529 |
| 1982 | 14 | 0,531 | 0,539 | 0,529 |
| 1983 | 15 | 0,506 | 0,523 | 0,522 |
| 1984 | 16 | 0,484 | 0,503 | 0,509 |
| 1985 | 17 | 0,522 | 0,513 | 0,513 |
| 1986 | 18 | 0,484 | 0,498 | 0,504 |
| 1987 | 19 | 0,562 | 0,530 | 0.523 |
| 1988 | 20 | 0,500 | 0,515 | 0,515 |
| **Prédictions pour 1989** | | | 0,500 | 0,508 |

# 11.2    Nombres indices

En 1950, la production canadienne de cuivre a été de 239 685 tonnes. En 1985, elle a été de 738 637 tonnes. La comparaison de ces deux grandeurs est aisée : les mines canadiennes ont produit 3,08 fois plus de cuivre en 1985 qu'en 1950. Les unités n'ont pas changé : une tonne reste une tonne, quel que soit le moment où la mesure est effectuée.

En 1969, le salaire annuel moyen, au Canada, pour les hommes, était de 4 746 $. En 1986, ce même salaire moyen était de 23 855 $. Peut-on dire que le travailleur de 1986 était 5,03 fois plus riche que le travailleur de 1969 ? Ce serait vrai si le dollar de 1986 avait le même pouvoir d'achat que celui de 1969, mais tel n'est pas le cas. Pour comparer les valeurs réelles de ces deux revenus, il faut pouvoir les exprimer en unités équivalentes, en dollars de la même année.

TABLEAU 11.4

**Indice des prix à la consommation, Canada (1981 = 100)**

| Année | Indice | Année | Indice | Année | Indice | Année | Indice |
|-------|--------|-------|--------|-------|--------|-------|--------|
| 1950 | 25,2 | 1960 | 31,4 | 1970 | 41,0 | 1980 | 88,9 |
| 1951 | 27,9 | 1961 | 31,7 | 1971 | 42,2 | 1981 | 100,0 |
| 1952 | 28,5 | 1962 | 32,0 | 1972 | 44,2 | 1982 | 110,8 |
| 1953 | 28,3 | 1963 | 32,6 | 1973 | 47,6 | 1983 | 117,2 |
| 1954 | 28,5 | 1964 | 33,2 | 1974 | 52,8 | 1984 | 122,3 |
| 1955 | 28,5 | 1965 | 34,0 | 1975 | 58,5 | 1985 | 127,2 |
| 1956 | 28,9 | 1966 | 35,2 | 1976 | 62,9 | 1986 | 132,4 |
| 1957 | 29,8 | 1967 | 36,5 | 1977 | 67,9 | 1987 | 138,2 |
| 1958 | 30,6 | 1968 | 38,0 | 1978 | 73,9 | | |
| 1959 | 31,0 | 1969 | 39,7 | 1979 | 80,7 | | |

SOURCE : Statistique Canada

Statistique Canada évalue et publie chaque année un *indice des prix à la consommation* (aussi appelé *indice du coût de la vie*) qui permet d'effectuer de telles comparaisons. Sans entrer dans les détails techniques concernant la façon précise dont cet indice est calculé, disons simplement qu'on imagine un «panier de provision typique» qui tient compte des principaux champs de consommation (alimentation, habitation, vêtements, etc.) D'une année à l'autre, le montant qu'il faut débourser pour acquérir ce panier de provisions théorique peut être mesuré. Le tableau 11.4 donne les valeurs de cet indice pour les années 1950 à 1987. Par convention on a fixé à 100 la valeur de l'indice pour l'année 1981.

Les indices présentés dans le tableau 11.4 peuvent être représentés comme étant le prix qu'il fallait payer, chaque année, pour acquérir ce qui coûtait 100 $ en 1981. On voit, par exemple, qu'en 1987 il fallait débourser 138,2 $ alors qu'en 1950 on pouvait obtenir la «même chose» pour seulement 25,2 $. Ce dernier énoncé doit cependant être reçu avec circonspection : combien coûtait un magnétoscope ou un ordinateur domestique en 1950 ? en 1850 ? Le panier de provision typique qui sert à calculer cet indice porte plutôt sur des biens «intemporels», tels l'alimentation et l'habitation, mais même pour ces biens fondamentaux on ne peut être tout à fait à l'abri d'un certain décalage technologique (combien coûtaient les fraises, en 1900, au milieu de l'hiver ?)

Il va de soi que le choix de 1981 comme année de référence (pour laquelle l'indice vaut 100) est purement arbitraire. Une autre année de référence ferait tout aussi bien l'affaire. Les données du tableau 11.4 peuvent être facilement reformulées de telle sorte que l'année de référence soit n'importe quelle autre. Par exemple, si l'on veut que l'indice 100 corresponde à l'année 1985 (pour lequel le tableau 11.4 donne la valeur 127,2), il suffit de diviser tous les indices du tableau 11.4 par 1,272. L'indice pour 1950, par exemple, deviendra alors $25,2/1,272 = 19,8$.

Nous pouvons maintenant revenir à la question posée au début de cette section : comment se comparent les revenus des travailleurs de 1986 à ceux de 1969 ? La comparaison pourra se faire en exprimant chacun des revenus (4 746 $ en 1969 et 23 855 $ en 1986) en dollars d'une même année, par exemple, en dollars de 1981.

Le tableau 11.4 nous indique que 39,7 $ de 1969 ont le même pouvoir d'achat que 100 $ de 1981. On trouve que 4 746 $ de 1969 ont le même pouvoir d'achat que $4\,746 \times \frac{100}{39,7} = 11\,955$ $ de 1981. De la même façon, 23 855 $ de 1986 ont le même pouvoir d'achat que $23\,855 \times \frac{100}{132,4} = 18\,017$ $ de 1981.

Étant maintenant tous deux exprimés en unités équivalentes (en dollars de 1981), les deux revenus peuvent être comparés d'une façon équitable. On trouve que le travailleur de 1986 est $\frac{18\,017}{11\,955} = 1,51$ fois plus riche que le travailleur de 1969. Ce rapport de 1,51 est beaucoup plus réaliste que la valeur 5,03 obtenue en calculant naïvement le quotient des deux revenus sans tenir compte du fait que la valeur du dollar avait considérablement changé de 1969 à 1986.

L'indice des prix à la consommation établi par Statistique Canada et présenté dans le tableau 11.4 est un indice composé fondé sur plusieurs facteurs (alimentation, habitation, etc.) Pour certains de ces facteurs, les prix peuvent varier plus rapidement que pour d'autres. Le tableau 11.5 présente les indices des prix à la consommation qui s'appliquent spécifiquement à chacun des types de produits ou services.

**EXEMPLE 5**    En 1960 une famille dépensait 26 $ par semaine pour la nourriture et 29 $ par semaine pour le logement. Combien coûtaient, en 1987, une quantité comparable de nourriture et un logement analogue ?

Pour la nourriture, les indices sont 25,8 (pour 1960) et 132,4 (pour 1987). Une dépense de 26 $ en 1960 correspond donc, en 1987, à une dépense de 26 $ × 132,4/25,8 = 133 $.

Pour le logement, ce qui coûtait 29 $ en 1960 (où l'indice est 32,2) coûtait en 1987 (où l'indice est 138,3) un montant de 29 $ × 138,3/32,2 = 125 $. La famille de 1960 dépensait plus pour le logement que pour la nourriture ; celle de 1987, pour des biens analogues, dépense plus pour la nourriture que pour le logement.    □

L'information contenue dans le tableau 11.4 peut être présentée d'une autre façon. En calculant le quotient des indices des prix à la consommation pour deux années consécutives, on obtient une mesure de l'augmentation du coût de la vie durant cette période. En exprimant cette augmentation en pourcentage, on obtient ce qu'on appelle le *taux d'inflation*. Par exemple, l'indice général du coût de la vie était de 117,2 en 1983 et 122,3 en 1984. Le quotient 122,3/117,2 = 1,044 nous indique que le taux d'inflation a été de

TABLEAU 11.5    **Indice des prix à la consommation, selon la catégorie (1981 = 100)**

| Année | Indice général | Alimentation | Habitation | Vêtements | Transports | Hygiène et Santé | Loisir et Éducation | Tabac et Alcool |
|-------|------|------|------|------|------|------|------|------|
| 1950 | 25,2 | 21,6 | 25,3 | 35,9 | 24,3 | 20,8 | 27,0 | 32,8 |
| 1955 | 28,5 | 23,7 | 29,7 | 38,9 | 27,3 | 25,9 | 32,4 | 34,3 |
| 1960 | 31,4 | 25,8 | 32,2 | 40,0 | 32,3 | 31,6 | 38,2 | 37,0 |
| 1965 | 34,0 | 28,7 | 34,2 | 43,7 | 34,0 | 35,9 | 40,8 | 39,1 |
| 1970 | 41,0 | 34,1 | 42,3 | 51,5 | 40,4 | 44,3 | 50,7 | 47,0 |
| 1975 | 58,5 | 55,8 | 58,9 | 65,4 | 54,4 | 60,2 | 67,3 | 59,9 |
| 1976 | 62,9 | 57,3 | 65,4 | 69,0 | 60,3 | 65,3 | 71,3 | 64,2 |
| 1977 | 67,9 | 62,0 | 71,5 | 73,7 | 64,6 | 70,2 | 74,7 | 68,7 |
| 1978 | 73,9 | 71,6 | 76,9 | 76,5 | 68,3 | 75,2 | 77,6 | 74,3 |
| 1979 | 80,7 | 81,0 | 82,3 | 83,6 | 74,9 | 82,0 | 82,9 | 79,6 |
| 1980 | 88,9 | 89,8 | 89,0 | 93,4 | 84,5 | 90,2 | 90,8 | 88,6 |
| 1981 | 100,0 | 100,0 | 100,0 | 100,0 | 100,0 | 100,0 | 100,0 | 100,0 |
| 1982 | 110,8 | 107,2 | 112,5 | 105,6 | 114,1 | 110,6 | 108,7 | 115,5 |
| 1983 | 117,2 | 111,2 | 120,2 | 109,8 | 119,8 | 118,2 | 115,8 | 130,0 |
| 1984 | 122,3 | 117,4 | 124,7 | 112,5 | 124,8 | 122,8 | 119,7 | 140,6 |
| 1985 | 127,2 | 120,8 | 129,0 | 115,6 | 130,8 | 127,2 | 124,5 | 154,0 |
| 1986 | 132,4 | 126,8 | 132,9 | 118,8 | 135,0 | 132,6 | 130,3 | 172,3 |
| 1987 | 138,2 | 132,4 | 138,3 | 123,8 | 139,9 | 139,2 | 137,3 | 183,9 |

SOURCE : Statistique Canada

4,4 % en 1984. Ce qui coûtait un certain prix en 1983 coûtait environ 4,4 % de plus en 1984.

De la même façon qu'on vient de déterminer le taux (général) d'inflation à partir de l'indice (général) des prix à la consommation, on peut déterminer, en remplaçant les données du tableau 11.4 par celles du tableau 11.5, le taux spécifique d'inflation qui s'applique à tel ou tel autre secteur de consommation. Par exemple, pour l'année 1984 (où le taux général était de 4,4 %), on obtient que, pour l'alimentation seulement, le taux d'inflation a été de $(117,4/111,2) - 1 = 0,056 = 5,6 \%$. Pour les vêtements, le taux spécifique d'inflation, pour la même année, a été beaucoup plus faible, soit $(112,5/109,8) - 1 = 2,5 \%$.

TABLEAU 11.6 **Taux général d'inflation au Canada, 1950–1987**

| Année | Taux (en %) | Année | Taux (en %) | Année | Taux (en %) | Année | Taux (en %) |
|-------|-------------|-------|-------------|-------|-------------|-------|-------------|
| 1950 | 3,0 | 1960 | 1,3 | 1970 | 3,4 | 1980 | 10,2 |
| 1951 | 10,6 | 1961 | 1,0 | 1971 | 2,8 | 1981 | 12,5 |
| 1952 | 2,3 | 1962 | 1,2 | 1972 | 4,8 | 1982 | 10,8 |
| 1953 | −0,8 | 1963 | 1,7 | 1973 | 7,6 | 1983 | 5,8 |
| 1954 | 0,6 | 1964 | 1,8 | 1974 | 10,9 | 1984 | 4,4 |
| 1955 | 0,0 | 1965 | 2,4 | 1975 | 10,8 | 1985 | 4,0 |
| 1956 | 1,5 | 1966 | 3,7 | 1976 | 7,5 | 1986 | 4,1 |
| 1957 | 3,1 | 1967 | 3,6 | 1977 | 8,0 | 1987 | 4,4 |
| 1958 | 2,5 | 1968 | 4,0 | 1978 | 8,9 | | |
| 1959 | 1,1 | 1969 | 4,5 | 1979 | 9,2 | | |

SOURCE : Statistique Canada

FIGURE 11.6 **Taux général d'inflation, au Canada, de 1950 à 1987**

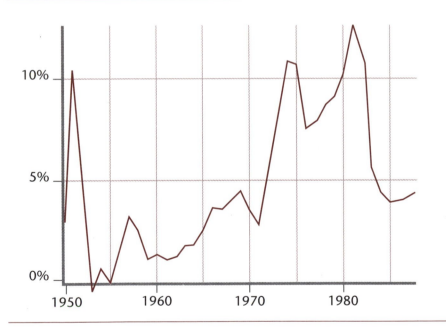

# 11.3     Désaisonnalisation

Il arrive fréquemment qu'une série chronologique présente des fluctuations régulières et prévisibles induites par un cycle naturel qui agit directement sur le phénomène mesuré. L'exemple le plus éloquent est sans doute celui de la température. Si l'on mesurait, à chaque heure et durant plusieurs années, la température qu'il fait en un point donné, on observerait deux cycles : un cycle annuel (il fait plus chaud l'été que l'hiver) et un cycle journalier (il fait plus chaud le jour que la nuit). Sur ces deux cycles réguliers se superposent des variations plus capricieuses, moins systématiques et qu'on ne peut prévoir à long terme. Une série chronologique est *désaisonnalisée* quand on a soustrait à chaque terme de la série la quantité correspondant à ces effets périodiques.

**EXEMPLE 6**    Supposons que, dans une certaine région, le taux de chômage augmente habituellement de 3 % en janvier (par rapport à la moyenne annuelle) et diminue de 2 % en juillet. Peut-on alors raisonnablement considérer qu'un taux de chômage de 8 %, observé en janvier, est « moins grave » et correspond à une meilleure performance socio-économique qu'un taux de 4 % seulement mais qui serait observé en juillet ?

Quand ces mesures sont désaisonnalisées, on constate que le taux de 8 % observé en janvier est ramené à 5 % seulement quand on a corrigé le facteur saisonnier qui est responsable d'une survalue de 3 % par rapport à la moyenne annuelle. De la même façon, le taux de 4 % mesuré en juillet correspond à un taux désaisonnalisé de 6 % après la hausse de 2 % qui corrige le facteur saisonnier. Même si, dans l'absolu, le taux de chômage était plus fort en janvier qu'en juillet (8 % contre 4 %), on peut conclure que les conditions générales d'emploi étaient meilleures en janvier qu'en juillet.    ☐

Pour désaisonnaliser une série chronologique, il faut connaître la longueur $k$ de la période ainsi que les moyennes $\mu_1, \mu_2, \ldots, \mu_k$ correspondant à chaque unité de la période. Si, par exemple, on effectue une mesure à tous les mois et qu'on considère un cycle annuel, on prendra $k = 12$ et les 12 moyennes correspondront à chacun des mois de l'année. Si l'on effectue une mesure à toutes les heures, un cycle quotidien correspond à $k = 24$.

Les moyennes théoriques $\mu_1, \mu_2, \ldots, \mu_k$ sont rarement connues avec exactitude et sont habituellement remplacées par des moyennes expérimentales $\overline{x}_1, \overline{x}_2, \ldots, \overline{x}_k$ qui peuvent avoir été déterminées par des expériences précédentes ou qui peuvent aussi être directement calculées à partir des données $x_1$, $x_2, \ldots, x_T$ dont nous disposons.

La moyenne $\overline{x}_1$ sera alors obtenue en ne considérant que les observations $x_1, x_{k+1}, x_{2k+1}, x_{3k+1}, \ldots$ De même, pour $j$ allant de 1 à $k$, $\overline{x}_j$ est la moyenne de toutes les observations dont la *phase* est $j$, c'est-à-dire, les observations $x_j$, $x_{k+j}, x_{2k+j}, x_{3k+j}$, etc.

Quand les moyennes $\overline{x}_j$ ont été calculées, on peut évaluer la moyenne générale $\overline{\overline{x}}$, qui est simplement la moyenne de ces $k$ moyennes. Si la série contient un nombre exact de périodes (c'est-à-dire, si $T$ est un multiple entier de $k$), la moyenne $\overline{\overline{x}}$ sera égale à la moyenne ordinaire $\overline{x}$ des $T$ observations. Habituellement, $T$ n'est pas un multiple exact de $k$ et les moyennes $\overline{\overline{x}}$ et $\overline{x}$ seront légèrement différentes.

La série $x_1, x_2, \ldots, x_T$ peut enfin être désaisonnalisée et transformée en une nouvelle série $y_1, y_2, \ldots, y_T$ où les $y_t$ sont obtenues des $x_t$ en leur soustrayant les *effets de phase* $\overline{x}_j - \overline{\overline{x}}$.

$$y_t = \overline{\overline{x}} + (x_t - \overline{x}_j)$$

$$y_t = x_t - (\overline{x}_j - \overline{\overline{x}})$$

où $j$ est la phase correspondant à $t$ (c'est-à-dire $t$ est de la forme $nk + j$ où $n$ est un nombre entier).

**EXEMPLE 7**    Le tableau 11.7 donne les taux de chômage dans une certaine région, au cours des 98 derniers mois.

*TABLEAU 11.7*    **Taux de chômage durant une période de 98 mois**

| Année | Jan. | Fév. | Mars | Avr. | Mai | Juin | Juill. | Août | Sept. | Oct. | Nov. | Déc. |
|---|---|---|---|---|---|---|---|---|---|---|---|---|
| 1 | – | – | – | – | 5,2 | 5,0 | 5,0 | 5,5 | 5,4 | 6,3 | 7,2 | 8,8 |
| 2 | 8,5 | 8,7 | 7,9 | 6,8 | 6,2 | 5,9 | 6,4 | 6,3 | 6,5 | 7,6 | 7,9 | 9,4 |
| 3 | 9,7 | 9,6 | 8,4 | 7,2 | 6,4 | 6,1 | 6,6 | 6,6 | 6,2 | 7,2 | 7,5 | 8,5 |
| 4 | 8,8 | 8,7 | 8,2 | 6,7 | 5,5 | 5,2 | 4,9 | 4,8 | 4,9 | 6,8 | 6,8 | 7,9 |
| 5 | 7,8 | 7,7 | 6,9 | 5,7 | 5,2 | 4,4 | 4,3 | 4,2 | 4,4 | 5,1 | 6,8 | 7,0 |
| 6 | 7,0 | 7,0 | 7,0 | 5,7 | 4,6 | 4,6 | 3,9 | 4,0 | 4,1 | 4,7 | 5,6 | 7,0 |
| 7 | 7,4 | 8,3 | 8,3 | 7,9 | 6,4 | 6,0 | 6,0 | 5,4 | 5,3 | 6,0 | 6,5 | 8,0 |
| 8 | 8,1 | 8,1 | 7,9 | 7,1 | 6,0 | 5,2 | 5,0 | 5,4 | 5,3 | 6,2 | 6,9 | 8,4 |
| 9 | 8,5 | 8,9 | 8,3 | 6,5 | 5,2 | 4,9 | – | – | – | – | – | – |
| **Moyennes** | 8,2 | 8,4 | 7,9 | 6,7 | 5,6 | 5,3 | 5,3 | 5,3 | 5,3 | 6,2 | 6,9 | 8,1 |

Le taux moyen de chômage est $\overline{\overline{x}} = 6{,}6$. Remarquons que la moyenne ordinaire des 98 observations est $\overline{x} = 6{,}57$. La différence entre ces deux moyennes est due au fait qu'on dispose de 9 observations pour les mois de mai et de juin alors qu'on n'en a que 8 pour chacun des 10 autres mois.

Le taux moyen pour janvier (8,2) dépasse de 1,6 la moyenne annuelle qui est de 6,6. Pour janvier, l'effet de phase est donc de 1,6. Poursuivant ces calculs pour chacun des 12 mois de l'année on obtient que les effets de phase, de janvier à décembre, sont, respectivement,

1,6   1,8   1,3   0,1   $-1{,}0$   $-1{,}3$   $-1{,}3$   $-1{,}3$   $-1{,}3$   $-0{,}4$   0,3   1,5

Remarquons au passage que la somme des effets de phase est nécessairement zéro puisque la somme des $\overline{x}_j$ est précisément égale à $k\overline{\overline{x}}$.

Les données du tableau 11.7 peuvent être enfin désaisonnalisées en soustrayant à chaque observation l'effet de phase qui correspond au mois qui convient. On obtient le tableau 11.8.

*TABLEAU 11.8*    **Taux de chômage désaisonnalisés issus du tableau 11.7**

| Année | Jan. | Fév. | Mars | Avr. | Mai | Juin | Juill. | Août | Sept. | Oct. | Nov. | Déc. |
|-------|------|------|------|------|-----|------|--------|------|-------|------|------|------|
| 1 | – | – | – | – | 6,2 | 6,3 | 6,3 | 6,8 | 6,7 | 6,7 | 6,9 | 7,3 |
| 2 | 6,9 | 6,9 | 6,6 | 6,7 | 7,2 | 7,2 | 7,7 | 7,6 | 7,8 | 8,0 | 7,6 | 7,9 |
| 3 | 8,1 | 7,8 | 7,1 | 7,1 | 7,4 | 7,4 | 7,9 | 7,9 | 7,5 | 7,6 | 7,2 | 7,0 |
| 4 | 7,2 | 6,9 | 6,9 | 6,6 | 6,5 | 6,5 | 6,2 | 6,1 | 6,2 | 7,2 | 6,5 | 6,4 |
| 5 | 6,2 | 5,9 | 5,6 | 5,6 | 6,2 | 5,7 | 5,6 | 5,5 | 5,7 | 5,5 | 6,5 | 5,5 |
| 6 | 5,4 | 5,2 | 5,7 | 5,6 | 5,6 | 5,9 | 5,2 | 5,3 | 5,4 | 5,1 | 5,3 | 5,5 |
| 7 | 5,8 | 6,5 | 7,0 | 7,8 | 7,4 | 7,3 | 7,3 | 6,7 | 6,6 | 6,4 | 6,2 | 6,5 |
| 8 | 6,5 | 6,3 | 6,6 | 7,0 | 7,0 | 6,5 | 6,3 | 6,7 | 6,6 | 6,6 | 6,6 | 6,9 |
| 9 | 6,9 | 7,1 | 7,0 | 6,4 | 6,2 | 6,2 | – | – | – | – | – | – |

Remarquons que dans le tableau 11.8 où les données sont désaisonnalisées, les moyennes, pour chacune des 12 colonnes, sont toutes égales entre elles (et égales à la moyenne générale $\bar{\bar{x}}$).

Le tableau 11.8 reflète mieux que le tableau 11.7 les fluctuations significatives du taux de chômage. L'effet saisonnier y a été corrigé et les comparaisons, d'une période à l'autre, sont plus équitables.    ☐

# 11.4    Analyse de la tendance générale

Le moment est venu d'introduire le hasard dans nos modèles, de considérer des séries chronologiques formées de variables aléatoires $X_1, X_2, \ldots, X_T$ plutôt que de nombres fixes $x_1, x_2, \ldots, x_T$.

On observe fréquemment que les données d'une série chronologique ont tendance à se concentrer le long d'une courbe douce. Il est alors naturel d'exprimer chacun des termes $X_t$ de la série sous la forme

$$X_t = f(t) + Y_t$$

où la fonction $f(t)$ représente cette courbe douce (appelée *tendance générale*) et où les $Y_t$ sont des fluctuations aléatoires (ou des erreurs de mesure) plus ou moins grandes qui font osciller les $X_t$ de part et d'autre de la tendance générale $f(t)$. Ces $Y_t$ sont des variables aléatoires de moyenne nulle. De plus, on les suppose généralement *indépendants* et *identiquement distribués*.

C'est implicitement un tel modèle qui était sous-jacent lorsque, dans la section 11.1, nous appliquions une moyenne mobile pour lisser une série chronologique et la débarrasser des dents de scie provoquées par les $Y_t$. La série lissée fournissait alors une estimation raisonnable de la tendance $f(t)$.

Quand on ne dispose d'aucune information préalable au sujet de la tendance $f(t)$, on ne peut guère faire mieux que l'approximer par les valeurs

$\bar{X}_t$ de la série lissée. Si, par contre, on sait ou on suppose que les $X_t$ ont tendance à croître ou à décroître de façon linéaire, on peut faire beaucoup mieux : on peut estimer directement les paramètres $a$ et $b$ de la fonction $f(t) = a + bt$ et les dents de scie seront alors complètement éliminées. Il suffit donc de déterminer la droite de régression qui passe le mieux parmi les points $(1, X_1)$, $(2, X_2)$, ..., $(T, X_T)$.

**Régression linéaire.**   Dans le chapitre 4, nous avons traité d'un problème analogue. Les notations étaient un peu différentes : nous disposions de $n$ points $(x_1, y_1)$, $(x_2, y_2)$, ..., $(x_n, y_n)$. Maintenant nous avons plutôt $T$ couples $(1, X_1)$, ..., $(T, X_T)$. La substitution est aisée : il suffit de réécrire les formules du chapitre 4 en remplaçant $n$ par $T$, $i$ par $t$, $x_i$ par $t$ et $y_i$ par $X_t$.

On obtient les formules

$$\hat{b} = \frac{\Sigma t X_t - (\Sigma t)(\Sigma X_t)/T}{\Sigma t^2 - (\Sigma t)^2/T}$$

$$\hat{a} = \bar{X} - \hat{b}(\Sigma t)/T.$$

Remarquons que nous notons par $\hat{a}$ et $\hat{b}$ les paramètres de la droite de régression estimée $\hat{f}(t) = \hat{a} + \hat{b}t$ afin de bien les distinguer des paramètres théoriques $a$ et $b$ de la droite idéale $f(t) = a + bt$. Notons aussi que ces deux formules peuvent être simplifiées en remplaçant $\Sigma t$ par $T(T+1)/2$ et $\Sigma t^2$ par $T(T+1)(2T+1)/6$. Après quelques manipulations algébriques élémentaires, les deux formules deviennent

$$\hat{b} = \frac{6(2\Sigma t X_t - (T+1)\Sigma X_t)}{T(T^2 - 1)}$$

$$\hat{a} = \bar{X} - \hat{b}(T+1)/2.$$

Pour déterminer les valeurs de $\hat{a}$ et $\hat{b}$, on n'a donc que deux sommes à calculer, soit $\Sigma X_t$ et $\Sigma t X_t$.

De plus, si l'on veut estimer la hauteur $f(t_0)$ atteinte par la droite de régression (théorique) en un nouveau temps que nous notons $t_0$, l'estimateur naturel à utiliser est $\hat{f}(t_0) = \hat{a} + \hat{b}t_0$. Ce $\hat{f}(t_0)$ est simplement la hauteur atteinte, au temps $t_0$, par la droite de régression expérimentale ajustée à la série.

***EXEMPLE 8***   Le tableau suivant indique quelle a été la production canadienne de blé (en millions de tonnes) pour chacune des années de 1980 à 1987, selon Statistique Canada :

| Année | $t$ | Production de blé | Année | $t$ | Production de blé |
|-------|-----|-------------------|-------|-----|-------------------|
| 1980 | 1 | 17,2 | 1984 | 5 | 26,5 |
| 1981 | 2 | 19,3 | 1985 | 6 | 21,2 |
| 1982 | 3 | 24,8 | 1986 | 7 | 24,3 |
| 1983 | 4 | 26,7 | 1987 | 8 | 31,4 |

*FIGURE 11.7*    **Production canadienne de blé (en millions de tonnes) de 1980 à 1987 et prédiction pour l'an 2000.**

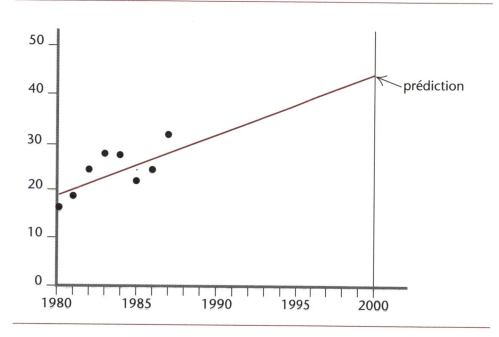

En supposant que ces productions suivent une progression linéaire affectée de fluctuations aléatoires (principalement dues aux conditions climatiques et aux aléas du commerce agricole) qu'on considère indépendantes d'une années à l'autre, estimer l'augmentation annuelle théorique (b) et prédire la production pour l'an 2000.

On a $T = 8$ et un calcul rapide donne $\Sigma X_t = 191,4$ et $\Sigma t X_t = 918,0$.

On obtient donc

$$\hat{b} = \frac{6(2\Sigma t X_t - (T+1)\Sigma X_t)}{T(T^2-1)} = \frac{6(2 \times 918 - 9 \times 191,4)}{8(64-1)} = \frac{680,4}{504} = 1,35 \,,$$

$$\hat{a} = \bar{X} - \hat{b}(T+1)/2 = \frac{191,4}{8} - 1,35 \times 4,5 = 17,85.$$

Dans notre série chronologique, l'année 1980 correspondait au temps $t = 1$ et l'année 1987 correspondait à $t = T = 8$. L'année 2000, pour laquelle on veut obtenir une estimation de la production correspond donc au temps $t_0 = 2000 - 1979 = 21$. L'estimation ponctuelle de $f(t_0)$ est $\hat{a} + \hat{b}t_0 = 17,85 + 1,35 \times 21 = 46,20$.

En résumé, la production canadienne de blé augmente d'environ 1,35 millions de tonnes par année et devrait, en l'an 2000, être de l'ordre de 46,20 millions de tonnes. La figure 11.7 permet de visualiser le passage de la droite de régression parmi les 8 observations ainsi que son prolongement jusqu'à l'an 2000.

Précisons que cette prédiction pour l'an 2000 est peu fiable car il est plutôt hardi de supposer que la pente de $f(t)$ demeurera constante durant tout l'intervalle allant de 1980 à l'an 2000. Aussi, les données utilisées ne couvrent que le premier tiers de cet intervalle et sont passablement dispersées de part et d'autre de la droite de régression. ⬜

**Transformation logarithmique.** Dans la nature, les progressions linéaires sont passablement rares. Beaucoup plus fréquemment, on a affaire à des progressions pour lesquelles le *taux d'accroissement* est constant (ou peut raisonnablement être supposé constant sur un intervalle de temps plus ou moins long). Si le taux d'accroissement est constant, la suite des observations successives formera une *progression exponentielle* (on dit aussi géométrique). Ce sont donc les *logarithmes* des observations successives qui formeront une progression linéaire (ou arithmétique). On peut, au choix, utiliser les logarithmes naturels (en base $e$) ou les logarithmes vulgaires (en base 10).

Afin de pouvoir conserver les notations utilisées dans le modèle linéaire qui vient d'être développé, nous noterons maintenant par $W_1, W_2, \ldots, W_T$ la série chronologique originale et par $X_1, X_2, \ldots, X_T$ la nouvelle série obtenue en posant $X_t = \log W_t$, pour $t = 1, 2, \ldots, T$.

Fondamentalement, il n'y a rien de bien nouveau. Il faudra simplement prendre soin de retraduire, en fin de compte, en termes de $W = e^X$ (ou $W = 10^X$ si le logarithme est en base 10) les résultats obtenus concernant $X = \log W$.

**EXEMPLE 9**    Le tableau suivant donne, selon Statistique Canada, la valeur du P.N.B. (Produit National Brut) canadien, à tous les 5 ans, de 1950 à 1985.

| Année | $t$ | P.N.B. (en milliards de $) | Année | $t$ | P.N.B. (en milliards de $) |
|-------|-----|-----------------------------|-------|-----|-----------------------------|
| 1950 | 1 | 19,125 | 1970 | 5 | 89,116 |
| 1955 | 2 | 29,250 | 1975 | 6 | 171,540 |
| 1960 | 3 | 39,448 | 1980 | 7 | 309,891 |
| 1965 | 4 | 57,523 | 1985 | 8 | 478,765 |

FIGURE 11.8    **Droite de régression ajustée au logarithme du P.N.B. canadien (en milliards de dollars) et extrapolation jusqu'à l'an 2000.**

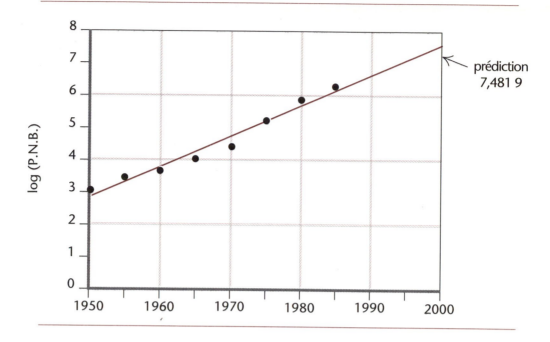

Quel devrait être le P.N.B. canadien en l'an 2000?

Visiblement, ces données ne sont pas en progression linéaire. Une progression exponentielle est beaucoup plus naturelle. Chacune de ces $T = 8$ données sera donc remplacée par son logarithme (nous utiliserons les logarithmes naturels). On obtient la nouvelle série qui suit :

$$2{,}951 \quad 3{,}376 \quad 3{,}675 \quad 4{,}052 \quad 4{,}490 \quad 5{,}145 \quad 5{,}736 \quad 6{,}171$$

Un calcul rapide permet d'obtenir $\Sigma X_t = 35{,}596$ et $\Sigma t X_t = 179{,}776$.

Les paramètres $\hat{b}$ et $\hat{a}$ de la droite de régression sont donc

$$\hat{b} = \frac{6(2 \times 179{,}776 - 9 \times 35{,}596)}{8 \times 63} = 0{,}466\,524,$$

$$\hat{a} = \frac{35{,}596}{8} - \frac{0{,}466524 \times 9}{2} = 2{,}350\,142.$$

L'an 2000 correspondant à $t_0 = 11$, on obtient $\hat{f}(t_0) = \hat{a} + \hat{b}t_0 = 7{,}481\,9$. Rappelons que cette valeur correspond au logarithme du P.N.B. canadien en l'an 2000. Le P.N.B. lui-même devrait être voisin de $e^{7{,}481\,9} = 1\,776$ milliards de dollars. Les figures 11.8 et 11.9 illustrent graphiquement ces résultats.

*FIGURE 11.9*    **P.N.B. canadien (en milliards de dollars) et extrapolation
exponentielle jusqu'à l'an 2000.**

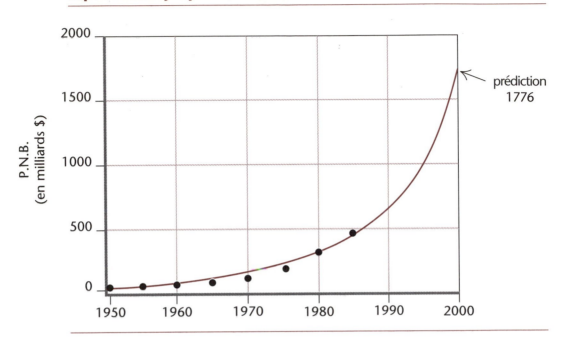

Il va sans dire que la prédiction qui vient d'être calculée ne sera valide
que si l'on suppose que le taux d'accroissement du P.N.B., de 1985 à l'an
2000, sera sensiblement le même que celui qui a prévalu de 1950 à 1985.
À court terme, cette supposition est raisonnable mais, à long terme, il peut
en être tout autrement. Disons simplement, pour conclure, que « la nature a
horreur des progressions exponentielles », sinon, vers l'an 3860, il devrait y
avoir environ un million d'êtres humains par centimètre carré sur toute la
surface des continents terrestres !    ☐

# 11.5    Résidus et bruit blanc

Lorsqu'on ajuste un modèle (régression, désaisonnalisation, etc.) à une série
chronologique $X_t$, on cherche, idéalement, à déterminer une formule qui
permette d'exprimer le plus correctement possible $X_t$ en fonction de $t$.
Habituellement on ne peut pas obtenir un ajustement parfait ; il reste toujours
des différences, des écarts entre les $X_t$ et les $\hat{X}_t$ fournis par le modèle. Dans le
cas d'une régression, $\hat{X}_t = \hat{f}(t) = \hat{a} + \hat{b}t$. Dans le cas d'une désaisonnalisation
de période $k$, $\hat{X}_t$ est la moyenne de toutes les observations qui ont la même

phase que $X_t$, c'est-à-dire, dont les indices diffèrent de $t$ par un multiple exact de la période $k$.

Les écarts $D_t = X_t - \hat{X}_t$ portent le nom de **résidus**. Ils correspondent à la partie des fluctuations de la série originale qui a *résisté* au modèle, que le modèle n'a pas réussi à *expliquer*.

Lorsqu'on analyse la structure d'une série chronologique, on cherche à y ajuster un modèle qui fournira des résidus (de moyenne nulle) dont la *variance* sera aussi petite que possible. Quand, après régression, après désaisonnalisation, on obtient une suite de résidus qui se comportent comme des variables *indépendantes* et toutes de *même loi*, on a extrait tout le jus du citron, toute la structure de la série. On bute alors sur le « hasard pur » et il n'y a plus aucune information à tirer de ces résidus sinon en estimer la variance, en déterminer la distribution commune. Une telle suite de variables de moyenne nulle, indépendantes et de même loi, porte le nom de **bruit blanc**.

Tant qu'on n'est pas arrivé à des résidus formant un bruit blanc, on n'a pas encore extrait tout le jus du citron ; il y a encore de l'information à tirer de ces résidus. En modélisant la façon dont ils sont liés entre eux, on peut souvent réduire encore davantage le rôle du hasard, obtenir les « résidus des résidus » et pousser plus loin l'analyse jusqu'à ce qu'on bute enfin sur un bruit blanc et qu'il ne reste que l'écorce du citron. Dans un bruit blanc, les variables sont indépendantes et se comportent comme un échantillon simple ; l'ordre dans lequel elles se présentent n'a donc plus aucune signification particulière et l'analyse de la série chronologique est achevée.

Quand une suite de résidus $D_1, D_2, \ldots, D_T$ ne forme pas un bruit blanc, c'est habituellement la condition d'*indépendance* entre les résidus successifs $D_t$ et $D_{t+1}$ qui n'est pas satisfaite. Une façon simple de détecter et de visualiser la dépendance qui peut exister entre les résidus successifs s'obtient en observant l'allure du nuage de points formé par les $T-1$ couples de résidus successifs $(D_1, D_2), (D_2, D_3), (D_3, D_4), \ldots, (D_{T-1}, D_T)$.

***EXEMPLE 10***    Les 20 résidus suivants forment-ils un bruit blanc ?

| $t$ | $D_t$ | $t$ | $D_t$ | $t$ | $D_t$ | $t$ | $D_t$ |
|---|---|---|---|---|---|---|---|
| 1 | 0,937 | 6 | −0,432 | 11 | −0,998 | 16 | 0,822 |
| 2 | 1,883 | 7 | −0,637 | 12 | −1,183 | 17 | 0,358 |
| 3 | 1,499 | 8 | 0,057 | 13 | −0,507 | 18 | 0,227 |
| 4 | −0,063 | 9 | −1,050 | 14 | −0,447 | 19 | −0,623 |
| 5 | 0,134 | 10 | −0,978 | 15 | 0,728 | 20 | 0,273 |

*Solution :*    Les 19 couples de résidus successifs (0,937 ; 1,883), (1,883 ; 1,499), ..., (-0,623 ; 0,273) fournissent le nuage de points illustré par la figure 11.10.

*FIGURE 11.10*    **Les 19 couples ($D_t$, $D_{t+1}$) de résidus consécutifs**

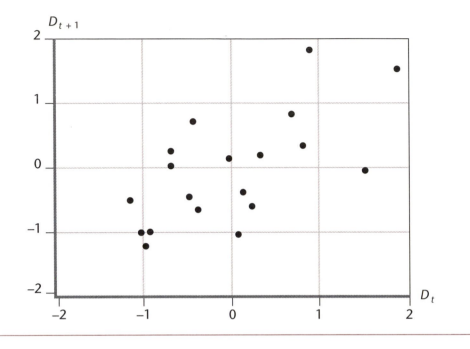

On remarque que ce nuage de points a une nette tendance *oblique*, caractéristique d'un coefficient de corrélation significativement *positif*. Ce coefficient de corrélation se calcule directement en utilisant les formules développées au chapitre 4 en prenant $X_i = D_i$ et $Y_i = D_{i+1}$ pour $i = 1, 2, \ldots, 19$.

On obtient $\Sigma X_i = -0{,}273$; $\Sigma X_i^2 = 13{,}973$; $\Sigma Y_i = -0{,}937$; $\Sigma Y_i^2 = 13{,}170$ et $\Sigma X_i Y_i = 8{,}952$, ce qui donne $r = 0{,}660$. Avec $n = 19$, on trouve $Z = \sqrt{n-2}\, r / \sqrt{1-r^2} = 3{,}62$, valeur nettement supérieure à 2 et fortement indicatrice d'une dépendance réelle entre les résidus successifs. La suite $D_1, D_2, \ldots, D_T$ n'est donc pas un bruit blanc.    □

Lorsque, après avoir ajusté un modèle à une série chronologique $X_t$, on obtient des résidus $D_t$ qui *ne sont pas* un bruit blanc, il reste encore « du jus dans le citron », de la structure à modéliser. Les techniques qu'il convient alors d'appliquer débordent du cadre élémentaire dans lequel nous devons nous restreindre. Sans entrer dans les détails des *processus auto-régressifs*, signalons simplement l'existence de modèles qui permettent d'exprimer chaque résidu comme combinaison linéaire des résidus voisins, plus un terme résiduel qui, si tout va bien, aura (enfin !) une structure de bruit blanc.

# Résumé

1. Une **série chronologique** est une suite de mesures $x_1, x_2, \ldots, x_T$ effectuées sur un phénomène qui varie dans le temps.

2. Une **moyenne mobile** est une technique de lissage qui consiste à remplacer chaque observation $x_t$ par une moyenne pondérée de plusieurs observations voisines :

$$\overline{x}_t = \left( \sum_{i=-r}^{r} c_i x_{t+i} \right) \Big/ \left( \sum_{i=-r}^{r} c_i \right).$$

3. Le **lissage exponentiel** est une technique de lissage dans laquelle chaque observation $x_t$ est remplacée par $\overline{x}_t = \theta x_t + (1 - \theta)\overline{x}_{t-1}$ où $\theta$ est un nombre fixe choisi entre 0 et 1.

   Une **prédiction** pour $x_{T+1}$ s'obtient alors en calculant $\hat{x}_{T+1} = 2\overline{x}_T - \overline{x}_{T-1}$.

4. Lorsque l'unité de mesure n'a pas une valeur constante, il faut en tenir compte pour comparer convenablement des mesures effectuées à des moments différents. On utilise alors une table qui indique les valeurs successives de l'unité de mesure et qui, par commodité, accorde souvent une valeur conventionnelle de 100 pour un certain instant de référence.

5. Une série chronologique dans laquelle se manifestent des fluctuations régulières de **période** $k$ peut être **désaisonnalisée** en soustrayant à chaque observation $x_t$ l'**effet de phase** $\overline{x}_j - \overline{\overline{x}}$ correspondant à l'indice $t$. La quantité $\overline{x}_j$ est la moyenne de toutes les observations $x_j, x_{j+k}, x_{j+2k}, \ldots$ qui ont la même **phase** que $x_t$, c'est-à-dire, dont les indices diffèrent de $t$ par un multiple exact de la période $k$. La quantité $\overline{\overline{x}}$ est la moyenne des $k$ moyennes $\overline{x}_1$, $\overline{x}_2, \ldots, \overline{x}_k$ associées à chacune des $k$ phases de la période.

6. Les séries chronologiques se présentent souvent sous la forme

$$X_t = f(t) + Y_t$$

où $f(t)$ est une **tendance générale** douce et où les $Y_t$ sont des fluctuations aléatoires indépendantes, identiquement distribuées et de moyenne théorique nulle.

Si la tendance est **linéaire** (c'est-à-dire, $f(t) = a + bt$) les paramètres $a$ et $b$ peuvent être estimés par

$$\hat{b} = \frac{6(2\Sigma t X_t - (T + 1)\Sigma X_t)}{T(T^2 - 1)}$$

$$\hat{a} = \overline{X} - \hat{b}(T + 1)/2$$

et $f(t_0)$ peut être estimé par $\hat{f}(t_0) = \hat{a} + \hat{b}t_0$.

7. Si l'allure générale de la série est **exponentielle** plutôt que linéaire, on effectuera une régression linéaire passant parmi les **logarithmes** des observations originales.

8. L'ajustement d'un modèle à une série chronologique permet d'approximer chaque $X_t$ par la valeur $\hat{X}_t$ obtenue du modèle. Les écarts $D_t = X_t - \hat{X}_t$ sont appelés les **résidus** et correspondent à la partie des fluctuations de la série originale qui subsiste encore après l'ajustement du modèle.

9. Une suite de variables aléatoires indépendantes, identiquement distribuées et de moyenne nulle porte le nom de **bruit blanc**. Quand une suite de résidus forme un bruit blanc, il n'y a plus rien à en tirer : le modèle a extrait tout le jus du citron.

10. Une corrélation significativement non nulle entre les résidus successifs permet de conclure qu'on n'a pas encore atteint l'objectif d'un bruit blanc et qu'il est possible d'aller plus loin dans l'analyse de la série. D'autres modèles plus avancés prennent alors la relève...

# Exercices

TECHNIQUES DE
LISSAGE

1. Le tableau suivant indique, pour chacune des années allant de 1960 à 1987, le nombre d'immigrants reçus par le Canada.

| Année | Nombre d'immigrants | Année | Nombre d'immigrants | Année | Nombre d'immigrants | Année | Nombre d'immigrants |
|-------|---------------------|-------|---------------------|-------|---------------------|-------|---------------------|
| 1960 | 104 111 | 1967 | 222 876 | 1974 | 218 465 | 1981 | 128 618 |
| 1961 | 71 689 | 1968 | 183 974 | 1975 | 187 881 | 1982 | 121 147 |
| 1962 | 74 586 | 1969 | 161 531 | 1976 | 149 429 | 1983 | 89 157 |
| 1963 | 93 151 | 1970 | 147 713 | 1977 | 114 914 | 1984 | 88 239 |
| 1964 | 112 606 | 1971 | 121 900 | 1978 | 86 313 | 1985 | 84 302 |
| 1965 | 146 758 | 1972 | 122 006 | 1979 | 112 096 | 1986 | 99 219 |
| 1966 | 194 743 | 1973 | 184 200 | 1980 | 143 117 | 1987 | 152 098 |

SOURCE : Emploi et Immigration Canada

a) Tracez le graphique de cette série chronologique.

b) Lissez cette série en y ajustant une moyenne mobile de rayon $r = 2$, avec poids égaux.

c) Lissez la même série en y ajustant une moyenne mobile de rayon $r = 2$, avec poids binomiaux.

d) Appliquez à cette série un lissage exponentiel avec $\theta = \frac{1}{3}$.
   Quelle « prédiction » obtient-on pour 1988 ?

2. Le tableau suivant indique les nombres de naissances qui ont eu lieu, au Canada, durant chacune des années 1925, 1930, 1935, ..., 1985.

| Année | Nombre de naissances | Année | Nombre de naissances |
|-------|---------------------|-------|---------------------|
| 1925 | 249 365 | 1960 | 478 551 |
| 1930 | 250 335 | 1965 | 418 595 |
| 1935 | 228 396 | 1970 | 371 988 |
| 1940 | 252 577 | 1975 | 359 323 |
| 1945 | 300 587 | 1980 | 370 709 |
| 1950 | 372 009 | 1985 | 375 727 |
| 1955 | 442 937 | | |

SOURCE : Statistique Canada

a) Tracez le graphique de cette série chronologique.

b) Lissez cette série en y ajustant une moyenne mobile de rayon $r = 1$, avec poids binomiaux.

c) Appliquez à cette série un lissage exponentiel avec $\theta = \frac{1}{2}$. Quelle « prédiction » obtient-on pour l'an 1990 ?

3. Lancez un dé 20 fois et engendrez une série chronologique artificielle $X_1, X_2, \ldots, X_{20}$. Lissez cette série en y ajustant une moyenne mobile avec poids binomiaux où $r$ vaut 1, 2, 3 et 5. Vérifiez que ces 4 lissages sont de plus en plus stables.

4. Un aériculteur a gardé registre de la quantité de sirop d'érable qu'il a produit durant chacune des 12 dernières années. Voici les résultats, exprimés en litres.

6 815   8 320   6 310   6 740   5 200   4 400   6 350   5 340   3 660   4 570   4 735   3 420

Appliquez à cette série un lissage exponentiel avec $\theta = \frac{1}{2}$. Quelle prédiction obtient-on pour la production prochaine ?

NOMBRES INDICES 5. Calculez de nouveau les indices des prix à la consommation présentés dans le tableau 11.4 de telle sorte que l'année de référence (pour laquelle l'indice est 100) soit 1985 plutôt que 1981.

6. En utilisant les indices des prix à la consommation présentés dans le tableau 11.5, résolvez les problèmes suivants :

a) Combien coûtait, en 1960, un habit comparable à celui qui coûtait 250 $ en 1985 ?

b) Combien coûtait, en 1985, une maison qui coûtait 25 000 $ en 1950 ?

c) En 1960, une certaine famille consacrait 31 % de ses dépenses à l'alimentation, 36 % à l'habitation, 10 % aux vêtements, 11 % aux transports, 3 % aux frais de santé, 6 % aux loisirs et 3 % au tabac et à l'alcool. Quel serait le partage des dépenses, selon chacune des 7 catégories, pour obtenir, en 1987, des produits équivalents dans des proportions semblables ?

7. Le tableau suivant indique la valeur moyenne du dollar canadien, exprimée en dollars américains, en livres britanniques, en francs français, en marks allemands et en yens japonais, pour chacune des années allant de 1965 à 1987.

| Année | dollars U.S. | livres | francs | marks | yens |
|-------|-------------|--------|--------|-------|------|
| 1965 | 0,9276 | 0,3318 | 4,5454 | 3,7051 | 333,8898 |
| 1966 | 0,9282 | 0,3323 | 4,6000 | 3,7120 | 336,1345 |
| 1967 | 0,9270 | 0,3372 | 4,6000 | 3,6955 | 335,6831 |
| 1968 | 0,9281 | 0,3877 | 4,5956 | 3,7051 | 334,5601 |
| 1969 | 0,9287 | 0,3885 | 4,8123 | 3,6417 | 332,7787 |
| 1970 | 0,9579 | 0,3997 | 5,2938 | 3,4928 | 342,9355 |
| 1971 | 0,9903 | 0,4051 | 5,4555 | 3,4483 | 343,4066 |
| 1972 | 1,0096 | 0,4033 | 5,0891 | 3,2175 | 305,8104 |
| 1973 | 0,9999 | 0,4076 | 4,4307 | 2,6441 | 270,5628 |
| 1974 | 1,0225 | 0,4370 | 4,9140 | 2,6420 | 298,1515 |
| 1975 | 0,9830 | 0,4426 | 4,2070 | 2,4131 | 291,5452 |
| 1976 | 1,0141 | 0,5615 | 4,8379 | 2,5510 | 300,5711 |
| 1977 | 0,9403 | 0,5385 | 4,6189 | 2,1805 | 251,2563 |
| 1978 | 0,8770 | 0,4568 | 3,9448 | 1,7572 | 182,4818 |
| 1979 | 0,8536 | 0,4023 | 3,6311 | 1,5640 | 186,0465 |
| 1980 | 0,8554 | 0,3677 | 3,6088 | 1,5518 | 192,9385 |
| 1981 | 0,8340 | 0,4117 | 4,3346 | 1,8804 | 183,4862 |
| 1982 | 0,8103 | 0,4634 | 5,3050 | 1,9662 | 201,3693 |
| 1983 | 0,8114 | 0,5352 | 6,1576 | 2,0687 | 192,6782 |
| 1984 | 0,7723 | 0,5780 | 6,7250 | 2,1911 | 183,2509 |
| 1985 | 0,7325 | 0,5649 | 6,5232 | 2,1381 | 173,4004 |
| 1986 | 0,7197 | 0,4905 | 4,9751 | 1,5564 | 120,5400 |
| 1987 | 0,7541 | 0,4603 | 4,5290 | 1,3543 | 108,8376 |

SOURCE : Banque du Canada

a) Quelle a été, chaque année, la valeur moyenne du dollar américain, exprimée en dollars canadiens ?

**Remarque.** *En toute rigueur, l'inverse d'une moyenne n'est pas exactement égal à la moyenne de l'inverse. Les résultats seront donc approximatifs.*

b) Quelle a été, chaque année, la valeur de la livre anglaise, exprimée en francs français ?

c) Pour chacune des années 1965, 1970, 1975, 1980 et 1985, quelle était la valeur du dollar américain, exprimée dans chacune des cinq autres unités monétaires ?

d) Pour chacune des années de 1966 à 1987, déterminez quelle monnaie s'est le plus (le moins) appréciée depuis l'année précédente par rapport au dollar canadien. Exprimez ce taux d'appréciation en pourcentage.

e) En 1981 un spéculateur français a converti 10 000 francs en marks allemands. En 1984 il a reconverti ses marks en francs. Combien de francs a-t-il
reçus ? Quel a été le taux de rendement annuel de cet investissement ?

8. Le tableau suivant indique la valeur du pétrole sur les marchés mondiaux (en
dollars US) pour chaque année allant de 1970 à 1987. Par convention, l'indice
vaut 100 pour l'année 1980.

| Année | Prix du pétrole en dollars U.S. | Année | Prix du pétrole en dollars U.S. |
|---|---|---|---|
| 1970 | 4,5 | 1979 | 60,2 |
| 1971 | 5,8 | 1980 | 100,0 |
| 1972 | 6,6 | 1981 | 113,4 |
| 1973 | 9,4 | 1982 | 116,8 |
| 1974 | 34,4 | 1983 | 102,2 |
| 1975 | 37,4 | 1984 | 99,3 |
| 1976 | 40,1 | 1985 | 99,3 |
| 1977 | 43,3 | 1986 | 45,0 |
| 1978 | 44,3 | 1987 | 50,0 |

SOURCE : Banque Mondiale

a) Utilisant les données fournies par le tableau du problème 7, exprimez, pour
chaque année allant de 1970 à 1987, le prix du pétrole en dollars canadiens
(Affectez l'indice 100 à l'année 1980).

b) Utilisant ensuite l'indice des prix à la consommation au Canada (voir
tableau 11.4) exprimez le prix du pétrole pour chacune de ces années en
dollars canadiens constants. (Affectez l'indice 100 à l'année 1987).

c) Quel a été, pour chacune des années allant de 1971 à 1987, *le taux
d'accroissement* du prix de pétrole en monnaie américaine ? en monnaie
canadienne ?

DÉSAISON-
NALISATION

9. Le gérant d'un marché d'alimentation a établi combien de clients se sont
présentés dans son établissement durant chacun des 31 jours du mois dernier.
Il a obtenu les données du tableau en haut de la page suivante où sont aussi
indiqués les jours de la semaine.

a) En ne considérant que les jours où le commerce est ouvert, déterminez les
moyennes $\overline{x}_j$ correspondant à chacun de ces 6 jours.

b) Quelle est la moyenne générale $\overline{\overline{x}}$ s'appliquant aux jours ouvrables ?

c) Quel est l'effet de phase correspondant à chacun de ces 6 jours ?

d) Désaisonnalisez (selon le jour de la semaine) les 27 données du tableau.

| Dimanche | Lundi | Mardi | Mercredi | Jeudi | Vendredi | Samedi |
|----------|-------|-------|----------|-------|----------|--------|
| | 1 | 2 | 3 | 4 | 5 | 6 |
| | 142 | 89 | 95 | 176 | 316 | 338 |
| 7 (fermé) | 8 108 | 9 85 | 10 103 | 11 178 | 12 330 | 13 320 |
| 14 (fermé) | 15 112 | 16 77 | 17 86 | 18 158 | 19 352 | 20 307 |
| 21 (fermé) | 22 97 | 23 82 | 24 92 | 25 196 | 26 308 | 27 335 |
| 28 (fermé) | 29 130 | 30 70 | 31 102 | | | |

10. Le tableau suivant indique quelles ont été, à Montréal, les températures diurnes moyennes (en degrés Celsius) et les précipitations mensuelles moyennes (en millimètres d'eau) observées durant la période de 30 ans allant de 1951 à 1980.

| | Jan. | Fév. | Mars | Avr. | Mai | Juin | Juill. | Août | Sept. | Oct. | Nov. | Déc. |
|---|------|------|------|------|-----|------|--------|------|-------|------|------|------|
| Températures ($^\circ$C) | −10 | −9 | −3 | 6 | 13 | 18 | 21 | 20 | 15 | 9 | 2 | −7 |
| Précipitations (mm) | 72 | 65 | 74 | 74 | 66 | 82 | 90 | 92 | 88 | 76 | 81 | 87 |

SOURCE : Environnement Canada.

a) Déterminez l'effet de phase correspondant à chacun des 12 mois en ce qui concerne la température; les précipitations.

b) Pour chacun des 12 mois, établissez les précipitations moyennes *quotidiennes* en tenant compte du nombre différent de jours qu'il y a d'un mois à l'autre. Représentez graphiquement les résultats.

**ANALYSE DE LA TENDANCE GÉNÉRALE** 11. Le tableau en haut de la page opposée indique, pour chacune des années 1980 à 1987 quel était, au Canada, le prix moyen de l'huile à chauffage, du gaz naturel et de l'électricité.

a) En supposant que la progression des prix de ces trois produits est linéaire, évaluez les paramètres des droites de régression et prédisez les prix pour 1990, 1995, 2000.

| Année | Huile à chauffage (¢ par litre) | Gaz naturel (¢ par m$^3$) | Électricité (¢ par kWh) |
|-------|--------------------------------|---------------------------|-------------------------|
| 1980 | 16,9 | 10,6 | 3,3 |
| 1981 | 24,4 | 13,2 | 3,7 |
| 1982 | 30,1 | 15,4 | 4,1 |
| 1983 | 33,3 | 18,0 | 4,2 |
| 1984 | 35,5 | 18,5 | 4,8 |
| 1985 | 38,3 | 19,4 | 5,0 |
| 1986 | 30,9 | 19,3 | 5,2 |
| 1987 | 29,1 | 18,6 | 5,4 |

SOURCE : Mines et Ressources Canada.

b) Faites de même en exprimant les prix en monnaie de 1987. (Utilisez le tableau 11.4 pour effectuer les conversions).

12. Le tableau suivant indique quelle était la population du Canada, de l'Ontario, du Québec ainsi que de cinq importants centres urbains lors des recensements de 1951, 1961, 1971 et 1981. (Les populations sont exprimées en milliers d'habitants).

|  | 1951 | 1961 | 1971 | 1981 |
|--|------|------|------|------|
| Canada | 14 009 | 18 238 | 21 568 | 24 343 |
| Ontario | 4 598 | 6 236 | 7 703 | 8 625 |
| Québec (prov.) | 4 056 | 5 259 | 6 028 | 6 438 |
| Montréal | 1 539 | 2 216 | 2 743 | 2 828 |
| Toronto | 1 262 | 1 919 | 2 628 | 2 999 |
| Vancouver | 586 | 827 | 1 082 | 1 268 |
| Ottawa-Hull | 312 | 457 | 603 | 718 |
| Québec (ville) | 289 | 379 | 481 | 576 |

a) En supposant que les progressions sont linéaires, prédisez quelles seront ces huit populations en l'an 1991, en 2001. La supposition de linéarité est-elle raisonnable ?

b) Prédisez les populations pour l'an 1991 et l'an 2001 en supposant que les progressions sont exponentielles. Cette supposition est-elle raisonnable ?

13. Le tableau suivant indique, pour chacune des années 1980 à 1987, le montant de la dette fédérale canadienne (en millions de dollars) ainsi que la dette per capita.

| Année | Dette fédérale (en 1 000 000 $) | Dette per capita | Année | Dette fédérale (en 1 000 000 $) | Dette per capita |
|---|---|---|---|---|---|
| 1980 | 72 159 | 2 999 | 1984 | 160 768 | 6 399 |
| 1981 | 85 681 | 3 520 | 1985 | 199 092 | 7 850 |
| 1982 | 100 553 | 4 082 | 1986 | 233 496 | 9 209 |
| 1983 | 128 369 | 5 158 | 1987 | 264 101 | 10 356 |

a) En supposant que les progressions sont exponentielles, effectuez une prédiction pour la dette totale et pour la dette per capita en 1990, 1995 et 2000.

b) Utilisant les données du tableau 11.4, exprimez ces deux séries en dollars constants de 1987. Effectuez les mêmes prédictions exprimées en dollars de 1987.

RÉSIDUS
ET
BRUIT BLANC
14. Le tableau 11.8 présente les taux de chômage désaisonnalisés correspondant aux 98 données originales du tableau 11.7. Les 98 résidus obtenus en retranchant la moyenne générale $\bar{\bar{x}} = 6,6$ de ces données désaisonnalisées forment-ils un bruit blanc?

   **Remarque :** $\Sigma_{t=1}^{98} D_t = -0,7$; $\Sigma_{t=1}^{98} D_t^2 = 54,49$; $\Sigma_{t=1}^{97} D_t D_{t+1} = 48,22$

15. Ajustez une tendance exponentielle aux valeurs successives de l'indice des prix à la consommation (voir tableau 11.4). Calculez la liste des 38 résidus. Forment-ils un bruit blanc? Commentez.

DIVERS
16. Déterminez les valeurs des résidus obtenus après désaisonnalisation des données du problème 9 portant sur le nombre de clients qui se sont présentés chaque jour dans un certain établissement commercial. Représentez graphiquement ces résidus. Semblent-ils être un bruit blanc?

17. Le tableau en haut de la page suivante indique (en dollars américains de l'année) les valeurs relatives des prix internationaux de quelques produits agricoles et miniers. La dernière colonne donne l'indice des prix à la consommation, aux États-Unis. Dans chaque colonne, l'indice vaut 100 pour l'année de référence 1980.

a) Exprimez tous les prix en dollars constants de 1980.

b) En quelle année chacun de ces produits était-il le plus cher? le moins cher (en dollars constants)?

c) Pour chaque produit, déterminez en quelle année s'est produite la plus forte hausse de prix et la plus forte baisse de prix (en dollars constants).

| Année | Café | Thé | Sucre | Argent | Cuivre | dollar U.S. |
|-------|------|-----|-------|--------|--------|-------------|
| 1970 | 33,5 | 49,0 | 25,0 | 8,6 | 64,4 | 47,12 |
| 1971 | 29,6 | 47,3 | 26,0 | 7,5 | 49,5 | 49,15 |
| 1972 | 33,4 | 47,3 | 28,4 | 8,2 | 49,0 | 50,77 |
| 1973 | 41,2 | 47,5 | 34,3 | 12,4 | 81,3 | 53,93 |
| 1974 | 45,1 | 62,6 | 98,2 | 22,9 | 94,1 | 59,85 |
| 1975 | 48,1 | 62,0 | 74,8 | 21,5 | 56,6 | 65,32 |
| 1976 | 94,2 | 69,0 | 44,3 | 21,2 | 64,2 | 69,08 |
| 1977 | 152,0 | 120,7 | 36,6 | 22,5 | 59,9 | 73,58 |
| 1978 | 102,8 | 98,3 | 46,5 | 26,2 | 62,5 | 79,17 |
| 1979 | 112,5 | 96,8 | 54,7 | 53,9 | 90,3 | 88,13 |
| 1980 | 100,0 | 100,0 | 100,0 | 100,0 | 100,0 | 100,00 |
| 1981 | 76,8 | 90,6 | 65,7 | 51,1 | 79,8 | 110,35 |
| 1982 | 83,4 | 86,7 | 66,3 | 38,6 | 67,8 | 117,15 |
| 1983 | 84,9 | 104,3 | 73,4 | 55,6 | 72,9 | 120,91 |
| 1984 | 93,7 | 155,2 | 72,4 | 39,6 | 63,0 | 126,07 |
| 1985 | 88,6 | 89,0 | 67,8 | 29,8 | 64,9 | 130,55 |
| 1986 | 113,0 | 86,6 | 69,8 | 26,6 | 62,7 | 133,06 |
| 1987 | 71,2 | 76,6 | 72,7 | 34,1 | 112,3 | 137,90 |

SOURCE : Banque Mondiale

18. Le tableau suivant indique combien de clients ont fait affaire avec une certaine agence de voyages durant chacun des trimestres des cinq dernières années.

| Année | Jan.–Mars | Avril–Juin | Juill.–Sept. | Oct.–Déc. |
|-------|-----------|------------|--------------|-----------|
| 1 | 1 248 | 2 172 | 634 | 1 038 |
| 2 | 1 273 | 1 304 | 1 029 | 1 866 |
| 3 | 1 081 | 1 614 | 852 | 1 578 |
| 4 | 1 483 | 2 233 | 1 234 | 1 874 |
| 5 | 2 023 | 2 607 | 1 120 | 1 981 |

a) Ajustez une tendance exponentielle en effectuant une régression linéaire parmi les logarithmes des 20 observations. Déterminez les 20 résidus.

b) Désaisonnalisez ces 20 résidus en y ajustant une période de longueur 4. Déterminez les nouveaux résidus. Forment-ils un bruit blanc?

c) Établissez des prédictions pour chacun des trimestres des années 6 et 7.

# Appendices

- Liste des références

- La notation de sommation

- Problèmes conçus pour le micro-ordinateur

- TABLE 1 : Coefficients $\binom{n}{x}$ du binôme de Newton

- TABLE 2 : Points critiques pour $\chi^2$

- TABLE 3 : Loi normale $N(0,1)$

- TABLE 4 : Loi de Student $t_\nu$

- Réponses aux exercices

# Liste des références

1. Carefoot, J.L. (1982). "Copy Testing with Scanners". *Journal of Advertising Research* 12, No.1.

2. Clark, Roger D. and Rice, Glenn A. (1982). "Family Constellations and Eminence : the Birth Orders of Nobel Prize Winners". *The Journal of Psychology* 110, 281–287.

3. Constas, Kimon J. (1981). "An Analysis of Industrial Closures : the Puerto-Rican Experience". Proceedings of the Business and Economic Statistics Section, American Statistical Association Meeting.

4. Hong, Sung-Mook (1983). "Gender, Religion and Sexual Permissiveness : Some Recent Australian Data". *The Journal of Psychology* 115, 17–22.

5. Jegede, R. Olukayode (1982). "A Cross-Sectional Study of Self-Concept Development in Nigerian Adolescents". *The Journal of Psychology* 110, 249–261.

6. Haberman, Shelby J. (1978). *Analysis of Qualitative Data*, Table 4.6 Academic Press, New York.

7. Jones, Lyle V., Burton, Nancy W. & Danvenport Jr, Ernest C. (1984). "Monitoring the Mathematics Achievement of Black Students". *Journal for Research in Mathematics Education* 15, 154–164.

8. Katz, B.M. (1978). "Tests for Equality of Correlated Proportions in a Polytomous Response Design". *Journal of Educational Statistics* 3, 401–417.

9. Kaye, Janet, Kaye, Kendra and Madow, Leo. (1983). "Sleep Patterns in Patients with Cancer and Patients with Cardiac Diseases". *Journal of Psychology* 114, 107–113.

10. Lynn, J.R. (1981). "Newspaper Ad Impact in Metropolitan Markets". *Journal of Advertising Research* 21, No. 6.

11. Peterson, N.S. (1976). "An Expected Utility Model for Optimal Selection". *Journal of Educational Statistics* 4, 333–358.

12. Rubens,W.S. (1981). "Sex and Violence on TV". *Journal of Advertising Research* 21, No. 6.

13. Sadowski, Cyril L. & Wenzel, DeLoris M. (1982). "The Relationship of Locus of Control Dimensions to Reported Hostility and Aggression". *The Journal of Psychology* 112, 227–230.

14. Sakofske, D.H., Kelly, I.W., & McKerracher, D.W. (1982). "An Empirical Study of Personality and Astrological Factors". *The Journal of Psychology* 110, 275–80

15. Tsang, Sau-Lim. (1984). "The Mathematics Education of Asian Americans". *Journal for Research in Mathematics Education* 15, No. 2, 115–122.

16. Vaillancourt, François (1979). *The Role of Language in the Determination of Labour Earnings of Quebec Males in 1970*. Cahier No 7904, Département de science économique et centre de recherches en développement économique, Université de Montréal.

17. Vaillancourt, François et Lefebvre, Lise. (1979). *Antécédents familiaux et connaissance de l'anglais chez les francophones du Québec*. Cahier No 8119, Centre de recherches en développement économique, Université de Montréal.

18. Wagner, Clifford H. (1982). "Simpson's Paradox in Real Life". *The American Statistician* 36, 46–48.

# La notation de sommation

Le symbole $\sum_{i=1}^{n} x_i$ signifie « la somme des nombres $x_1, x_2, \ldots, x_n$ ».

**EXEMPLE 1**  Soit $x_1 = 2$, $x_2 = 3$, $x_3 = 5$, $x_4 = 1$. Alors :

$$\sum_{i=1}^{4} x_i = x_1 + x_2 + x_3 + x_4 = 2 + 3 + 5 + 1 = 11$$

$$\sum_{i=1}^{3} x_i = x_1 + x_2 + x_3 = 2 + 3 + 5 = 10$$

$$\sum_{i=2}^{4} x_i = x_2 + x_3 + x_4 = 3 + 5 + 1 = 9$$

Lorsqu'on manipule le symbole de sommation, il est utile de retenir les quelques règles suivantes :

a) $\sum_{i=1}^{n} kx_i = k \sum_{i=1}^{n} x_i$ où $k$ est une constante.

b) $\sum_{i=1}^{n} k = nk$, où $k$ est une constante.

c) $\sum_{i=1}^{n} (x_i + y_i) = \sum_{i=1}^{n} x_i + \sum_{i=1}^{n} y_i$

**EXEMPLE 2**  Soit $x_1 = 2$, $x_2 = 3$, $x_3 = 5$, $x_4 = 1$; et $y_1 = 7$, $y_2 = 9$, $y_3 = 11$ et $y_4 = 5$.

a) Soit $k = 3$. Nous évaluons $\sum_{i=1}^{4} kx_i$ et $k \sum_{i=1}^{4} x_i$ pour illustrer la propriété (a) ci-dessus :

$$\sum_{i=1}^{4} kx_i = kx_1 + kx_2 + kx_3 + kx_4$$

$$= 3 \times 2 + 3 \times 3 + 3 \times 5 + 3 \times 1 = 33$$

$$k \sum_{i=1}^{4} x_i = k(x_1 + x_2 + x_3 + x_4)$$

$$= 3(2 + 3 + 5 + 1) = 3(11) = 33$$

b) L'expression $\sum_{i=1}^{n} k$ s'interprète comme la somme de $n$ nombres, tous égaux à $k$. Si $k = 3$ et $n = 4$, on a :

$$\sum_{i=1}^{4} 3 = 3 + 3 + 3 + 3 = 4 \times 3 = 12$$

c) Nous évaluons $\sum_{i=1}^{4}(x_i + y_i)$ et $\sum_{i=1}^{4} x_i + \sum_{i=1}^{4} y_i$ pour illustrer la propriété (c) ci-dessus :

$$\sum_{i=1}^{4}(x_i + y_i) = (x_1 + y_1) + (x_2 + y_2) + (x_3 + y_3) + (x_4 + y_4)$$

$$= (2 + 7) + (3 + 9) + (5 + 11) + (1 + 5) = 43$$

$$\sum_{i=1}^{4} x_i + \sum_{i=1}^{4} y_i = (x_1 + x_2 + x_3 + x_4) + (y_1 + y_2 + y_3 + y_4)$$

$$= (2 + 3 + 5 + 1) + (7 + 9 + 11 + 5) = 43$$

d) Les deux expressions $\sum_{i=1}^{n} x_i y_i$ et $\left(\sum_{i=1}^{n} x_i\right)\left(\sum_{i=1}^{n} y_i\right)$ ne doivent pas être confondues.

Par exemple :

$$\sum_{i=1}^{4} x_i y_i = x_i y_i + x_2 y_2 + x_3 y_3 + x_4 y_4$$

$$= 2 \times 7 + 3 \times 9 + 5 \times 11 + 1 \times 5 = 101$$

$$\left(\sum_{i=1}^{4} x_i\right)\left(\sum_{i=1}^{4} y_i\right) = (2 + 3 + 5 + 1)(7 + 9 + 11 + 5) = 11 \times 32 = 352$$

e) Il ne faut pas non plus confondre $\sum_{i=1}^{n} x_i^2$ avec $\left(\sum_{i=1}^{n} x_i\right)^2$ :

$$\sum_{i=1}^{4} x_i^2 = 2^2 + 3^2 + 5^2 + 1^2 = 4 + 9 + 25 + 1 = 39$$

$$\left(\sum_{i=1}^{4} x_i\right)^2 = (2 + 3 + 5 + 1)^2 = 11^2 = 121$$

f) On peut également vérifier que :

$$\sum_{i=1}^{4} x_i^2 y_i = 389; \quad \sum_{i=1}^{4}(x_i^2 + y_i^2) = \sum_{i=1}^{4} x_i^2 + \sum_{i=1}^{4} y_i^2 = 315$$

$$\sum_{i=1}^{4}(3x_i^2 + 2x_i y_i + y_i^2) = 3\sum_{i=1}^{4} x_i^2 + 2\sum_{i=1}^{4} x_i y_i + \sum_{i=1}^{4} y_i^2 = 595 \qquad \square$$

# Exercices

Soit $x_1 = 5$, $x_2 = 3$, $x_3 = 7$, $x_4 = 11$, $x_5 = 13$; $y_1 = 8$, $y_2 = 5$, $y_3 = 16$, $y_4 = 18$, $y_5 = 19$. Calculez :

a) $\sum_{i=1}^{5} (2x_i + 5)$

b) $\sum_{i=1}^{5} (x_i + 2)^2$

c) $\sum_{i=1}^{5} (2x_i + 3y_i)$

d) $\sum_{i=1}^{5} (x_i + y_i)^2$

e) $\sum_{i=1}^{5} (2x_i + 3y_i + 8)$

Réponses :   a) $103$;   b) $549$;   c) $276$;   d) $2\,627$;   e) $316$.

# Problèmes conçus pour le micro-ordinateur

## CHAPITRE 1

1. On peut simuler le lancer d'une pièce de monnaie équilibrée en utilisant le générateur de nombres aléatoires d'un ordinateur (la fonction RND) : on engendre un nombre $U$ compris entre 0 et 1, et on déclare avoir « face » si le nombre obtenu est inférieur à 0,5. On peut également simuler le lancer d'une pièce non équilibrée : on déclare avoir « face » si le nombre engendré $U$ est inférieur à $p$, où $p$ est un nombre compris entre 0 et 1. La pièce est équilibrée si et seulement si $p$ est égal à ½.

   a) Choisissez un entier $n$ (par exemple, $n = 10$), simulez $n$ lancers d'une pièce de monnaie équilibrée, et comptez le nombre de « face » et le nombre de « pile ». Avec ces données, testez l'hypothèse selon laquelle la pièce est équilibrée. (La pièce *est* équilibrée, bien sûr, et avec un peu de chance, vous ne rejetterez pas l'hypothèse.)

   b) Il est possible, bien que peu probable, qu'en (a) vous ayez rejeté l'hypothèse. Puisque l'hypothèse est en fait vraie, il s'agit d'un regrettable accident du hasard. Un tel accident se produit-il souvent ? Pour le savoir, répétez l'expérience décrite en (a) un grand nombre $M$ de fois (par exemple, $M = 200$). Avec quelle fréquence rejetez-vous l'hypothèse ? La théorie des probabilités prévoit que vous rejettez environ 5 % des fois. Votre expérience confirme-t-elle la théorie ?

   c) Simulez $n$ lancers d'une pièce fortement non équilibrée (par exemple, $p = 0,8$ ou $0,2$), et comptez le nombre de « face » et de « pile ». Testez l'hypothèse selon laquelle la pièce est équilibrée. (Puisque vous savez que la pièce n'est *pas* équilibrée, vous devriez rejeter l'hypothèse. Est-ce bien ce qui vous arrive ?)

   d) Répétez l'expérience en (c) $M$ fois, et comptez le nombre de fois où vous rejetez l'hypothèse. Il faudrait que cela vous arrive assez souvent.

   e) Que devrait-on constater en (d) si on prend des valeurs de $p$ de plus en plus éloignées de ½ ? Essayez $p = 0,55$, $0,60$, $0,70$, $0,80$, $0,90$. (Mais ne faites pas varier $n$.)

   f) Que devrait-on constater en (d) si on prend des valeurs de $n$ de plus en plus grandes ? (Fixez $p$, par exemple $p = 0,6$, puis prenez $n = 10$, 20, 30, 50, 80, 100.)

2. Considérez un grand lot d'oranges contenant une certaine proportion $p$ d'oranges gâtées.

   a) Simulez l'expérience qui consiste à choisir une orange dans le lot et à observer si elle est gâtée. Prenez $p = 0,05$.

b) Choisissez 12 oranges dans le lot pour en former un paquet, et comptez le nombre d'oranges gâtées dans votre paquet.

c) Formez un grand nombre $M$ de paquets de 12 oranges tirées du même lot. Comptez le nombre de paquets avec 0, 1, 2, 3, ... oranges gâtées. Comparez vos résultats à ceux qui sont donnés en réponse à l'exercice 2e) du chapitre 1.

d) Répétez (c) avec $p = 0,5$.

3. Nous avons supposé ci-dessus que votre générateur de nombres aléatoires est impeccable, ce qui n'est probablement pas le cas. Par exemple, il faudrait théoriquement que la moitié des nombres qu'il engendre soient inférieurs à $\frac{1}{2}$. Testez cette hypothèse en effectuant un test du khi-deux sur $N$ nombres engendrés par votre ordinateur. Vous devriez, bien sûr, *accepter* l'hypothèse, mais il est possible que vous la rejettiez, surtout avec $N$ grand.

4. Simulez l'expérience qui consiste à observer la phase de la lune au moment d'une naissance. Considérez l'hypothèse nulle que la lune n'a aucun effet sur les naissances, et examinez la performance du test du khi-deux lorsque l'hypothèse nulle est vraie et lorsqu'elle est fausse. Vos simulations devraient apporter quelques éléments de réponse aux questions suivantes :

a) Lorsque l'hypothèse nulle est vraie, la probabilité de la rejeter est-elle assez proche de 0,05 ? S'approche-t-elle davantage lorsque la taille de l'échantillon est grande ?

b) Lorsque l'hypothèse nulle est fausse, la probabilité de la rejeter croît-elle lorsque la taille de l'échantillon croît ?

c) Est-ce vrai que plus l'hypothèse nulle est fausse, plus la probabilité de la rejeter est grande ? (Commencez par quantifier la « fausseté » de l'hypothèse nulle.)

## CHAPITRE 3

1. Considérons l'expérience qui consiste à observer $n_1$ bébés nés de mères jeunes et $n_2$ bébés nés de mères plus âgées. Supposons que la probabilité d'un enfant mort-né est $p_1$ pour les mères jeunes et $p_2$ pour les mères âgées.

a) Simulez l'expérience avec $p_1 = p_2 = 0,15$ et $n_1 = n_2 = 35$. Utilisez les résultats pour tester l'hypothèse selon laquelle le taux de mortinatalisté ne dépend pas de l'âge de la mère. (Puisque $p_1 = p_2$, l'hypothèse est vrai.)

b) Répétez l'expérience en (a) $M$ fois ($M = 200$, par exemple), et notez avec quelle fréquence vous rejetez l'hypothèse. La théorie des probabilités prévoit que vous rejetterez environ 5 % des fois. Cette prévision devrait s'avérer plus juste à mesure que les effectifs théoriques augmentent.

c) Reprenez l'exercice (b) en changeant les valeurs de $p_1$ et de $p_2$ mais en préservant leur égalité (par exemple, $p_1 = p_2 = 0,10$ ou $0,25$). Changez aussi les valeurs de $n_1$ et de $n_2$ (il n'est pas nécessaire qu'elles soient égales). Vous devriez constater que la fréquence des rejets de l'hypothèse reste toujours autour de 5 %.

d) Considérez maintenant divers cas où l'hypothèse nulle est fausse, c'est-à-dire, où $p_1$ est différent de $p_2$. Vous devriez constater que plus l'hypothèse nulle est fausse (c'est-à-dire, plus $p_1$ est différent de $p_2$), plus vous avez de chances de la rejeter.

e) Toujours dans le cas où l'hypothèse nulle est fausse, vérifiez que plus $n_1$ et $n_2$ sont grands, plus vous avez de chances de rejeter l'hypothèse (limitez-vous aux cas où $n_1$ et $n_2$ sont égaux).

2. Considérons l'expérience qui consiste à observer $n$ naissances et à classer chacune dans l'une des classes suivantes : 1) La mère est jeune et l'enfant est mort-né ; 2) La mère est jeune et l'enfant est vivant ; 3) La mère est âgée et l'enfant est mort-né et 4) La mère est âgée et l'enfant est vivant. Soit $p_1$, $p_2$, $p_3$ et $p_4$ les probabilités qui correspondent à ces 4 classes.

a) Choisissez des valeurs de $p_1$, $p_2$, $p_3$ et $p_4$ qui satisfont l'hypothèse nulle que le taux de mortinatalité ne dépend pas de l'âge de la mère (par exemple, $p_1 = 0,16$, $p_2 = 0,24$, $p_3 = 0,24$ et $p_4 = 0,36$). Simulez l'expérience $M$ fois avec $n = 25$ et estimez la probabilité de rejeter l'hypothèse nulle.

b) Choisissez des valeurs de $p_1$, $p_2$, $p_3$ et $p_4$ qui ne satisfont pas l'hypothèse nulle, et simulez l'expérience $M$ fois. Recommencez avec différents choix de $n$ et de $p_1$, $p_2$, $p_3$ et $p_4$ et vérifiez que (i) plus $n$ est grand, plus vous avez de chances de rejeter l'hypothèse nulle et (ii) plus l'hypothèse nulle est fausse, plus vous avez de chances de la rejeter. (Pouvez-vous proposer une mesure de la « fausseté » de l'hypothèse nulle ?)

3. Les nombres aléatoires engendrés par votre ordinateur sont-ils indépendants ? Faites l'expérience suivante : simulez un lancer de deux pièces de monnaie (c'est-à-dire, engendrez deux nombres aléatoires $U_1$ et $U_2$), et notez le résultat de chacun (« face » ou « pile » : il y a donc 4 résultats possibles). Répétez $N$ fois et testez l'hypothèse que le résultat du premier lancer est indépendant du deuxième. Essayez des petites et des grandes valeurs de $N$.

4. Les problèmes ci-dessus traitent du test du khi-deux pour des tableaux 2 par 2. Développez un problème qui les généralise à des tableaux de dimensions supérieures.

## CHAPITRE 4

1. Engendrez (avec la fonction RND) $n$ paires de nombres, $(U_1,V_1)$, $(U_2,V_2)$, ..., $(U_n,V_n)$ et testez l'hypothèse que les variables $U$ et $V$ sont indépendantes. Répétez cette expérience $M$ fois ($M = 100$, par exemple) et comptez le nombre de fois où vous rejetez l'hypothèse. La théorie des probabilités prévoit que vous rejetterez environ 5 % des fois.

2. Les variables $U$ et $V$ ci-dessus sont en fait indépendantes. Répétez l'expérience avec des variables dépendantes construites de la façon suivante : engendrez 3 nombres, $X_1, Y_1, Z_1$, puis définissez $U_1 = X_1 + Y_1$, $V_1 = X_1 + Z_1$. Construisez $(U_2,V_2)$, ..., $(U_n,V_n)$ de la même façon. Les variables $U$ et $V$ ont alors un coefficient de corrélation de $\frac{1}{2}$. Faites varier $n$ : comment la proportion de rejets varie-t-elle avec $n$ ?

3. Engendrez $M$ échantillons de $n$ couples ($M$ doit être grand ; par exemple, $M = 200$), calculez le coefficient de corrélation $r$ pour chaque échantillon, et déterminez la distribution des $M$ valeurs de $r$, leur moyenne et leur variance. Faites cet exercice avec des couples indépendants ainsi qu'avec des couples ayant un coefficient de corrélation de $\frac{1}{2}$ (voir l'exercice 2).

4. Les nombres engendrés par la fonction RND prennent leurs valeurs uniformément sur l'intervalle (0,1). Mais les variables qu'on rencontre en pratique sont rarement de cette nature. Pour simuler des situations plus réalistes, on peut considérer des variables qui sont des *sommes* de nombres engendrées par la fonction RND. Pour engendrer une telle variable $U$, on utilise la fonction RND pour engendrer d'abord $n$ nombres $U_1, U_2, \ldots, U_n$, puis on calcule $U = U_1 + U_2 + \ldots + U_n$. *Chacune des variables* $U_1, U_2, \ldots, U_n$ prend ses valeurs uniformément sur (0,1), mais la variable $U$ se comporte différemment. Répétez l'exercice 1 en prenant pour variables $U$ et $V$ des sommes de $n = 12$ nombres engendrés par RND.

## CHAPITRE 5

1. Considérez l'expérience qui consiste à lancer 4 pièces de monnaie. Soit $X$ le nombre de « face ». Vérifiez théoriquement que $p(0) = \frac{1}{16}$, $p(1) = \frac{1}{4}$, $p(2) = \frac{3}{8}$, $p(3) = \frac{1}{4}$, $p(4) = \frac{1}{16}$; et que $E(X) = 2$, $Var(X) = 1$. Ensuite simulez l'expérience un grand nombre $M$ de fois.

   a) Comparez la distribution observée à la distribution théorique donnée ci-dessus. (Testez à l'aide d'un test du khi-deux.)

   b) Calculez la moyenne des $M$ valeurs de $X$ que vous avez obtenues. (Puisque $E(X) = 2$, cette moyenne devrait être voisine de 2.)

   c) Calculez la variance des $M$ valeurs de $X$ que vous avez obtenus. (Elle devrait être proche de 1, puisque $Var(X) = 1$.)

2. Considérez l'expérience qui consiste à lancer deux dés. Soit $X$ la somme des deux résultats obtenus. Simulez cette expérience un grand nombre de fois et estimez la fonction de masse, l'espérance et la variance de $X$. Comparez vos résultats à la fonction de masse théorique, à $E(X) = 7$ et à $Var(X) = {}^{35}/_6$.

3. Considérez l'expérience qui consiste à lancer un dé jusqu'à ce qu'on obtienne un « 6 ». Soit $X$ le nombre de lancers. Simulez cette expérience $M$ fois. Estimez les valeurs de la fonction de masse $p(x)$ pour $x = 1, 2, 3$; estimez $E(X)$ et $Var(X)$. (Théoriquement, on a $p(1) = {}^1/_6$, $p(2) = {}^5/_{36}$, $p(3) = {}^{25}/_{216}$; et $E(X) = 6$, $Var(X) = 30$.) Les valeurs possibles de la variable $X$ vont de 1 jusqu'à l'infini; la probabilité que votre ordinateur fonctionnne jusqu'à l'éternité, cependant, est nulle.

4. Simulez l'expérience qui consiste à placer au hasard 8 boules dans 5 cases, sans aucune contrainte quant au nombre de boules qu'on peut mettre dans une même case, et estimez les probabilités des événements suivants :

   a) Il y a exactement une case vide (la probabilité exacte est 0,522 547 2).

   b) Il y a exactement 2 cases vides (probabilité exacte : 0,148 377 6).

   c) Il y a exactement une case avec trois boules
      (probabilité exacte : 0,475 955 2).

   d) Une case contient une boule, 2 cases contiennent 2 boules chacune, et une case contient 3 boules (probabilité exacte : 0,258 048).

5. Voici une façon physique et probabiliste d'estimer le nombre $\pi$ : lancez un grand nombre de dards sur une cible carrée de 2 décimètres de côté, puis comptez la proportion $P$ des fois où les dards tombent dans le cercle inscrit dans le carré. Puisque la surface du cercle est $\pi$ et celle du carré est 4, cette proportion $P$ devrait être voisine de $\pi/4$. Vous estimez donc $\pi$ par $4P$. Ceux qui ne possèdent pas de jeux de dards peuvent simuler l'expérience avec un ordinateur, ce qui, en plus d'être moins fastidieux, a l'avantage de nous garantir que chaque point de la cible a la même probabilité d'être atteint — condition indispensable à la validité de la méthode. Procédez de la façon suivante : engendrez deux nombres aléatoires $U$ et $V$ par la fonction RND, puis faites la transformation $X = 2U - 1$ et $Y = 2V - 1$. Les variables $U$ et $V$ prennent leurs valeurs entre 0 et 1, alors que $X$ et $Y$ prennent leurs valeurs entre $-1$ et 1. Les deux nombres $X$ et $Y$ sont les coordonnées d'un point (X,Y) sur la cible lorsque celle-ci est placée sur un système de coordonnées cartésien avec son centre coïncidant avec l'origine. Le point sera dans le cercle si $X^2 + Y^2 < 1$.

## CHAPITRE 6

1. Calculez les valeurs de la fonction de masse $p(x)$ d'une variable $B(10; 0,4)$. Calculez l'espérance et la variance directement (c'est-à-dire, à partir de la fonction de masse) et vérifiez que $E(X) = np$ et $Var(X) = npq$.

2. Calculez les valeurs de la fonction de masse $p(x)$ d'une variable $Hpg(5,7,10)$. Calculez directement l'espérance et la variance et vérifiez que $E(X) = np$ et $Var(X) = npq(N-n)(N-1)$.

3. Calculez les valeurs de la fonction de masse $p(x)$ d'une variable de Poisson (5). Les valeurs de $X$ vont jusqu'à l'infini et vous ne pourrez évidemment pas calculer $p(x)$ pour *toutes* les valeurs $x$. Mais vous constaterez que les valeurs de $p(x)$ commencent à décroître dès que $x$ est supérieur à 5 et qu'elles continuent à décroître indéfiniment. Vous vous arrêterez donc lorsque les valeurs de $p(x)$ deviennent négligeables. La somme des valeurs de p(x) que vous calculez doit, avec le degré de précision que vous permet votre ordinateur, être très proche de 1. Calculez approximativement $E(X)$ et $Var(X)$ et vérifiez que ces quantités sont à peu près égales à 5.

4. Calculez les valeurs de la fonction de masse $p(x)$ d'une variable $Géom(0,3)$ pour toutes les valeurs de $x$ pour lesquelles $p(x)$ n'est pas extrêmement petit. Calculez $E(X)$ et $Var(X)$ directement et vérifiez que $E(X) = 1/p$ et que $Var(X) = q/p^2$.

5. Le calcul d'une fonction de masse peut parfois être facilité par des formules *récursives* qui permettent d'obtenir chaque $p(x)$ à partir du $p(x)$ précédent. Dans le cas de la fonction de masse d'une variable binomiale, nous avons la formule suivante :
$$p(x+1) = \frac{n-x}{x+1}\frac{p}{q}p(x)$$

On commence donc par calculer $p(0)$. On calcule ensuite $p(1)$ à partir de $p(0)$ en utilisant la formule ci-dessus; puis $p(2)$ à partir de $p(1)$, ainsi de suite. Écrivez un programme qui calcule les valeurs de $p(x)$ de cette façon, pour toute valeur de $n$ et de $p$.

6. Écrivez un programme qui calcule les valeurs $p(x)$ de la fonction de masse d'une variable $Hpg(n, N_1, N_2)$ en utilisant la formule récursive suivante :
$$p(x+1) = \frac{(N_1 - x)(n - x)}{(x+1)(N_2 - n + x + 1)}p(x)$$

Lorsque $p(0) = 0$, vous devez commencer à $x = n - N_2$.

7. Écrivez un programme qui calcule les valeurs $p(x)$ de la fonction de masse d'une variable de Poisson ($\lambda$) en utilisant la formule récursive suivante :
$$p(x+1) = \frac{\lambda}{(x+1)}p(x)$$

8. Écrivez un programme qui calcule les valeurs de la fonction de masse $p(x)$ d'une variable $Géom(p)$ en utilisant la formule récursive suivante :

$$p(x + 1) = q \cdot p(x)$$

9. Soit $X$ une variable $B(n, p)$.

a) Calculez $P(X = 4)$ lorsque $n = 4$, $p = 3/4$; $n = 10$, $p = 3/10$; $n = 50$, $p = 3/50$, $n = 100$, $p = 3/100$. Remarquez que $P(X = 4)$ s'approche de $e^{-3}3^4/4$!

b) Plus généralement, fixez une valeur de $\lambda$ et une valeur $x$, et calculez $P(X = x)$ en prenant $n$ de plus en plus grand, $p$ de plus en plus petit, de telle sorte que le produit $np$ soit toujours égal à $\lambda$.

c) On peut vérifier que la fonction de masse $p(x) = P(X = x)$ peut s'écrire sous la forme suivante :

$$\left[\left(1 - \frac{1}{n}\right)\left(1 - \frac{2}{n}\right)\cdots\left(1 - \frac{x-1}{n}\right)\right]\left[\left(1 - \frac{\lambda}{n}\right)^{-x}\right]\left[\left(1 - \frac{\lambda}{n}\right)^{n}\right]\frac{\lambda^x}{x!}$$

où $\lambda = np$. Fixez une valeur de $x$ et une valeur de $\lambda$ et calculez $P(X = x)$ en prenant $n$ de plus en plus grand. Observez le comportement de chacun des facteurs entre crochets. Vérifiez que lorsque $n$ est assez grand, $p(x)$ est proche de $e^{-\lambda}\lambda^x/x!$! En particulier, observez que le premier et le deuxième facteurs sont proches de 1 et que le troisième est proche de $e^{-\lambda}$. Mais qu'arrive-t-il au premier facteur lorsque $x$ est assez proche de $n$? Et qu'arrive-t-il au deuxième facteur si $p$ n'est pas très petit, c'est-à-dire, si $\lambda$ n'est pas très éloignée de $n$?

10. Écrivez un programme qui engendre une variable hypergéométrique. Il s'agit d'engendrer $n$ nombres entiers compris entre 1 et $N = N_1 + N_2$, en prenant soin de ne pas engendrer un même nombre plus d'une fois. On déclare avoir un succès si le nombre engendré est inférieur ou égal à $N_1$. (On peut engendrer un nombre entier $X$ entre 1 et $N$ à partir d'un nombre $U$ engendré par la fonction RND en faisant la transformation suivante : X = INT(N * U + 1).)

11. Voici comment on peut engendrer une variable de Poisson($\lambda$). On additionne successivement des nombres $V_1$, $V_2$, ..., où $V_i = -\log(U_i)$ et les $U_i$ sont engendrés par la fonction RND. On s'arrête dès que la somme est supérieure à $\lambda$. Soit $X$ le nombre de termes $V_i$ additionnés *avant* que la somme ne dépasse $\lambda$. Alors $X$ est une Poisson ($\lambda$). Fixez une valeur de $\lambda$ et engendrez un grand nombre $M$ d'observations sur une variable de Poisson ($\lambda$). Comparez la distribution observée à la distribution théorique ; et comparez à $\lambda$ la moyenne et la variance des $M$ observations.

## CHAPITRE 7

1. On sait que la fonction RND engendre une variable $U(0,1)$.

   a) Soit $a < b$ deux nombres quelconques. Montrez comment engendrez une variable $U(a,b)$. (Il s'agit de trouver une transformation linéaire appropriée.)

   b) Soit $\mu$ un nombre quelconque et $\sigma^2$ un nombre positif. Montrez comment engendrer une variable uniforme de moyenne $\mu$ et de variance $\sigma^2$.

2. La variable $X = -\theta \log(U)$, où $U$ est $U(0,1)$, suit une loi exponentielle de paramètre $\theta$. Engendrez un grand nombre $M$ d'observations sur une variable exponentielle de paramètre $\theta$.

   a) Construisez un histogramme des valeurs observées. Comparez la forme de cet histogramme à la courbe $f(x) = (1/\theta)e^{-x/\theta}$.

   b) Dressez un tableau qui représente la distribution des valeurs observées. Comparez cette distribution à la distribution théorique au moyen d'un test du khi-deux.

   c) Calculez la moyenne et la variance des $M$ valeurs observées; vérifiez que la moyenne est voisine de $\theta$ et la variance voisine de $\theta^2$.

3. On peut engendrer une variable normale de la façon suivante : on commence par engendrer 2 variables $U(0,1)$, $U_1$ et $U_2$. Ensuite on calcule :

$$Z = \sqrt{-2\log(U_1)}\cos(2\pi U_2)$$

   La variable $Z$ suit une loi $N(0,1)$. Pour obtenir une variable de moyenne $\mu$ et de variance $\sigma^2$, il suffit de calculer $X = \sigma Z + \mu$. Choisissez une valeur de $\mu$ et une valeur de $\sigma^2$, engendrez un grand nombre $M$ d'observations $N(\mu,\sigma^2)$, et répétez les exercices suggérés au problème 2.

4. Fixez une valeur de $n$ et engendrez $n$ variables aléatoires $U_1$, ..., $U_n$ indépendantes et de loi $U(0,1)$. Ceci est équivalent à engendrer un échantillon de taille $n$ d'une population $U(0,1)$. Répétez l'expérience un grand nombre de fois. La population est de moyenne $\mu = 1/2$ et de variance $\sigma^2 = 1/12$. Pour chaque échantillon, calculez la moyenne $\bar{X}$.

   a) Examinez la distribution de $\bar{X}$ et comparez-la à celle d'une $N(\mu,\sigma^2/n)$.

   b) Répétez (a) en prenant $n$ plus grand : vous devriez constater que la distribution de $\bar{X}$ s'approche davantage d'une normale.

5. Au problème 4 vous avez engendré des échantillons d'une population uniforme. Vous avez dû constater que la distribution de la variable $\bar{X}$ s'approche assez rapidement (c'est-à-dire, pour un $n$ assez petit) d'une normale. Faites le même exercice avec une population de loi $\text{Exp}(\theta)$. La distribution de $\bar{X}$ devrait s'approcher d'une normale de moyenne $\theta$ et de variance $\theta^2/n$. Trouvez-vous que la convergence vers la normalité est aussi rapide?

6. Engendrez un grand nombre $M$ d'échantillons de taille $n$ d'une population de loi de Poisson($\lambda$). Vérifiez que la distribution de $\bar{X}$ s'approche de celle d'une normale de moyenne $\lambda$ et de variance $\lambda/n$ lorsque $n$ augmente.

## CHAPITRE 8

1. Simulez l'expérience qui consiste à prélever un échantillon de taille $n$ d'une population d'adultes afin d'estimer la proportion de fumeurs. Supposez que la proportion de fumeurs dans la population est $p = 0,4$.

   a) Déterminez un intervalle de confiance de niveau 90 % pour la proportion de fumeurs dans la population. La valeur de $p = 0,4$ est-elle dans l'intervalle ?

   b) Répétez l'expérience un grand nombre $M$ de fois. L'estimateur $\hat{p}$ semble-t-il être sans biais ? Avec quelle fréquence la valeur $p = 0,4$ est-elle dans l'intervalle ? (Elle devrait l'être environ 90 % des fois.)

   c) La probabilité que $p = 0,4$ soit compris dans l'intervalle de confiance n'est qu'à peu près égale à 90 %, pour $n$ grand. Que se passe-t-il lorsque $n$ est petit ? Répétez l'exercice (b) en prenant des valeurs de $n$ petites. Le niveau de confiance semble-t-il s'éloigner beaucoup de 90 % ? Estimez le niveau de confiance réel.

   d) Répétez l'exercice (c) en prenant $p = 0,1$.

2. Simulez l'expérience qui consiste à prélever un échantillon de $n$ personnes afin d'estimer le revenu hebdomadaire moyen de la population. Supposez que la population est normale de moyenne $\mu = 450$ et d'écart-type $\sigma = 150$.

   a) Déterminez un intervalle de confiance de niveau 90 % pour $\mu$. La valeur $\mu = 450$ est-elle dans l'intervalle ?

   b) Répétez l'expérience un grand nombre $M$ de fois. L'estimateur $\bar{X}$ semble-t-il être sans biais ? Avec quelle fréquence la valeur $\mu = 450$ se trouve-t-elle dans l'intervalle ? (Elle devrait y être environ 90 % des fois.)

   *Note : une façon commode d'engendrer des variables de loi normale est présentée au numéro 3 du chapitre 7.*

3. Théoriquement, la probabilité que la moyenne $\mu$ d'une population soit dans un intervalle de confiance de niveau 90 % est 90 %. Ceci est strictement vrai si la population est normale et à peu près vrai si la population n'est pas normale mais l'échantillon est grand. Que se passe-t-il lorsque l'échantillon est petit et que la population n'est pas normale ? Tâchez de répondre à cette question par simulation, en prenant des échantillons d'une population non-normale (uniforme, exponentielle ou autre). La probabilité que le paramètre soit dans l'intervalle s'approche-t-elle de 90 % lorsque $n$ augmente ?

4. Choisissez une valeur de $n$ (de l'ordre de 10 ou 20) et une valeur de $\alpha$ (de l'ordre de 5 % ou 10 %). Engendrez un échantillon $X_1, X_2, \ldots, X_n$ de variables de loi $U(0, \theta)$ (prenez, par exemple, $\theta = 5$). On n'a qu'à poser $X_i = \theta U_i$ où les $U_i$ sont obtenus par la fonction RND.

a) En répétant un grand nombre de fois l'expérience (par exemple, 200 ou 500 fois), vérifiez que l'intervalle de confiance

$$\left( \max\{X_i\} \Big/ \sqrt[n]{1 - \frac{\alpha}{2}}, \; \max\{X_i\} \Big/ \sqrt[n]{\alpha/2} \right)$$

a une probabilité $1 - \alpha$ de recouvrir $\theta$.

b) Vérifiez que, pour $n$ grand, l'intervalle de confiance $(2\bar{X} \pm 2c_\alpha \bar{X}/\sqrt{3n})$ a une probabilité voisine de $1 - \alpha$ de recouvrir $\theta$.

c) Comparer les longueurs des intervalles de confiance obtenus en $a$ et en $b$. Comment pouvez-vous expliquer que, avec un même niveau de confiance, les intervalles soient beaucoup plus courts dans le cas $a$ que dans le cas $b$?

5. Engendrez un échantillon $X_1, X_2, \ldots, X_n$ de loi $N(\mu, \sigma^2)$. Répétez l'expérience $M$ fois, en calculant chaque fois $\bar{X}$ et $\hat{\sigma}^2$.

a) Vérifiez que $\bar{X}$ et $\hat{\sigma}^2$ sont sans biais pour $\mu$ et $\sigma^2$ respectivement.

b) Quelle est la variance des $M$ valeurs obtenues pour $\bar{X}$? Elle devrait être voisine de $\sigma^2/n$.

c) Quelle est la variance des $M$ valeurs obtenues pour $\hat{\sigma}^2$? Elle devrait être voisine de $2\sigma^4/(n-1)$.

d) Vérifiez que $(n-1)\hat{\sigma}^2/\sigma^2$ est de loi $\chi^2_{n-1}$. Par exemple, environ 5 % des $M$ échantillons devraient donner une valeur de $(n-1)\hat{\sigma}^2/\sigma^2$ supérieure au point critique de $\chi^2$ avec $\alpha = 5$ % et $\nu = n - 1$.

e) Vérifiez que $\bar{X}$ et $\hat{\sigma}^2$ sont des variables indépendantes. Appliquez, au choix, le test d'indépendance présenté au chapitre 1 ou celui basé sur le coefficient de corrélation $r$ présenté au chapitre 4.

## CHAPITRE 9

1. Simulez l'expérience qui consiste à prélever un échantillon de taille $n$ d'une population afin de tester l'hypothèse que la proportion de fumeurs dans la population est de $p = 0{,}5$. Prenez $\alpha = 0{,}05$.

a) Supposez que l'hypothèse est en fait vraie, c'est-à-dire, que la proportion est $p = 0{,}5$. Vérifiez par simulation que la probabilité de rejeter l'hypothèse est effectivement à peu près égale à 5 % (elle n'est qu'à peu près égale à 5 %, mais l'approximation est d'autant meilleure que $n$ est grand).

    **b)** Estimez la probabilité de rejeter l'hypothèse lorsqu'elle est en fait fausse. Prenez $p = 0{,}4$, $0{,}3$, $0{,}2$, $0{,}1$, sans faire varier $n$. (La probabilité de rejeter l'hypothèse augmente à mesure que $p$ s'éloigne de $0{,}5$.)

    **c)** Supposez que $p = 0{,}4$. Estimez la probabilité de rejeter l'hypothèse lorsque $n = 10$, $20$, $30$, $50$. (La probabilité devrait augmenter lorsque $n$ augmente.)

2. Simulez l'expérience qui consiste à prélever un échantillon de taille $n$ d'une population afin de tester l'hypothèse selon laquelle le revenu moyen de la population est $\mu = 500$. Supposez que la population est normale d'écart-type $\sigma = 150$ et prenez $\alpha = 0{,}05$.

    **a)** Supposez que l'hypothèse est en fait vraie, c'est-à-dire que la moyenne soit $\mu = 500$. Vérifiez par simulation que la probabilité de rejeter l'hypothèse est effectivement égale à 5 %.

    **b)** Estimez la probabilité de rejeter l'hypothèse lorsqu'elle est en fait fausse. Prenez $\mu = 520$, $550$, $600$, $700$, sans faire varier $n$. (La probabilité de rejeter l'hypothèse augmente à mesure que $\mu$ s'éloigne de $500$.)

    **c)** Supposez que $\mu = 550$. Estimez la probabilité de rejeter l'hypothèse lorsque $n = 10$, $20$, $30$, $50$. (La probabilité devrait augmenter lorsque $n$ augmente.)

3. Mettez à l'épreuve le test d'égalité de deux proportions $p_X$ et $p_Y$.

    **a)** Vérifiez que si $H_0 : p_X = p_Y$ est vraie (prenez, par exemple, $p_X = p_Y = \frac{1}{3}$ et $n_X = n_Y = 10$, $20$ ou $50$) la probabilité de rejeter $H_0$ est voisine du $\alpha$ (par exemple, 10 %) que vous aurez choisi.

    **b)** Vérifiez que, pour $p_X$ et $p_Y$ fixes (et légèrement différents), la probabilité de rejeter $H_0$ croît avec $n_X$ et $n_Y$.

    **c)** Vérifiez que, pour $n_X$ et $n_Y$ fixes, la probabilité de rejeter $H_0$ croît avec l'écart $|p_X - p_Y|$.

    **d)** Quand $n_X$ et $n_Y$ sont fixes (par exemple, $n_X = n_Y = 30$), estimez la probabilité de rejeter $H_0$ quand $p_X = 0{,}1$ et $p_Y = 0{,}2$, puis quand $p_X = 0{,}5$ et $p_Y = 0{,}6$. Un même écart entre $p_X$ et $p_Y$ est plus difficile à détecter quand ces probabilités sont voisines de $\frac{1}{2}$ que quand elles sont près de 0 ou de 1.

4. Mettez à l'épreuve le test d'égalité de deux moyennes $\mu_X$ et $\mu_Y$. Engendrez un échantillon $X_1$, $X_2$, ..., $X_{n_X}$, de loi $N(\mu_X, \sigma_X^2)$ et un second échantillon $Y_1$, $Y_2$, ..., $Y_{n_X}$, de loi $N(\mu_Y, \sigma_Y^2)$ (voir problème 3 du chapitre 7).

    **a)** En répétant $M$ fois (par exemple, 500 fois) l'opération, vérifiez que, quand $H_0 : \mu_X = \mu_Y$ est vrai, l'hypothèse nulle est rejetée environ une proportion $\alpha$ des fois quand $n_X$ et $n_Y$ sont grands.

    **b)** Vérifiez que quand $\mu_X = \mu_Y$ et $\sigma_X^2 = \sigma_Y^2$, le test qui suppose les variances égales est bien de niveau $1 - \alpha$ même quand $n_X$ et $n_Y$ sont petits.

    **c)** Pour $n_X$, $n_Y$, $\sigma_X^2$ et $\sigma_Y^2$ fixes, vérifiez que plus l'écart est grand entre $\mu_X$ et $\mu_Y$, plus fréquent sera le rejet de $H_0$.

5. Engendrez deux échantillons $X_1, X_2, \ldots, X_n$ et $V_1, V_2, \ldots, V_n$ où les $X_i$ sont de loi $N(50, 100)$ et où les $V_i$ sont de loi $N(10, 36)$. Pour $i = 1, 2, \ldots, n$, posez ensuite $Y_i = \frac{4}{5}X_i + V_i + \theta$. Ces $Y_i$ sont de loi $N(50 + \theta, 100)$.

a) Testez l'hypothèse $H_0$ : $\mu_X = \mu_Y$ en appliquant successivement le test basé sur $\bar{X} - \bar{Y}$ (qui traite erronément les variables comme si elles étaient indépendantes) et celui, basé sur $\overline{X - Y}$ qui utilise les données appariées.

Par exemple, prenez $\theta = 5$ et $n = 25$. Répétez l'opération $M$ fois (par exemple, 200 fois) et comptez combien de fois chacun des tests (avec $\alpha = 5\%$) a mené au rejet de $H_0$. Le test qui utilise les données appariées devrait rejeter $H_0$ (qui est fausse) beaucoup plus souvent que l'autre.

b) En gardant $\theta = 5$ et en faisant varier $n$ (par exemple, $n = 10, 20, 30, 50$) vérifiez que le test qui utilise les données appariées détecte plus fréquemment que l'autre que $H_0$ est fausse. Chaque fois, répétez le test environ 200 fois.

c) Faites comme en b) mais en laissant $n$ fixe (par exemple, $n = 25$) et en faisant varier $\theta$. Prenez successivement $\theta = 1, 3, 5, 10$ et $20$. Lequel des deux tests détecte le plus fréquemment, en 200 essais, que $H_0$ est fausse ?

## CHAPITRE 11

1. Déterminez une courbe douce $f(t)$ qui servira de tendance générale. Prenez, par exemple, $f(t) = a + b\sin(2\pi t/c)$. Cette fonction est *périodique* et se répète avec un cycle de longueurs $c$; $f(t) = f(t + c) = f(t + 2c) = f(t + 3c)$, etc. Le paramètre $b$ permet de contrôler l'*amplitude* des variations cycliques.

Engendrez une série chronologique $X_1, X_2, \ldots, X_T$ où chaque $X_t$ est de la forme $X_t = f(t) + Y_t$ et où les $Y_t$ sont des *erreurs de mesure simulées*. Prenez, par exemple, $Y_t = U_t - \frac{1}{2}$ où les $U_t$, de loi $U(0, 1)$ sont obtenus par la fonction RND.

La série chronologique artificielle $X_1, X_2, \ldots, X_T$ aura un comportement en *dents de scie* de part et d'autre de la tendance sinusoïdale de base. En prenant $T \approx 3c$, la série recouvrera quelques cycles complets.

Lissez cette série au moyen d'un moyenne mobile de rayon $r$ afin d'effacer les dents de scie et retrouver la tendance sinusoïdale cachée dans la série.

a) Vérifiez que si $r$ est trop grand (par rapport à la période $c$), le lissage efface aussi les fluctuations significatives de la tendance sinusoïdale et mène à une mauvaise approximation de $f(t)$. Prenez, par exemple, $b = 1$, $c = 5$, $r = 2$ et utilisez des poids égaux.

b) Vérifiez que si $r$ est petit (par rapport à $c$), la série lissée $\bar{X}_t$ se moule mieux à la sinusoïde souhaitée que ne le faisait la série originale $X_t$. Prenez, par exemple, $b = \frac{1}{2}$, $c = 20$ et $r = 2$ (avec poids égaux).

c) Répétez les parties a) et b) en prenant $r = 3$ et en utilisant des poids binomiaux $(1, 6, 15, 20, 15, 6, 1)$. Vous devriez observer les mêmes phénomènes.

Les poids binomiaux fournissent-ils un meilleur lissage que les poids égaux ?

2. Déterminez une courbe douce $f(t)$ qui servira de tendance générale. Prenez, par exemple, $f(t) = a + bt$ ou $f(t) = a + b\sin(2\pi t/c)$, qui présente des cycles de longueur $c$. Comme au problème 1, engendrez une série chronologique artificielle $X_1$, $X_2$, …, $X_T$ en posant $X_t = f(t) + U_t - \frac{1}{2}$ où les $U_t$ sont obtenus par la fonction RND.

   Pour différentes valeurs de $\theta$ (par exemple, $\theta = \frac{1}{2}, \frac{1}{3}, \frac{1}{5}, \frac{1}{10}$), appliquez à cette série un lissage exponentiel. Vérifiez que plus $\theta$ est petit, plus efficace est l'épuration des dents de scie mais plus la série lissée a du mal à s'adapter rapidement aux variations de $f(x)$. Pour différentes valeurs de $b$ et de $c$, cherchez à déterminer une valeur pour $\theta$ qui fournira un compromis raisonnable entre les vœux opposés de de *stabilité* et de *sensibilité*.

3. Choisissez des valeurs arbitraires pour $a$, $b$, $c$ et $T$ (par exemple, $a = 2$, $b = 1$, $c = 4$ et $T = 8$) puis engendrez une série chronologique artificielle $X_1$, $X_2$, …, $X_T$ où $X_t = a + bt + c(U_t - \frac{1}{2})$ où les termes aléatoires $U_t$ sont obtenus par la fonction RND.

   a) Calculez les valeurs de $\hat{a}$ et $\hat{b}$. Ces valeurs sont-elles voisines de $a$ et $b$ ?

   Répétez l'expérience $n$ fois (par exemple, 500 fois) et calculez les valeurs moyennes obtenues pour $\hat{a}$ et $\hat{b}$. Vérifiez expérimentalement que $\hat{a}$ et $\hat{b}$ sont des estimateurs sans biais pour $a$ et $b$.

   b) Laissant $a$, $b$ et $c$ fixes, augmentez la valeur de $T$. Vérifiez que plus $T$ est grand, plus précises sont les estimations fournies par $\hat{a}$ et $\hat{b}$.

   c) Laissant $a$, $b$ et $T$ fixes, faites varier la valeur de $c$. Vérifiez que plus $c$ est petit, plus $\hat{a}$ et $\hat{b}$ sont précis.

4. Choisissez une valeur arbitraire pour $p$ entre 0 et 1 (par exemple, prenez $p = \frac{1}{3}$) puis engendrez une série chronologique artificielle $X_1$, $X_2$, …, $X_T$ en posant

$$X_1 = \begin{cases} 1 & \text{avec probabilité } p \\ & \text{ou} \\ 0 & \text{avec probabilité } 1 - p \end{cases}$$

puis, pour $t = 2, 3, …, T$,

$$X_t = \begin{cases} X_{t-1} + 1 & \text{avec probabilité } p \\ & \text{ou} \\ X_{t-1} & \text{avec probabilité } 1 - p \end{cases}$$

Ajustez une droite de régression $\hat{a} + \hat{b}t$ à cette série chronologique. Vérifiez que la pente $\hat{b}$ est voisine de $p$ et que, plus $T$ est grand, meilleure est la précision.

En moyenne, $\hat{a}$ devrait valoir 0. La précision de $\hat{a}$ augmente-t-elle quand $T$ grandit?

5. Choisissez une valeur arbitraire pour $a$ entre $-1$ et $+1$ (par exemple, prenez $a = \frac{2}{3}$) puis engendrez une série chronologique artificielle en posant $X_1 = 0$ puis, pour $t = 2, 3, \ldots, T$, $X_t = aX_{t-1} + U_t - \frac{1}{2}$ où les $U_t$ sont obtenus par la fonction RND.

a) La série $X_t$ a-t-elle une allure de bruit blanc? Si $a$ est positif, les termes successifs devraient avoir tendance à être de même signe. Si $a$ es négatif, ils devraient avoir tendance à changer de signe. Plus $a$ est près de zéro, plus la série $X_t$ devrait ressembler à un bruit blanc.

b) Calculez le coefficient de corrélation $r$ entre les $T - 1$ couples d'observations consécutives $(X_t, X_{t+1})$. Vérifiez que, si $T$ est grand, $r$ est voisin de $a$.

c) Calculez le coefficient de corrélation $r$ entre les $T - 2$ couples d'observations $(X_t, X_{t+2})$ distantes de deux unités de temps. Vérifiez que, si $T$ est grand, $r$ est voisin de $a^2$.

TABLE 1    **Coefficients $\binom{n}{x}$ du binôme de Newton**

| $n^x$ | 0 | 1 | 2 | 3 | 4 | 5 | 6 | 7 | 8 | 9 | 10 | 11 |
|---|---|---|---|---|---|---|---|---|---|---|---|---|
| 0 | 1 | 0 | 0 | 0 | 0 | 0 | 0 | 0 | 0 | 0 | 0 | 0 |
| 1 | 1 | 1 | 0 | 0 | 0 | 0 | 0 | 0 | 0 | 0 | 0 | 0 |
| 2 | 1 | 2 | 1 | 0 | 0 | 0 | 0 | 0 | 0 | 0 | 0 | 0 |
| 3 | 1 | 3 | 3 | 1 | 0 | 0 | 0 | 0 | 0 | 0 | 0 | 0 |
| 4 | 1 | 4 | 6 | 4 | 1 | 0 | 0 | 0 | 0 | 0 | 0 | 0 |
| 5 | 1 | 5 | 10 | 10 | 5 | 1 | 0 | 0 | 0 | 0 | 0 | 0 |
| 6 | 1 | 6 | 15 | 20 | 15 | 6 | 1 | 0 | 0 | 0 | 0 | 0 |
| 7 | 1 | 7 | 21 | 35 | 35 | 21 | 7 | 1 | 0 | 0 | 0 | 0 |
| 8 | 1 | 8 | 28 | 56 | 70 | 56 | 28 | 8 | 1 | 0 | 0 | 0 |
| 9 | 1 | 9 | 36 | 84 | 126 | 126 | 84 | 36 | 9 | 1 | 0 | 0 |
| 10 | 1 | 10 | 45 | 120 | 210 | 252 | 210 | 120 | 45 | 10 | 1 | 0 |
| 11 | 1 | 11 | 55 | 165 | 330 | 462 | 462 | 330 | 165 | 55 | 11 | 1 |
| 12 | 1 | 12 | 66 | 220 | 495 | 792 | 924 | 792 | 495 | 220 | 66 | 12 |
| 13 | 1 | 13 | 78 | 286 | 715 | 1 287 | 1 716 | 1 716 | 1 287 | 715 | 286 | 78 |
| 14 | 1 | 14 | 91 | 364 | 1 001 | 2 002 | 3 003 | 3 432 | 3 003 | 2 002 | 1 001 | 364 |
| 15 | 1 | 15 | 105 | 455 | 1 365 | 3 003 | 5 005 | 6 435 | 6 435 | 5 005 | 3 003 | 1 365 |
| 16 | 1 | 16 | 120 | 560 | 1 820 | 4 368 | 8 008 | 11 440 | 12 870 | 11 440 | 8 008 | 4 368 |
| 17 | 1 | 17 | 136 | 680 | 2 380 | 6 188 | 12 376 | 19 448 | 24 310 | 24 310 | 19 448 | 12 376 |
| 18 | 1 | 18 | 153 | 816 | 3 060 | 8 568 | 18 564 | 31 824 | 43 758 | 48 620 | 43 758 | 31 824 |
| 19 | 1 | 19 | 171 | 969 | 3 876 | 11 628 | 27 132 | 50 388 | 75 582 | 92 378 | 92 378 | 75 582 |
| 20 | 1 | 20 | 190 | 1 140 | 4 845 | 15 504 | 38 760 | 77 520 | 125 970 | 167 960 | 184 756 | 167 960 |

$$\binom{n}{x} = \binom{n}{n-x}$$

TABLE 2    **Points critiques pour $\chi^2$**

| Degrés de liberté $\nu$ | Point critique C | | | Degrés de liberté $\nu$ | Point critique C | | | Degrés de liberté $\nu$ | Point critique C | | |
|---|---|---|---|---|---|---|---|---|---|---|---|
| | $\alpha=10\%$ | $\alpha=5\%$ | $\alpha=1\%$ | | $\alpha=10\%$ | $\alpha=5\%$ | $\alpha=1\%$ | | $\alpha=10\%$ | $\alpha=5\%$ | $\alpha=1\%$ |
| 1 | 2,706 | 3,841 | 6,635 | 14 | 21,06 | 23,68 | 29,14 | 27 | 36,74 | 40,11 | 46,96 |
| 2 | 4,605 | 5,991 | 9,210 | 15 | 22,31 | 25,00 | 30,58 | 28 | 37,92 | 41,34 | 48,28 |
| 3 | 6,251 | 7,815 | 11,34 | 16 | 23,54 | 26,30 | 32,00 | 29 | 39,09 | 42,56 | 49,59 |
| 4 | 7,779 | 9,488 | 13,28 | 17 | 24,77 | 27,59 | 33,41 | 30 | 40,26 | 43,77 | 50,89 |
| 5 | 9,236 | 11,07 | 15,09 | 18 | 25,99 | 28,87 | 34,81 | 40 | 51,81 | 55,76 | 63,69 |
| 6 | 10,64 | 12,59 | 16,81 | 19 | 27,20 | 30,14 | 36,19 | 50 | 63,17 | 67,50 | 76,15 |
| 7 | 12,02 | 14,07 | 18,48 | 20 | 28,41 | 31,41 | 37,57 | 60 | 74,40 | 79,08 | 88,38 |
| 8 | 13,36 | 15,51 | 20,09 | 21 | 29,62 | 32,67 | 38,93 | 70 | 85,53 | 90,53 | 100,4 |
| 9 | 14,68 | 16,92 | 21,67 | 22 | 30,81 | 33,92 | 40,29 | 80 | 96,58 | 101,9 | 112,3 |
| 10 | 15,99 | 18,31 | 23,21 | 23 | 32,01 | 35,17 | 41,64 | 90 | 107,6 | 113,1 | 124,1 |
| 11 | 17,28 | 19,68 | 24,73 | 24 | 33,20 | 36,42 | 42,98 | 100 | 118,5 | 124,3 | 135,8 |
| 12 | 18,55 | 21,03 | 26,22 | 25 | 34,38 | 37,65 | 44,31 | | | | |
| 13 | 19,81 | 22,36 | 27,69 | 26 | 35,56 | 38,89 | 45,64 | | | | |

## TABLE 3    **Loi Normale *N*(0, 1) :** Valeur de $P(N(0,1) > x)$ en fonction de $x$

| $x$ | 0,00 | 0,01 | 0,02 | 0,03 | 0,04 | 0,05 | 0,06 | 0,07 | 0,08 | 0,09 |
|---|---|---|---|---|---|---|---|---|---|---|
| 0,0 | 0,5000 | 0,4960 | 0,4920 | 0,4880 | 0,4840 | 0,4801 | 0,4761 | 0,4721 | 0,4681 | 0,4641 |
| 0,1 | 0,4602 | 0,4562 | 0,4522 | 0,4483 | 0,4443 | 0,4404 | 0,4364 | 0,4325 | 0,4286 | 0,4247 |
| 0,2 | 0,4207 | 0,4168 | 0,4129 | 0,4090 | 0,4052 | 0,4013 | 0,3974 | 0,3936 | 0,3897 | 0,3859 |
| 0,3 | 0,3821 | 0,3783 | 0,3745 | 0,3707 | 0,3669 | 0,3632 | 0,3594 | 0,3557 | 0,3520 | 0,3483 |
| 0,4 | 0,3446 | 0,3409 | 0,3372 | 0,3336 | 0,3300 | 0,3264 | 0,3228 | 0,3192 | 0,3156 | 0,3121 |
| 0,5 | 0,3085 | 0,3050 | 0,3015 | 0,2981 | 0,2946 | 0,2912 | 0,2877 | 0,2843 | 0,2810 | 0,2776 |
| 0,6 | 0,2743 | 0,2709 | 0,2676 | 0,2643 | 0,2611 | 0,2578 | 0,2546 | 0,2514 | 0,2483 | 0,2451 |
| 0,7 | 0,2420 | 0,2389 | 0,2358 | 0,2327 | 0,2296 | 0,2266 | 0,2236 | 0,2206 | 0,2177 | 0,2148 |
| 0,8 | 0,2119 | 0,2090 | 0,2061 | 0,2033 | 0,2005 | 0,1977 | 0,1949 | 0,1922 | 0,1894 | 0,1867 |
| 0,9 | 0,1841 | 0,1814 | 0,1788 | 0,1762 | 0,1736 | 0,1711 | 0,1685 | 0,1660 | 0,1635 | 0,1611 |
| 1,0 | 0,1587 | 0,1562 | 0,1539 | 0,1515 | 0,1492 | 0,1469 | 0,1446 | 0,1423 | 0,1401 | 0,1379 |
| 1,1 | 0,1357 | 0,1335 | 0,1314 | 0,1292 | 0,1971 | 0,1251 | 0,1230 | 0,1210 | 0,1190 | 0,1170 |
| 1,2 | 0,1151 | 0,1131 | 0,1112 | 0,1093 | 0,1075 | 0,1056 | 0,1038 | 0,1020 | 0,1003 | 0,0985 |
| 1,3 | 0,0968 | 0,0951 | 0,0934 | 0,0918 | 0,0901 | 0,0885 | 0,0869 | 0,0853 | 0,0838 | 0,0823 |
| 1,4 | 0,0808 | 0,0793 | 0,0778 | 0,0764 | 0,0749 | 0,0735 | 0,0721 | 0,0708 | 0,0694 | 0,0681 |
| 1,5 | 0,0668 | 0,0655 | 0,0643 | 0,0630 | 0,0618 | 0,0606 | 0,0594 | 0,0582 | 0,0571 | 0,0559 |
| 1,6 | 0,0548 | 0,0537 | 0,0526 | 0,0516 | 0,0505 | 0,0495 | 0,0485 | 0,0475 | 0,0465 | 0,0455 |
| 1,7 | 0,0446 | 0,0436 | 0,0427 | 0,0418 | 0,0409 | 0,0401 | 0,0392 | 0,0384 | 0,0375 | 0,0367 |
| 1,8 | 0,0359 | 0,0351 | 0,0344 | 0,0336 | 0,0329 | 0,0322 | 0,0314 | 0,0307 | 0,0301 | 0,0294 |
| 1,9 | 0,0287 | 0,0281 | 0,0274 | 0,0268 | 0,0262 | 0,0256 | 0,0250 | 0,0244 | 0,0239 | 0,0233 |
| 2,0 | 0,0228 | 0,0222 | 0,0217 | 0,0212 | 0,0207 | 0,0202 | 0,0197 | 0,0192 | 0,0188 | 0,0183 |
| 2,1 | 0,0179 | 0,0174 | 0,0170 | 0,0166 | 0,0162 | 0,0158 | 0,0154 | 0,0150 | 0,0146 | 0,0143 |
| 2,2 | 0,0139 | 0,0136 | 0,0132 | 0,0129 | 0,0125 | 0,0122 | 0,0119 | 0,0116 | 0,0113 | 0,0110 |
| 2,3 | 0,0107 | 0,0104 | 0,0102 | 0,0099 | 0,0096 | 0,0094 | 0,0091 | 0,0089 | 0,0087 | 0,0084 |
| 2,4 | 0,0082 | 0,0080 | 0,0078 | 0,0075 | 0,0073 | 0,0071 | 0,0069 | 0,0068 | 0,0066 | 0,0064 |
| 2,5 | 0,0062 | 0,0060 | 0,0059 | 0,0057 | 0,0055 | 0,0054 | 0,0052 | 0,0051 | 0,0049 | 0,0048 |
| 2,6 | 0,0047 | 0,0045 | 0,0044 | 0,0043 | 0,0041 | 0,0040 | 0,0039 | 0,0038 | 0,0037 | 0,0036 |
| 2,7 | 0,0035 | 0,0034 | 0,0033 | 0,0032 | 0,0031 | 0,0030 | 0,0029 | 0,0028 | 0,0027 | 0,0026 |
| 2,8 | 0,0026 | 0,0025 | 0,0024 | 0,0023 | 0,0023 | 0,0022 | 0,0021 | 0,0021 | 0,0020 | 0,0019 |
| 2,9 | 0,0019 | 0,0018 | 0,0018 | 0,0017 | 0,0016 | 0,0016 | 0,0015 | 0,0015 | 0,0014 | 0,0014 |
| 3,0 | 0,0013 | 0,0013 | 0,0013 | 0,0012 | 0,0012 | 0,0011 | 0,0011 | 0,0011 | 0,0010 | 0,0010 |
| 3,1 | 0,0010 | 0,0009 | 0,0009 | 0,0009 | 0,0008 | 0,0008 | 0,0008 | 0,0008 | 0,0007 | 0,0007 |
| 3,2 | 0,0007 | 0,0007 | 0,0006 | 0,0006 | 0,0006 | 0,0006 | 0,0006 | 0,0005 | 0,0005 | 0,0005 |
| 3,3 | 0,0005 | 0,0005 | 0,0005 | 0,0004 | 0,0004 | 0,0004 | 0,0004 | 0,0004 | 0,0004 | 0,0003 |
| 3,4 | 0,0003 | 0,0003 | 0,0003 | 0,0003 | 0,0003 | 0,0003 | 0,0003 | 0,0003 | 0,0003 | 0,0002 |
| 3,5 | 0,0002 | 0,0002 | 0,0002 | 0,0002 | 0,0002 | 0,0002 | 0,0002 | 0,0002 | 0,0002 | 0,0002 |
| 3,6 | 0,0002 | 0,0002 | 0,0001 | 0,0001 | 0,0001 | 0,0001 | 0,0001 | 0,0001 | 0,0001 | 0,0001 |
| 3,7 | 0,0001 | 0,0001 | 0,0001 | 0,0001 | 0,0001 | 0,0001 | 0,0001 | 0,0001 | 0,0001 | 0,0001 |
| 3,8 | 0,0001 | 0,0001 | 0,0001 | 0,0001 | 0,0001 | 0,0001 | 0,0001 | 0,0001 | 0,0001 | 0,0001 |
| 3,9 | 0,0000 | 0,0000 | 0,0000 | 0,0000 | 0,0000 | 0,0000 | 0,0000 | 0,0000 | 0,0000 | 0,0000 |

Valeurs spéciales :

$P(N(0,1) > 1{,}282) \simeq 0{,}10$    $P(N(0,1) > 1{,}645) \simeq 0{,}05$    $P(N(0,1) > 1{,}960) \simeq 0{,}025$

$P(N(0,1) > 2{,}326) \simeq 0{,}01$    $P(N(0,1) > 2{,}576) \simeq 0{,}005$    $P(N(0,1) > 3{,}090) \simeq 0{,}001$

## TABLE 4    Loi de Student $t_\nu$

Valeur tabulée : argument en fonction de la probabilité et du nombre de degrés de liberté $\nu$.
$P(t_\nu > c) = \alpha$
$\nu = 1(1)30, 40, 60, 120, \infty$

| $\alpha$ $\nu$ | 0,25 | 0,10 | 0,05 | 0,025 | 0,01 | 0,005 | 0,0025 | 0,001 | 0,0005 |
|---|---|---|---|---|---|---|---|---|---|
| 1 | 1,000 | 3,078 | 6,314 | 12,706 | 31,821 | 63,657 | 127,320 | 318,310 | 636,620 |
| 2 | 0,816 | 1,886 | 2,920 | 4,303 | 6,965 | 9,925 | 14,089 | 22,327 | 31,598 |
| 3 | 0,765 | 1,638 | 2,353 | 3,182 | 4,451 | 5,841 | 7,453 | 10,214 | 12,924 |
| 4 | 0,741 | 1,533 | 2,132 | 2,776 | 3,747 | 4,604 | 5,598 | 7,173 | 8,610 |
| 5 | 0,727 | 1,476 | 2,015 | 2,571 | 3,365 | 4,032 | 4,773 | 5,893 | 6,869 |
| 6 | 0,718 | 1,440 | 1,943 | 2,447 | 3,143 | 3,707 | 4,317 | 5,208 | 5,959 |
| 7 | 0,711 | 1,415 | 1,895 | 2,365 | 2,998 | 3,499 | 4,029 | 4,785 | 5,408 |
| 8 | 0,706 | 1,397 | 1,860 | 2,306 | 2,896 | 3,355 | 3,833 | 4,501 | 5,041 |
| 9 | 0,703 | 1,383 | 1,833 | 2,262 | 2,821 | 3,250 | 3,690 | 4,297 | 4,781 |
| 10 | 0,700 | 1,372 | 1,812 | 2,228 | 2,764 | 3,169 | 3,581 | 4,144 | 4,587 |
| 11 | 0,697 | 1,363 | 1,796 | 2,201 | 2,718 | 3,106 | 3,497 | 4,025 | 4,437 |
| 12 | 0,695 | 1,356 | 1,782 | 2,179 | 2,681 | 3,055 | 3,428 | 3,930 | 4,318 |
| 13 | 0,694 | 1,350 | 1,771 | 2,160 | 2,650 | 3,012 | 3,372 | 3,852 | 4,221 |
| 14 | 0,692 | 1,345 | 1,761 | 2,145 | 2,624 | 2,977 | 3,326 | 3,787 | 4,140 |
| 15 | 0,691 | 1,341 | 1,753 | 2,131 | 2,602 | 2,947 | 3,286 | 3,733 | 4,073 |
| 16 | 0,690 | 1,337 | 1,746 | 2,120 | 2,583 | 2,921 | 3,252 | 3,686 | 4,015 |
| 17 | 0,689 | 1,333 | 1,740 | 2,110 | 2,567 | 2,898 | 3,222 | 3,646 | 3,965 |
| 18 | 0,688 | 1,330 | 1,734 | 2,101 | 2,552 | 2,878 | 3,197 | 3,610 | 3,922 |
| 19 | 0,688 | 1,328 | 1,729 | 2,093 | 2,539 | 2,861 | 3,174 | 3,579 | 3,883 |
| 20 | 0,687 | 1,325 | 1,725 | 2,086 | 2,528 | 2,845 | 3,153 | 3,552 | 3,850 |
| 21 | 0,686 | 1,323 | 1,721 | 2,080 | 2,518 | 2,831 | 3,135 | 3,527 | 3,819 |
| 22 | 0,686 | 1,321 | 1,717 | 2,074 | 2,508 | 2,819 | 3,119 | 3,505 | 3,792 |
| 23 | 0,685 | 1,319 | 1,714 | 2,069 | 2,069 | 2,500 | 2,807 | 3,104 | 3,767 |
| 24 | 0,685 | 1,318 | 1,711 | 2,064 | 2,492 | 2,797 | 3,091 | 3,467 | 3,745 |
| 25 | 0,684 | 1,316 | 1,708 | 2,060 | 2,485 | 2,787 | 3,078 | 3,450 | 3,725 |
| 26 | 0,684 | 1,315 | 1,706 | 2,056 | 2,479 | 2,779 | 3,067 | 3,435 | 3,707 |
| 27 | 0,684 | 1,314 | 1,703 | 2,052 | 2,473 | 2,771 | 3,057 | 3,421 | 3,690 |
| 28 | 0,683 | 1,313 | 1,701 | 2,048 | 2,467 | 2,763 | 3,047 | 3,408 | 3,674 |
| 29 | 0,683 | 1,311 | 1,699 | 2,045 | 2,462 | 2,756 | 3,038 | 3,396 | 3,659 |
| 30 | 0,683 | 1,310 | 1,697 | 2,042 | 2,457 | 2,750 | 3,030 | 3,385 | 3,646 |
| 40 | 0,681 | 1,303 | 1,684 | 2,021 | 2,423 | 2,704 | 2,971 | 3,307 | 3,551 |
| 60 | 0,679 | 1,296 | 1,671 | 2,000 | 2,390 | 2,660 | 2,915 | 3,232 | 3,460 |
| 120 | 0,677 | 1,289 | 1,658 | 1,980 | 2,358 | 2,617 | 2,860 | 3,160 | 3,373 |
| $\infty$ | 0,674 | 1,282 | 1,645 | 1,960 | 2,326 | 2,576 | 2,807 | 3,090 | 3,291 |

Pour les valeurs de $\nu > 30$, $t_\nu \approx N(0, \nu/(\nu - 2))$

# Réponses aux exercices

## CHAPITRE 1

1. Variables quantitatives : a, d, e, f, h, i.

2. c) Le polygone des fréquences présente deux sommets, le premier correspondant à peu près à la taille moyenne des Pygmées, le deuxième à la taille moyenne des Américains.

   d) Il est possible que le polygone des fréquences ait deux sommets, mais il est plus probable, étant donné la faible différence entre les deux sous-populations, qu'il n'en ait qu'un seul.

   e) Étant donné la faible proportion d'oranges gâtées dans le lot, on s'attend à ce qu'un grand nombre des paquets ne contienne aucune orange gâtée. Un certain nombre, assez important, des paquets contiendront une orange gâtée. Peu de paquets auront 2 oranges gâtées, encore moins en auront 3, ..., et très rares seront les paquets avec 12 oranges gâtées. Il est possible, par des moyens qui seront présentés au chapitre 6, de déterminer la distribution théorique de cette variable, c'est-à-dire la *probabilité* qu'un paquet tiré de ce lot contienne 0, 1, ..., 12 oranges gâtées. Voici les probabilités pour les 6 premières valeurs :

| Nombre d'oranges gâtées | 0 | 1 | 2 | 3 | 4 | 5 |
|---|---|---|---|---|---|---|
| Probabilité | 0,540 4 | 0,341 3 | 0,098 8 | 0,017 3 | 0,002 1 | 0,000 2 |

   f) La fréquence des paquets avec « $x$ » oranges gâtées devrait, intuitivement, être maximale lorsque $x = 6$, et devrait diminuer lorsque $x$ s'éloigne de 6. Voici les probabilités pour quelques valeurs :

| Nombre d'oranges gâtées | 0 | 1 | 4 | 6 | 8 | 11 | 12 |
|---|---|---|---|---|---|---|---|
| Probabilité | 0,000 2 | 0,002 9 | 0,120 8 | 0,225 6 | 0,120 8 | 0,002 9 | 0,000 2 |

   g) L'intuition suggère que chaque résultat se réalisera à peu près le même nombre de fois, soit à peu près 6 000 fois.

   j) En général le polygone des fréquences pour ce type de variable est un polygone symétrique en forme de cloche.

6. **a)** $H_0$ : le nombre d'accouchements n'a rien à voir avec le jour de la semaine.

   $H_0$ : les 300 accouchements se distribuent uniformément, c'est-à-dire selon les fréquences $\frac{1}{7}, \frac{1}{7}, \ldots, \frac{1}{7}$.

   **c)** $\chi^2 = \frac{(50-42,86)^2}{42,86} + \ldots + \frac{(35-42,86)^2}{42,86} = 3,29$.

   **d)** $\nu = 6$ ; le point critique est donc 12,59. On ne rejette donc *pas* $H_0$ : l'écart entre les effectifs théoriques et les effectifs observés peut être dû au hasard.

7. $\chi^2 = 4,67$, avec 5 degrés de liberté. Cette valeur n'étant pas supérieure au point critique de 11,07, nous ne pouvons pas conclure que le dé est mal équilibré.

8. $\chi^2 = 22,67$, avec 1 degré de liberté. La probabilité d'avoir un garçon est supérieure à la probabilité d'avoir une fille.

9. Lorsqu'on dit que l'écart est très significatif, on affirme être sûr que la probabilité d'avoir un garçon n'est pas ½. Mais on n'affirme pas que cette probabilité est très éloignée de ½.

10. $\chi^2 = 131$ avec 5 degrés de liberté. Les Orientaux ont des résultats nettement supérieurs à ceux des Américains.

11. $\chi^2 = 46,67$ et nous concluons que le dé est mal équilibré. Cette conclusion contredit celle qui est tiré au numéro 6 avec les mêmes fréquences. Avec 36 lancers, les écarts entre les fréquences observées et les fréquences théoriques peuvent facilement se produire par hasard ; avec 360 lancers, les mêmes écarts sont *très peu probables* avec un dé équilibré.

15. **a)** Bien que ce ne soit pas toujours le sens qu'on lui attribue, le terme « représentatif » sera considéré ici comme synonyme de « tiré au hasard ». L'hypothèse nulle est donc que l'échantillon a été tiré au hasard, auquel cas il devrait comprendre 20 % de blessures mortelles, 30 % de blessures très graves, 30 % de blessures graves et 20 % de blessures « pas graves ».

    **b)** $\chi^2 = 50$. L'échantillon a été mal tiré.

17. Une façon parmi d'autres de procéder : former les classes 10 000–19 999, 20 000–29 999, ..., 90 000–99 999 et compter le nombre de numéros gagnants dans chacune. $\chi^2 = 1,25$ avec 8 degrés de liberté, ce qui n'est pas significatif : on ne peut pas conclure que certaines classes de numéros ont plus de chances de gagner que d'autres. (En fait, la valeur observée de $\chi^2$ est si petite qu'elle éveille de nouveaux soupçons : la distribution est *trop* uniforme.) La même hypothèse peut être testée en comptant le nombre de fois que paraissent chacun des chiffres 0, 1, 2, ..., 9. Les effectifs théoriques sont 28,8 pour le chiffre 0 et 36,8 pour chacun des autres (rappelons que le premier chiffre ne peut pas être 0). Les effectifs observés sont 6, 67, 61, 42, 31, 25, 29, 44, 29 et 26, ce qui donne $\chi^2 = 72,07$. Avec $\nu = 9$, la valeur critique est 16,93. L'hypothèse est donc rejetée.

19. $\chi^2 = 2,05$ avec 1 degré de liberté. Les données sont conformes à l'hypothèse que l'échantillon a été tiré au hasard.

20. $\chi^2 = 22,63$ avec 9 degrés de liberté. Il y a une différence significative entre la population et l'échantillon en ce qui concerne la répartition selon le niveau et le sexe.

21. $\chi^2 = 53,26$ avec 6 degrés de liberté. L'échantillon semble avoir été prélevé d'une manière telle que certains groupes d'âge ont été favorisés par rapport à d'autres. (Le problème soulevé ici est plus complexe qu'il ne paraît. Les chercheurs n'ont pas, en fait, prélevé leur échantillon d'une façon purement aléatoire : ils ont utilisé un mode d'échantillonnage appelé *échantillonnage par grappes*. Ce mode d'échantillonnage n'a pas les mêmes propriétés probabilistes que l'échantillonnage aléatoire simple et on ne peut pas, sans un examen plus approfondi, interpréter le résultat de ce test et expliquer la contradiction entre la conclusion tirée ici et celle du numéro 19.)

22. $\chi^2 = 175,91$, avec 1 degré de liberté. L'échantillon est beaucoup plus scolarisé que la population. (Les auteurs du rapport signalent que leur échantillon a été prélevé en 1978 alors que le recensement date de 1971, et c'est à cela qu'ils attribuent la différence entre les proportions échantillonnales et les proportions de la population. Bien que ce facteur ait sûrement contribué à la différence, il est peu vraisemblable qu'il l'explique entièrement.)

23. a) $\chi^2 = 71,95$ avec 6 degrés de liberté. Certains jours sont plus favorables aux suicides que d'autres.

   b) $\chi^2 = 51,06$ avec 1 degré de liberté. Les suicides sont moins fréquents à l'approche d'un week-end.

   c) $\chi^2 = 1,96$ avec 3 degrés de liberté. La fréquence des suicides semble être la même pour chacun des jours du lundi au jeudi.

   d) $\chi^2 = 20,90$ avec 2 degrés de liberté. Les jours du week-end ne sont pas équivalents les uns aux autres.

24. a) $\chi^2 = 59,38$ avec 4 degrés de liberté. Le taux de défectuosité dépend bel et bien du jour de la semaine.

   b) $\chi^2 = 0,163$ avec 1 degré de liberté. Les taux de défectuosité du lundi et du vendredi sont égaux.

   c) $\chi^2 = 0,59$ avec 2 degrés de liberté. L'hypothèse pourrait bien être vraie.

   d) $\chi^2 = 58,68$ avec 1 degré de liberté. Le taux de défectuosité est inférieur au milieu de la semaine.

25. a) $\chi^2 = 20$ avec 1 degré de liberté. Les lecteurs emploient le détergent A avec une fréquence supérieure à celle de la population générale.

   c) $\chi^2 = 1,43$ avec 3 degrés de liberté. L'analyste saute aux conclusions un peu trop vite.

26. a) $\chi^2 = 27{,}1$ avec 1 degré de liberté. Les absences sont réellement plus fréquentes lundi et vendredi.

b) Les effectifs théoriques sont 129, 80,6, 80,6, 80,6 et 129. $\chi^2 = 0{,}04$. Le patron n'a pas raison de dire qu'il y a des abus.

## CHAPITRE 2

1. a) $\overline{x} = 4{,}25$; médiane = 4; mode = 4.

b) $\overline{x} = 11{,}6$; médiane = 11,2; chaque donnée est un mode.

c) $\overline{x} = 4{,}375$; médiane = 3,35; mode = 2,8.

2. La médiane vaut 22 dans les 3 cas; chaque donnée est un mode.

3. a) $Q_1 = 1$, $Q_2 = 3$, $Q_3 = 9$.

b) $Q_1 = 4$, $Q_2 = 6$, $Q_3 = 8$.

c) $Q_1 = 2$, $Q_2 = 2$, $Q_3 = 12$.

4. a) $Q_1 = 8$, $Q_2 = 16$, $Q_3 = 24$.

b) $\overline{x} = 0$, $Q_1 = -10$, $Q_2 = $ médiane $= 0$, $Q_3 = 10$.

5. Numéro 1 :

a) $s^2 = 2{,}562\,5$; $s = 1{,}600\,78$.

b) $s^2 = 12{,}988\,57$; $s = 3{,}603\,97$.

c) $s^2 = 5{,}269\,375$; $s = 2{,}295\,51$.

Numéro 2 :

a) $s^2 = 2$; $s = 1{,}414\,21$.

b) $s^2 = 44{,}56$; $s = 6{,}675\,33$.

c) $s^2 = 50$; $s = 7{,}071\,07$.

6. $s = 6{,}356\,1$ pour A et $s = 1{,}414\,2$ pour B; A est plus dispersé.

7. $s = 14{,}142\,1$ pour A et $s = 12{,}664\,9$ pour B; A est plus dispersé.

8. $s = 7{,}071\,1$ pour les deux séries.

9. $s = 7{,}071\,068$ pour A et $s = 35{,}355\,3 = 5(7{,}071\,068)$ pour B.

11. Numéro 3 :  a) $E = 8$.  b) $E = 8 - 4 = 4$.  c) $E = 12 - 2 = 10$.
Numéro 4 :  a) $E = 16$.  b) $E = 20$.

16. $S_X = 1{,}612\,5$; $S_Y = 1{,}095\,4$.

17. $\overline{x} = 2{,}8$, $\overline{x^2} = 9{,}2$, $s^2 = \overline{x^2} - \overline{x}^2 = 9{,}2 - (2{,}8)^2 = 1{,}36$; $s = 1{,}166\,2$. Le mode est 2; la médiane est la moyenne arithmétique des nombres 2 et 3, soit 2,5.

**18. a)** $E = Q_3 - Q_1 = 9 - 5 = 4.$    **b)** $E = Q_3 - Q_1 \cong 16,9 - 5,4 = 11,5.$

**21.** Soit $X$ la température en degrés Celsius. On a $\overline{x} = 18$ et $s_x^2 = 25$. Si $Y$ est la température en degrés Fahrenheit, alors $Y = 32 + \frac{9}{5}X$. Donc $\overline{y} = 32 + \frac{9}{5}\overline{x} = 32 + \frac{9}{5}(18) = 64,4$ et $s_x^2 = \left(\frac{9}{5}\right)^2 s_x^2 = \left(\frac{9}{5}\right)^2(25) = 81.$

**22.** $Z = 1.$

**23.** $\overline{x} = 8, s = 2$. Les cinq cotes $Z$ sont donc $-1,5, -0,5, 0, 0,5$ et $1,5$. Ces cinq nombres ont, comme il se doit, une moyenne de zéro et une variance 1.

**24.** Votre cote $Z$ est 2,4. La proportion de la population dont la cote $Z$ est, en valeur absolue, supérieure à 2,4 est au maximum $\frac{1}{(2,4)^2} = 0,173\,61$ ce qui, dans une population de $100\,000$ représente $17\,361$ personnes.

**26.** Si on prend la pondération basée sur des effectifs de 53, 70, 135, 350, on obtient une moyenne de $14\,811\,\$$ pour X et de $15\,367\,\$$ pour Y.

**28.** Pour janvier, $2,564\,6$; pour juillet, $1,020\,9$.

**29.** Mode = 1; médiane = 1.

**30.** a), b) et c) sont fausses; contre-exemple : 1, 2, 2, 3; d) et e) sont vraies.

**31. a)** Mode = 2; médiane = 3.

   **b)** Médiane = 3; le mode est probablement égal à 2, mais il est possible, quoique peu probable, qu'il soit égal à 4 ou à 5.

**32.** Les températures à Montréal varient beaucoup plus.

**33.** Le marché A a probablement des dépenses plus élevées.

**34.** La variance est nulle; l'écart-type aussi.

**35.** Si l'écart-type de la population est 1, un score de 65 est impressionnant car il y a au plus 4 % de la population avec un score aussi éloigné de la moyenne. Si l'écart-type de la population est 20, un score de 65 est assez banal.

**36.** Moyenne = $29\,820$; Mediane $\cong 29\,373$; $s = 14\,436$; $Q_1 = 17\,677$; $Q_3 = 40\,815$; $E = 23\,138.$

**37.** L'écart-type de $X$ est plus grand.

**38.** L'écart-type dépend de l'unité de mesure. Si, par exemple, $X$ est la taille en pouces et $Y$ la taille en centimètres, alors $Y = 2,54X$ et $S_Y = 2,54 S_X$. La cote $Z$, par contre, reste inchangée.

**39.** A est mieux situé par rapport à sa classe que B par rapport à la sienne.

**40.** Celui qui a eu 80 à l'intra a un meilleur résultat global.

**41.** Il serait raisonnable d'attribuer la baisse des recettes aux travaux municipaux car une cote $Z$ de $-5$ est très significative.

**42.** La proportion de bons rouleaux rejetés sera au maximum de 11,11 %.

**43.** 1 398 852,50 $.

**44.** a) Pour les hommes : 9,832 2 ; pour les femmes : 5,837 3.

b) La différence 9,832 2 − 5,837 3 = 3,994 9 n'est pas attribuable à une différence d'âge. L'âge joue en faveur des hommes.

**45.** a) Hommes : 7 111 $ ; femmes : 3 864 $. Différence : 3 247 $.

b) Hommes : 6 920 $ ; femmes : 4 125 $. La différence 6 920 − 4 125 = 2 795 $ ne peut être attribuée qu'à une différence de traitements, et non au fait que les femmes ont travaillé moins.

**46.** a) Pour chaque tranche de revenu, le contribuable a payé moins en 1974 qu'en 1973.

b) Impôt moyen par contribuable : 1 057 $ en 1973 et 1 198 $ en 1974.

## CHAPITRE 3

**1.** a) vrai.   b) vrai.

c) faux : 9,9 % étaient des garçons *et* avaient un poids moyen.

d) vrai.

e) faux 12,8 % des bébés étaient des filles *et* avaient un poids moyen ; 56,3 % $\left(= \frac{0,129}{0,229}\right)$ des bébés de poids moyen étaient des filles.

**2.** b)

| X | Inférieur à 100 | Supérieur ou égal à 100 | Total |
|---|---|---|---|
| Français | 0,150 | 0,183 | 0,333 |
| Anglais | 0,225 | 0,275 | 0,500 |
| Autres | 0,075 | 0,092 | 0,167 |
| Total | 0,450 | 0,550 | 1,000 |

On vérifie que la fréquence d'une case est égale au produit de la fréquence totale de la ligne par la fréquence totale de la colonne. Par exemple, 0,150 = 0,333 × 0,450 ; 0,183 = 0,333 × 0,550, etc.

**3.** a) Distribution marginale de l'âge de la mère :

| Âge | Âge de la mère | | | | TOTAL |
|---|---|---|---|---|---|
| | 19 et moins | De 20 à 24 | De 25 à 29 | 30 et plus | |
| Fréquence | 0,116 | 0,356 | 0,312 | 0,216 | 1,000 |

c) Distributions conditionnelles de l'âge de la mère :

| Sexe | Âge de la mère | | | | TOTAL |
|---|---|---|---|---|---|
| | 19 et moins | De 20 à 24 | De 25 à 29 | 30 et plus | |
| Masculin | 0,117 | 0,356 | 0,312 | 0,216 | 1,001 |
| Féminin | 0,115 | 0,356 | 0,312 | 0,216 | 1,000 |
| Tous | 0,116 | 0,356 | 0,312 | 0,216 | 1,000 |

5. Distributions conditionnelles de la religion de l'épouse

| X : religion de l'époux | Y : religion de l'épouse | | | | TOTAL |
|---|---|---|---|---|---|
| | Anglicane | Baptiste | Catholique | Église Unie | |
| Anglicane | 0,421 | 0,039 | 0,329 | 0,211 | 1,000 |
| Baptiste | 0,120 | 0,510 | 0,216 | 0,154 | 1,000 |
| Catholique | 0,123 | 0,024 | 0,707 | 0,146 | 1,000 |
| Église Unie | 0,149 | 0,031 | 0,281 | 0,538 | 0,999 |

On voit bien que les distributions conditionnelles sont très différentes les unes des autres.

7. a) L'emballage rouge attire les acheteurs, mais seulement lorsque le produit est étalé au niveau des yeux.

b) Quelle que soit la couleur de l'emballage, l'emplacement a un effet sur les ventes. Mais l'effet de l'emplacement est plus marqué lorsque l'emballage est rouge.

8. Pour chaque tableau on peut calculer le pourcentage de femmes bien rémunérées (avec un salaire $\geq$ 30 000 \$) et le pourcentage d'hommes bien rémunérés.

a) Les femmes sont favorisées dans les emplois techniques (80 % sont bien rémunérées comparé à 45 % pour les hommes); elles sont défavorisées dans les emplois administratifs (57 % pour les femmes, 85 % pour les hommes). Lorsqu'on rassemble les deux tableaux, on constate que les femmes ne sont ni favorisées ni défavorisées (67 % pour les hommes et pour les femmes).

b) Les femmes sont favorisées et dans les emplois techniques et dans les emplois administratifs. Globalement, elles ne sont ni favorisées, ni défavorisées.

c) Les femmes sont favorisées dans les deux catégories, mais globalement elles sont *défavorisées*. La raison est qu'elles sont faiblement représentées dans les emplois administratifs où les salaires sont élevés.

9. $\chi^2$ = 33 289. Cette valeur énorme est due en partie à la grande taille de l'échantillon et en partie à la très forte dépendance entre la religion de l'époux et celle de l'épouse.

10. $\chi^2 = 306,65$ avec 6 degrés de liberté. Le taux de mortinatalité dépend de l'âge de la mère (Le taux croît avec l'âge, sauf pour les mères très jeunes (moins de 20 ans), pour qui le taux est supérieur à celui des femmes de 20 à 29 ans).

12. a) Voici le tableau des distributions conditionnelles :

| Niveau | Classe | | | TOTAL |
|---|---|---|---|---|
| | Supérieure | Intermédiaire | Inférieure | |
| Élémentaire | 0,078 | 0,281 | 0,642 | 1,001 |
| Secondaire | 0,107 | 0,309 | 0,584 | 1,000 |
| Collégial | 0,130 | 0,352 | 0,518 | 1,000 |

L'intention est sans doute de faire remarquer que, par exemple, on trouve plus de personnes de classe supérieure au collégial qu'au secondaire ou à l'élémentaire.

b) Hypothèse nulle : le phénomène « drop-out » ne touche pas les enfants d'une classe plus que ceux d'une autre. Si cette hypothèse est vraie, il est raisonnable de supposer que la distribution des enfants selon la classe sociale est la même à tous les niveaux. $\chi^2 = 22,62$, avec 4 degrés de liberté. Ceci étant significatif, nous pouvons conclure que la distribution de la classe sociale varie selon le niveau : en général, il y a relativement moins d'élèves de classe sociale inférieure aux niveaux élevés.

13. a) Le taux de renouvellement a été de $21\,749/(21\,749 + 21\,071) = 50,8\,\%$ en janvier et de $4\,733/(4\,733 + 2\,155) = 68,7\,\%$ en février. Donc il y a une amélioration dans le taux de renouvellement.

b) Voici les taux de renouvellement pour chaque catégorie. Catégorie A : janvier, 81,2 %; février, 79,6 %. Catégorie B : janvier, 78,9 %; février, 76 %. Catégorie C : janvier, 20,8 %; février, 14,1 %. Dans chaque catégorie il y a eu une baisse dans le taux de renouvellement alors que globalement il y a eu une hausse. Cette hausse globale est due surtout à une diminution disproportionnée d'abonnements dans la catégorie C, une catégorie où le taux de renouvellement est particulièrement bas.

14. a) $\chi^2 = 43,71$ avec 2 degrés de liberté. Il y a des différences entre les trois groupes.

b) $\chi^2 = 17,77$ avec 1 degré de liberté. Ceux d'origine anglaise sont plus souvent bilingues.

15. SAVON A : $\chi^2 = 0,128$ avec 1 degré de liberté. Les annonces ne semblent pas avoir d'effet.

CÉRÉALES B : $\chi^2 = 2,36$ avec 1 degré de liberté. Les annonces ne semblent pas avoir d'effet.

DINER CONGELÉ C : $\chi^2 = 4,09$, avec 1 degré de liberté. Les annonces ont un effet : ceux qui voient les annonces sont plus portés à acheter le dîner congelé.

La proportion d'acheteurs du produit a été de 1,5 % pour le groupe témoin et 3 % pour le groupe expérimental. La différence entre les deux est petite et n'aurait pas été trouvée significative avec un échantillon plus petit. Par exemple, si ces mêmes proportions avaient été observées avec des échantillons de 600, la valeur de $\chi^2$ aurait été $\chi^2 = 3,07$, ce qui n'est pas significatif.

16. ÉTAT MATRIMONIAL : $\chi^2 = 2,85$, non significatif. Les lecteurs ne semblent pas être plus nombreux ou moins nombreux parmi les personnes mariées.

SCOLARITÉ : $\chi^2 = 3,09$, non significatif. La tendance à lire les annonce ne semblent pas dépendre du niveau de scolarité.

SEXE : $\chi^2 = 55,12$, ce qui est très significatif. Les annonces publicitaires sont plus lues pas les hommes que par les femmes.

TAILLE DE LA FAMILLE : $\chi^2 = 0,453$. Le pourcentage de lecteurs est le même, quelle que soit la taille de leur famille.

17. $\chi^2 = 130$ avec 5 degrés de liberté. Les Orientaux ont des scores généralement plus élevés.

18. Réglementation de la presse : $\chi^2 = 68,18$; bibliothèques : $\chi^2 = 34,46$; télévision : $\chi^2 = 30,970$. Le nombre de degrés de liberté est 3 dans chaque cas. Les fondamentalistes ont tendance à favoriser la réglementation des journaux, le contrôle des livres dans les bibliothèques et celui des sujets traités à la télévision.

19. a) $\chi^2 = 80,73$ avec 1 degré de liberté. Le pourcentage de gens bilingues est nettement supérieur parmi ceux qui viennent de pays anglophones.

b) $\chi^2 = 85,05$ avec 2 degrés de liberté. Le fait d'être bilingue ou pas dépend du lieu de naissance.

20. b) $\chi^2 = 0,79$ lorsque l'échantillon est de taille 100 et $\chi^2 = 7,9$ lorsqu'il est de taille 1 000. Pourtant le degré de dépendance est le même. La dépendance relativement faible observée dans l'échantillon peut être attribuée au hasard lorsque l'échantillon est petit mais pas lorsqu'il est grand.

21. a) $\chi^2 = 148,65$ avec 2 degrés de liberté. Les distributions conditionnelles du statut du diplômé révèlent que le pourcentage de diplômés aux études est de 6,4 % parmi ceux dont le père n'a pas dépassé le secondaire et 12,1 % parmi ceux dont le père a dépassé le secondaire.

b) $\chi^2 = 3,66$ avec 1 degré de liberté. Ce n'est pas significatif. Il semble donc que le résultat significatif en a) réflète essentiellement le fait que le pourcentage de diplômés *aux études* n'est pas le même dans les deux groupes.

22. a) $\chi^2 = 3\,764,38$ avec 3 degrés de liberté. La probabilité qu'un homme épouse une coreligionnaire dépend fortement de la religion.

b) $\chi^2 = 6,73$ avec 1 degré de liberté. La proportion de femmes baptistes qui épousent des coreligionnaires est supérieure à 50 %.

c) $\chi^2 = 1,814$ avec 1 degré de liberté ; nous ne pourrons donc pas rejeter l'hypothèse.

23. Les distributions conditionnelles de $Y$ étant donné les valeurs de $X$ sont données dans le tableau suivant :

| X \ Y | A | B | C | TOTAL |
|---|---|---|---|---|
| 5–9 | 0,522 | 0,403 | 0,075 | 1,000 |
| 10–49 | 0,450 | 0,302 | 0,248 | 1,000 |
| 50+ | 0,516 | 0,172 | 0,312 | 1,000 |

Les compagnies de toutes tailles ont des problèmes de marché. Environ 50 % ont fermé leurs portes pour cette raison. Pour les petites compagnies, les problèmes financiers sont sérieux et les problèmes d'opération ne le sont pas. Pour les grandes compagnies, c'est le contraire. Le test du $\chi^2$ poserait ici quelques problèmes d'interprétation : de quelle population ces compagnies sont-elles un échantillon ?

24. $\chi^2 = 35,147$ avec 1 degré de liberté. Les choses ont changé entre 1974 et 1984 : significativement moins d'hommes baptistes, en 1984, ont épousé des non coreligionnaires.

25. a) $\chi^2 = 431,16$ avec 4 degrés de liberté. Les francophones ont le plus grand pourcentage de diplômés aux études ; les anglophones ont le plus grand pourcentage au travail ; et les allophones ont le plus grand pourcentage d'inactifs ou au chômage.

b) $\chi^2 = 95,50$ avec 2 degrés de liberté. On rejette l'hypothèse.

26. $\chi^2 = 5,29$ avec 1 degré de liberté. Il semble bien qu'il y ait une relation entre le type de prix gagné et le fait d'être premier-né.

27. a) $\chi^2 = 17,71$ avec 4 degrés de liberté ; ce qui est significatif. En gros, ceux qui ont une scolarité élevée ont une forte tendance à être en faveur de l'avortement.

b) Pour les catholiques, $\chi^2 = 4,76$ avec 4 degrés de liberté, ce qui n'est pas significatif. Pour les protestants, $\chi^2 = 16,82$, ce qui est significatif. La scolarité n'a pas d'effet sur les opinions des catholiques mais elle a un effet sur les opinions des protestants.

28. a) $\chi^2 = 1,35$ avec 1 degré de liberté. Il n'y a aucune évidence d'une relation entre le cancer et le sommeil.

    b) $\chi^2 = 16,37$ avec 1 degré de liberté. Ceux qui souffrent de maladies de cœur ont du mal à s'endormir.

29. a) $\chi^2 = 10,85$, avec 2 degrés de liberté. Les faiblement scolarisés vont plus souvent au Québec et moins souvent à l'extérieur du continent.

    b) Oui. Les faiblement scolarisés ont généralement un revenu plus faible, et il est possible que ce soit le revenu faible et non la scolarité faible qui explique pourquoi ils ont tendance à rester au Québec.

    c) Il faudrait prélever des données assez nombreuses pour pouvoir dresser un tableau comme celui qui est donné dans l'exercice, pour chaque niveau de revenu ; et un tableau qui montre le lien entre la direction prise et le revenu, pour chaque niveau de scolarité. Voici des tableaux fictifs qui illustrent ce phénomène :

Revenus faibles :

| Scolarité | Direction prise | | | TOTAL |
| | Québec | Reste du Canada et continent américain | Hors continent | |
|---|---|---|---|---|
| 0–11 ans | 150 | 75 | 25 | 250 |
| 12 ans+ | 150 | 75 | 25 | 250 |
| TOTAL | 300 | 150 | 50 | 500 |

Revenus élevés :

| Scolarité | Direction prise | | | TOTAL |
| | Québec | Reste du Canada et continent américain | Hors continent | |
|---|---|---|---|---|
| 0–11 ans | 20 | 40 | 40 | 100 |
| 12 ans+ | 80 | 160 | 160 | 400 |
| TOTAL | 100 | 200 | 200 | 500 |

Lorsqu'on rassemble les deux tableaux on trouve qu'il y a une dépendance entre la scolarité et la direction prise.

30. $\chi^2 = 2{,}192\,68$ avec 1 degré de liberté (test d'indépendance).

    $\chi^2 = 2{,}192\,99$ avec 1 degré de liberté (test d'ajustement).

31. **a)** Cette procédure teste correctement l'hypothése qu'Arthur a une chance sur 2 de faire une bonne prédiction. La conclusion du test est qu'Arthur a *plus* d'une chance sur 2 de faire une bonne prédiction. Mais il est incorrect de conclure de là qu'il a des capacités particulières de prévision du temps. Son taux élevé de succès vient du fait qu'il a tendance à prédire de la pluie souvent et qu'il vit dans un pays où il peut souvent.

**b)** Le test correct est basé sur le tableau suivant :

| Température | De la pluie a été prédite | Du beau temps a été prédit | TOTAL |
|---|---|---|---|
| Il pleut | 70 | 30 | 100 |
| Il fait beau | 30 | 20 | 50 |
| Total | 100 | 50 | 150 |

$\chi^2 = 1,5$. Il pleut aussi souvent lorsqu'Arthur prédit de la pluie que lorsqu'il prédit du beau temps.

32. Parmi les scientifiques : 170 ; parmi les autres : 130.

33. **a)** L'énoncé formel du problème traité au numéro 17 est le suivant : on dispose d'un échantillon de chacune de deux populations (les Orientaux et les Blancs), et on veut tester l'hypothèse que la distribution d'une certaine variable (le score au SAT) est la même dans les deux populations. C'est le test d'indépendance qui s'applique et qui est utilisé correctement au numéro 17. Le test décrit dans ce numéro et traité au chapitre 1, s'emploie dans les circonstances suivantes : on dispose d'un échantillon issu d'une certaine population (un échantillon d'Orientaux issu d'une population d'Orientaux) et on veut tester l'hypothèse que la distribution dans la population est donée par certaines fréquences $f_1$, $f_2$, ..., $f_6$ (en l'occurrence, 0,045, 0,172, ..., 0,020). Le test décrit ici ne s'applique donc que si ces fréquences sont vraiment celles auxquelles on veut comparer celles des Orientaux. Mais ce n'est pas le cas, car on ne veut pas comparer les fréquences des Orientaux à celles des seuls 502 990 Blancs ; on veut les comparer aux fréquences réelles des Blancs de la *population*, et celles-ci ne sont pas connues. Elles sont *estimées* par les fréquences observées dans l'échantillon.

**b)** $\chi^2 = 131,6$, une valeur très proche de la valeur obtenue au numéro 17. Dans la procédure décrite ici, nous comparons la distribution des Orientaux à une distribution supposée connue. Au numéro 17, nous la comparons à une distribution qui doit être estimée. Mais l'échantillon des Blancs étant très grand, la distribution estimée est trés proche de la distribution réelle et les deux procédures sont alors très semblables.

**34. a)** $\chi^2 = 8,08$ avec 1 degré de liberté ; il y a une différence.

    **b)** $\chi^2 = 1$ : les buveurs de B ne semblent pas faire la différence.

    **c)** $\chi^2 = 9$ : les buveurs de A *font* la différence.

    **d)** $\chi^2 = 2,083\ 3$ : il n'y a pas de différence significative entre les buveurs de A et ceux de B.

## CHAPITRE 4

**1. a)** 26.  **b)** 42.  **c)** 6,87.  La droite des moindres carrés est $y = 3,1 + 1,15x$, et pour cette droite $D = 6,41$.

**2.** $y = 14,45 - 0,71x$

**3.** La droite est horizontale : pour tout $x$, $y = 6$.

**4.** Lorsque $n = 2$, il existe une droite qui passe par les deux points, et c'est nécessairement la droite des moindres carrés, puisque dans ce cas $D = 0$ et que c'est la plus petite valeur possible de $D$.

**5.** La droite des moindres carrés est $y = 2,733 + 2,886x$. Les $\hat{y}_i$ sont, dans l'ordre, 5,619, 8,505, 11,390, 14,276, 17,162, 20,048. Les $y_i - \hat{y}_i$ sont 0,381, 0,495, $-1,390$, 0,724, $-1,162$, 0,952. Leur somme est $\Sigma(y_i - \hat{y}_i) = 0$ et $\Sigma(y_i - \hat{y}_i)^2 = 5,103$. On peut démontrer que l'égalité $\Sigma(y_i - \hat{y}_i) = 0$ est toujours vraie.

**6. a)** Les points du nuage sont tous alignés le long d'une droite.

    **b)** La droite est $y = 3 + 0,5x$. Il n'est pas nécessaire d'employer le principe des moindres carrés ici. Il suffit de choisir 2 des 10 points et de déterminer la droite qui passe par les 2 points, en utilisant les méthodes de la géométrie analytique.

    **c)** L'équation correspond à la structure tarifaire typique des taxis : un montant fixe, plus tant du kilomètre. Ici le montant fixe est 3 \$, et le taux par km est de 0,50 \$.

**7.** On n'obtient pas la même droite en général. La droite des moindres carrés minimise la somme des carrés des distances *verticales* $|y_i - \hat{y}_i|$ ; l'écart $|y_i - \hat{y}_i|$ représente l'erreur commise lorsqu'on estime $y_i$ par $\hat{y}_i$. Si on interchange $X$ et $Y$, on se trouve à minimiser la somme des carrés des distances horizontales, c'est-à-dire les erreurs commises en estimant les $x$ à partir des $y$.

**8.** $y = -7,10 + 1,13(5) = -1,45$. Une note négative ne peut pas être considérée comme une estimation raisonnable. Le modèle que nous avons adopté, qui suppose que $Y$ est liée à $X$ par une équation linéaire n'est pas correct à l'extérieur d'un certain intervalle des valeurs de $X$.

9. $r = -0,96$.

10. Le coefficient vaut 1 ou $-1$, car la droite des moindres carrés passera forcément par les 2 points.

11. Puisque tous les points sont sur la droite, le coefficient de corrélation vaut 1.

12. Les variables sont visiblement dépendantes. Mais $r = 0$. La dépendance n'est *pas linéaire*.

13. Les valeurs de $2 + 4x$ sont : 6, 22, 34, 46 ; et les valeurs de $30 + 2y$ sont : 56, 54, 48, 42. Le coefficient de corrélation est $r = -0,96$, la même valeur qu'avec les données originales (exercice 9).

14. Si on échange $X$ et $Y$ dans la formule, on obtient la même formule. Donc le coefficient de corrélation ne change pas.

15. L'échantillon $\{(1,3),(2,2),(3,1)\}$ donnera $r = -1$ ;

    L'échantillon $\{(1,1),(2,2),(3,3)\}$ donnera $r = 1$ ;

    L'échantillon $\{(1,1),(2,2),(3,1)\}$ donnera $r = 0$ ;

    L'échantillon $\{(1,1),(2,3),(3,3)\}$ donnera $r = 0,87$.

    Dans la population, le coefficient de corrélation vaut $r = 0$.

16. a) $Z = 0,53$.   a) $Z = 1,08$.   c) $Z = 1,66$.

    d) $Z = 2,31$.   e) $Z = -1,08$.   f) $Z = -3,06$.

    Si nous prenons $|Z| = 2$ comme point critique, on peut déclarer que les variables sont réellement dépendantes seulement dans les cas d) et f).

17. a) $Z = 0,76$.   b) $Z = 1,57$.   c) $Z = 1,85$.   d) $Z = 2,31$.   On peut conclure que les variables sont dépendantes seulement dans le dernier cas.

18. a) Puisque c'est la scolarité qui peut avoir une influence sur les habitudes de lecture, et non l'inverse, nous prenons $X$ = scolarité et $Y$ = nombre de revues ou livres.

    b) $r = 0,902$.   c) $y = -3,28 + 0,588x$.

    d) $Z = 8,1$, ce qui est très significatif. Nous concluons que le nombre de revues et livres lus dépend de la scolarité.

19. a) $r = 0,904$.   b) $y = 6,7 + 1,65x$.

    c) $\hat{y} = 6,7 + 1,65(4) = 13,3$ L/100 km.

20. a) $r = -0,88$.   b) $y = 10,99 - 0,017x$.

21. a) $r = 0,998$.   b) $y = -193,48 + 871,7x$.   c) $\hat{y} = -193,48 + 871,7(1,00) = 678$.

22. **a)** $r = 0,624$.   **b)** $y = -2,32 + 2,25x$.   **c)** $\hat{y} = -2,32 + 2,25(118) = 263$.

   **d)** Le nombre de plantules ne peut pas croître indéfiniment.

23. **a)** $r = 0,737$.   **b)** $y = 217,47 + 0,777x$.   **c)** $Z = 4,37$.   Il semble bien y avoir une corrélation entre le poids et le taux de cholestérol.

24. **a)** $r = 0,897$; $Z = 10,76$. Il semble y avoir une forte corrélation entre l'aptitude verbale et les ventes.

   **b)** Pour chaque groupe, le coefficient de corrélation est nul. Il ne semble donc pas y avoir de relation de cause à effet entre l'aptitude verbale et les ventes. Mais l'âge a une influence sur l'aptitude verbale et, parce qu'il a une relation avec l'ancienneté, il a aussi une influence sur les ventes. C'est cette influence de l'âge sur l'aptitude verbale et sur les ventes qui fait que ces deux dernières variables sont liées.

25. La droite des moindres carrés est $y = -14 + 1,3x$ pour le groupe A et $y = -29 + 1,2x$ pour le groupe B. Considérons un étudiant moyen, avec une note $X = 60$. Sa note en calcul est estimée par $\hat{y} = -14 + 1,3(60) = 64$ s'il a suivi les cours de rattrapage; et par $\hat{y} = -29 + 1,2(60) = 43$ s'il n'a pas suivi ce cours. On s'attend donc à ce qu'il ait une meilleure note en calcul s'il a suivi le cours de rattrapage. Ce cours est donc utile.

26. **a)** $r = 0,67$.

   **b)** $y = 65,73 + 0,067x$; 65,73 \$ devrait être à peu près le minimum que dépenserait toute famille, quel que soit son revenu. Après ce minimum, elles dépensent 6,7 % de leurs revenus pour la nourriture.

   **c)** **i)** 75,78 \$.   **ii)** 99,23 \$.

   **d)** **i)** 46,31 \$.   **ii)** 154,36 \$. Les familles ne dépensent pas une proportion fixe de leurs revenus pour la nourriture. Les familles riches dépensent proportionnellement moins et les familles pauvres proportionnellement plus.

   **e)** Si le revenu est 5 000 \$, la droite de régression donne $\hat{y} = 65,73 + 0,067(5\,000) = 400,73$ \$, ce qui est excessif. La droite est un modèle acceptable seulement pour un certain intervalle de valeurs de $X$.

   **f)** $Z = 3,25$. On peut affirmer qu'il y a une relation entre les deux variables.

27. $r = 0,807$, $r^2 = 0,65$. Certains interprètent ce pourcentage en disant que l'aptitude en question est héréditaire à 65 %.

28. $b = 225\,09/243\,81 = 0,923$. Au numéro 27 on aurait trouvé $b = 0,834$ et $a = 2,44$. C'est rare qu'on se permette de poser $a = 0$.

29. **b)** $b' = -0,204\,8$, $a' = -2,315\,8$.

   **c)** $a = e^{a'} = 0,098\,7$, $b = -b' = 0,204\,8$.

   **d)** $y = 0,098\,7e^{-0,204\,8(2,25)} = 0,062$.

30. $b = 2,393\,8$. L'équation est $y = x^{2,393\,8}$.

31. $\overline{xy} = 559\,102/436 = 1\,282,344$; $\overline{x} = 6\,868/436$; $\overline{y} = 33\,726/436$; $\overline{x^2} = 139\,080/436$; $b = 0,901\,2$, $a = 63,16$.

32. On peut tenter l'explication suivante : il n'y a pas vraiment de dépendance entre les deux variables. La corrélation positive observée est l'effet d'une troisième variable, l'âge, qui agit simultanément sur les deux. Les moins jeunes ont une dextérité manuelle *et* une aptitude mentale plus développées. Cette explication est vraisemblable mais pas certaine, car la corrélation calculée dans chaque classe est basée sur un nombre trop petit d'observations.

33. Il suffit de remarquer la forme du nuage de points formé de ceux pourlesquels le score est supérieur ou égal à 50 — beaucoup moins bien alignés. Si les candidats qui se présentent ont des scores qui parcourent la gamme entière, alors le score au test sera un critère de sélection utile — comme l'indique le coefficient de corrélation de 0,95, et plus que ne laisse croire le coefficient de 0,46.

34. La scolarité a un effet positif sur le libéralisme, mais cettedépendance s'estompe sous l'effet d'une troisième variable, la classe sociale. La classe ouvrière a tendance à être plus libérale, mais moins scolariée. L'effet de classe — accroissement du niveau de libéralisme — est effacé par l'effet de la faible scolarité — *baisse* du niveau de libéralisme.

35. a) Pour les femmes, $\overline{y} = 5,17$; pour les hommes, $\overline{y} = 5,82$, une différence de 650 $, plus petite que pour les moyennes non ajustées. Donc même si l'on tient compte de leur niveau de scolarité inférieur, les femmes demeurent moins bien payées.

b) Pour les femmes, $\overline{y} = 5,12$; pour les hommes $\overline{y} = 6,00$; une différence de 880 $, plus grande que la différence de 818 entre les moyennes non ajustées. Si les femmes n'avaient pas eu l'avantage d'avoir été engagées plus tard, elles auraient eu un salaire inférieur de 880 $ à celui des hommes.

c) Pour les femmes, $\overline{y} = 4,927 + 0,002\,1(100,93) = 5,14$; pour les hommes, on peut s'en tenir à la moyenne non ajustées de 5,96, où calculer $\overline{y} = 5,964 - 0,000\,1(100,93) = 5,95$. Tout porte à croire que l'expérience ne joue pas un rôle important dans la détermination du salaire initial des hommes.

d) La droite de régression pour les femmes est plus élevée que pour les hommes à gauche du point $x = 3,74$. On ne doit pas attribuer trop de signification à la droite de régression des valeurs de $x$ trop éloignées de celles qu'on trouve dans l'échantillon. Donc, il demeure vrai que pour une scolarité donnée, les hommes sont mieux payés que les femmes.

e) Pour les femmes, $\overline{y} = 5,16$; pour les hommes, 5,86. Si les femmes et les hommes avaient eu une scolarité moyenne de 12,51 et une date d'engagement de 16,72, leurs salaires moyens auraient été de 5 160 $ et 5 860 $, respectivement. La différence de 700 $ ne peut être expliquée ni par la différence de scolarité ni par la date d'engagement.

## CHAPITRE 5

1. **a)** {(PPPP), (PPPF), (PPFP), (PFPP), (FPPP), (PPFF), (PFPF), (PFFP), (FPPF), (FPFP), (FFPP), (PFFF), (FPFF), (FFPF), (FFFP), (FFFF)}.

   **b)** {Libéral, Conservateur, NPD, autre réponse ou pas de réponse}.

   **c)** L'ensemble des nombres réels dans un intervalle raisonnable, par exemple, tous les nombres réels entre $-30$ et 45.

   **d)** L'ensemble décrit en c) pourrait convenir.

   **e)** {3, 4, 5, 6, 7, 8, 9, 10, 11, 12, 13, 14, 15, 16, 17, 18}.

   **f)** {0, 1, 2, 3, 4, 5, 6, 7, 8, 9, 10}.

   **g)** {Urbain, Rural}.

2. **a)** **i)** La personne choisie est en faveur de la peine de mort pour le meurtre d'un policier mais pas pour tout meurtre.

   **iii)** $D \cup E = \Omega$.

   **b)** $C \subseteq A$.

3. **a)** Non. La balle de golf étant plus grande qu'une bille, on a sûrement $P(b) > P(j) = P(v)$.

   **b)** **i)** Vrai.   **ii)** $P(b)$ ne peut pas être égal à 1 à moins que $P(j) = P(v) = 0$. **iii)** Nécessairement vrai.   **iv)** Faux.   **v)** Faux.   **vi)** Nécessairement vrai, si on admet que $P(v) = P(j)$.

4. **a)** et **b)** sont inacceptables parce que la somme des probabilités de tous les résultats n'est pas égale à 1; **c)** est acceptable; **d)** est inacceptable car l'une des probabilités est négative.

5. $A \cup B = \Omega$, l'événement certain.

   $A \cap C$ : la personne choisie est une fille aux yeux bleus.

   $A^c$ : la personne choisie n'est pas une fille. $A^c = B$.

   $C \cap D$ : la personne choisie a les yeux bleus et les cheveux blonds.

   $C^c \cap D$ : la personne choisie a les cheveux blonds mais pas les yeux bleus.

   $A \cap C \cap D$ : la personne choisie est une fille aux yeux bleus et aux cheveux blonds.

   $A - C$ : la personne choisie est une fille qui n'a pas les yeux bleus.

   $D - C$ : la personne choisie a les cheveux blonds mais pas les yeux bleus; $D - C = C^c \cap D$.

   $D - B$ : la personne choisie est une fille aux cheveux blonds.

6. **a)** 0,1.  **b)** 0,9.  **c)** 0,4.

7. **a)** 0,3.  **b)** 0,2.  **c)** 0,6.

8. $P(F) = 0,5$; $P(D) = 0,9$; $P(F \cup G) = 0,57$; $P(F \cap D) = 0,47$.

9. **a)** $A$ et $B$ sont incompatibles et dépendants.

   **b)** $A$ et $B$ sont incompatibles et dépendants.

   **c)** $A$ et $B$ ne sont pas incompatibles ni indépendants. $A$ est sous-ensemble de $B$.

   **d)** $A$ et $B$ ne sont pas incompatibles. Ils sont presque certainement indépendants.

   **e)** $A$ et $B$ ne sont ni incompatibles ni indépendants. $A$ est sous-ensemble de $B$.

   **f)** $B = \emptyset$. $A$ et $B$ sont incompatibles. Ils sont indépendants car $P(A \cap B) = P(A \cap \emptyset) = P(\emptyset) = 0$ et $P(A)P(B) = P(A)P(\emptyset) = P(A) \times 0 = 0$. Et $B$ est sous-ensemble de $A$.

10. **a)** $\frac{14}{285}$.  **b)** $\frac{1}{1140}$.  **c)** $\frac{7}{285}$.  **d)** $\frac{23}{57}$.  **e)** $\frac{3}{95}$.

11. **a)** 0,9.  **b)** 0,1.  **c)** 0,2.

12. **a)** $X$ = le nombre de billes rouges. Les valeurs de $X$ sont 0 et 1.

   **b)** $X$ = le nombre de billes rouges. $X = 0, 1, 2, 3$.

   **c)** $X$ = le nombre de femmes. $X = 0, 1, 2, 3, 4$; $Y$ = le nombre d'hommes.

   **d)** $X$ = la note de l'étudiant; $Y$ = son poids; $Z$ = son âge.

13. $p(0) = {}^{1}/_{16}$; $p(1) = {}^{1}/_{4}$; $p(2) = {}^{3}/_{8}$; $p(3) = {}^{1}/_{4}$; $p(4) = {}^{1}/_{16}$; $E(X) = 2$; $Var(X) = 1$.

14. **a)** $E(X) = 0,10\,\$$; $Var(X) = 9,99$.

   **b)** $E(X) = 0,20\,\$$; $Var(X) = 19,96$.

15. **a)** $E(X) = 1,10\,\$$; $Var(X) = 1\,008,79$.

   **b)** $E(X) = 2,20\,\$$; $Var(X) = 2\,015,56$.

16. La probabilité de 1 est ${}^{3}/_{8}$ et la probabilité de chacun des autres résultats est ${}^{1}/_{8}$.

   **a)** $\frac{3}{8} + \frac{1}{8} + \frac{1}{8} = \frac{5}{8}$.  **b)** $5(\frac{3}{8}) - 1(\frac{5}{8}) = 1,25\,\$$.

17. **a)**   **i)** $E(8X + 9Y) = 600$; $Var(8X + 9Y) = 2\,896$.

18. $E(X) = E(\frac{X_1 + X_2}{2}) = 1,50\,\$$; $Var(X) = \frac{1}{4}(Var(X_1) + Var(X_2)) = 50$.

19. $P(A^c \cap B^c) = P[(A \cup B)^c] = 1 - P(A \cup B) = 1 - [P(A) + P(B)] = 0,3$, ce qui contredit $P(A^c \cap B^c) = 0,2$.

20. a) 2.   b) 2.   c) 4.

21. $1 - (^{99}/_{100})^{30} = 0{,}260\,3$.

22. $P$(Louis Lacasse brise 5 assiettes de suite) $= (\frac{1}{3})^5 \simeq 0{,}004$, ce qui est très petit. Louis semble particulièrement maladroit.

23. 25 \$.

24. a) $^1/_{13}$.   b) $^{376}/_{5\,525}$.   c) 0.

25. a) $\frac{15}{25} \times \frac{14}{24} = \frac{7}{20}$.   b) $\frac{10}{25} \times \frac{15}{24} = \frac{1}{4}$.   c) $\frac{15}{25} = \frac{3}{5}$.

    d) Soit A : un garçon est choisi au 1$^{er}$ tirage, B : un garçon est choisi au 2$^e$ tirage.

$$P(B) = P(A \cap B) + (P(A^c \cap B)$$
$$= P(A)P(B|A) + P(A^c)P(B|A^c)$$
$$= \frac{15}{25} \times \frac{14}{24} + \frac{10}{25} \times \frac{15}{24} = \frac{3}{5}$$

    Autre notation :

    $P$(garçon choisi au 2$^e$) $= P$(GG ou FG) $= P$(GG) $+P$(FG) $= \ldots = \frac{3}{5}$.

26. a) $^1/_{13}$.   b) $^1/_{221}$.   c) $^{33}/_{221}$.   d) $^{188}/_{221}$.

27. Si $K(\frac{1}{6}) - 2(\frac{5}{6}) = 0$, alors $K = 10$ \$.

28. a) $\frac{2}{15}$.   b) $\frac{13}{15}$.

29. a) 0,6.   b) 0,7.   c) 0,46.   d) 0,45.   e) 0,4.

30. $p(1) = \frac{2}{5}$ ; $p(2) = \frac{3}{10}$) ; $p(3) = \frac{1}{5}$ ; $p(4) = \frac{1}{10}$ ; $E(X) = 2$.

31. $p = ^1/_6$.   a) $\frac{8}{3}$.   b) i) $\frac{4}{9}$ ;   ii) 0.   iii) 0.   iv) $\frac{1}{4}$.   v) $\frac{29}{36}$.

32. $E(X) = 896$ ; $\sigma_X = 44{,}9$.

33. $E(X) = 672$ ; $\sigma_X^2 = 240$.

34. 0 ; 240.

35. a) $E(X) = 9$ \$ ; $Var(X) = 12\,544$.   b) i) 25 088 \$.   ii) 50 176 \$.

36. 2,857 %.

37. $p$.

## CHAPITRE 6

1. **a)** 120.   **b)** 5 040.   **c)** 40 320.   **d)** 3 628 800.

2 **a)** 10.   **b)** 35.   **c)** 126.   **d)** 4 950.   **e)** 499 500.

3. $5! = 120$.

4. $6! = 720$.

5. $\binom{8}{3} = 56$. On peut affecter 3 personnes à 3 postes de $3! = 6$ façons.

6. 18 424.

7. $\binom{11}{5} = 462$ façons de former le premier groupe et $\binom{11}{6} = 462$ façons de former le deuxième groupe. Ces deux nombres sont nécessairement égaux puisque à chaque façon de former un premier groupe il correspond exactement une façon de former le deuxième. Plus généralement, le nombre de façons $\binom{n}{x}$ de choisir $x$ personnes pour le premier groupe est égal au nombre de façons $\binom{n}{n-x}$ de choisir les $n-x$ façons de choisir ceux qui appartiennent au second.

8. **a)** = {(FFFFF), (FFFFP), (FFFPF), (FFPFF), (FPFFF), (PFFFF), (FFFPP), (FFPFP), (FPFFP), (PFFFP), (FFPPF), (FPFPF), (PFFPF), (FPPFF), (PFPFF), (PPFFF), (PPFPF), (PPFPF), (PFPPF), (FPPPF), (PPFFP), (PFPFP), (FPPFP), (PFFPP), (FPFPP), (FFPPP), (PPPPF), (PPPFP), (PPFPP), (PFPPP), (FPPPP), (PPPPP)}.

**b)**

| $x$ | 0 | 1 | 2 | 3 | 4 | 5 |
|------|------|------|-------|-------|------|------|
| $p(x)$ | 1/32 | 5/32 | 10/32 | 10/32 | 5/32 | 1/32 |

9. **a)** $P(X = 2) = \binom{5}{2}(\frac{1}{3})^2(\frac{2}{3})^3 = 0{,}329\,2$.

**b)** $P(X \geq 3) = P(X = 3) + P(X = 4) + P(X = 5)$
$$= 0{,}1646 + 0{,}0412 + 0{,}0041 = 0{,}2099.$$

10. **a)** 0,153 6.   **b)** 0,041 2.   **c)** $5{,}199\,2 \times 10^{-11}$.

11. **a)** $p(0) = 0{,}062\,5$; $p(1) = 0{,}25$, $p(2) = 0{,}375$, $p(3) = 0{,}25$, $p(4) = 0{,}062\,5$.

**b)** $P(X \geq 3) = 0{,}312\,5$.

12. **b)** Non.   **c)** $(\frac{3}{4})^3(\frac{1}{4})^2 = \frac{27}{1\,024}$.   **d)** Oui.   **e)** $\binom{5}{3} = 10$.   **f)** $\binom{5}{3}\frac{27}{1\,024}$.

13. **a)** 0,072 9.   **b)** $1 - (0{,}1)^5 = 0{,}999\,99$.

14. **a)** 1.   **b)** 0,070 2.

15. **a)** $E(X) = 5/4$, $Var(X) = 0{,}863\,97$.

**b)** $P(X = 1) = 0{,}411\,42$.   **c)** $P(X \geq 2) = 0{,}367\,047$.

16. ⅓.

17. **a)** $E(X) = 13$, $Var(X) = 3{,}313\,73$.

   **b)** Oui, car 17 est à plus de 2 écarts-types à droite de $\mu$.

18. $p(0) = 0{,}071\,4$ ; $p(1) = 0{,}428\,6$, $p(2) = 0{,}428\,6$, $p(3) = 0{,}071\,4$.

19. Probabilité qu'ils aient 4 enfants : $0{,}062\,5$ ; 4 enfants ou plus : $0{,}125$. L'espérance du nombre d'enfants est 2.

20. $0{,}046\,5$ ; $0{,}279\,1$.

21. $0{,}197\,5$.

22. $0{,}021\,255\,8$.

23. $\lambda = 5$ ; $P(X \geq 4) = 1 - P(X = 0) - P(X = 1) - P(X = 2) - P(X - 3) = 0{,}735\,0$.

24. **a)** $0{,}234\,375$.   **b)** $0{,}227\,656$.   **c)** $0{,}224\,414$.   **d)** $0{,}224\,079$.   **e)** $0{,}224\,042$.

25. $0{,}104\,8$.

26. **a)** $0{,}100\,9$.   **b)** $0{,}123\,6$.   **c)** $0{,}295\,9$.   **d)** $0{,}283\,0$.

27. $0{,}064\,3$ ; $0{,}000\,77$.

28. **a)** $E(X) = 18{,}75$, $Var(X) = 4{,}687\,5$.

   **b)** $Z = -4{,}04$ ; sa théorie est très peu vraisemblable.

29. **a)** $0{,}216$.   **b)** $0{,}069\,48$.   **c)** $1{,}5$.

30. **a)** $\mu = 1$, $\sigma^2 = 0{,}831\,93$.   **b)** $0{,}333\,62$.   **c)** $3{,}336\,2$.

31. $P(X \geq 2) = 1 - \frac{1}{2^n} - \frac{n}{2^n} = 1 - \frac{(n+1)}{2^n}$.   Avec $n = 6$, $P(X \geq 2) = 0{,}890\,625$ et avec $n = 7$, $P(X \geq 2) = 0{,}937\,5$. Le couple doit donc avoir au moins 7 enfants.

32. **a)** La probabilité qu'il ait 4 enfants est la probabilité que, après le premier, il doit avoir 3 enfants pour avoir un enfant de sexe différent du premier. La probabilité est donc $(½)\,(½)^{3-1} = 0{,}125$.

   **b)** $0{,}25$.   **c)** $\mu = 3$, $\sigma^2 = 2$.

33. $0{,}826\,7$.

34. $p(4) = 2(^1/_2)^4 = 0{,}125$, $p(5) = 2(4)(^1/_2)^5 = 0{,}25$, $p(6) = 2(10)(^1/_2)^6 = 0{,}312\,5$, $p(7) = 2(20)(^1/_2)^7 = 0{,}312\,5$ ; $E(X) = 5{,}812\,5$, $E(X^2) = 34{,}812\,5$, $Var(X) = 1{,}027\,34$.

**35. a)** 0,150 3.

**b)** $E(X) = 300$, $Var(X) = 210$, écart-type = 14,49.

**c)** La valeur $X = 250$ correspond à une cote $Z$ de $-3,45$, ce qui est excessif. Le pourcentage de gens en faveur de la peine de mort est vraisemblablement inférieur à 30. La valeur $X = 315$ correspond à une cote $Z$ de 1,04, ce qui est conforme aux hypothèses initiales.

**d)** Avec $n = 10$, la valeur $X = 4$ correspond à une cote $Z$ de 0,69, ce qui n'a rien d'exceptionnel. Avec $n = 1\,000$, par contre, la valeur $X = 400$ correspond à une cote $Z$ de 6,9, ce qui met en doute les hypothèses initiales.

**36.**

$$P(x > b|x > a) = P(x > b \text{ et } x > a)/P(x > a)$$
$$= P(x > b)/P(x > a)$$
$$= (1-p)^b/(1-p)^a$$
$$= (1-p)^{b-a}$$
$$= P(x > b - a).$$

**37. a)** Il est raisonnable de supposer que l'espérance du nombre de buts comptés par A est la moyenne de deux moyennes : le nombre de buts comptés par A et le nombre de buts subis par B. Donc $(4 + 3,2)/2 = 3,6$. Pour B, par le même raisonnement, on a $(3,8 + 3,6)/2 = 3,7$.

**b)** $\left(e^{-3,6/3}\right)\left(e^{-3,7/3}\right) = 0,087\,74$.

**c)** $\dfrac{(e^{-3,6/3})(3,6/3)^2}{2!} = 0,216\,9$.

**d)** L'espérance du nombre total de buts comptés durant la partie est $3,6 + 3,7 = 7,3$. $P(6 \text{ buts ou plus}) = 1 - p(0) - \ldots - p(5) = 0,736\,0$.

**e)** $\left(1 - e^{-3,7/3}\right)^3 = 0,355\,9$.

**38. a)** 4 000.

**b)** La valeur $X = 5$ correspond à une cote $Z$ de 0,52 si $k = 5\,000$, 4,03 si $k = 20\,000$ et $-3,95$ si $k = 1\,000$. Seule l'hypothèse que $k = 5\,000$ est vraisemblable si on observe $X = 5$.

**39.** $\mu = 60$, $\quad \sigma^2 = 300$.

**40.** $\mu = 14,7$, $\quad \sigma^2 = 38,99$.

**41. a)** $\mu = 100$, $\sigma^2 = 50$.  **b)** $\mu = 2,857$, $\sigma^2 = 2,449\,0$.  **c)** $\mu = 1/2$, $\sigma^2 = 1/2$.

**d)** $\mu = 350$, $\sigma^2 = 291,67$.  **e)** $\mu = 3,25$, $\sigma^2 = 1,863\,97$.  **f)** $\mu = 36$, $\sigma^2 = 1\,260$.

**g)** $\mu = 216$, $\sigma^2 = 46\,440$.

**42. a)** $E(X) = 750$, $Var(X) = 625$, $\sigma = 25$.

**b)** La valeur $X = 722$ correspond à une cote $Z$ de $-1{,}12$, ce qui ne permet pas de conclure que le dé est mal équilibré ; la valeur $X = 822$ correspond à une cote $Z$ de $2{,}88$, valeur assez grande pour permettre de conclure que le dé est mal équilibré (le résultat « 6 » a une probabilité supérieure à $^1\!/_6$).

**43.** $0{,}0223$.

**44.** En regroupant les deux dernières cases on obtient $\chi^2 = 30{,}3$, ce qui, avec 3 degrés de liberté, est hautement significatif.

**45.** En groupant les deux premières cases ($X = 0$ et $X = 1$) on obtient $\chi^2 = 0{,}58$, ce qui à 6 degrés de liberté, n'est pas significatif. Nous acceptons l'hypothèse que $X$ est de loi de Poisson avec $\lambda = 4$.

**46.** Sous l'hypothèse que le magicien n'a pas de pouvoir de perception extra-sensorielle et ne triche pas, la probabilité d'avoir 10 succès ou plus en 12 essais est de $7{,}86 \times 10^{-7}$. Le magicien utilise certainement un truc.

**47.** S'il est impossible de répondre sans avoir lu le texte, la probabilité d'avoir 8 bonnes réponses ou plus est $0{,}032\,1$. La conclusion est que les réponses offertes donnent un indice qui permet d'augmenter les chances de succès.

**48.** La probabilité d'un nombre aussi élevé de décès le jour de l'anniversaire est $0{,}013$, assez petite pour permettre de croire que les conjectures sont vraies.

**49. a)    i)** $7{,}51$.    **ii)** $10{,}44$.

**b)** $p < 0{,}205\,7$.

**c)** $n = 5$, $p < 0{,}275$ ; $n = 10$, $p < 0{,}206$ ; $n = 30$, $p < 0{,}107$ ; $n = 50$, $p < 0{,}075$ ; $n = 100$, $p < 0{,}045$.

**50. a)** 5.    **b)** $P(|X - 6| \geq 5) = P(X \geq 11) + P(X \leq 1) = 0{,}014\,5$.

**c)** Un écart aussi grand que 5 est peu probable sous l'hypothèse que $p = 0{,}4$. On doit donc considérer cette hypothèse comme peu vraisemblable ; il est plus plausible que $p$ soit supérieure à $0{,}4$.

**d)** Sous l'hypothèse que $p = 0{,}4$, $E(X) = 6$, $Var(x) = 3{,}6$ et $Z = \frac{(11-6)}{\sqrt{3{,}6}} = 2{,}64$. Ceci confirme que la valeur $X = 10$ est trop éloignée de $E(X)$ pour que la valeur $p = 0{,}4$ soit vraisemblable.

**51.** La probabilité, calculée par la loi hypergéométrique, d'avoir si peu de femmes est $0{,}013\,4$, ce qui veut dire que si les choix sont faits au hasard, un nombre aussi petit de femmes parmi les candidats choisis est très improbable. Ce déséquilibre ne devrait normalement pas se produire. On ne prétend pas que la compagnie qui engage des employés doive le faire au hasard : la logique de ce calcul est que si les critères de sélection sont indépendants du sexe, le nombre de femmes engagés devrait dépendre uniquement du hasard. La conclusion est que les critères de sélection ont effectivement quelque chose à voir avec le sexe.

52. La probabilité que 8 personnes ou plus soient atteintes de ce cancer est à peu près de 0,001 1. Cette probabilité étant si petite, nous pouvons difficilement attribuer ce grand nombre de cas au hasard.

53. $P(|Z| \geq 2) = P(X \geq 8) + P(X \leq 0) = 0,0183$; $P(|Z| \geq 3) = P(X \geq 9) = 0,001\,7$. D'après l'inégalité de Tchebychev, $P(|Z| \geq 2) \leq 0,25$ et $P(|Z| \geq 3) \leq 0,111\,1$.

54. a) $P(X = 0) = 0,006\,7$ si $\lambda = 5$, ce qui rend cette valeur de $\lambda$ très peu plausible.

   b) $P(X = 0) = 0,367\,9$ si $\lambda = 1$, ce qui rend cette valeur de $\lambda$ entièrement plausible.

   c) $\lambda \leq 3,00$.

55. a) 0,1205.   b) 0,423 2.

   c) On rejettera le lot si la plaque tirée a 4 défauts ou plus. La probabilité de rejeter un lot acceptable devient alors 0,033 8.

56. a) 0,538 6.

   b) $(0,94)^x \leq 0,01 \Leftrightarrow x \geq \log 0,01 / \log 0,94 \approx 74,4$. On déclarera que la population est satisfaisante seulement si les 75 premiers comptes tirés sont sans erreur.

## CHAPITRE 7

1. a) Non, $S = \infty$.   b) Oui.   c) Oui.   d) Oui.   e) Oui.   f) Oui.

   g) Non, $f(x) < 0$ si $x < 1$.   h) Non, $S = 12/10 \neq 1$.

2. a) 0.   b) ¼.   c) ¼.   d) 0,3.   e) 0.   f) 0,05.

3. a) 0,5.   b) 0,405.   c) 0,4.   d) 0,5.   d) 0,097 222.   f) 0.   g) 0,25.   h) 0,52.

4. a) 0,8.   b) 0,2.   c) 0,2.   d) 0,6.   e) 0,8.   f) 0,5.   g) 0,577.   h) 1.

   i) Selon Tchebychev cette probabilité est supérieure à ¾.

5. a) 0,367 88.   b) 0,367 88.   c) 0,082 08.   d) 0,904 84.   e) 0,822 75.

   f) 0,993 26.   g) 0,993 26.   h) 0,750 65.

6. a) 0,095 16.   b) 0,070 50.   c) 0,049 787.

7. a) 0,035 67.   b) 0,964 33.   c) 0,153 518.

8. a) 0,082 08.   b) 0,015 33.

9. a) 0,158 7.   b) 0,682 6.   c) 0,950 0.   d) 0,477 2.   e) 0,001.   f) 0,799 4.

   g) 0,030 1.   h) 0,539 8.   i) 0,009 8.   j) 0,010 8.

10. a) 0,841 3.  b) 0,682 6.  c) 0,673 0.  d) 0,022 8.  e) 0,977 2.  f) 0,531 9.

    g) 0,000 6.  h) 1.  i) 0,950 0.  j) 0,085 5.

11. a) 1,282.  b) 2,326.  c) 1,645.  d) 2,576.  e) $-2,326$.  f) $-1,282$.

    g) 2,576.  h) 3,291.  i) 0,126.  j) 1,96.

12. a) 19,30.  b) 15,13.  c) 7,84.  d) 6,58.

13. a) 0,521 9.  b) 0,521 9.  c) 0,057 9.  d) 0,006 2.  e) 0,016 9.  f) 0,016 9.

14. En considérant la note comme une variable discrète ne pouvant prendre que des valeurs entières, on obtient :
A : 22,2 % ; B : 23,9 % ; C : 25,4 % ; D : 17,7 % ; E : 10,9 %.

15. a) 0,682 6.  b) 0,954 4.  c) 0,997 4.

    d) Le théorème de Tchebychev dit qu'à moins de deux écarts-types on a au moins 75 % de la population et à moins de 3 écarts-types on a au moins 89 %. (Il ne dit rien sur le pourcentage d'individus à moins d'un écart-type de la moyenne.)

16. a) $Z = 2$.  b) 0,022 8.  c) 0,954 4.  d) 0,006 2.

17. a) 0,026 2.  b) 0,026 2.

18. a) 0,025 6.  b) 0,974 4.  c) 0,857 7.  d) 0,807 6.  e) 0,172 6.  f) 0,123 5.

19. 0,017 9.

20. $c = 0,08$.

21. a) 0,319 6   0,812 1   0,219 5.

    b) 0,333 6   0,806 4   0,236 8.

    c) 0,323 3   0,721 8   0,180 4.

22. Soit $X_1, X_2, X_3$ et $X_4$ les forces de rupture des 4 câbles. Nous supposons que pour que tout aille bien, il faut que la force de rupture *totale* des 4 câbles soit supérieure à 7 900 kg. $P(X_1 + X_2 + X_3 + X_4 > 7\,900) = P(N(0,1) > -2,9) = 0,998\,1$. Une autre interprétation du problème est la suivante : puisque *chaque* câble supporte un quart de la charge totale, soit $7\,900/4 = 1\,975$ kg, il faut que la force de rupture de *chacun* des câbles soit d'au moins 1 975. La probabilité est donc
$$\left(P(X_i > 1\,975)\right)^4 = \left(P(N(0,1) > -1,45)\right)^4 = (0,926\,5)^4 = 0,736\,9.$$

23. $X$ est $Hpg(13,12,40)$.   a) $P(X = 4) = 0,213\,15$.

    b) $\mu = 3$, $\sigma^2 = 1,764\,7$, $P(X = 4) = 0,223\,9$.

24. a) 0,149 8.  b) 0,037 6.  c) 0,013 6.  d) 0,003 2.

25. $P(X > 5) = e^{-5/\theta} = 0,2$.   $-5/\theta = \log(0,2)$.   $\theta = -5/\log(0,2) = 3,106\,67$.

**26. a)** 80 plants par rang.   **b)** $100(0,8)(0,2) = 16$.

  **c)** $P(X > 85) = P(N(0,1) > (85,5 - 80)/4) = P(N(0,1) > 1,375) = 0,084\,6$.

  **d)** $P(X < 70) = P(N(80,16) < 69,5) = P(N(0,1) \le (69,5 - 80)/4) = P(N(0,1) < -2,625) = 0,004\,3$.

  **e)** $20\,000(0,004\,3) = 86$.

  **f)** $P(X > 100) = P(N(86; 85,63) \ge 100,5) = P(N(0,1) \ge 1,57) = 0,058\,2$.

**27. a)** $0,006\,2$.   **b)** $309,30$.

**28. a)** $0,017\,9$.   **b)** $0,016\,2$.   **c)** $0,080\,6$.   **d)** $0,025\,5$.

  **e)** 722.   **f)** 481.   **g)** 752.   **h)** 752.

**29. a)** $0,312\,1$.   **b)** $0,420\,7$.   **c)** $0,321\,1$.

**30. a)** $X = 5U + 10V$ où $U$ est le nombre de faces avec les pièces de 5 ¢ et $V$ est le nombre de faces avec les pièces de 10 ¢. $U$ est $B(20, \frac{1}{2})$ et $V$ est $B(10, \frac{1}{2})$. $E(X) = 5(10) + 10(5) = 100$ ¢. $Var(X) = 25Var(U) + 100Var(V) = 25(5) + 100(2,5) = 375$.

  **b)** Les valeurs possibles pour $X$ sont des multiples de 5. $P(X > 116) = P(X > 117,5) = P(N(0,1) > 0,904) = 0,183\,0$.

**31.** Si on commence par acheter un litre, le coût de la peinture sera de 6 \$ seulement avec probabilité $0,308\,5$, et 12 \$ avec probabilité $0,691\,5$, ce qui donne une espérance mathématique de $10,149$ \$. Ceci est préférable au coût certain de 11 \$ qu'on devrait payer si on achetait le format de 2 litres.

**32.** $X$ est $B(20; 0,5) \simeq N(10; 5)$.

  $Y$ est $B(20; 0,6) \simeq N(12; 4,8)$.

  $Y - X$ est approximativement $N(2; 9,8)$.

  **a)** $P(X > 13,5) = 0,058\,8$.

  **b)** $P(X > Y) = P(Y - X < 0) = P(Y - X < -0,5) = 0,212\,3$.

  **c)** $P(Y > X) = P(Y - X > 0) = P(Y - X > 0,5) = 0,684\,1$.

  **d)** $P(X = Y) = P(Y - X = 0) = 0,103\,6$.

**33. a)** $E(X) = 12(3,5) = 42$, $Var(X) = 12(35/12) = 35$.

  **b)** $P(30,5 < X < 49,5) = P(-1,94 < Z < 1,27) = 0,871\,8$.

**34.** $P(3,0 < \bar{X} < 4,0)$

  $= P\left( \dfrac{\sqrt{n}(3,0-3,5)}{\sqrt{35/12}} < Z < \dfrac{\sqrt{n}(4,0-3,5)}{\sqrt{35/12}} \right) = 0,9$

  $\Rightarrow \dfrac{\sqrt{n}(4,0-3,5)}{\sqrt{35/12}} = 1,645$

  $\Rightarrow n = 32$.

35. **a)** 0,261 2.   **b)** 0,584 4.   **c)** 0,154 4.

36. 0,975.

37. **a)** 0,958 2.   **b)** 0,011 0.

38. Si $X$ est la durée de vie d'un appareil, ce résultat montre que la probabilité que l'appareil dure encore un an sachant qu'il a déjà duré deux ans est égale à la probabilité qu'il dure un an quand il est neuf.

39. **a)** 39,35.

    **b)** La probabilité d'avoir 40 pièces ou plus à remplacer est 0,488 0. Il n'y a donc aucune raison de douter que la durée moyenne est de 2 ans.

40. **a)** 0,057 1.   **b)** 0,429 6.   **c)** $n = 107$.   **d)** 0,057 1.

    **e)** On rejette le lot si $\bar{X} < 197{,}06$ ml.

41. 0,049 8; bien plus petit que la limite de ¼ donnée par le théorème de Tchebychev.

42. **a)** 0,022 8.   **b)** 0,034 0.

43. Nous devons prendre un échantillon de taille 62 ou plus.

44. **a)**   **i)** 0,161 1.   **ii)** 0,264 3.

    **b)** on acceptera un rouleau si et seulement si sa longueur est supérieure ou égale à 65,02 mm.

    **c)** 0,508 0.

## CHAPITRE 8

1. $E(X_i) = \theta$, $Var(X_i) = \theta^2$; donc $E(\bar{X}) = E(X_i) = \theta$ et $Var(\bar{X}) = Var(X_i)/n = \theta^2/n$.

2. $E(X_i) = \lambda$, $Var(X_i) = \lambda$; donc $E(\bar{X}) = E(X_i) = \lambda$ et $Var(\bar{X}) = Var(X_i)/n = \lambda/n$.

3. **a)** $E(\hat{\theta}_1) = E(X_1) = \mu_X$. $E(\hat{\theta}_2) = (\mu_X + \mu_X)/2 = \mu_X$.

    $E(\hat{\theta}_3) = 5\mu_X - 4\mu_X = \mu_X$.

   **b)** $Var(\hat{\theta}_1) = Var(X_1) = \sigma_X^2$.

    $Var(\hat{\theta}_2) = \left(\frac{1}{2}\right)^2(\sigma_X^2 + \sigma_X^2) = \sigma_X^2/2$. $Var(\hat{\theta}_3) = 5^2\sigma_X^2 + (-4)^2\sigma_X^2 = 41\sigma_X^2$.
    L'estimateur le plus précis est $\hat{\theta}_2$.

4. $P\left(\theta - 0{,}2 < N(\theta, \frac{1}{100}) < \theta + 0{,}2\right) = P(-2 < N(0,1) < 2) \simeq 0{,}9544$.

5. $\hat{p} = 0,060$; $c_\alpha = 1,645$; $(0,037 ; 0,083)$.

6. $c_\alpha = 1,960$. Pour A, $(0,380 ; 0,440)$; pour B, $(0,313 ; 0,371)$; pour C, $(0,061 ; 0,095)$; indécis, $(0,147 ; 0,193)$.

7. $c_\alpha = 1,960$; $(0,270 \pm 0,042) = (0,228 ; 0,312)$.

8. $c_\alpha = 1,645$. Blancs, $(0,434 ; 0,521)$; Noirs, $(0,247 ; 0,325)$; nulles, $(0,199 ; 0,273)$.

9. $n = (\frac{c_\alpha}{2r})^2$

|  | $r = 0,10$ | $r = 0,05$ | $r = 0,02$ | $r = 0,01$ |
|---|---|---|---|---|
| $\alpha = 1\%$ | 166 | 664 | 4 147 | 16 589 |
| $\alpha = 5\%$ | 96 | 384 | 2 401 | 9 604 |
| $\alpha = 10\%$ | 68 | 271 | 1 691 | 6 765 |

10. $\Sigma X_i = 35$; $\Sigma X_i^2 = 87$; $\bar{X} = 1,75$; $\hat{\sigma}^2 = 1,355$; $\nu = 19$; $c_\alpha = 1,729$; $(1,30 ; 2,20)$.

11. $c_\alpha = 1,960$; $(5,96 ; 6,30)$.

12. $\bar{X} = 93,1$; $\hat{\sigma}^2 = 63,21$; $\nu = 9$; $c_\alpha = 1,833$; I.C. $= (88,5 ; 97,7)$.

13. Marque A : $\bar{X} = 3,42$; $\hat{\sigma} = 0,39$; $c_\alpha = 1,796$; I.C. $= (3,22 ; 3,62)$.

Marque B : $\bar{X} = 4,16$; $\hat{\sigma} = 0,82$; $c_\alpha = 1,895$; I.C. $= (3,61 ; 4,71)$.

Marque C : $\bar{X} = 4,02$; $\hat{\sigma} = 1,04$; $c_\alpha = 6,314$; I.C. $= (0 ; 8,66)$.

Marque D : $\bar{X} = 2,95$; $\hat{\sigma} = 0,53$; $c_\alpha = 1,699$; I.C. $= (2,79 ; 3,11)$.

14. $\hat{\lambda} = \bar{X} = 4,72$; $\hat{\sigma}_{\hat{\lambda}}^2 = \hat{\lambda}/n = 0,0472$; $c_\alpha = 1,960$; I.C. $= (4,29 ; 5,15)$.

15. a) $\sigma_{\hat{n}}^2 = npq/p^2 = nq/p$; $\hat{\sigma}_{\hat{n}}^2 = \hat{n}q/p$; I.C. $= (\hat{n} \pm c_\alpha \hat{\sigma}_{\hat{n}})$.

b) $X = 25$; $p = {}^1/_6$; $\hat{n} = 150$. $\hat{\sigma}_{\hat{n}}^2 = 750$; $c_\alpha = 1,645$; I.C. $= (105 ; 195)$.

16. $X$ est $Hpg(200, N_1, 300 - N_1)$; $E(X) = 2N_1/3$; $Var(X) = \frac{2N_1(300 - N_1)}{9 \times 299}$. $\hat{N}_1 = 3X/2$; $\hat{\sigma}_{\hat{N}_1}^2 = \hat{N}_1(300 - \hat{N}_1)/598$.

Avec $X = 106$, on trouve $\hat{N}_1 = 159$ et $\hat{\sigma}_{\hat{N}_1}^2 = 6,12$; $c_\alpha = 1,645$; I.C. $= (149 ; 169)$.

17. $E(X_i) = \theta/2$; $Var(X_i) = \theta^2/12$; $E(\hat{\theta}) = 2\theta/2 = \theta$; $Var(\hat{\theta}) = 4Var(\bar{X}) = \theta^2/3n$.

18. $E(X_i) = \frac{1}{p}$.   $\bar{X}$ est l'estimateur naturel pour $\frac{1}{p}$.   $\hat{p} = \frac{1}{\bar{X}}$.

19. $P(\frac{\alpha}{2}\theta < X < (1-\frac{\alpha}{2})\theta) = 1-\alpha$; $P(\frac{\alpha}{2X} < \frac{1}{\theta} < (1-\frac{\alpha}{2})\frac{1}{X}) = 1-\alpha$.
$P(\frac{2X}{2-\alpha} < \theta < \frac{2X}{\alpha}) = 1-\alpha$.

20. $\overline{X}$ est $N(\mu, \frac{4}{n})$; $P(\overline{X}-1 < \mu < \overline{X}+1) = P(-\sqrt{n}/2 < N(0,1) < \sqrt{n}/2)$.
Avec $n = 4$, 16 et 36 on obtient 68,26 %, 95,44 % et 99,74 %.

21. **a)** $E(\hat{\theta}) = cE(\hat{\theta}_1) + (1-c)E(\hat{\theta}_2) = c\theta + (1-c)\theta = \theta$.

**b)** $\sigma_{\hat{\theta}}^2 = c^2\sigma_{\hat{\theta}_1}^2 + (1-c)^2\sigma_{\hat{\theta}_2}^2$.

22. **a)** $\hat{\theta} = \frac{n+1}{n}Y$.

**b)** $Var(\hat{\theta}) = (\frac{n+1}{n})^2 Var(Y) = \frac{\theta^2}{n(n+2)} < \frac{\theta^2}{3n}$  si $n \geq 2$.

23. Soit $X$ le nombre total de points. $E(X) = 7n/2$; $Var(X) = 35n/12$. $\hat{n} = 2X/7$; $\sigma_{\hat{n}}^2 = 5n/21$; $\hat{\sigma}_{\hat{n}}^2 = 5\hat{n}/21$. Avec $c_\alpha = 1{,}645$ et $X = 117$, on trouve $\hat{n} = 33{,}43$; $\hat{\sigma}_{\hat{n}}^2 = 7{,}96$; I.C. = (28,8 ; 38,1).

24. $\hat{p} = 100/360$; $n = 360$. Avec $\alpha = 0{,}05$, I.C. = (0,23 ; 0,32).

25. $\overline{X} = 398{,}45$; $\hat{\sigma} = 2{,}305$; $\nu = 19$; $c_\alpha = 2{,}093$. I.C. pour $\mu$ : (397,371 ; 399,529). Pour 100 000 paquets, le profit est de $(400 - \mu) \times 30$ \$. Les bornes de l'I.C. pour $\mu$ donnent, pour le profit, l'I.C. (14,13 \$ ; 78,87 \$).

26. Avec l'ancienne peinture, $\mu = 0{,}75$. Coût moyen par panneau : 3,00 \$.

**a)** Avec la nouvelle peinture, $\overline{X} = 0{,}583$; $\hat{\sigma} = 0{,}0447$; $\nu = 9$; $c_\alpha = 2{,}262$;
I.C. = $(0{,}583 \pm 0{,}032)$ = (0,551 ; 0,615).

**b)** Coût moyen par panneau : I.C. = (2,48 \$ ; 2,77 \$).

Épargne moyenne par panneau : I.C. = (0,23 \$ ; 0,52 \$).

**c)** Épargne pour 2 000 panneaux : I.C. = (460 \$ ; 1 040 \$).

27. **a)** $\hat{p}_h = 0{,}30$; $\hat{\sigma}_{p_h}^2 = 0{,}000\,7$; $c_\alpha = 1{,}960$; I.C. = (0,248 ; 0,352).

$\hat{p}_f = 0{,}20$; $\hat{\sigma}_{p_f}^2 = 0{,}001\,6$; $c_\alpha = 1{,}960$; I.C. = (0,122 ; 0,278).

**b)** $\hat{p} = 0{,}493\hat{p}_h + 0{,}507\hat{p}_f = 0{,}249\,3$.

$\sigma_p^2 = (0{,}493)^2\sigma_{p_h}^2 + (0{,}507)^2\sigma^2\hat{p}_f$;

$\hat{\sigma}_p^2 = (0{,}493)^2 0{,}000\,7 + (0{,}507)^2 0{,}001\,6 = 0{,}000\,58$.

I.C. = $(0{,}249\,3 \pm 0{,}047\,2)$ = (0,202 1 ; 0,296 5).

28. **a)** $\Sigma W_i = 36$; $\Sigma W_i^2 = 284$; $\overline{W} = 2{,}4$; $\hat{\sigma}_{\overline{W}}^2 = 0{,}94$; $\nu = 14$; $c_\alpha = 1{,}761$.
I.C. = $(2{,}4 \pm 1{,}7)$ = (0,7 ; 4,1).

**b)** $\overline{X} = 42{,}2$; $\overline{Y} = 39{,}8$; $\hat{\sigma}_{\overline{X}}^2 = 9{,}94$; $\hat{\sigma}_{\overline{Y}}^2 = 9{,}93$; $\hat{\theta} = 2{,}4$; $\hat{\sigma}_{\overline{X}}^2 + \hat{\sigma}_{\overline{Y}}^2 = 19{,}87$.
L'écart-type est environ 4,6 fois trop grand. $\overline{X}$ et $\overline{Y}$ ne sont pas des variables indépendantes.

## CHAPITRE 9

1. $p_0 = 0,95$; $\hat{p} = \frac{498}{540} = 0,9222$; $Z = -2,962$; $c_\alpha = 1,960$. $|Z| > c_\alpha$; donc l'hypothèse nulle est rejetée.

2 Si $p$ est la probabilité qu'André gagne, on teste l'hypothèse $p = {}^1\!/\!_2$; $\hat{p} = \frac{18}{30} = 0,60$; $Z = 1,10$; $c_\alpha = 1,645$; $|Z| \leq c_\alpha$; donc on accepte l'hypothèse qu'André et Bernard sont de même force.

3. a) $P(\text{accepter l'hypothèse nulle}) = P\left(\frac{|\hat{p}-1/2|}{\sqrt{1/4\,000}} \leq 1,645\right)$

$$= P\left(\tfrac{1}{2} - \tfrac{1,645}{\sqrt{4\,000}} \leq \hat{p} \leq \tfrac{1}{2} + \tfrac{1,645}{\sqrt{4\,000}}\right)$$

$$= P(-2,88 \leq N(0,1) \leq 0,38) = 0,6460.$$

Donc $P(\text{rejeter l'hypothèse nulle}) = 1 - 0,6460 = 0,3540$.

b) La probabilité de rejeter l'hypothèse nulle est $P = P(\sqrt{4n}|\hat{p}-1/2| > 1,645)$.

Pour rendre le problème plus traitable, nous éliminons les valeurs absolues dans $|\hat{p}-1/2|$, ce qui est une approximation permise puisque, avec la valeur de $n$ que nous allons trouver, la probabilité que $\hat{p}$ prenne une valeur inférieure à $1/2 - 1,645/\sqrt{4n}$ est négligeable.

$$P\left(\hat{p} - \frac{1}{2} > \frac{1,645}{\sqrt{4n}}\right) = 0,90$$

$$\Rightarrow P\left(\hat{p} > \frac{1}{2} + \frac{1,645}{\sqrt{4n}}\right) = 0,90$$

$$\Rightarrow P\left(N(0,1) > \frac{\frac{1}{2} + \frac{1,645}{\sqrt{4n}} - 0,52}{\sqrt{(0,52)(0,48)/n}}\right) = 0,90$$

$$\Rightarrow \frac{\frac{1}{2} + \frac{1,645}{\sqrt{4n}} - 0,52}{\sqrt{(0,52)(0,48)/n}} = -1,282 \Rightarrow \sqrt{n} = 73,149 \Rightarrow n \simeq 5\,351.$$

On peut maintenant vérifier aisément qu'avec $n = 5\,351$, la probabilité de rejeter l'hypothèse nulle lorsque $p = 0,52$ est effectivement d'environ 90 %.

4. $\hat{p}_X = 0,4286$; $\hat{p}_Y = 0,6389$; $Z = -1,71$; $c_\alpha = 1,645$; $|Z| > c_\alpha$; donc on conclut que oui, les jurys ont une plus forte tendance à trouver coupables ceux qui sont accusés d'avoir victimisé des Blancs.

5. $\hat{p}_X = 0,2041$; $\hat{p}_Y = 0,1489$; $Z = 0,836$; $c_\alpha = 1,960$; $|Z| \leq 1,960$; donc on ne peut pas conclure qu'il y a une différence réelle entre les étudiants nés au Canada et les étudiants nés ailleurs.

6. $\hat{p}_X = 0,0333$; $\hat{p}_Y = 0,0375$; $Z = -0,296$. La différence n'est significative à aucun niveau raisonnable.

7. $\hat{p} = 0,60$; $\hat{p} = 0,5$; $Z = 1,01$; $c_\alpha = 1,282$. Puisque $|Z| \leq 1,282$, nous ne pouvons pas conclure que le somnifère a un effet autre que l'effet placebo.

8. 36 personnes n'ont vu qu'une couleur (25, le jaune et 11, le rouge). $H_0$ : $p = \frac{1}{2}$, $\hat{p} = \frac{25}{36} = 0,694\,4$; $n = 36$; $Z = 2,33$; $c_\alpha = 1,960$; $H_0$ est rejetée. Le jaune est mieux vu que le rouge.

9. $\bar{X} = 38,925$; $\hat{\sigma} = 10,64$; $\mu_0 = 45$; $T = -2,55$; $\nu = 19$; $c_\alpha = 2,093$. $|T| > 2,093$, donc l'affirmation de la revue n'est pas vraisemblable. Les lecteur de cette revue ont un revenu moyen inférieur à 45 000 $.

10. $\bar{X} = 100$; $\nu = 8$; $\mu_0 = 95$.

   a) $\hat{\sigma}^2 = 20,25$; $T = 3,333$. L'hypothèse est rejetée.

   b) $\hat{\sigma}^2 = 750$; $T = 0,548$. L'hypothèse n'est pas rejetée.

   c) Lorsque la variance est grande, un écart de 5 n'a rien d'étonnant et ne mène pas au rejet de l'hypothèse; lorsque la variance est petite, par contre, un écart de 5 ne peut pas s'expliquer par le seul hasard.

11. $\bar{X} = 13,80$; $\hat{\sigma}_X = 4,384$; $\bar{Y} = 11,97$; $\hat{\sigma}_Y = 4,533$. Nous supposons les variances égales. $\hat{\sigma} = 4,477$; $T = 1,43$; $\nu = 50$; $c_\alpha = 2,01$; $|T| < c_\alpha$. $H_0$ est acceptée. Il ne semble pas y avoir de différences entre les bons vendeurs et les vendeurs médiocres.

12. a) Nous n'avons pas besoin de supposer l'égalité des variances. $Z = 13,07$, ce qui est significatif, à quelque niveau que ce soit. La différence entre Nigériens et Américains est très significative.

   b) $Z = -4,18$. La différence entre filles et garçons est très significative.

13. Nous n'avons pas besoin de supposer l'égalité des variances. $|Z| = 5,91$. Les étudiants de classe favorisée ont une moyenne significativement supérieure.

14. $|Z| = 16,26$. En moyenne, les francophones ont chômé davantage.

15. $\bar{X} = 2,68$; $\mu_0 = 2,00$; $\hat{\sigma} = 3,8$; $T = 1,79$; $\nu = 99$. Avec $\alpha = 10\,\%$, $c_\alpha = 1,66$ et l'hypothèse nulle est rejetée. Avec $\alpha = 5\,\%$, $c_\alpha = 1,99$ et l'hypothèse nulle n'est pas rejetée.

16. Les différences sont 4, 5, 7, 5, 2, −2, 1, 3, 4, 6 et 4. $\bar{X} = 3,55$; $\hat{\sigma}^2 = 6,27$; $\nu = 10$; $\mu_0 = 0$, $c_\alpha = 2,228$; $T = 4,70$. L'hypothèse (aucun effet) est rejetée.

17. Les différences « avant-après » représentent les pertes de poids. Nous testons l'hypothèse que la moyenne de ces pertes est $\mu_0 = 0$. $\bar{X} = 1,833$; $\hat{\sigma}^2 = 1,367$; $T = 3,84$. $\nu = 5$; $c_\alpha = 2,571$. Le régime est efficace.

18. $\theta_0 = 10$. $\hat{\theta} = \bar{X}$; $Var(\hat{\theta}) = \theta^2/n$; $n = 12$. $\hat{\theta} = 7,4$; $Z = (\hat{\theta} - \theta_0)\big/\sqrt{\theta_0^2/n} = -0,90$; $c_\alpha = 1,645$; $|Z| \leq c_\alpha$. $H_0$ est acceptée. Rien n'indique que le fabricant ait menti.

19. Le nombre de réclamations reçues par semaine est modélisé par une loi de Poisson : $\lambda_0 = 30{,}6$; $\hat{\lambda} = \bar{X}$; $Var(\hat{\lambda}) = \lambda/n$; $Z = (\hat{\lambda} - \lambda_0)\big/\sqrt{\lambda_0/n}$.

   a) Avec $n = 1$ et $\hat{\lambda} = 38$, $Z = 1{,}34$; l'écart n'est pas significatif.

   b) Avec $n = 4$ et $\hat{\lambda} = 37$, $Z = 2{,}31$; l'écart est significatif.

20. Le nombre de crimes (par 1 000 habitants) est modélisé par une loi Poisson($\lambda$). $\hat{\lambda} = \bar{X}$; $Var(\hat{\lambda}) = \lambda/n$; $\hat{\sigma}^2_{\hat{\lambda}} = \hat{\lambda}/n$.

   Pour la ville A, $n_X = 58$, $\Sigma X_i = 35$, $\hat{\lambda}_X = 35/58 = 0{,}603\,45$. Pour la ville b, $n_Y = 22$, $\Sigma Y_i = 21$, $\hat{\lambda}_Y = 21/22 = 0{,}954\,55$.

   $H_0 :\ \lambda_X = \lambda_Y$; $Z = (\hat{\lambda}_X - \hat{\lambda}_Y)\big/\sqrt{\hat{\sigma}^2_{\hat{\lambda}_X}/n_X + \hat{\sigma}^2_{\hat{\lambda}_Y}/n_Y} = -1{,}514$. Avec $\alpha = 5\,\%$, $c_\alpha = 1{,}96$; $|Z| \leq c_\alpha$; $H_0$ est acceptée. La différence entre $\hat{\lambda}_X$ et $\hat{\lambda}_Y$ n'est pas significative.

21. $p_0 = 0{,}515$; $\hat{p} = 68/125 = 0{,}544$; $Z = 0{,}649$. L'hypothèse nulle n'est pas rejetée.

22. $|Z| = 22{,}94$. On peut certainement affirmer que le revenu moyen des familles dont le chef est une femme est inférieur à la moyenne des familles canadiennes en général.

23. $p_0 = {}^1\!/_2$; $\hat{p} = 24/250 = 0{,}096$; $n = 250$; $Z = -12{,}78$. L'hypothèse nulle est catégoriquement rejetée. Le revenu médian des familles dont le chef est une femme est inférieur à 28 890 $.

24. On teste l'hypothèse qu'avec le nouveau procédé de fabrication, $p = p_0 = 0\,055$; $\hat{p} = 13/500 = 0{,}026$; $Z = -2{,}84$. Le taux de défectuosité est effectivement inférieur à 0,055 ce qui rend le nouveau procédé plus avantageux que l'ancien.

25. $n_X = 100$; $\hat{p}_X = 0{,}58$; $n_Y = 150$; $\hat{p}_Y = 0{,}66$; $Z = -1{,}28$. Avec $\alpha = 10\,\%$, $c_\alpha = 1{,}645$. $|Z| \leq c_\alpha$; $H_0$ est acceptée. Rien n'indique que les archers ne soient pas de même force.

26. Sans supposer les variances égales, on a

   $$T = (4{,}32 - 3{,}92)\big/\sqrt{(1{,}07)^2/80 + (0{,}95)^2/50} = 2{,}22.$$

   Le minimum de $n_X - 1 = 79$ et $n_Y - 1 = 49$ est $\nu = 49$. Avec $\alpha = 5\,\%$, une interpolation donne $c_\alpha = 2{,}01$. Puisque $|T| > c_\alpha$, $H_0$ est rejetée. Les logements du quartier A contiennent en moyenne plus de pièces que ceux du quartier B.

27. a) Sur 1 000 maisons on en a 306 qui utilisent les services d'un jardinier. $\hat{p} = 0{,}306$; $p_0 = 0\,345$; $Z = -2{,}59$. Avec $\alpha = 5\,\%$ on rejette $H_0$.

**b)** $\overline{X} = 3,06$; $\mu_0 = 3,45$; $\hat{\sigma} = 2,51$; $Z = -1,55$. Avec $\alpha = 5\,\%$ on ne rejette pas $H_0$.

La solution en a) est erronée, car elle est basée sur la supposition que le nombre de maisons qui utilisent les services d'un jardinier suit une loi $B(1\,000, p)$. Or les 1 000 essais ne sont pas indépendants : les 10 ménages d'un même bloc ne constituent pas 10 essais indépendants. Si on choisit 10 ménages au hasard dans la ville entière, on s'attend à en trouver environ 3 qui utilisent les services d'un jardinier. On serait très étonné d'en trouver 8 ou 9. Mais un tel résultat n'est pas à ce point impossible si on choisit un *bloc* de 10 maisons.

**28. a)** $\chi^2 = 34,57$; $\nu = 6$. L'hypothèse est rejetée.

**b)** $p_0 = 0,020\,3$; $\hat{p} = 0,018\,9$; $n = 10\,000$; $Z = -0,993$. L'hypothèse est acceptée.

**c)** $\mu_o = 2,03$; $\overline{X} = 1,89$; $\hat{\sigma}^2 = 3,149$; $Z = -0,789$. L'hypothèse est acceptée.

La solution b) est incorrecte car elle est basée sur la supposition que les 10 000 vis constituent autant d'essais indépendants, ce qui n'est peut-être pas le cas, puique les vis ont été prise dans des boîtes de 100. Les solutions a) et c) sont correctes, mais elles ne testent pas exactement la même hypothèse. En c) on teste l'hypothèse que la moyenne n'a pas changé, hypothèse qui semble être vraie. En a) on teste l'hypothèse plus forte que la distribution entière n'a pas changé (ce qui entraîne, bien sûr, que la moyenne non plus n'a pas changé). Cette hypothèse, beaucoup plus forte, est visiblement fausse.

**29.** On suppose les variances égales.

**a)** $|T| = 1,74$. Non significatif avec $\alpha = 5\,\%$.

**b)** Pour les hommes : $|T| = 2,05$. Pour les femmes : $|T| = 0,80$. La différence pour les hommes est, inexplicablement, significative avec $\alpha = 5\,\%$.

**30.** On ne suppose pas l'égalité des variances.

**a)** $|Z| = 0,85$. On ne décèle pas plus d'hostilité chez les femmes que chez les hommes.

**b)** $|Z| = 0,69$. On ne décèle pas plus d'aggressivité chez les hommes que chez les femmes.

**31.** « Régulièrement » versus « de temps en temps » : $|Z| = 9,21$. « Régulièrement » versus « jamais » : $|Z| = 13,13$. « De temps en temps » versus « jamais » : $|Z| = 5,58$. Il semble bien que les habitudes de fréquentation de l'église aient une relation avec l'attitude.

**32.** À cause des données groupées, les résultats suivants sont approximatifs.

**a)** $\overline{X} = 517,299$; $\hat{\sigma}_X = 116,27$; $\overline{Y} = 505\,762$; $\hat{\sigma}_Y = 113,01$; $|Z| = 9,88$. Les Orientaux ont une moyenne supérieure.

b) En utilisant $\hat{\sigma}_X = 116,27$, $|Z| = 9,97$. En utilisant $\sigma = 113,01$ on a $|Z| = 10,26$. Dans les deux cas, on considère les 502 990 Blancs comme une population. Lorsqu'on utilise $\sigma = 113,01$ on suppose, en outre, que la variance de la population d'Orientaux est égale à celle de la « population » formée des 502 990 Blancs. Si les deux valeurs de $|Z|$ sont très proches, c'est parce que, vraisemblablement, ces deux variances sont à peu près égales.

c) Les tests en b) sont incorrects car ils supposent que la moyenne pour les Blancs est connue (et vaut 505 762) alors qu'en fait elle est inconnue et doit être estimée. La valeur 505 762 est une estimation sujette à erreur. Cependant, l'échantillon est si grand que l'erreur d'estimation est minuscule.

33. Statisticien X : $\chi^2 = 13,85$ avec 6 degrés de liberté, significatif. Statisticien Y : $\hat{p}_X = 0,020\,3$, $\hat{p}_Y = 0,018\,9$. $Z = 0,714$, non significatif. Statisticien Z : $\overline{X} = 2,03$, $\hat{\sigma}_X^2 = 2,029\,4$, $\overline{X} = 1,89$, $\hat{\sigma}_Y^2 = 3,149\,4$. $Z = 0,615$, non significatif. La procédure utilisée par le statisticien Y est incorrecte.

34. Le nombre $X$ de points obtenus en lançant $n$ dés est approximativement $N(7n/2 ; 35n/12)$. $\hat{n} = 2X/7$ est approximativement $N(n ; 5n/21)$. $\hat{\sigma}_{\hat{n}}^2 = 5\hat{n}/21$. Ici, $X = 77$ ; $Y = 114$ ; $\hat{n}_X = 22$, $\hat{n}_Y = 32,57$ ; $\hat{\sigma}_{\hat{n}_X}^2 = 5,238$ ; $\hat{\sigma}_{\hat{n}_Y}^2 = 7,755$ ; $Z = (\hat{n}_X - \hat{n}_Y)\big/\sqrt{\hat{\sigma}_{\hat{n}_X}^2 + \hat{\sigma}_{\hat{n}_Y}^2} = -2,93$ ; $c_\alpha = 1,96$ ; $H_0$ est rejetée. $n_X$ et $n_Y$ ne sont pas égaux.

35. a) $n_X = 11$ ; $\overline{X} = 252/11 = 22,909$ ; $\hat{\sigma}_X^2 = 11,09$ ; $n_Y = 11$. $\overline{Y} = 22,545$ ; $\hat{\sigma}_Y^2 = 17,07$ ; $\hat{\sigma}^2 = 14,08$.

   $T = 0,23$ ; $\nu = 20$ ; $c_\alpha = 1,725$ ; $H_0$ est acceptée.

   b) $n_X = 11$ ; $\overline{X} = 297/11 = 27$ ; $\hat{\sigma}_X^2 = 17$ ; $n_Y = 11$ ; $\overline{Y} = 22,636$ ; $\hat{\sigma}_Y^2 = 11,45$ ; $\hat{\sigma}^2 = 14,23$.

   $T = 2,71$ ; $\nu = 20$ ; $c_\alpha = 1,725$ ; $H_0$ est rejetée.

   c) Les augmentations de scores sont

   13, 4, 2, −1, 4, 7, 2, −1, 7, 7, 1 pour le groupe LOGO ;

   6, 4, 0, −2, −2, −2, 0, 7, −5, −2, −3 pour le groupe Delta Drawing.

   $n_X = 11$ ; $\overline{X} = 45/11 = 4,091$ ; $\hat{\sigma}_X^2 = 17,49$ ; $n_Y = 11$ ; $\overline{Y} = 0,091$ ; $\hat{\sigma}_Y^2 = 15,09$ ; $\hat{\sigma}^2 = 16,29$.

   $T = 2,32$ ; $\nu = 20$ ; $c_\alpha = 1,725$ ; $H_0$ est rejetée.

   d) Pour le groupe LOGO, $n = 11$ ; $\overline{W} = 4,091$ ; $\hat{\sigma}_W^2 = 17,49$ ; $T = 3,24$ ; $\nu = 10$ ; $c_\alpha = 1,812$. $H_0 : \mu_W = 0$ est rejetée.

   Pour le groupe Delta Drawing, $n = 11$ ; $\overline{W} = 0,091$ ; $\hat{\sigma}_W^2 = 15,09$ ; $T = 0,08$ ; $\nu = 10$ ; $c_\alpha = 1,812$. $H_0 : \mu_W = 0$ est acceptée.

   e) Pour le groupe LOGO, $n_X = 6$ (filles) ; $\overline{X} = 5,333$ ; $\hat{\sigma}_X^2 = 23,47$ ; $n_Y = 5$ (garçons) ; $\overline{Y} = 2,6$ ; $\hat{\sigma}_Y^2 = 9,3$ ; $\hat{\sigma}^2 = 17,17$. $T = 1,09$ ; $\nu = 9$ ; $c_\alpha = 1,833$ ; $H_0$ est acceptée.

Pour le groupe Delta Drawing, $n_X = 7$; $\overline{X} = 1$; $\hat{\sigma}_X^2 = 15$; $n_Y = 4$; $\overline{Y} = -1,5$; $\hat{\sigma}_Y^2 = 15$; $\hat{\sigma}^2 = 15$. $T = 1,03$; $\nu = 9$; $c_\alpha = 1,833$; $H_0$ est acceptée.

36. Personnes qui ont vécu des épisodes d'ischémie silencieuse : $n_X = 30$, $X = 9$, $\hat{p}_X = 0,3$.

    Personnes qui n'ont pas vécu d'épisodes d'ischémie silencieuse : $n_Y = 73$, $Y = 8$, $\hat{p}_Y = 0,109\,6$; $Z = 2,09$. Au niveau $\alpha = 0,05$, la différence peut être déclarée significative.

37. a) $P(B|A)$ est estimée par $\hat{p}_X = 0,235\,3$. $P(B|A^c)$ est estimée par $\hat{p}_Y = 0,042\,6$.

    b) $\hat{\sigma}_{\hat{p}_X - \hat{p}_Y}^2 = 0,004\,394\,9$;

    $$Z = (\hat{p}_X - \hat{p}_Y)/\hat{\sigma}_{\hat{p}_X - \hat{p}_Y} = (0,235\,3 - 0,042\,6)/0,066\,29 = 2,91.$$

    Il y a donc une différence significative. L'hypothèse que $P(B|A) = P(B|A^c)$ est rejetée.

38. GROUPE TÉMOIN : $n_X = 11\,000$, $X = 189$, $\hat{p}_X = 0,017\,181\,8$.

    GROUPE EXPÉRIMENTAL : $n_Y = 11\,000$, $Y = 104$, $\hat{p}_Y = 0,009\,454\,5$.

    $\hat{\sigma}_{\hat{p}_X - \hat{p}_Y}^2 = 2,386\,5 \times 10^{-6}$; $\hat{\sigma}_{\hat{p}_X - \hat{p}_Y} = 0,001\,548\,8$; $Z = 4,99$.

    La différence est hautement significative. Il semble bien que l'aspirine réduit les chances d'une crise cardiaque.

39. Épouses des hommes : $n_X = 25$, $X = 10$, $\hat{p}_X = 0,4$. Époux des femmes : $n_Y = 55$, $Y = 2$, $\hat{p}_Y = 0,036\,36$. $\hat{\sigma}_{p_X - p_Y} = 0,101\,2$; $Z = 3,59$. On peut conclure que la probabilité qu'un homme transmette le virus à sa femme est supérieure à la probabilité qu'une femme transmette le virus à son mari.

40. $H_0$ : $p = 0,6$. Avec $\alpha = 5\,\%$, $H_0$ sera rejetée si $|\hat{p} - 0,6| > 1,96\sqrt{0,24/20}$, c'est-à-dire si $X$ est hors de l'intervalle $(7,7\,;16,3)$ que la correction pour la continuité ramène à $(7,5\,;16,5)$. En fonction de $p$, la probabilité de rejeter $H_0$ est donc $1 - P(7,5 - 20p)\sqrt{20pq} < N(0,1) < (16,5 - 20p)/\sqrt{20pq}$.

    a) Si $p = 0,55$, on trouve $1 - P(-1,573\,1 < N(0,1) < 2,472\,1) = 0,064\,7$.

    b) Pour $p = 0,56\,, 0,57\,, 0,58\,, 0,59$ et $0,60$, les probabilités de rejeter $H_0$ sont, respectivement, $0,056\,3$, $0,049\,7$, $0,044\,8$, $0,041\,6$ et $0,040\,0$.

    c) Un échantillon de taille 20 est trop petit pour détecter efficacement des différences aussi minimes dans la valeur de $p$.

41. a) $\overline{X}$ est $N(\mu, 32)$ et $H_0$ est rejetée si $\overline{X}$ est hors de l'intervalle $(28,91\,;51,09)$. Si $\mu = 42$, cette probabilité n'est que $0,064\,4$.

    b) En négligeant la queue de gauche, il faut centrer $\mu$ à la borne de droite de l'intervalle, c'est-à-dire, avoir $\mu = 51,09$. (et $\delta = 11,09$).

c) $H_0$ est rejetée si $\overline{X}$ est hors de l'intervalle $(40 - 31{,}36/\sqrt{n}, 40 + 31{,}36/\sqrt{n})$. En négligeant la queue de gauche, il faut centrer $\mu$ à la borne de droite, c'est-à-dire, prendre $\delta = 31{,}36/\sqrt{n}$. Si $\delta = 2$, on trouve $n = 246$.

42. a) Les différences avant-après sont : $-2$, $6$, $6$, $5$, $-1$, $8$, $4$, $1$, $7$, $6$, $-1$, $4$, $1$, $7$. $\overline{W} = 3{,}643$, $\hat{\sigma}^2 = 11{,}478$, $T = 4{,}02$. On peut conclure que les réflexes ralentissent après une faible consommation d'alcool.

  b)  i) L'hypothèse que l'alcool n'a pas d'effet est $H_0 : p = 1/2$.

   ii) $U = 11$, $\hat{p} = 0{,}785\,7$, $Z = 2{,}14$. On conclut encore que l'alcool ralentit les réflexes.

  c) $\overline{W} = 3{,}5$, $\hat{\sigma}^2 = 12{,}576\,9$; $T = 3{,}69$. On rejette encore $H_0$. Par contre, $U = 10$, $\hat{p} = 0{,}714\,3$, $Z = 1{,}60$. Le remplacement des nombres par de simples signes (positif, négatif) entraîne une perte d'information qui « affaiblit » le test.

43. a) Les augmentations de scores sont $3$, $5$, $-1$, $2$, $2$, $-1$, $2$, $4$, $-3$, $3$, $2$, $6$, $2$, $-1$. $\overline{W} = 1{,}785\,7$, $\hat{\sigma}^2 = 6{,}335\,2$; $T = 2{,}65$. L'augmentation des scores est significative.

  b) Groupe témoin : $\overline{X} = 26{,}928\,6$, $\hat{\sigma}_X^2 = 88{,}225\,3$. Groupe expérimental : $\overline{Y} = 28{,}714\,3$, $\hat{\sigma}_Y^2 = 85{,}450\,5$, $\hat{\sigma}^2 = 86{,}837\,9$, $T = -0{,}507$.

  c) L'écart-type de $\overline{W}$ est estimé à $\hat{\sigma}_W/\sqrt{n} = \sqrt{6{,}335\,2}/\sqrt{14} = 0{,}672\,7$ dans le premier modèle et à $\hat{\sigma}\sqrt{1/n_X + 1/n_Y} = 3{,}522\,1$ dans le second.

44. a) Voici, dans l'ordre, les 22 scores et une indication du groupe : L = LOGO, D = Delta Drawing.

| 19 | 20 | 20 | 21 | 21 | 21 | 21 | 22 | 23 | 23 | 23 | 24 | 25 | 26 | 26 | 27 | 29 | 29 | 30 | 30 | 32 | 34 |
|----|----|----|----|----|----|----|----|----|----|----|----|----|----|----|----|----|----|----|----|----|----|
|    |    |    |    |    |    |    |    |    |    |    | Médiane |   |    |    |    |    |    |    |    |    |    |
| D | D | D | L | D | D | D | D | L | L | D | L | D | L | L | D | L | L | L | D | L | L |

  b) Nous obtenons le tableau suivant :

|  | Supérieur à la médiane | Inférieur à la médiane | TOTAL |
|---|---|---|---|
| LOGO | 8 | 3 | 11 |
| Delta Drawing | 3 | 8 | 11 |
| TOTAL | 11 | 11 | 22 |

  c) Le test d'indépendance teste l'hypothèse que la probabilité qu'un sujet soit supérieur à la médiane est la même pour les deux groupes — ce qui est une façon d'exprimer l'absence de différence entre les deux types d'expérience. La valeur du khi-deux est $\chi^2 = 4{,}55$, ce qui est significatif. La conclusion est que le LOGO a tendance à donner des résultats supérieurs à ceux du Delta Drawing.

**45. a)** Groupe qui n'a pas suivi le cours de sensibilisation : $\bar{X} = 53$, $\hat{\sigma}_X^2 = 24$.

Groupe qui a suivi le cours de sensibilisation : $\bar{Y} = 43$, $\hat{\sigma}_Y^2 = 24$.

$T = 4{,}08$. Pour le policier avec 11 ans de scolarité ou moins, il y a une différence significative entre ceux qui ont suivi et ceux qui n'ont pas suivi le cours.

**b)** Groupe qui n'a pas suivi le cours de sensibilisation : $\bar{X} = 31$, $\hat{\sigma}_X^2 = 15{,}714\,3$.

Groupe qui a suivi le cours de sensibilisation : $\bar{Y} = 25{,}5$, $\hat{\sigma}_Y^2 = 11{,}142\,9$.

$\hat{\sigma}^2 = 13{,}428\,6$; $T = 3{,}00$. Pour le policier avec plus de 11 ans de scolarité, il y a une différence significative entre ceux qui ont suivi et ceux qui n'ont pas suivi le cours.

**c)** Groupe qui n'a pas suivi le cours de sensibilisation : $\bar{X} = 42$, $\hat{\sigma}_X^2 = 147{,}6$.

Groupe qui a suivi le cours de sensibilisation : $\bar{Y} = 34{,}25$, $\hat{\sigma} = 98{,}066\,7$, $\hat{\sigma}^2 = 122{,}83$; $T = 1{,}98$, $\nu = 30$; avec $\alpha = 5\,\%$, $c_\alpha = 2{,}042$. La différence n'est plus significative (de justesse).

**46. a) i)** $0{,}048\,8$.    **ii)** $0{,}019\,8$. On préfère le test pour lequel la probabilité de rejeter $H_0$ lorsque $H_0$ est vraie est petite, donc le test 2.

**b)** Si le test 2 donne une faible chance de rejeter $H_0$ quand $H_0$ est vraie, il donne également une faible chance de rejeter lorsque $H_0$ est *fausse*.

**c)  i)** $P(X \leq a | \theta = 10) = 0{,}05 \Rightarrow 1 - e^{-a/10} = 0{,}05 \Rightarrow a = -10\log 0{,}95 = 0{,}512\,9$.

**ii)** $a = -10\log(0{,}99) = 0{,}100\,5$.    **iii)** $a = -10\log(0{,}995) = 0{,}050\,1$.

**47. a)** Si $H_0$ est vraie, alors $X$ est de loi de Poisson avec $\lambda = 1$ et $Y$ est de loi de Poisson avec $\lambda = 2$.

**i)** $P(X \geq 4 | \lambda = 1) = 0{,}019\,0$.

**ii)** $P(Y \geq 6 | \lambda = 2) = 0{,}016\,6$.

**b)** Avec la procédure 2 la probabilité de rejeter $H_0$ est plus faible lorsque $H_0$ est vraie et plus forte lorsque $H_0$ est fausse. C'est précisément ce qu'on souhaite. Ceci reflète bien sûr, le fait que la procédure 2 est basée sur deux observations au lieu d'une.

## CHAPITRE 10

**1. a)** $\mu = 5{,}5$; $\sigma^2 = 7{,}916\,667$.

**c)** La distribution de $\bar{X}$ est donnée par :

| $\bar{x}$ | 2 | 3 | 4 | 4,5 | 5 | 5,5 | 6 | 6.5 | 7 | 7,5 | 8 | 8,5 |
|-----------|------|------|------|------|------|------|------|------|------|------|------|------|
| $p(\bar{x})$ | 1/15 | 1/15 | 2/15 | 1/15 | 2/15 | 1/15 | 2/15 | 1/15 | 1/15 | 1/15 | 1/15 | 1/15 |

**e)** $\sigma^2_{\bar{X}} = 3{,}166\,7$.

**f)** La distribution de $\hat{\sigma}^2$ est

| $\hat{\sigma}^2$ | 0,5 | 2 | 4,5 | 8 | 18 | 12,5 | 24,5 | 32 |
|---|---|---|---|---|---|---|---|---|
| $p(\hat{\sigma}^2)$ | 2/15 | 4/15 | 1/15 | 3/15 | 2/15 | 1/15 | 1/15 | 1/15 |

$E(\hat{\sigma}^2) = 9{,}5$. Donc $E(\hat{\sigma}^2_{\bar{X}}) = E[(\hat{\sigma}^2/n)(1-n/N)] = E(\hat{\sigma}^2/3) = 3{,}166\,66 = \sigma^2_{\bar{X}}$.

**2.** Plus $N$ est grand, moins grande est la précision ; mais pour des valeurs de $N$ beaucoup plus grandes que $n$, la perte de précision ne se fait plus sentir.

**3.** $W_1 = 0{,}522\,691\,7$ ; $W_2 = 0{,}190\,923\,3$ ; $W_3 = 0{,}286\,385$ ; $\hat{\mu}_1 = 3{,}681\,8$ ; $\hat{\mu}_2 = 56$ ; $\hat{\mu}_3 = 384$ ; $\hat{\sigma}^2_1 = 2{,}608\,2$ ; $\hat{\sigma}^2_2 = 687{,}14$ ; $\hat{\sigma}^2_3 = 45\,622$.

**a)** $\hat{\mu} = 122{,}59$.   **b)** $\hat{\tau} = 391\,675$.   **c)** 17,63.   **d)** 56 328.

**e)** $88{,}03 \leq \mu \leq 157{,}14$.   **f)** $281\,256 \leq \tau \leq 502\,083$.

**g)** Les effectifs optimaux sont 1, 3, 38.   **h)** 10,168.

**4.** $n_1 \approx 10$, $n_2 \approx 26$ et $n_3 \approx 64$.

**5. a)** Les tailles des échantillons sont 21, 23, 33, 40 et 63.

**b)** L'allocation proportionnelle est à peu près $n_1 \approx 5$, $n_2 \approx 9$, $n_3 \approx 32$, $n_4 \approx 47$, $n_5 \approx 88$. L'écart-type de $\hat{\mu}$ est 1,219 pour l'allocation proportionnelle et 1,015 pour l'allocation optimale.

**6. a)** $\hat{p} = 0{,}633\,341\,2$ ; $Var(\hat{p}) = 0{,}000\,682$ ; l'écart-type de $\hat{p}$ est 0,026 12.

**b)** (0,582 15 ; 0,684 54).   **c)** $\hat{\tau} = 9\,329$.   **d)** $8\,575 \leq \tau \leq 10\,083$.

**e)** La variance estimée est 0,000 774 1 ; l'écart-type serait donc 0,027 82. On voit donc que cette stratification n'est que légèrement plus efficace qu'un échantillon aléatoire simple.

**f)** Répartition optimale $n_1 = 23$, $n_2 = 62$, $n_3 = 34$, $n_4 = 181$. La variance est estimée à 0,02578.

**g)** 479.

**7. a)** $\hat{\mu} = 2\,081{,}14$   **b)** $\hat{\tau} = 10\,093\,514$   **c)** $9\,044\,160 \leq \tau \leq 11\,142\,868$.

**d)** $n_1 \approx 29$, $n_2 = 33$, $n_3 = 23$.   **e)** 82,098.

**8. a)** Les valeurs de $\bar{X}$ sont 4,5 ; 3,5 ; 3 ; 2,5 ; 4 ; 4 ; 3,5 ; 3 ; 4,5 ; 3,5.

**b)** Chacune des valeurs ci-dessus se réalise avec probabilité 1/10. $E(\bar{X}) = 3{,}60$, ce qui montre que $\bar{X}$ est sans biais puisque 3,60 est la moyenne de la population.

**c)** $Var(\bar{X}) = 0{,}39$.

9. $n_1 = N_1 = 50$, $n_2 = 36$, $n_3 = 165$, $n_4 = 248$. La variance de $\hat{\mu}$ est estimée à 0,020 68.

10. a)

| $\hat{p}$ | 0 | 0,2 | 0,4 | 0,6 | 0,8 | 1 |
|---|---|---|---|---|---|---|
| Probabilité | 0 | 5/17 | 5/17 | 4/17 | 3/17 | 0 |

$E(\hat{p}) = 39/85 = p$; $Var(\hat{p}) = 0,046$; écart-type de $\hat{p} = 0,214$.

b)

| $\hat{p}$ | 0 | 0,2 | 0,4 | 0,6 | 0,8 | 1 |
|---|---|---|---|---|---|---|
| Probabilité | 1/17 | 1/17 | 5/17 | 6/17 | 3/17 | 1/17 |

$E(\hat{p}) = 46/85 = p$; $Var(\hat{p}) = 0,055$; écart-type de $\hat{p} = 0,235$.

c)

| $\hat{p}$ | 0 | 0,2 | 0,4 | 0,6 | 0,8 | 1 |
|---|---|---|---|---|---|---|
| Probabilité | 4/17 | 4/17 | 7/17 | 1/17 | 1/17 | 0 |

$E(\hat{p}) = 25/85 = p$; $Var(\hat{p}) = 0,048$; écart-type de $\hat{p} = 0,218$.

d) Écarts-type de $\hat{p}$ : Proportion d'enfants : 0,216. Proportion de personnes de sexe féminin : 0,216. Proportion d'adultes de sexe féminin : 0,198.

11. a)

| $\hat{p}$ | 0 | 0,8 | 1 |
|---|---|---|---|
| Probabilité | 9/17 | 1/17 | 7/17 |

$Var(\hat{p}) = 0,239$, Écart-type de $\hat{p} = 0,489$.

b)

| $\hat{p}$ | 0 | 0,2 | 0,8 | 1 |
|---|---|---|---|---|
| Probabilité | 5/17 | 3/17 | 2/17 | 7/17 |

$Var(\hat{p}) = 0,201$; écart-type de $\hat{p} = 0,448$.

c)

| $\hat{p}$ | 0 | 0,2 | 0,8 | 1 |
|---|---|---|---|---|
| Probabilité | 11/17 | 1/17 | 1/17 | 4/17 |

$Var(\hat{p}) = 0,189$; écart-type de $\hat{p} = 0,434$.

12. a)

| $\hat{p}$ | 0 | 1/6 | 2/6 | 3/6 | 4/6 | 5/6 | 6/6 |
|---|---|---|---|---|---|---|---|
| Probabilité | 0,031 26 | 0,173 16 | 0,340 13 | 0,302 34 | 0,127 55 | 0,024 01 | 0,001 56 |

b) $E(\hat{p}) = 0,400 0$.

c) $\sigma_{\hat{p}}^2 = 0{,}033\,11$.

d) La fonction de masse de $\hat{\sigma}_{\hat{p}}^2$ est

| $\hat{\sigma}_{\hat{p}}^2$ | 0 | 5/225 | 8/225 | 9/225 |
|---|---|---|---|---|
| Probabilité | 0,032 82 | 0,197 17 | 0,467 68 | 0,302 34 |

On calcule à partir de ce tableau $E(\hat{\sigma}_{\hat{p}}^2) \approx 0{,}033\,10$, ce qui coïncide avec la valeur connue de

$$\sigma_{\hat{p}}^2 = (pq/n)((N-n)/(N-1)) = ((0{,}4)(0{,}6)/6)/(24/29) \approx 0{,}033\,10.$$

## CHAPITRE 11

1. b) 83 462, 85 884, 91 229, 99 758, 124 369, ..., 105 965, 111 873.

   c) 89 637, 82 538, 82 725, 95 383, 119 038, ..., 108 610, 126 706.

   d) 104 111, 93 304, 87 064, 89 093, 96 931, ..., 98 745, 116 529.
   $\hat{x}_{29} = 2\overline{x}_{28} - \overline{x}_{27} = 134\,313$.

2. b) 249 688, 244 608, 239 926, 258 534, 306 440, ..., 369 117, 374 054.

   c) 249 365, 249 850, 239 123, 245 850, 273 219, ..., 374 762, 375 245.
   $\hat{x}_{14} = 2\overline{x}_{13} - \overline{x}_{12} = 375\,728$.

4. $\overline{x}_{11} = 4\,662$; $\overline{x}_{12} = 4\,041$; $\hat{x}_{13} = 3\,420$.

5. Chaque donnée est divisée par 127,2/100. On trouve 19,8; 21,9; 22,4; ..., 96,1; 100,0; 104,1; 108,6.

6. a) 86,5 \$.   b) 127 470 \$.

   c) 36,0 %; 35,0 %; 7,0 %; 10,8 %; 3,0 %; 4,9 %; 3,4 %.

7. a) 1,078 1; 1,077 4; 1,078 7; 1,077 5; ...; 1,365 2; 1,389 5; 1,326 1.

   b) 13,70; 13,84; 13,64; 11,85; ...; 11,55; 10,14; 9,84.

   c) En 1965 : 0,357 7 £; 4,900 2 F; 3,994 3 DM; 359,95 ¥; 1,0781 \$ can.

      En 1985 : 0,771 2 £; 8,905 4 F; 2,918 9 DM; 236,724 ¥; 1,365 2 \$ can.

   d) En 1966, le plus : dollar US, $-0{,}065$ %; le moins : franc, $-1{,}187$ %.

      En 1967, le plus : mark, 0,446 %; le moins : livre, $-1{,}453$ %.

      En 1987, le plus : mark, 14,923 %; le moins : dollar US, $-4{,}562$ %.

   e) Il a acheté 4 338,12 DM et les a revendus 13 314,7 F. Investissement de 3 ans rapportant 10,01 % par année.

8. a) 4,0; 5,0; 5,6; 8,0; 28,8; ...; 53,5; 56,7.

   b) 23,9; 28,9; 30,8; 41,2; 132,8; ...; 98,4; 100,0.

   c) En monnaie américaine : 28,9 %; 13,8 %; 42,4 %; 266,0 %; ...; −54,7 %; 11,1 %.

   En monnaie canadienne : 24,7 %; 11,6 %; 43,8 %; 257,9 %; ...; −53,9 %; 6,0 %.

9. a) 117,8; 80,6; 95,6; 177; 326,5; 325.   b) $\bar{\bar{x}} = 187,1$.

   c) −69,3; −106,5; −91,5; −10,1; 139,4; 137,9.

   d) 211,3; 195,5; 186,5; 186,1; 176,6; 200,1; ...; 197,1; 199,3; 176,5; 193,5.

10. a) Pour la température : −16,25; −15,25; −9,25; −0,25; 6,75; 11,75; 14,75; 13,75; 8,75; 2,75; −4,25; −13,25.

    Pour les précipitations : −6,9; −13,9; −4,9; −4,9; −12,9; 3,1; 11,1; 13,1; 9,1; −2,9; 2,1; 8,1.

    b) De 1951 à 1980, il y eu 8 années bissextiles. Février avait donc, en moyenne, 28,267 jours.

    2,32; 2,30; 2,39; 2,47; 2,13; 2,73; 2,90; 2,97; 2,93; 2,45; 2,70; 2,81.

11. a) Huile : $\hat{a} = 22,06$; $\hat{b} = 1,723$; prédictions : 41,0; 49,6; 58,2.

    Gaz : $\hat{a} = 11,32$; $\hat{b} = 1,179$; prédictions : 24,3; 30,2; 36,1.

    Électricité : $\hat{a} = 3,10$; $\hat{b} = 0,304$; prédictions : 6,4; 8,0; 9,5.

    b) Huile : $\hat{a} = 33,62$; $\hat{b} = 0,304$; prédictions : 37,0; 38,5; 40,0.

    Gaz : $\hat{a} = 17,90$; $\hat{b} = 0,353$; prédictions : 21,8; 23,5; 25,3.

    Électricité : $\hat{a} = 4,99$; $\hat{b} = 0,058$; prédictions : 5,6; 5,9; 6,2.

12. a) 1991 : 28 123; 10 178; 7 424; 3 430; 3 682; 1 516; 864; 672.

    2001 : 31 556; 11 532; 8 216; 3 869; 4 274; 1 746; 1 000; 768.

    Sauf pour la ville de Québec, l'accroissement est de plus en plus lent et le modèle linéaire mène à des prédictions trop grandes.

    b) 1991 : 30 205; 11 164; 7 849; 3 775; 4 328; 1 723; 998; 743.

    2001 : 36 253; 13 770; 9 139; 4 629; 5 790; 2 231; 1 318; 936.

    Dans tous les cas, le taux d'accroissements est de plus en plus lent. Le modèle exponentiel, qui suppose un taux d'accroissement constant, mène à des prédictions beaucoup trop grandes.

13. a) Dette totale, prédictions : 500 924; 1 327 178; 3 516 305.

    Dette per capita, prédictions : 19 042; 48 367; 122 860.

    b) Dette totale, prédictions : 406 819; 802 861; 1 584 455.

    Dette per capita, prédictions : 15 465; 29 260; 55 361.

14. Les résidus $D_t$ s'obtiennent en soustrayant $\bar{\bar{x}} = 6{,}6$ à chacune des valeurs désaisonnalisées paraissant au tableau 11.8.

Les 98 résidus sont $-0{,}4$; $-0{,}3$; $-0{,}3$; $0{,}2$; $0{,}1$; $\ldots$; $0{,}3$; $0{,}5$; $0{,}4$; $-0{,}2$; $-0{,}4$; $-0{,}4$.

Posant $n = 97$, $X_i = D_i$ et $Y_i = D_{i+1}$, on trouve $\Sigma X_i = -0{,}7 - D_{98} = -0{,}3$; $\Sigma Y_i = -0{,}7 - D_1 = -0{,}3$; $\Sigma X_i^2 = 54{,}49 - D_{98}^2 = 54{,}33$; $\Sigma Y_i^2 = 54{,}49 - D_1^2 = 54{,}33$; $\Sigma X_i Y_i = 48{,}22$; $r = 0{,}887\,5$ et $Z = 18{,}77$. Les résidus ne sont pas un bruit blanc.

15. Chacune des 38 données est remplacée par son logarithme.

$\hat{a} = 2{,}963\,7$; $\hat{b} = 0{,}046\,595$. Les résidus sont $0{,}217$; $0{,}272$; $0{,}246$; $0{,}193$; $\ldots$; $0{,}212$; $0{,}205$; $0{,}198$; $0{,}194$. $\Sigma D_i = 0$; $\Sigma D_i^2 = 1{,}078\,2$; $\Sigma D_i D_{i+1} = 1{,}014\,4$.

$r = 0{,}979\,35$; $Z = 28{,}66$. Les résidus ne sont pas un bruit blanc. Une tendance exponentielle implique un taux d'accroissement constant. En observant la figure 11.6, on constate que le taux d'accroissement de l'indice des prix à la consommation a été beaucoup plus fort durant la seconde moitié de l'intervalle qu'il l'avait été dans la première moitié. Le modèle exponentiel est incorrect.

16. Les résidus sont $24{,}2$; $8{,}4$; $-0{,}6$; $-1{,}0$; $-10{,}5$; $\ldots$; $12{,}2$; $-10{,}6$; $6{,}4$. $\Sigma D_i = 0$; $\Sigma D_i^2 = 4\,172{,}2$; $\Sigma D_i D_{i+1} = -1\,088{,}2$; $n = 26$.

$r = -0{,}285\,2$; $Z = -1{,}46$. Il n'y a pas de corrélation significative entre les résidus consécutifs. Ils semblent former un bruit blanc.

17. a) Café : $71{,}1$; $60{,}2$; $65{,}8$; $76{,}4$; $\ldots$; $67{,}9$; $84{,}9$; $51{,}6$.
    Thé : $104{,}0$; $96{,}2$; $93{,}2$; $88{,}1$; $\ldots$; $68{,}2$; $65{,}1$; $55{,}5$.
    Sucre : $53{,}1$; $53{,}7$; $55{,}9$; $63{,}6$; $\ldots$; $51{,}9$; $52{,}5$; $52{,}7$.
    Argent : $18{,}3$; $15{,}3$; $16{,}2$; $23{,}0$; $\ldots$; $22{,}8$; $20{,}0$; $24{,}7$.
    Cuivre : $137{,}1$; $100{,}7$; $96{,}5$; $150{,}8$; $\ldots$; $49{,}7$; $47{,}1$; $81{,}4$.

    b) Café : le plus cher en 1977 ($206{,}6$); le moins cher en 1987 ($51{,}6$).
    Thé : 1977 ($164{,}0$); 1987 ($55{,}5$).
    Sucre : 1974 ($164{,}1$); 1977 ($49{,}7$).
    Argent : 1980 ($100{,}0$); 1971 ($15{,}3$).
    Cuivre : 1974 ($157{,}2$); 1986 ($47{,}1$).

    c) Café : 1976 ($+85{,}2\,\%$); 1987 ($-39{,}2\,\%$)
    Thé : 1977 ($+64{,}2\,\%$); 1985 ($-44{,}6\,\%$).
    Sucre : 1974 ($+158{,}0\,\%$); 1976 ($-44{,}0\,\%$).
    Argent : 1979 ($+84{,}8\,\%$); 1981 ($-53{,}7\,\%$).
    Cuivre : 1987 ($+72{,}8\,\%$); 1975 ($-44{,}9\,\%$).

18. a) Transformation logarithmique. $\hat{a} = 6{,}978\,4$; $\hat{b} = 0{,}027\,02$.

    Résidus : $0{,}124$; $0{,}651$; $-0{,}607$; $-0{,}141$; $0{,}036$; $0{,}033$; $-0{,}231$; $0{,}337$; $-0{,}236$; $0{,}138$; $-0{,}528$; $0{,}061$; $-0{,}028$; $0{,}354$; $-0{,}266$; $0{,}125$; $0{,}175$; $0{,}401$; $-0{,}471$; $0{,}073$.

b) Période $k = 4$. Les effets de phase sont 0,014 ; 0,315 ; $-0,421$ ; 0,091. Les résidus désaisonnalisés sont 0,110 ; 0,336 ; $-0,187$ ; $-0,232$ ; 0,022 ; $-0,283$ ; 0,189 ; 0,246 ; $-0,250$ ; $-0,178$ ; $-0,107$ ; $-0,030$ ; $-0,042$ ; 0,039 ; 0,155 ; 0,034 ; 0,161 ; 0,086 ; $-0,050$ ; $-0,018$. $\Sigma D_i = 0$ ; $\Sigma D_i^2 = 0,561\,25$ ; $\Sigma D_i D_{i+1} = 0,0314\,9$. $r = 0,057\,0$ ; $Z = 0,235\,2$. Les résidus désaisonnalisés semblent former un bruit blanc.

c) Le logarithme de la prédiction pour le temps $t_0$ est $\hat{a} + \hat{b}t_0 + \overline{x}_j$ où $\overline{x}_j$ est l'effet de phase correspondant à $t_0$.

Pour l'année 6, on prend $t_0 = 21, 22, 23$ et $24$. Les prédictions sont : 1 920 ; 2 666 ; 1 312 et 2 248.

Pour l'année 7, on prend $t_0 = 25, 26, 27$ et $28$. Les prédictions sont : 2 139 ; 2 970 ; 1 462 et 2 504.

# Index